이 책의
머리말

해야 할 일도 많고 공부할 것도 많은 우리 친구들!
모든 교과목을 따로 따로 공부하기에는 시간이 부족하지 않나요?

초코 전과목 단원평가는 바쁜 우리 친구들을 위해
단 한 권으로 교과 평가를 대비할 수 있게 하였습니다.

개념을 스스로 채워가며 빠르게 정리하고,
실전 문제를 풀면서 학교 시험에 완벽하게 대비할 수 있어요.

초코 전과목 단원평가가 우리 친구들의 학습 부담을
조금이라도 덜어줄 수 있는 소중한 친구가 되었으면 합니다.

그럼, 지금부터 초코 전과목 단원평가를 학습해 볼까요?

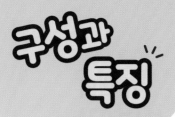

구성과 특징

"**빠르고 정확한** 전과목 초등 코어 학습으로
단원평가 100점!"

핵심 개념

○ 과목별 핵심 개념을 스스로 채워가며 기본 실력을 다져요.

○ 핵심 개념을 대표 지문과 자료에 적용하며 응용 실력을 키워요.

> QR코드를 스캔하면
> 핵심 개념을 한눈에
> 모아 보면서 정리할 수
> 있어요.

국어

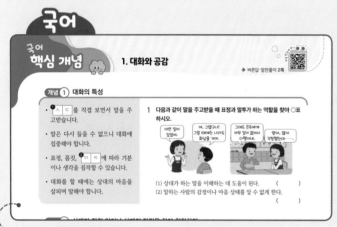

핵심 개념을 익히고, 시험에 자주 나오는 대표 지문과 문제를 한 번에 학습합니다.

수학

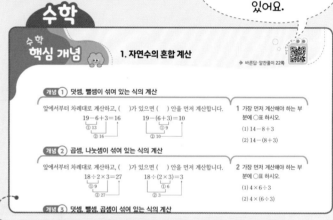

핵심 개념을 익히고, 확인 문제를 통해 익힌 개념을 다시 한 번 학습합니다.

사회

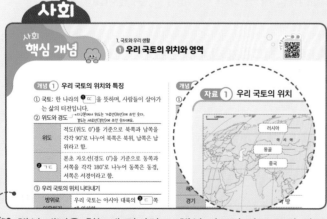

핵심 개념을 한눈에 정리하고, 핵심 자료만 따로 모아 자료 해석 능력을 키웁니다.

과학

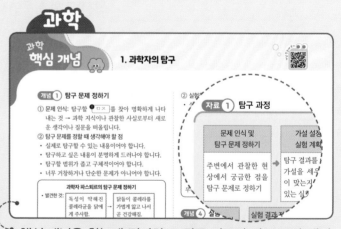

핵심 개념을 한눈에 정리하고, 탐구 자료만 따로 모아 개념과 탐구를 한 번에 학습합니다.

● 기본/실전 단원평가로 구분한 단계별 학습으로 실전을 대비해요.

● 교과서 통합 문제를 제공하여 모든 교과서의 단원평가를 대비해요.

기본

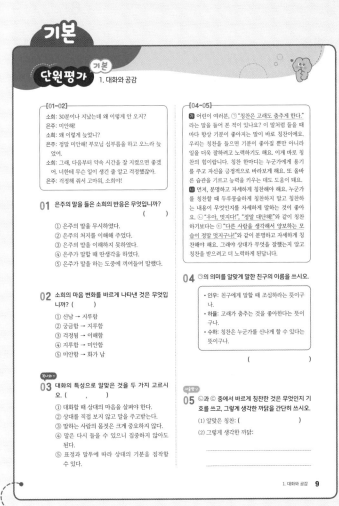

실전

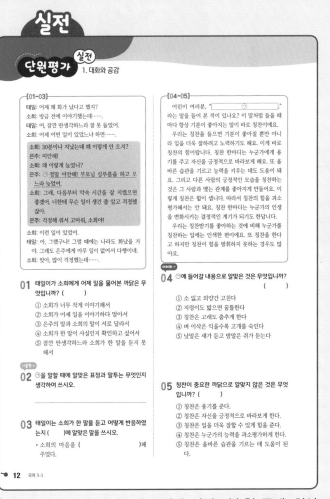

개념 확인 문제부터 단계별 서술형 문제, 출제율 높은 대표 유형 문제를 모두 모아 풀면서 차근차근 학교 시험에 대비 합니다.

한 단계 높아진 난이도의 문제와 실전 서술형 문제, 최신 경향 문제까지 다양한 문제를 풀면서 학교 시험에 완벽하 게 대비합니다.

이 책의 차례

숨은국어찾기

학습을 시작하기 전에 숨은 그림을 찾아보세요.

숨은그림

안경 　 도자기 　 핸드폰 　 필통 　 석탑 　 국어사전 　 연필

정답바로보기

국어

1. 대화와 공감

→ 바른답·알찬풀이 2쪽

개념 ① 대화의 특성

- ⬤ ㅅ ㄷ 를 직접 보면서 말을 주고받습니다.

- 말은 다시 들을 수 없으니 대화에 집중해야 합니다.

- 표정, 몸짓, ❷ ㅁ ㅌ 에 따라 기분이나 생각을 짐작할 수 있습니다.

- 대화를 할 때에는 상대의 마음을 살피며 말해야 합니다.

1 다음과 같이 말을 주고받을 때 표정과 말투가 하는 역할을 찾아 ○표 하시오.

이런 일이 있었어.

아, 그랬구나! 그럴 때에는 나라도 화났을 거야.

그래도 은주에게 아무 일이 없어서 다행이네.

맞아, 많이 걱정했는데…….

(1) 상대가 하는 말을 이해하는 데 도움이 된다.　（　　　）
(2) 말하는 사람의 감정이나 마음 상태를 알 수 없게 한다.
　　　　　　　　　　　　　　　　　　　　　　（　　　）

개념 ② 상대가 잘한 일이나 상대의 장점을 찾아 칭찬하기

- 칭찬을 할 때에는 분명하고 자세하게 칭찬합니다.

- 결과보다는 ❸ ㄱ ㅈ 을 칭찬합니다.

- 평가하지 말고 ❹ ㅅ ㅁ 하는 칭찬을 합니다.

- 가능성을 키워 주는 칭찬을 합니다.

2 다음 글을 읽고, 알맞게 칭찬한 것은 무엇입니까? （　　　　）

> 가 분명하고 자세하게 칭찬해야 해요. 누군가를 칭찬할 때 두루뭉술하게 칭찬하지 말고 칭찬하는 내용이 무엇인지를 자세하게 말하는 것이 좋아요.
> 나 결과보다 과정을 칭찬해야 해요. 누군가를 칭찬할 때 일의 결과가 아닌 과정을 칭찬하는 것이 좋아요.

① "정말 대단해!"　　　　　② "우아, 멋지다!"
③ "왜 그렇게 한 거야?"　　④ "100점이네. 정말 좋겠다."
⑤ "그렇게 열심히 하니 좋은 결과가 나오는구나!"

개념 ③ 상대를 배려하며 조언하기

- 상대에게 고민을 말하도록 강요하지 않습니다.

- 상대가 고민을 편안하게 말할 수 있도록 잘 듣고, 상대에게 ❺ ㄷ ㅇ 이 되는 내용을 말합니다.

- 상대에게 ❻ ㅈ ㅅ 이 전해지도록 노력합니다.

3 다음 중 도움이 되지 <u>않는</u> 조언을 한 친구의 이름을 쓰시오.

> 동욱: (궁금해하며) 그러지 말고 말해 봐. 무슨 일인데? 다른 사람한테 절대로 말하지 않을게.
> 정인: (조심스럽게) 음, 사실은 체육 시간에 뒤 구르기가 잘 안 돼. 그래서 모둠끼리 여러 가지 동작을 꾸밀 때 방해가 되는 것 같아.
> 동욱: (큰 소리로) 뭐, 네가 뒤 구르기를 못한다고? 그럼 선생님이나 친구들에게 도와 달라고 하면 되지, 뭘 그렇게 걱정해.

（　　　　　　　）

정답 ❶ 상대 ❷ 말투 ❸ 과정 ❹ 실명 ❺ 도움 ❻ 진심

[01~02]

소희: 30분이나 지났는데 왜 이렇게 안 오지?
은주: 미안해!
소희: 왜 이렇게 늦었니?
은주: 정말 미안해! 부모님 심부름을 하고 오느라 늦었어.
소희: 그래, 다음부터 약속 시간을 잘 지켰으면 좋겠어. 너한테 무슨 일이 생긴 줄 알고 걱정했잖아.
은주: 걱정해 줘서 고마워, 소희야!

01 은주의 말을 들은 소희의 반응은 무엇입니까?
( )

① 은주의 말을 무시하였다.
② 은주의 처지를 이해해 주었다.
③ 은주의 말을 이해하지 못하였다.
④ 은주가 말할 때 딴생각을 하였다.
⑤ 은주가 말을 하는 도중에 끼어들어 말했다.

02 소희의 마음 변화를 바르게 나타낸 것은 무엇입니까? ( )

① 신남 → 지루함
② 궁금함 → 지루함
③ 걱정됨 → 이해함
④ 지루함 → 미안함
⑤ 미안함 → 화가 남

꼭나와 ㅂ
03 대화의 특성으로 알맞은 것을 두 가지 고르시오. (,)

① 대화할 때 상대의 마음을 살펴야 한다.
② 상대를 직접 보지 않고 말을 주고받는다.
③ 말하는 사람의 몸짓은 크게 중요하지 않다.
④ 말은 다시 들을 수 있으니 집중하지 않아도 된다.
⑤ 표정과 말투에 따라 상대의 기분을 짐작할 수 있다.

[04~05]

가 어린이 여러분, ㉠"칭찬은 고래도 춤추게 한다." 라는 말을 들어 본 적이 있나요? 이 말처럼 들을 때마다 항상 기분이 좋아지는 말이 바로 칭찬이에요. 우리는 칭찬을 들으면 기분이 좋아질 뿐만 아니라 일을 더욱 잘하려고 노력하기도 해요. 이게 바로 칭찬의 힘이랍니다. 칭찬 한마디는 누군가에게 용기를 주고 자신을 긍정적으로 바라보게 해요. 또 올바른 습관을 기르고 능력을 키우는 데도 도움이 돼요.

나 먼저, 분명하고 자세하게 칭찬해야 해요. 누군가를 칭찬할 때 두루뭉술하게 칭찬하지 말고 칭찬하는 내용이 무엇인지를 자세하게 말하는 것이 좋아요. ㉡"우아, 멋지다!", "정말 대단해!"와 같이 칭찬하기보다는 ㉢"다른 사람을 생각해서 양보하는 모습이 정말 멋지구나!"와 같이 분명하고 자세하게 칭찬해야 해요. 그래야 상대가 무엇을 잘했는지 알고 칭찬을 받으려고 더 노력하게 된답니다.

04 ㉠의 의미를 알맞게 말한 친구의 이름을 쓰시오.

• 인우: 친구에게 말할 때 조심하라는 뜻이구나.
• 하율: 고래가 춤추는 것을 좋아한다는 뜻이구나.
• 수하: 칭찬은 누군가를 신나게 할 수 있다는 뜻이구나.

( )

서술형 ㅂ
05 ㉡과 ㉢ 중에서 바르게 칭찬한 것은 무엇인지 기호를 쓰고, 그렇게 생각한 까닭을 간단히 쓰시오.

(1) 알맞은 칭찬: ( )

(2) 그렇게 생각한 까닭:

_____

_____

[06~07]

가 결과보다 과정을 칭찬해야 해요. 누군가를 칭찬할 때 일의 결과가 아닌 과정을 칭찬하는 것이 좋아요. ㉠"100점이네. 정말 좋겠다."와 같이 칭찬하기보다 ㉡"그렇게 열심히 하니 좋은 결과가 나오는구나!"와 같이 칭찬하면 좋은 결과가 나오지 않더라도 상대가 노력의 의미를 깨닫는답니다.

나 평가하지 말고 설명하는 칭찬을 해야 해요. 누군가를 칭찬할 때에는 평가하기보다 잘한 일이나 행동을 설명하듯이 칭찬하는 것이 좋아요. ㉢"넌 정말 착하구나!"와 같이 칭찬하면 착한 아이로 평가받으려고 억지스럽거나 과장된 행동을 할 수도 있어요. 이렇게 칭찬하기보다 ㉣"잃어버린 물건을 찾아 주어 친구가 참 고마워하겠다!"와 같이 칭찬하면 상대가 행동의 가치를 이해한답니다.

다 가능성을 키워 주는 칭찬을 할 수 있으면 더욱 좋아요. 누군가를 칭찬할 때 지금의 능력보다 잠재 능력을 보고 칭찬할 수 있어요. 현재 겉으로 드러난 결과는 미약하고 부족해 보이더라도 앞으로의 가능성을 보고 "미술에 소질이 많은 것 같아. 앞으로 계속 노력한다면 훌륭한 화가가 될 수 있을 거야."와 같이 칭찬하면 상대가 자신의 재능을 발견하고 꿈을 실현하는 데 큰 도움을 줄 수 있답니다.

06 ㉠~㉣ 중 바르게 칭찬한 것을 두 가지 골라 기호를 쓰시오.

( )

07 다음과 같이 칭찬하는 것은 어떻게 칭찬하는 것입니까? ( )

> "미술에 소질이 많은 것 같아. 앞으로 계속 노력한다면 훌륭한 화가가 될 수 있을 거야."

① 평가하는 칭찬
② 설명하는 칭찬
③ 두루뭉술하게 하는 칭찬
④ 가능성을 키워 주는 칭찬
⑤ 자신을 낮춰서 상대를 높이는 칭찬

[08~10]

동욱: (빈정거리는 말투로) 에이, 얼굴 표정을 보니 고민거리가 있는 것 같은데?

정인: (약간 성가신 듯이) 고민은 무슨 고민? 아무 일 없다니까.

동욱: (궁금해하며) 그러지 말고 말해 봐. 무슨 일인데? 다른 사람한테 절대로 말하지 않을게.

정인: (조심스럽게) 음, 사실은 체육 시간에 뒤 구르기가 잘 안돼. 그래서 모둠끼리 여러 가지 동작을 꾸밀 때 방해가 되는 것 같아.

동욱: (큰 소리로) 뭐, 네가 뒤 구르기를 못한다고? 그럼 선생님이나 친구들에게 도와 달라고 하면 되지, 뭘 그렇게 걱정해.

정인: (㉠) 어떻게 그러니?

동욱: 그럼 내가 말해 줄까?

정인: (황급히 큰 소리로) 아냐, 그러지 마! 내가 알아서 할게. 넌 그냥 못 들은 걸로 해.

동욱: 네가 말을 못 하면 내가 말해 줄게.

정인: (화를 내며) 아냐. 내가 알아서 한다고.

08 동욱이는 정인이에게 무엇에 대하여 물어보았는지 이 글에서 찾아 네 글자로 쓰시오.

• ( )이/가 있는지 물어보았다.

09 정인이의 상황을 생각할 때, ㉠에 들어갈 가장 알맞은 말은 무엇입니까? ( )

① 좋아하며   ② 당황하며   ③ 기뻐하며
④ 억울해하며   ⑤ 고마워하며

꼭나와 ♥
10 동욱이에게 해 줄 수 있는 조언으로 가장 알맞은 것은 무엇입니까? ( )

① 친구에게 단호하게 말할 수 있어야 해.
② 친구가 고민을 털어놓도록 강요해야 해.
③ 친구에게 내 생각을 정확하게 알려 줘야 해.
④ 친구에게 도움이 되는 해결 방법을 말해야 해.
⑤ 친구가 어려운 일을 겪으면 나서서 도와야 해.

[11~13]

가 민재: (조심스럽게) 주민아, 너희 아빠께서는 소방관이시니까 덩치도 크고 운동도 잘하시겠다.

주민: (밝게 웃으며) 우리 아빠? 키는 크신데 운동은 잘 안 하셔. 요즘에 119 구조대로 부서를 옮기시고는 친절왕이 되셨지. 아빠의 친절왕 정신 때문에 우리는 어딘가 놀러 갈 때 제시간에 도착하지 못하기도 해.

나 주민: 길을 잃고 헤매는 할머니를 가시는 곳까지 모셔다드리느라 그랬지. 우리 아빠께서는 길에서 애들끼리 싸우는 것을 보면 꼭 가서 말리셔야 하고, 누구든 도움이 필요한 사람이 있으면 꼭 도와주셔야 해. 무관심은 나쁜 것이라고 하시면서 말이야.

민재: (감탄하며) 우아, 너희 아빠 참 대단하시다.

주민: 대단하다고? 글쎄, 처음에 난 모든 사람이 그런 줄 알았어. 나중에 우리 아빠께서 좀 심하시다는 것을 알게 됐지.

민재: (궁금하다는 듯이) 그게 싫었니?

주민: 응, 솔직히 우리 아빠께서 나한테만 관심을 보여 주셨으면 하는 마음이 컸어. 남을 돕는다고 뛰어다니시다가 정작 나랑 할 일을 하시지 못한 적이 꽤 많았으니까.

민재: ㉠그래, 그럴 수도 있겠다.

11 주민이 아빠에 대한 설명으로 알맞지 <u>않은</u> 것은 무엇입니까? (   )

① 운동을 잘 안 하신다.
② 사람들을 잘 도와주신다.
③ 119 구조대에서 근무하신다.
④ 무관심은 나쁜 것이라고 생각하신다.
⑤ 주민이와 할 일을 하시지 못한 적은 없다.

12 ㉠을 바르게 이해한 친구의 이름을 쓰시오.

> • 동훈: 민재는 주민이의 말을 듣지 않았어.
> • 연지: 민재가 주민이의 말에 공감하고 있어.

(   )

서술형

13 다른 사람을 돕느라 바쁜 주민이 아빠에게 어울리는 별명을 정하고 그 까닭을 쓰시오.

(1) 어울리는 별명: (   )

(2) 까닭: _____

_____

[14~15]

14 다음 상황을 나타낸 그림의 기호를 쓰시오.

(1) 미술 시간에 친구를 도와줄까 말까 망설이는 상황: 그림 (   )

(2) 쉬는 시간이라서 친구들에게 조용히 해 달라고 말하지 못하는 상황: 그림 (   )

꼭나와

15 그림 **가**, **나**에서 친구들이 어떻게 대화를 주고받으면 좋을지 알맞은 것은 무엇입니까? (   )

① 내가 하고 싶은 말만 한다.
② 모르는 것은 끊임없이 질문한다.
③ 친구의 기분은 생각하지 않는다.
④ 서로의 감정에 공감하며 대화한다.
⑤ 친구의 이야기에 반응하지 않는다.

[01~03]

태일: 어제 왜 화가 났다고 했지?

소희: 방금 전에 이야기했는데……

태일: 어, 잠깐 딴생각하느라 잘 못 들었어.

소희: 어제 어떤 일이 있었느냐 하면……

> 소희: 30분이나 지났는데 왜 이렇게 안 오지?
>
> 은주: 미안해!
>
> 소희: 왜 이렇게 늦었니?
>
> 은주: ㉠정말 미안해! 부모님 심부름을 하고 오느라 늦었어.
>
> 소희: 그래, 다음부터 약속 시간을 잘 지켰으면 좋겠어. 너한테 무슨 일이 생긴 줄 알고 걱정했잖아.
>
> 은주: 걱정해 줘서 고마워, 소희야!

소희: 이런 일이 있었어.

태일: 아, 그랬구나! 그럴 때에는 나라도 화났을 거야. 그래도 은주에게 아무 일이 없어서 다행이네.

소희: 맞아, 많이 걱정했는데……

01 태일이가 소희에게 어제 일을 물어본 까닭은 무엇입니까? (　　　)

① 소희가 너무 작게 이야기해서

② 소희가 어제 일을 이야기하다 말아서

③ 은주의 말과 소희의 말이 서로 달라서

④ 소희가 한 말이 사실인지 확인하고 싶어서

⑤ 잠깐 딴생각하느라 소희가 한 말을 듣지 못해서

서술형

02 ㉠을 말할 때에 알맞은 표정과 말투는 무엇인지 생각하여 쓰시오.

_____

03 태일이는 소희가 한 말을 듣고 어떻게 반응하였는지 (　　　)에 알맞은 말을 쓰시오.

• 소희의 마음을 (　　　　　　　)해 주었다.

[04~05]

어린이 여러분, "　　㉠　　."라는 말을 들어 본 적이 있나요? 이 말처럼 들을 때마다 항상 기분이 좋아지는 말이 바로 칭찬이에요.

우리는 칭찬을 들으면 기분이 좋아질 뿐만 아니라 일을 더욱 잘하려고 노력하기도 해요. 이게 바로 칭찬의 힘이랍니다. 칭찬 한마디는 누군가에게 용기를 주고 자신을 긍정적으로 바라보게 해요. 또 올바른 습관을 기르고 능력을 키우는 데도 도움이 돼요. 그리고 다른 사람의 긍정적인 모습을 칭찬하는 것은 그 사람과 맺는 관계를 좋아지게 만들어요. 이렇게 칭찬은 힘이 세요. 따라서 칭찬의 힘을 과소평가해서는 안 돼요. 칭찬 한마디는 누군가의 인생을 변화시키는 결정적인 계기가 되기도 한답니다.

우리는 칭찬받기를 좋아하는 것에 비해 누군가를 칭찬하는 일에는 인색한 편이에요. 또 칭찬을 한다고 하지만 칭찬이 힘을 발휘하지 못하는 경우도 많아요.

어려워

04 ㉠에 들어갈 내용으로 알맞은 것은 무엇입니까? (　　　)

① 소 잃고 외양간 고친다

② 지렁이도 밟으면 꿈틀한다

③ 칭찬은 고래도 춤추게 한다

④ 벼 이삭은 익을수록 고개를 숙인다

⑤ 낮말은 새가 듣고 밤말은 쥐가 듣는다

05 칭찬이 중요한 까닭으로 알맞지 <u>않은</u> 것은 무엇입니까? (　　　)

① 칭찬은 용기를 준다.

② 칭찬은 자신을 긍정적으로 바라보게 한다.

③ 칭찬은 일을 더욱 잘할 수 있게 힘을 준다.

④ 칭찬은 누군가의 능력을 과소평가하게 한다.

⑤ 칭찬은 올바른 습관을 기르는 데 도움이 된다.

[06~07]

가 둘째, 결과보다 과정을 칭찬해야 해요. 누군가를 칭찬할 때 일의 결과가 아닌 과정을 칭찬하는 것이 좋아요. "100점이네. 정말 좋겠다."와 같이 칭찬하기보다 ㉠"그렇게 열심히 하니 좋은 결과가 나오는구나!"와 같이 칭찬하면 좋은 결과가 나오지 않더라도 상대가 노력의 의미를 깨닫는답니다.

셋째, 평가하지 말고 설명하는 칭찬을 해야 해요. 누군가를 칭찬할 때에는 평가하기보다 잘한 일이나 행동을 설명하듯이 칭찬하는 것이 좋아요. "넌 정말 착하구나!"와 같이 칭찬하면 착한 아이로 평가받으려고 억지스럽거나 과장된 행동을 할 수도 있어요. 이렇게 칭찬하기보다 ㉡"잃어버린 물건을 찾아 주어 친구가 참 고마워하겠다!"와 같이 칭찬하면 상대가 행동의 가치를 이해한답니다.

나 어린이 여러분, 무엇보다 칭찬이 힘을 발휘할 수 있도록 하려면 칭찬하는 말에 마음을 담아야 해요. 달콤한 칭찬의 말이지만 진실된 마음이 없으면 그것은 결코 힘을 발휘할 수 없어요. 진심 어린 칭찬이야말로 힘을 발휘할 수 있는 최고의 칭찬이라는 것을 잊지 마세요.

06 결과보다 과정을 칭찬해야 하는 까닭은 무엇인지 (　　　)에 알맞은 말을 찾아 쓰시오.

　• 좋은 (　　　　　　　)이/가 나오지 않더라도 상대가 (　　　　　　　)의 의미를 깨달을 수 있다.

07 ㉠과 ㉡에 대한 설명을 찾아 선으로 이으시오.

(1) ㉠　•　　•㉮　설명하는 칭찬

(2) ㉡　•　　•㉯　과정에 대한 칭찬

[08~10]

동욱: (빈정거리는 말투로) 에이, 얼굴 표정을 보니 고민거리가 있는 것 같은데?

정인: (약간 성가신 듯이) 고민은 무슨 고민? 아무 일 없다니까.

동욱: (궁금해하며) 그러지 말고 말해 봐. 무슨 일인데? 다른 사람한테 절대로 말하지 않을게.

정인: (조심스럽게) 음, 사실은 체육 시간에 뒤 구르기가 잘 안돼. 그래서 모둠끼리 여러 가지 동작을 꾸밀 때 방해가 되는 것 같아.

동욱: (큰 소리로) 뭐, 네가 뒤 구르기를 못한다고? 그럼 선생님이나 친구들에게 도와 달라고 하면 되지, 뭘 그렇게 걱정해.

정인: (당황하며) 어떻게 그러니?

동욱: 그럼 내가 말해 줄까?

정인: (황급히 큰 소리로) 아냐, 그러지 마! 내가 알아서 할게. 넌 그냥 못 들은 걸로 해.

동욱: 네가 말을 못 하면 내가 말해 줄게.

정인: (화를 내며) 아냐. 내가 알아서 한다고.

08 정인이의 고민은 무엇인지 (　　　)에 알맞은 말을 찾아 쓰시오.

　• 체육 시간에 (　　　　　　　　　)이/가 잘 안되는 것

09 동욱이와 대화를 나눈 뒤 정인이의 마음을 짐작한 것으로 알맞은 것은 무엇입니까? (　　　)

① 불쾌함　　② 즐거움　　③ 고마움
④ 미안함　　⑤ 상쾌함

서술형 남

10 내가 동욱이라면 정인이에게 어떤 조언을 할지 생각하여 쓰시오.

_____

_____

[11~13]

11 모모의 고민을 두 가지 고르시오.

(,)

① 계속 웃음이 나는 것
② 마술을 할 수 없는 것
③ 모든 일에 자신이 없는 것
④ 친구와 어울리지 못하는 것
⑤ 소심하며 망설이게 되는 것

12 마술사가 모모의 기분이 좋아진 다음에 말한 까닭으로 알맞은 것을 보기에서 찾아 기호를 쓰시오.

보기

㉮ 모모가 기분이 좋아지게 만들어 달라고 부탁했기 때문이다.
㉯ 기분이 나쁜 상태에서는 다른 사람의 말을 잘 받아들이지 않기 때문이다.

( )

13 마술사가 말한, 모모의 고민을 해결하는 방법을 두 가지 고르시오. (,)

① 남과 대화하지 않는다.
② 남을 이해하지 않는다.
③ 남들을 의식하지 않는다.
④ 자신을 좋아하고 사랑한다.
⑤ 남에게 고민을 말하지 않는다.

어려워 ❤️

14 다른 사람에게 조언하는 방법으로 알맞지 <u>않은</u> 것은 무엇입니까? ( )

① 상대에게 도움이 되는 내용을 말한다.
② 상대에게 진심이 전해지도록 노력한다.
③ 상대가 몰랐던 것을 깨우쳐 주지 않는다.
④ 상대에게 고민을 말해 보라고 강요하지 않는다.
⑤ 상대가 고민을 편안하게 말할 수 있도록 잘 듣는다.

15 다른 사람의 감정, 의견, 주장 등에 대해 자신도 그렇다고 느끼는 것을 무엇이라고 합니까?

( )

① 권유 ② 공감 ③ 비판
④ 효능 ⑤ 대립

→ 바른답·알찬풀이 3쪽

[16~18]

민재: (조심스럽게) 주민아, 너희 아빠께서는 소방관이시니까 덩치도 크고 운동도 잘하시겠다.

주민: (밝게 웃으며) 우리 아빠? 키는 크신데 운동은 잘 안 하셔. 요즘에 119 구조대로 부서를 옮기시고는 친절왕이 되셨지. 아빠의 친절왕 정신 때문에 우리는 어딘가 놀러 갈 때 제시간에 도착하지 못하기도 해. 얼마 전에는 영화관에 너무 늦게 들어가서 영화 뒷부분만 본 적도 있어.

민재: (크게 웃으며) 왜?

주민: 길을 잃고 헤매는 할머니를 가시는 곳까지 모셔다드리느라 그랬지. 우리 아빠께서는 길에서 애들끼리 싸우는 것을 보면 꼭 가서 말리셔야 하고, 누구든 도움이 필요한 사람이 있으면 꼭 도와주셔야 해. 무관심은 나쁜 것이라고 하시면서 말이야.

민재: (감탄하며) 우아, 너희 아빠 참 대단하시다.

주민: 대단하다고? 글쎄, 처음에 난 모든 사람이 그런 줄 알았어. 나중에 우리 아빠께서 좀 심하시다는 것을 알게 됐지.

민재: (궁금하다는 듯이) 그게 싫었니?

주민: 응, 솔직히 우리 아빠께서 나한테만 관심을 보여 주셨으면 하는 마음이 컸어. 남을 돕는다고 뛰어다니시다가 정작 나랑 할 일을 하시지 못한 적이 꽤 많았으니까.

민재: ㉠그래, 그럴 수도 있겠다.

주민: 그런데 나중에는 포기했지. 원래 그러시는 것을 내가 어쩌겠어.

민재: 내 생각에는 너도 너희 아빠와 비슷한 것 같은데?

16 아빠에 대한 주민이의 생각은 무엇입니까?

( )

① 지나칠 정도로 친절하시다.
② 남에게 무관심하길 바라신다.
③ 남을 도와준 적이 거의 없으시다.
④ 주민이한테만 관심을 보여 주신다.
⑤ 소방관 일을 그만두고 다른 일을 하고 싶어 하신다.

어려워 🐹

17 민재와 주민이처럼 대화를 하는 방법으로 알맞은 것은 무엇입니까? ( )

① 자신의 감정만 중요하게 생각한다.
② 벌어진 일을 기억나는 대로 말한다.
③ 서로의 감정이나 생각을 받아 준다.
④ 주장과 그렇게 생각하는 까닭을 말한다.
⑤ 상대의 감정보다는 문제를 해결하는 것을 중요하게 생각한다.

18 ㉠에 나타나 있는 민재의 마음은 무엇입니까?

( )

① 서운한 마음   ② 궁금한 마음
③ 지루한 마음   ④ 설레는 마음
⑤ 공감하는 마음

[19~20]

19 시현이와 정우 중 축하받아야 할 사람의 이름을 쓰시오.

( )

서술형 냉

20 정우가 시현이에게 다음과 같이 말한다면, 시현이는 정우에게 어떻게 말하면 좋을지 쓰시오.

• 정우: 시현아, 상 받은 거 정말 축하해.

• 시현: _____

_____

_____

개념 ① 경험을 떠올리며 작품을 읽을 때 좋은 점

- 내용을 더 ❶ⓢ ⓖ 이해하고, 내용을 더 생생하게 느낄 수 있습니다.

- 책, 영상에서 본 것을 떠올리면 더욱 실감 나게 읽을 수 있습니다.

- ❷ⓞ ⓜ 의 마음을 더 잘 이해할 수 있습니다.

1 다음 글을 읽고, 떠올린 경험을 한 가지 쓰시오.

> 오후 1시, 유관순은 많은 사람 앞에서 외쳤다.
> "여러분, 반만년의 역사를 지닌 우리 겨레가 불행하게도 일본에 나라를 빼앗겼습니다. 이제 나라를 되찾아야 합니다. 지금 전국 방방곡곡에서 모두 일어나 독립을 외치고 있습니다."

(   )

개념 ② 경험을 떠올리며 시 읽기

- 시에서 말하는 이가 ❸ⓖ ⓞ ⓞ 을 찾습니다.

- 시의 말하는 이처럼 느낀 ❹ⓖ ⓗ 을 떠올립니다.

2 다음 시에 나타난 '나'의 경험과 마음을 정리한 것으로 알맞은 것에 ○표, 알맞지 <u>않은</u> 것에 ×표 하시오.

> 허리 밟기
>
> 할머니 아픈 허리는 왜 밟아야 시원할까요?
> 아이쿠! 아이쿠! 하면서도 "꼭꼭 밟아라." 하십니다
> 그래도 나는 겁이 나 자근자근 밟습니다.

(1) **경험**: 할머니의 허리를 밟아 드림. (   )
(2) **마음**: 손자가 허리를 밟아 주어 시원함. (   )

개념 ③ 경험을 떠올리며 이야기 읽기

- 이야기에서 자신의 경험과 비슷한 부분을 찾고, 자신의 경험을 떠올리며 이어질 이야기를 ❺ⓢ ⓢ 해 씁니다.

- 상상해 쓴 이야기를 친구들과 바꾸어 읽습니다.

- 상상한 이야기가 비슷하거나 다른 ❻ⓚ ⓓ 을 생각합니다.

- 작품 속 세계와 우리가 살고 있는 현실 세계의 다른 점을 이야기합니다.

3 이야기 속 세계와 현실 세계를 알맞게 비교한 친구의 이름을 쓰시오.

> "아무 말이든 또 해 봐. 덕실아, 너도 내가 하나로는 힘들겠다고 생각하지?" / "조금." / 덕실이가 말했다.
> "조금이라고? 아침 먹자마자 피아노 학원, 속셈 학원, 바둑 교실, 영어 학원, 검도……. 하루 종일 학원에 왔다 갔다 하기 바쁜데도? 방학인데 놀 시간이 없어!"

> - **수아**: 이야기 속 세계처럼 현실 세계에서도 강아지인 덕실이와 대화할 수 있다.
> - **민우**: 이야기 속 세계의 '내'가 학원을 다니는 것처럼 현실 세계의 친구들도 여러 학원을 다닌다.

(   )

정답 ❶ 쉽게 ❷ 인물 ❸ 같은 점 ❹ 감정 ❺ 상상 ❻ 유유 ❼ 민우

[01~02]

유관순은 1902년 12월 16일, 충청남도 천안의 작은 마을에서 태어났다. 유관순의 아버지는 대를 이어 그 마을에서 살아온 선비 집안의 후손이었다. 유관순의 집은 그리 넉넉하지 못했지만, 늘 웃음소리가 끊이지 않는 화목한 가정이었다.

어느 날, 아버지께서는 유관순에게 평소 마음에 둔 이야기를 들려주셨다.

"우리나라가 일본의 침략을 받고 시달리는 것은 나라의 힘이 약한 까닭이다. 나라의 힘을 기르려면 서양 문물을 받아들이고 신학문을 배워야 한다."

아버지께서는 엄숙한 표정으로 말씀을 이으셨다.

"여자들도 집안일만 할 것이 아니라 더 배워서 나라의 일꾼이 되어야 한다."

아버지께서는 젊은이들을 잘 가르쳐야 빼앗긴 나라를 되찾을 수 있다고 생각해 유관순을 서울로 보내어 신학문을 배우게 하셨다.

01 이 글의 내용으로 알맞은 것은 무엇입니까?

( )

① 유관순의 아버지는 젊은이들을 가르쳤다.
② 유관순은 가난한 농부 집안의 후손이었다.
③ 유관순은 천안에서 신학문을 배우게 되었다.
④ 유관순은 지금의 서울인 한양에서 태어났다.
⑤ 유관순의 아버지는 여자들도 더 배워서 나라의 일꾼이 되어야 한다고 생각하셨다.

꼭나와요

02 이 글을 읽을 때 떠올릴 수 있는 경험을 잘못 말한 친구의 이름을 쓰시오.

• 민우: 가족과 함께 여행을 다녀온 것이 생각났어.
• 이안: 예전에 일제 강점기를 다룬 글을 읽은 것이 생각났어.
• 윤하: 일제 강점기에 벌어진 일을 다룬 영화를 본 것이 기억났어.

( )

03 경험을 떠올리며 글을 읽으면 좋은 점으로 알맞지 않은 것은 무엇입니까? ( )

① 글을 좀 더 빨리 읽게 된다.
② 내용을 더 쉽게 이해할 수 있다.
③ 내용을 더 생생하게 느낄 수 있다.
④ 인물의 마음을 더 잘 이해할 수 있다.
⑤ 책이나 영상에서 본 것을 떠올리면 더욱 실감나게 읽을 수 있다.

[04~05]

출렁출렁

이러다 지각하겠다 싶을 때, 있는 힘껏 길을 잡아당기면 출렁출렁, 학교가 우리 앞으로 온다

춥고 배고파 죽겠다 싶을 때, 있는 힘껏 길을 잡아당기면 출렁출렁, 저녁을 차린 학교가 버스 정류장 앞으로 온다

갑자기 니가 보고 싶을 때, ㉠있는 힘껏 길을 잡아당기면 출렁출렁, 그리운 니가 내게 안겨 온다

04 이 시에서 말하는 이가 겪은 일로 알맞은 것을 두 가지 골라 ○표 하시오.

(1) 줄다리기를 하였다. ( )
(2) 그리운 사람이 떠올랐다. ( )
(3) 학교에 지각할까 봐 걱정하였다. ( )

05 ㉠과 같이 있는 힘껏 길을 잡아당긴 까닭은 무엇입니까? ( )

① 바다에 놀러 가고 싶어서
② 학원에 가고 싶지 않아서
③ 그리운 사람을 만나고 싶어서
④ 부모님께 꾸중을 듣고 싶지 않아서
⑤ 기다리던 사람을 만나기 부끄러워서

[06~08]

허리 밟기

⊙할머니 아픈 허리는 왜 밟아야 시원할까요?
아이쿠! 아이쿠! 하면서도 "꼭꼭 밟아라." 하십니다
그래도 나는 겁이 나 자근자근 밟습니다.

06 ⊙을 통해 짐작할 수 있는 것을 두 가지 고르시오. (,)

① 할머니는 차가운 느낌을 좋아하신다.
② 할머니는 여름에 더위를 많이 타신다.
③ 할머니는 허리를 밟아 드리면 시원해하신다.
④ '나'는 할머니의 허리를 자주 밟아 드린 것 같다.
⑤ '나'는 할머니의 허리를 난생처음으로 밟아 드렸다.

07 인물의 마음이 잘 드러나도록 이 시를 읽는 방법은 무엇입니까? ( )

① 슬픈 목소리로 읽는다.
② 설레는 목소리로 읽는다.
③ 당황스러운 목소리로 읽는다.
④ 무서워하는 목소리로 읽는다.
⑤ 조심조심하는 목소리로 읽는다.

꼭나와 ❤

08 이 시를 읽고 떠오른 경험을 알맞게 말한 친구는 누구입니까? ( )

① 다연: 삼촌께서 세뱃돈을 주신 일이 떠올랐어.
② 성민: 할머니의 어깨를 주물러 드린 일이 생각났어.
③ 윤재: 친구의 휠체어를 세게 밀어 준 일이 생각났어.
④ 서아: 가족들과 함께 나들이를 갔던 일이 생각났어.
⑤ 현진: 할머니께서 미끄러지셔서 다리를 다치신 일이 생각났어.

[09~10]

가 "엄마, 덕실이가요!"
⊙"얘, 너 또 학원 가기 싫으니까 엉뚱한 소리로 빠져나가려고 그러지?"
엄마가 안방에서 나오며 말했다. 손에 걸레를 들고 있었다.
"아니에요, 정말로 말을 했어요!"
나 "얘가 더위를 먹었나? 아, 쓸데없는 소리 그만하고 얼른 학원에나 가. 늦겠다!"
엄마가 눈살을 찌푸리며 말했다. 그러고는 이야기를 더 듣지도 않겠다는 듯이 욕실로 걸레를 빨러 들어가 버렸다.
"알겠어요."
수일이도 이야기를 더 하고 싶지 않았다. 엄마하고 다시는 아무 말도 안 할 거라고 마음을 다져 먹었다.

09 ⊙에서 알 수 있는 내용으로 알맞은 것은 무엇입니까? ( )

① 엄마는 청소를 좋아하신다.
② 수일이는 학원 가는 것을 좋아한다.
③ 엄마는 수일이의 말을 믿지 않으신다.
④ 엄마는 수일이가 아플까 봐 걱정이시다.
⑤ 수일이는 엄마께 엉뚱한 말을 한 적이 없다.

서술형 ❤

10 수일이의 기분을 표현한 말로 가장 알맞은 것을 보기에서 찾고, 그렇게 생각한 까닭을 쓰시오.

보기

서운함   미안함   감사함

(1) 수일이의 기분: ( )

(2) 그렇게 생각한 까닭: _____

_____

_____

[11~13]

"우, 내가 둘이었으면 좋겠어. 누가 나 대신 학원에 좀 다녀 줬으면!"

수일이가 걸상 다리를 발로 차며 말했다. 걸상은 아무렇지도 않고 발바닥만 아팠다.

"정말 네가 둘이었으면 좋겠어?" / "그래!"

"그럼 너를 하나 더 만들면 되지."

"하나 더? 어떻게?"

"말해 주면 나한테도 가끔 공을 물어뜯을 수 있도록 해 주는 거지?"

"그래. 못 쓰는 공 너 하나 줄게."

"어떻게 하느냐 하면, 네 손톱을 깎아서 쥐한테 먹이는 거야." / "뭐어?"

"그러면 그 쥐가 너하고 똑같은 모습으로 바뀔지도 몰라."

"그건 옛날이야기일 뿐이야."

"옛날에 있었던 일이니까 지금도 있을 수 있지."

"옛날에 있었던 일이 아니라 옛날이야기래도. 어떤 아이가 손톱을 함부로 버렸는데, 그걸 쥐가 먹고는 사람이 돼 가지고 그 아이를 집에서 쫓아내고……. 그 이야기 말하는 거지?"

"그래도 나 같으면 한번 해 보겠어."

"글쎄, 그게 될까?"

"해 보고 안 되면 그만이지 뭐."

11 수일이가 자신이 둘이었으면 좋겠다고 생각한 까닭은 무엇입니까? (   )

① 학원에 가기 싫어서

② 혼자 노는 것이 심심해서

③ 지금보다 더 많이 먹고 싶어서

④ 엄마 심부름을 대신 해 주었으면 해서

⑤ 자신을 바라보며 이야기해 보고 싶어서

12 덕실이가 가르쳐 준, 수일이를 하나 더 만들 수 있는 방법을 완성하여 쓰시오.

• 수일이의 (   )을/를 깎아서 (   )에게 먹인다.

서술형

13 이 글에 이어질 이야기를 <u>잘못</u> 상상한 친구의 이름을 쓰고, 그 까닭을 쓰시오.

> • 지유: 가짜 덕실이가 수일이를 괴롭힐 거야.
> • 서아: 수일이는 쥐를 찾아 가짜 수일이를 만들 거야.

(1) 잘못 상상한 친구: (   )

(2) 그 까닭: _____

_____

_____

[14~15]

꽃

㉠꽃이 얼굴을 내밀었다

내가 먼저 본 줄 알았지만
봄이 쫓아가던 길목에서
내가 보아 주기를 날마다 기다리고 있었다

14 ㉠은 어떤 모습을 나타낸 것입니까? (   )

① 꽃이 시든 모습   ② 꽃을 심는 모습

③ 꽃이 활짝 핀 모습   ④ 꽃바구니를 든 모습

⑤ 꽃에 물을 주는 모습

**꼭나와 **

15 자신의 경험을 떠올리며 이 시를 읽고 말한 것으로 알맞은 것을 보기 에서 찾아 기호를 쓰시오.

> **보기**
> ㉮ 2연을 읽고 내가 관심 가져 주기를 바라는 우리 집 강아지가 떠올랐다.
> ㉯ 2연에서 꽃이 말하는 이에게 날마다 말을 걸어 준 것을 알 수 있었다.

(   )

[01~02]

가 고향으로 돌아온 유관순은 독립 만세를 부를 준비를 했다. 유관순은 사촌 언니와 함께 동지들을 모으고, 독립 만세를 부를 계획을 치밀하게 세웠다. 날마다 이 마을 저 마을을 찾아다니며 독립 만세를 부르는 일에 함께 참여할 것을 부탁했다. 하루 종일 돌아다니다가 집에 돌아오면 몸은 말할 수 없이 피곤했다. 그렇지만 잠시 찬물에 발을 담그고, 곧바로 가족과 함께 밤새워 태극기를 만들었다. 보통 사람들로서는 생각할 수 없을 만큼 놀라운 지혜와 용기로 일을 추진했다.

독립 만세를 부르기로 약속한 날이 하루 앞으로 다가왔다. 밤이 되자 유관순은 횃불을 가지고 매봉에 올랐다.

나 아우내 장터에 아침이 밝았다. 새벽부터 장터에 모여든 사람들은 여느 때보다 몇 곱절이나 되었다. 독립 만세를 부르려고 모인 사람이 대부분이었다.

오후 1시, 유관순은 많은 사람 앞에서 외쳤다.

"여러분, 반만년의 역사를 지닌 우리 겨레가 불행하게도 일본에 나라를 빼앗겼습니다. 이제 나라를 되찾아야 합니다."

01 유관순이 독립 만세 운동을 이끈 곳은 어디입니까? (   )

① 서울 시청
② 아우내 장터
⑤ 조선 총독부 앞
③ 종로 경찰서 앞
④ 유관순의 집 앞

02 유관순이 한 일로 알맞지 <u>않은</u> 것은 무엇입니까?
(   )

① 독립 만세를 부를 계획을 세웠다.
② 가족과 함께 밤새워 태극기를 만들었다.
③ 아우내 장터에서 일본 경찰에게 총을 쏘았다.
④ 사촌 언니와 함께 독립 만세를 부를 동지를 모았다.
⑤ 독립 만세를 부르기로 약속한 날의 하루 전에 횃불을 가지고 매봉에 올랐다.

[03~05]

순식간에 독립 만세 소리가 온 천지를 뒤흔들었다. 깜짝 놀라 달려온 일본 헌병들은 총과 칼을 휘두르면서 평화롭게 독립 만세를 부르며 나아가는 사람들을 막았다. 많은 사람이 죽거나 다쳤다.

유관순도 일본 헌병들에게 붙잡혀 끌려가고 말았다. 그리고 일본 헌병대에서 온갖 고문을 당한 뒤에 재판을 받았다. 유관순은 재판을 받을 때 조금도 굽히지 않고 당당했다. 유관순은 3년 형을 받고 감옥에 갇혔지만 우리나라가 독립을 해야 한다는 유관순의 신념은 누구도 꺾을 수 없었다.

1920년 9월 28일, 나라를 구하려고 죽음을 무릅쓰고 독립 만세를 부르던 유관순은 열아홉 나이에 감옥에서 숨을 거두고 말았다. 그러나 유관순이 나라를 사랑했던 마음은 지금도 우리 겨레의 가슴속에 남아 나라의 소중함을 일깨워 준다.

03 유관순이 숨을 거두었던 나이는 몇 살인지 찾아 쓰시오.

(   )

어려워 ⅓

04 이 글을 읽고 떠올린 경험을 알맞게 말하지 <u>못한</u> 친구의 이름을 쓰시오.

• 승현: 해외로 여행을 갔던 일이 떠올라.
• 동우: 독립운동가에 대한 글을 읽은 일이 떠올라.
• 민주: 유관순이 갇혔던 서대문 형무소에 견학 갔던 일이 떠올라.

(   )

서술형 ¼

05 경험을 떠올리며 글을 읽으면 좋은 점을 쓰시오.

_____

_____

[06~07]

출렁출렁

이러다 지각하겠다 싶을 때, 있는 힘껏 길을 잡아
당기면 출렁출렁, 학교가 우리 앞으로 온다

춥고 배고파 죽겠다 싶을 때, 있는 힘껏 길을 잡아
당기면 출렁출렁, 저녁을 차린 우리 집이 버스 정류
장 앞으로 온다

갑자기 니가 보고 싶을 때, 있는 힘껏 길을 잡아당
기면 출렁출렁, 그리운 니가 내게 안겨 온다

06 이 시의 3연에서 느껴지는 말하는 이의 마음으
로 가장 알맞은 것은 무엇입니까? (　　　)

① 친구를 미워하는 마음
② 친구를 그리워하는 마음
③ 친구를 이기고 싶어 하는 마음
④ 친구 집에 놀러 가고 싶은 마음
⑤ 새로운 친구를 사귀고 싶어 하는 마음

어려워 ☺

07 이 시를 읽고 떠오르는 장면을 세 가지 고르시오.
(　　, 　　, 　　)

① 친했던 친구와 다투는 장면
② 보고 싶은 사람에게 안기는 장면
③ 학교에 늦을까 봐 걱정하는 장면
④ 버스 정류장에 서서 버스를 기다리는 장면
⑤ 현장 체험학습을 가기 위해 버스를 기다리는
　 장면

[08~10]

허리 밟기

할머니 아픈 허리는 왜 밟아야 시원할까요?
아이쿠! 아이쿠! 하면서도 "꼭꼭 밟아라." 하십니다
그래도 나는 겁이 나 ㉠자근자근 밟습니다.

08 말하는 이가 ㉠과 같이 행동한 까닭은 무엇입니
까? (　　　)

① 힘이 너무 없어서
② 할머니께 꾸중을 듣기 싫어서
③ 할머니의 말씀을 잘못 이해해서
④ 허리를 세게 밟을수록 시원하게 느껴져서
⑤ 너무 세게 밟으면 할머니께서 아프실 것 같
　 아서

09 이 시에서 느껴지는 말하는 이의 마음으로 알맞
은 것을 두 가지 고르시오. (　　, 　　)

① 할머니 허리가 나았으면 좋겠어.
② 할머니께 혼이 나는 것이 무서워.
③ 손자가 허리를 밟아 주니까 좋구나.
④ 할머니를 오랫동안 뵙지 못해서 그리워.
⑤ 내가 너무 세게 밟으면 아프실까 봐 걱정돼.

서술형 ☺

10 이 시를 읽고 떠오르는 경험을 와 같이 한
문장으로 쓰시오.

보기

할아버지의 다리를 주물러 드렸던 일이 생
각납니다.

_____

_____

[11~12]

가 "이제 시스템 전원을 꺼셔도 됩니다."

수일이는 컴퓨터 모니터에 나온 글을 보며 발로 책상 아래 전기 스위치를 딸깍 껐다. 조금 전에 들어가서 돌아다녔던 컴퓨터 게임 속의 세상이 아직 눈앞에 어른거린다.

나 ⊙게임 속 세상에서는 수일이가 주인이어서 모든 일을 수일이가 정한다. 수일이 생각대로 컴퓨터 속 사람들을 이끌고 다니며 귀신들을 물리치고 새로운 세상을 만들어 간다.

그러다가 게임 속 나라에서 빠져나와 컴퓨터를 끄면, 아주 다른 세상이 수일이를 기다리고 있다. ⓒ컴퓨터 바깥의 세상은 수일이 마음대로 할 수 없는 세상이다. 주로 수일이가 이끌려 다녀야 하는 세상이다.

"이게 뭐야. 에이, 방학 동안 학원에만 왔다 갔다 했어!"

컴퓨터를 끄자마자 맥이 탁 풀리며 짜증부터 났다.

11 수일이가 방에서 하고 있었던 것은 무엇입니까?
( )

① 방학 숙제
② 컴퓨터 게임
③ 이야기책 읽기
④ 반려동물과 놀기
⑤ 친구와 전화하기

12 ⊙, ⓒ에 대한 알맞은 설명을 찾아 선으로 이으시오.

(1) ⊙ •
(2) ⓒ •

• ㉮ 수일이가 모든 일을 정한다.
• ㉯ 수일이가 마음대로 할 수 없다.

[13~15]

"우리 엄마 시키는 대로 다 하려면 내가 둘은 있어야 해."

수일이는 걸상 옆에 앉아 있는 덕실이가 엄마라도 되는 듯이, 덕실이를 곁눈질로 흘겨보며 말했다. 그러고는 영어 학원 가방을 집어서 퍽 소리가 나도록 방바닥에 떨어뜨렸다.

"으으, 진짜 내가 하나 더 있었으면 좋겠어! 그래야 하나는 학원에 가고 하나는 마음껏 놀 수가 있지."

"정말 네가 둘이었으면 좋겠니?"

"둘이었으면 좋겠어."

"참말이야?"

"그래, 참말이야! 혼자서는 너무 힘들어. 어, 그런데 ⊙네가 말을 했니?"

수일이는 눈을 커다랗게 뜨고 덕실이를 보았다.

"말이야 벌써부터 했지. 지금껏 네가 못 알아들었을 뿐이야. 나는 말하면 안 되니?"

덕실이가 꼬리를 흔들며 말했다. 아주 잠깐 동안 ⓒ수일이는 입이 벌어져서 다물어지지 않았다.

13 ⊙이 가리키는 것은 무엇입니까?
( )

14 ⓒ에서 알 수 있는 수일이의 마음으로 알맞은 것은 무엇입니까? ( )

① 놀람
② 부러움
③ 부끄러움
④ 안쓰러움
⑤ 자랑스러움

15 이 이야기에서 현실 세계와 다른 부분은 무엇인지 기호를 쓰시오.

㉮ 강아지가 사람처럼 말을 할 줄 안다.
㉯ 초등학생이 방학 동안 학원에 많이 다니는 경우가 있다.

( )

[16~18]

가 수일이는 덕실이를 데리고 도로 방으로 들어왔다. 눈에서 잠깐 눈물이 나오려고 했다.

나 "아무 말이든 또 해 봐. 덕실아, 너도 내가 하나로는 힘들겠다고 생각하지?"

"조금." / 덕실이가 말했다.

"조금이라고? 아침 먹자마자 피아노 학원, 속셈 학원, 바둑 교실, 영어 학원, 검도……. 하루 종일 학원에 왔다 갔다 하기 바쁜데도?"

다 "학원 다니는 게 싫어? 나는 좋을 것 같은데."

"너는 한 군데도 안 다니니까 그렇지. 컴퓨터 오락도 좀 마음 놓고 하고, 밖에 나가서 아이들하고 공도 차며 실컷 놀고 싶단 말이야." / "공 차는 게 좋아? 나는 공을 물어뜯는 게 더 좋더라."

16 수일이와 덕실이가 공으로 하고 싶은 일을 찾아 선으로 이으시오.

(1) 수일이 •   • ㉮ 공 물어뜯기

(2) 덕실이 •   • ㉯ 공차기

17 인물에 대한 설명으로 알맞은 것을 찾아 기호를 쓰시오.

㉮ 덕실이는 컴퓨터를 할 줄 안다.
㉯ 수일이는 방학 동안 많이 놀았다.
㉰ 수일이는 여러 학원을 다니고 있다.

(   )

어려워 👀
18 이 글을 읽는 방법으로 가장 알맞은 것은 무엇입니까? (   )

① 운율을 살려 읽는다.
② 사실을 확인하며 읽는다.
③ 꾸며 주는 말을 찾으며 읽는다.
④ 주장과 근거를 확인하며 읽는다.
⑤ 나와 주인공의 경험을 비교하며 읽는다.

[19~20]

꽃

꽃이 얼굴을 내밀었다

내가 먼저 본 줄 알았지만
봄이 쫓아가던 길목에서
내가 보아 주기를 날마다 기다리고 있었다

내가 먼저 말 건 줄 알았지만
바람과 인사하고 햇살과 인사하며
날마다 내게 말을 걸고 있었다

내가 먼저 웃어 준 줄 알았지만
떨어질 꽃잎도 지켜 내며
나를 향해 더 많이 활짝 웃고 있었다

내가 더 나중에 보아서 ㉠미안하다.

19 ㉠처럼 말한 까닭을 알맞게 말한 친구의 이름을 쓰시오.

• 지호: 그동안 꽃의 마음을 모르고 지냈던 것이 미안하다고 말했어.
• 윤서: 바람과 햇살이 꽃을 괴롭힌 일을 모르고 지내서 미안하다고 말했어.

(   )

서술형 👀
20 친구와 화해한 경험을 떠올려 다음과 같이 시를 바꾸어 쓸 때, 빈칸에 알맞은 내용을 더해 쓰시오.

친구가 손을 내밀었다

나만 화해하고 싶은 줄 알았는데
마음이 갈라지는 길목에서

_____

_____

개념 ① 여러 가지 설명 방법

- 비교와 대조: 두 가지 이상의 대상에서 공통점과 ❶ㅊㅇㅈ 을 찾아 설명합니다.

- 열거: 설명하려는 대상의 특징을 ❷ㄴㅇ 하여 설명합니다.

1 다음 글의 설명 방법으로 알맞은 것을 골라 ○표 하시오.

> 다보탑과 석가탑은 공통점이 있습니다. 두 탑은 모두 통일 신라 시대에 만든 탑으로서 불국사 대웅전 앞뜰에 나란히 서 있습니다. 또 두 탑은 그 가치를 인정받아 국보로 지정되었습니다.
> 두 탑의 모습은 매우 다릅니다. 다보탑은 장식이 많고 화려합니다. 십자 모양의 받침 주변에 돌계단을 만들고 그 위에 사각·팔각·원 모양의 돌을 쌓아 올렸습니다. 반면 석가탑은 단순하면서도 세련된 멋이 있습니다.

(열거 , 비교와 대조)

개념 ② 구조를 생각하며 글 요약하기

- 대상을 설명하는 방법이 무엇인지 확인하고, 문단의 ❸ㅈㅅ 내용을 찾습니다.

- 중요하지 않은 내용은 지우고, 세부 내용은 대표하는 말로 바꾸어 중심 내용을 정리합니다.

- 글의 ❹ㄱㅈ 에 알맞게 틀을 그려 내용을 정리합니다.

2 다음 글에서 설명한 것은 무엇입니까? (   )

> 가 의사나 간호사는 보통 흰색 옷을 입는다. 감염에 민감한 환자들이 있는 병원에서는 위생이 매우 중요한 문제이기 때문이다.
> 나 군인은 주변 환경과 상황에 따라 옷 색깔을 달리하여 입는다. 전투를 벌일 때 적군 눈에 쉽게 띄면 안 되기 때문이다.

① 직업과 옷 색깔의 관계　② 의사와 간호사의 차이점
③ 우리나라의 고유한 색깔　④ 여러 가지 직업의 좋은 점
⑤ 여러 가지 옷을 만드는 방법

개념 ③ 대상을 생각하며 설명하는 글 쓰기

- 글을 쓰는 ❺ㅁㅈ 을 생각하여 씁니다.

- 확실하지 않은 ❻ㅈㅂ 를 제공하지 않습니다.

- 추측하는 말이나 주장하는 말을 쓰지 않습니다.

- 읽는 사람이 이해할 수 있는 말을 사용합니다.

3 다음은 설명하는 글을 쓰기 위해 자료를 수집하는 방법을 정리한 것입니다. 빈칸에 알맞은 내용을 보기 에서 찾아 쓰시오.

> **보기**
>
> 글의 내용, 수집할 곳, 수집할 내용

(1)	고양이 기르기와 강아지 기르기의 공통점과 차이점
(2)	• 먹이 주는 방법 • 잘 기를 수 있는 환경 등
(3)	• 고양이 기르기 관련 서적 • 강아지 기르기 관련 서적 등

정답 ❶ 차이점 ❷ 나열 ❸ 중심 ❹ 구조 ❺ 목적 ❻ 정보

[01~03]

국립중앙박물관 이용 안내

> ▶ 국립중앙박물관은 1월 1일, 설날(당일), 추석(당일)에는 쉽니다.
> ▶ 6세 이하 어린이는 보호자와 함께해야 합니다.

■ 관람 시간
• 월·화·목·금요일 10:00~18:00
• 수·토요일 10:00~21:00
• 일요일·공휴일 10:00~19:00

■ 관람료: 무료(상설 전시관, 어린이 박물관, 무료 특별 전시)

01 이 글에서 국립중앙박물관에 대해 알 수 있는 것이 아닌 것은 무엇입니까? (   )

① 관람료
② 쉬는 날
③ 관람 시간
④ 관람 방법
⑤ 찾아오는 길

02 이와 같은 글의 종류로 알맞은 것은 무엇입니까? (   )

① 연설하는 글
② 주장하는 글
③ 설명하는 글
④ 제안하는 글
⑤ 감동을 나타내는 글

03 이와 같은 글을 읽으면 좋은 점으로 가장 알맞은 것은 무엇입니까? (   )

① 말의 재미를 느낄 수 있다.
② 필요한 정보를 얻을 수 있다.
③ 즐거운 경험을 떠올릴 수 있다.
④ 다른 사람의 생각을 알 수 있다.
⑤ 다른 사람의 기분을 좋게 할 수 있다.

[04~05]

우리나라에는 화강암을 쪼아 만든 석탑이 많습니다. 그 가운데에서 가장 유명한 탑은 다보탑과 석가탑입니다. 다보탑과 석가탑에는 공통점과 차이점이 있습니다.

다보탑과 석가탑은 공통점이 있습니다. 두 탑은 모두 통일 신라 시대에 만든 탑으로서 불국사 대웅전 앞뜰에 나란히 서 있습니다. 또 두 탑은 그 가치를 인정받아 국보로 지정되었습니다.

두 탑의 모습은 매우 다릅니다. 다보탑은 장식이 많고 화려합니다. 십자 모양의 받침 주변에 돌계단을 만들고 그 위에 사각·팔각·원 모양의 돌을 쌓아 올렸습니다. 반면 석가탑은 단순하면서도 세련된 멋이 있습니다. 사각 평면 받침 위에 돌을 삼 층으로 쌓아 올려 매우 균형 있는 모습을 자랑합니다.

꼭나와 ♡

04 다음 중 다보탑과 석가탑의 공통점을 모두 찾아 기호를 쓰시오.

> ㉮ 장식이 많고 화려하다.
> ㉯ 화강암을 쪼아 만든 석탑이다.
> ㉰ 불국사 대웅전 앞뜰에 서 있다.
> ㉱ 단순하면서도 세련된 멋이 있다.

(   )

서술형 ♡

05 이 글에서 대상을 설명하는 방법은 무엇인지 쓰고, 그렇게 생각한 까닭을 쓰시오.

(1) 대상을 설명하는 방법:
(   )

(2) 그렇게 생각한 까닭: _____

_____

국어

[06~07]

사람들은 다양한 목적으로 탑을 세웁니다. 종교나 군사 목적으로 탑을 만들 뿐만 아니라 무엇인가를 기념하려고 탑을 짓습니다. 세계 여러 도시에 있는 유명한 탑을 알아봅시다.

이탈리아 토스카나주에는 피사의 사탑이 있습니다. 피사의 사탑은 종교 목적으로 만들어졌습니다. 55미터 높이로 세운 이 탑은 완성한 뒤 조금씩 한쪽으로 기울기 시작해 현재 모습이 되었습니다. 그 아슬아슬한 모습은 눈길을 많이 끕니다.

프랑스 파리에는 에펠 탑이 있습니다. 에펠 탑은 1889년에 프랑스 혁명 100주년을 기념해 세웠습니다. 에펠 탑의 높이는 324미터이고, 해마다 세계 여러 나라에서 수백만 관광객이 찾을 만큼 유명합니다. 현재는 파리뿐만 아니라 프랑스 전체를 상징하는 건축물이기도 합니다.

서술형 상

06 이 글에서 설명하는 탑 가운데 직접 가서 보고 싶은 탑을 한 가지 고르고, 그 까닭을 쓰시오.

(1) 직접 가서 보고 싶은 탑:

(   )

(2) 그 까닭: _____

_____

꼭나와 ㄴ

07 이 글에서 대상을 설명한 방법으로 알맞은 것은 무엇입니까? (   )

① 대상을 상상하여 설명했다.
② 설명하려는 대상의 특징을 나열하여 설명했다.
③ 일정한 기준에 따라 같은 것끼리 묶어 설명했다.
④ 전체를 여러 부분으로 나누어 부분별로 설명했다.
⑤ 두 가지 이상의 대상에서 공통점과 차이점을 찾아 설명했다.

[08~10]

어류는 아가미가 있는 척추동물입니다. 어류는 물 속 환경에 적응할 수 있도록 다양한 기관이 발달했습니다.

㉠어류 피부는 대부분 비늘로 덮여 있습니다. 비늘은 어류 몸을 보호합니다. ㉡비늘은 짠 바닷물이 몸속으로 들어오지 못하게 막아 줍니다. 또 저마다 비늘 무늬가 달라 몸을 쉽게 숨길 수 있게 합니다.

㉢어류는 아가미로 물속에 녹아 있는 산소를 흡수합니다. 입으로 물을 삼키고 아가미로 다시 내뱉는 과정에서 산소를 얻습니다.

㉣어류는 몸통에 옆줄이 있습니다. 어류는 옆줄로 물 흐름이나 떨림 같은 환경 변화를 알아냅니다.

08 ㉠~㉣ 중에서 중심 문장이 아닌 것의 기호를 쓰시오.

(   )

09 다음은 이 글의 내용을 요약한 것입니다. (   )에 알맞은 말을 찾아 쓰시오.

어류 피부는 비늘로 덮여 있어 몸을 보호해 주고, (1) (   )은/는 물 속에 녹아 있는 산소를 흡수한다. 또 어류는 (2) (   )로 환경 변화를 알아낸다.

10 이 글의 구조에 알맞은 틀은 무엇입니까?

(   )

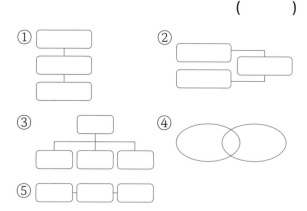

[11~13]

　　사람은 직업에 따라 고유한 색깔 옷을 입기도 한다. 직업의 특성에 따라 특정 색깔의 옷이 일을 하는 데 도움이 되기 때문이다.

　　의사나 간호사는 보통 흰색 옷을 입는다. 감염에 민감한 환자들이 있는 병원에서는 위생이 매우 중요한 문제이기 때문이다. 흰색 옷은 옷이 더러워졌을 때 이를 쉽게 알아차릴 수 있게 해 준다. 약사나 위생사, 요리사와 같이 청결을 유지해야 하는 일을 하는 사람들도 마찬가지로 흰색 옷을 입는다.

　　법관은 검은색 옷을 입는다. 예전 서양에서는 신분에 따라 입을 수 있는 옷 색깔이 정해져 있었지만, 검은색 옷은 누구나 입을 수 있었다. 법관의 검은색 옷은 법 앞에서 모든 사람이 평등하다는 뜻을 나타내며, 다른 것에 물들지 않고 공정하게 재판해야 한다는 의미를 담고 있다.

　　군인은 주변 환경과 상황에 따라 옷 색깔을 달리하여 입는다. 전투를 벌일 때 적군 눈에 쉽게 띄면 안 되기 때문이다. 예전의 화약 무기는 한번 사용하면 연기가 자욱하여 적군과 아군을 구분하기가 힘들었다. 따라서 당시에는 강한 원색의 군복을 입었다. 오늘날에는 기술이 발달하여 군인은 대부분 주변 환경과 구별하기 힘든 색의 옷을 입는다.

11 직업에 따라 고유한 색깔 옷을 입는 까닭은 무엇입니까? (　　　)

① 환경을 보호하기 위해서
② 만든 옷감을 모두 사용하려고
③ 보는 사람에게 즐거움을 주려고
④ 일을 하는 데 도움이 되기 때문에
⑤ 각자 좋아하는 색깔의 옷이 다르기 때문에

12 흰색 옷을 입는 직업에 해당하지 <u>않는</u> 것은 무엇입니까? (　　　)

① 의사　　　　　② 군인
③ 간호사　　　　④ 요리사
⑤ 위생사

꼭나와 ㉦

13 이 글의 설명 방법으로 알맞은 것은 무엇입니까? (　　　)

① 대상의 공통점을 중심으로 설명하였다.
② 여러 가지 특징을 나열하여 설명하였다.
③ 설명하려는 두 대상의 차이점을 찾아 설명하였다.
④ 일정한 기준에 따라 같은 것끼리 묶어 설명하였다.
⑤ 전체를 여러 부분으로 나누어 부분별로 설명하였다.

14 다음 설명할 내용에 어울리는 설명 방법과 알맞은 틀을 **보기** 에서 찾아 기호를 쓰시오.

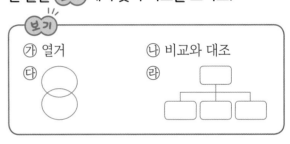

설명할 내용	설명 방법	알맞은 틀
물고기를 기를 때 주의할 점	(1)	(2)
거문고와 가야금의 공통점과 차이점	(3)	(4)

15 글을 요약하기 위해 해야 할 일을 세 가지 고르시오. (　　, 　　, 　　)

① 문단의 중심 내용을 찾는다.
② 좋아하는 낱말의 의미를 찾는다.
③ 대상을 설명하는 방법을 확인한다.
④ 설명하는 대상이 무엇인지 파악한다.
⑤ 자신이 알고 싶은 내용이 무엇인지 찾는다.

국
어

01 설명하는 글을 읽을 때 생각할 점으로 알맞은 것을 두 가지 고르시오. (,   )

① 주장과 근거를 찾으며 읽는다.
② 설명이 정확한지 생각하며 읽는다.
③ 어떤 것을 설명하는지 생각하며 읽는다.
④ 문제 상황이 무엇인지 알아보며 읽는다.
⑤ 글쓴이의 생각과 느낌을 찾으며 읽는다.

[02~03]

❶ 씨앗을 미지근한 물에 담가 놓는다.
❷ 준비한 그릇에 부드러운 헝겊을 깔고, 불린 씨앗을 서로 겹치지 않게 촘촘히 깔아 준다.
❸ 종이로 덮어 햇빛을 가리고 물기가 마르지 않게 물뿌리개로 물을 뿌려 준다.
❹ 싹이 나오면 종이를 벗겨 그늘에 두고, 수분이 마르지 않도록 물을 준다.
❺ 5~6일이 지나면 새싹 채소를 얻을 수 있다.

02 이 글을 읽고 알 수 있는 내용은 무엇입니까?

(   )

① 채소를 씻는 방법
② 새싹 채소를 사는 방법
③ 새싹 채소를 가꾸는 방법
④ 채소로 음식을 만드는 방법
⑤ 새싹 채소가 우리 몸에 좋은 까닭

어려워 ✏️
03 이 글에서 설명이 더 필요한 부분을 잘못 말한 친구의 이름을 쓰시오.

> • 미주: ❶, ❷에서 씨앗을 미지근한 물에 얼마나 담가 놓아야 하는지에 대한 설명이 더 필요해.
> • 현아: ❸에서 물뿌리개로 얼마나 자주 물을 뿌려 주어야 하는지에 대한 설명이 더 필요해.
> • 윤진: ❹에서 얼마가 지나야 새싹 채소를 얻을 수 있는지에 대한 설명이 더 필요해.

(   )

[04~05]

국립중앙박물관 이용 안내

> ▶ 국립중앙박물관은 1월 1일, 설날(당일), 추석(당일)에는 쉽니다.
> ▶ 6세 이하 어린이는 보호자와 함께해야 합니다.

■ 관람 시간
• 월·화·목·금요일 10:00~18:00
• 수·토요일 10:00~21:00
• 일요일·공휴일 10:00~19:00

■ 관람료: 무료(상설 전시관, 어린이 박물관, 무료 특별 전시)

04 이 글의 종류로 알맞은 것을 골라 ○표를 하시오.

(설명 , 주장)하는 글

05 국립중앙박물관 이용 안내로 알맞지 <u>않은</u> 것은 무엇입니까? (   )

① 오전 10시에 문을 연다.
② 상설 전시관은 관람료가 무료이다.
③ 수요일과 토요일에는 21시에 문을 닫는다.
④ 1월 1일, 설날(당일), 추석(당일)에는 쉰다.
⑤ 6세 이하의 어린이는 절대 입장할 수 없다.

[06~08]

과일 카드 놀이 방법

❶ 책상 가운데에 종을 놓고 과일 카드를 똑같이 나누어 가진다.
❷ 차례에 맞게 각자 카드를 한 장씩 펼쳐 내려놓는다.
❸ 펼친 카드 가운데에서 같은 과일이 다섯 개가 되면 재빨리 종을 친다.
❹ 먼저 종을 친 사람이 바닥에 모인 카드를 모두 가져간다.
❺ ❷~❹를 되풀이해서 마지막까지 카드를 가지고 있는 사람이 이긴다.

서술형 응

06 이 글을 읽고 과일 카드 놀이를 하면서 카드를 얻으려면 어떻게 해야 하는지 쓰시오.

_____

_____

07 이와 같은 글을 읽고 새롭게 알 수 있는 점으로 알맞지 <u>않은</u> 것은 무엇인지 기호를 쓰시오.

> ㉮ 필요한 정보를 얻을 수 있다.
> ㉯ 일의 방법과 규칙을 알 수 있다.
> ㉰ 어떤 일에 대한 문제 상황과 해결 방법을 알 수 있다.

(   )

08 이와 같은 글을 찾아 읽은 경험을 알맞게 말하지 <u>못한</u> 친구의 이름을 쓰시오.

은아: 장난감을 조립하는 설명서를 읽은 적이 있어.

이안: 약을 먹을 때 주의할 점을 알려 주는 글을 읽은 적이 있어.

하리: 독립운동가의 생각이 담긴 연설문을 읽은 적이 있어.

준희: 요리사의 요리 방법을 설명한 글을 읽은 적이 있어.

(   )

[09~10]

우리나라에는 화강암을 쪼아 만든 석탑이 많습니다. 그 가운데에서 가장 유명한 탑은 다보탑과 석가탑입니다. 다보탑과 석가탑에는 공통점과 차이점이 있습니다.

다보탑과 석가탑은 공통점이 있습니다. 두 탑은 모두 통일 신라 시대에 만든 탑으로서 불국사 대웅전 앞뜰에 나란히 서 있습니다. 또 두 탑은 그 가치를 인정받아 국보로 지정되었습니다.

두 탑의 모습은 매우 다릅니다. 다보탑은 장식이 많고 화려합니다. 십자 모양의 받침 주변에 돌계단을 만들고 그 위에 사각·팔각·원 모양의 돌을 쌓아 올렸습니다. 반면 석가탑은 단순하면서도 세련된 멋이 있습니다. 사각 평면 받침 위에 돌을 삼 층으로 쌓아 올려 매우 균형 있는 모습을 자랑합니다.

09 다보탑과 석가탑의 공통점이 <u>아닌</u> 것은 무엇입니까? (   )

① 국보로 지정되었다.
② 화강암을 쪼아 만들었다.
③ 십자 모양의 받침이 있다.
④ 불국사 대웅전 앞뜰에 있다.
⑤ 통일 신라 시대에 만들어졌다.

어려워 응

10 이 글에서 대상을 설명한 방법으로 알맞은 것은 무엇입니까? (   )

① 다양한 예를 들어 설명했다.
② 설명하려는 대상의 종류를 나열하여 설명했다.
③ 일정한 기준에 따라 같은 것끼리 묶어 설명했다.
④ 전체를 여러 부분으로 나누어 부분별로 설명했다.
⑤ 두 가지 이상의 대상에서 공통점과 차이점을 찾아 설명했다.

【11~12】

　사람들은 다양한 목적으로 탑을 세웁니다. 종교나 군사 목적으로 탑을 만들 뿐만 아니라 무엇인가를 기념하려고 탑을 짓습니다. 세계 여러 도시에 있는 유명한 탑을 알아봅시다.

　이탈리아 토스카나주에는 피사의 사탑이 있습니다. 피사의 사탑은 종교 목적으로 만들어졌습니다. 55미터 높이로 세운 이 탑은 완성한 뒤 조금씩 한쪽으로 기울기 시작해 현재 모습이 되었습니다. 그 아슬아슬한 모습은 눈길을 많이 끕니다.

　프랑스 파리에는 에펠 탑이 있습니다. 에펠 탑은 1889년에 프랑스 혁명 100주년을 기념해 세웠습니다. 에펠 탑의 높이는 324미터이고, 해마다 세계 여러 나라에서 수백만 관광객이 찾을 만큼 유명합니다. 현재는 파리뿐만 아니라 프랑스 전체를 상징하는 건축물이기도 합니다.

　중국 상하이에는 높이가 468미터인 동방명주 탑이 있습니다. 이 탑은 1994년에 방송을 송신하려고 세웠습니다. 동방명주 탑은 높은 기둥을 중심축으로 하여 구슬 세 개를 꿰어 놓은 것 같은 독특한 외형 때문에 '동양의 진주'라고 불립니다.

11 이 글을 바르게 이해한 친구는 누구입니까?
(　　)

① 민지: 중국에는 유명한 탑이 없구나.
② 소윤: 세계 여러 도시의 탑을 알게 됐어.
③ 아영: 탑은 종교적인 목적으로만 세우는군.
④ 정우: 피사의 사탑은 사람들이 잘 찾지 않아.
⑤ 세은: 에펠 탑은 이탈리아의 대표 건축물이야.

어려워 ☆

12 이 글에서 대상을 설명하는 방법은 무엇입니까?
(　　)

① 대상의 다른 점 찾기
② 대상의 비슷한 점 찾기
③ 일정한 기준에 따라 묶기
④ 전체를 여러 부분으로 나누기
⑤ 설명하려는 대상의 특징을 나열하기

【13~14】

　어류는 아가미가 있는 척추동물입니다. 어류는 물속 환경에 적응할 수 있도록 ㉠다양한 기관이 발달했습니다.

　어류 피부는 대부분 비늘로 덮여 있습니다. 비늘은 어류 몸을 보호합니다. 비늘은 짠 바닷물이 몸속으로 들어오지 못하게 막아 줍니다. 또 저마다 비늘 무늬가 달라 몸을 쉽게 숨길 수 있게 합니다.

　어류는 아가미로 물속에 녹아 있는 산소를 흡수합니다. 입으로 물을 삼키고 아가미로 다시 내뱉는 과정에서 산소를 얻습니다.

　어류는 몸통에 옆줄이 있습니다. 어류는 옆줄로 물 흐름이나 떨림 같은 환경 변화를 알아냅니다.

13 이 글에서 ㉠에 해당하는 것을 모두 찾아 쓰시오.
(　　　　　　　　　)

14 이와 같은 글을 요약하는 방법으로 알맞지 않은 것은 무엇입니까? (　　)

① 각 문단의 중심 내용을 찾는다.
② 글의 구조에 알맞은 틀을 그린다.
③ 중요하지 않은 내용도 모두 포함한다.
④ 대상을 설명하는 방법이 무엇인지 파악한다.
⑤ 세부 내용은 대표적인 말로 바꾸어 중심 내용을 정리한다.

서술형 ☆

15 글을 요약하면 좋은 점을 한 가지 쓰시오.

_____

_____

→ 바른답·알찬풀이 7쪽

국어

[16~18]

　사람은 직업에 따라 고유한 색깔 옷을 입기도 한다. 직업의 특성에 따라 특정 색깔의 옷이 일을 하는 데 도움이 되기 때문이다.

　의사나 간호사는 보통 흰색 옷을 입는다. 감염에 민감한 환자들이 있는 병원에서는 위생이 매우 중요한 문제이기 때문이다. 흰색 옷은 옷이 더러워졌을 때 이를 쉽게 알아차릴 수 있게 해 준다. 약사나 위생사, 요리사와 같이 청결을 유지해야 하는 일을 하는 사람들도 마찬가지로 흰색 옷을 입는다.

　법관은 검은색 옷을 입는다. 예전 서양에서는 신분에 따라 입을 수 있는 옷 색깔이 정해져 있었지만, 검은색 옷은 누구나 입을 수 있었다. 법관의 검은색 옷은 법 앞에서 모든 사람이 평등하다는 뜻을 나타내며, 다른 것에 물들지 않고 공정하게 재판해야 한다는 의미를 담고 있다.

　군인은 주변 환경과 상황에 따라 옷 색깔을 달리하여 입는다. 전투를 벌일 때 적군 눈에 쉽게 띄면 안 되기 때문이다. 예전의 화약 무기는 한번 사용하면 연기가 자욱하여 적군과 아군을 구분하기가 힘들었다. 따라서 당시에는 강한 원색의 군복을 입었다. 오늘날에는 기술이 발달하여 군인은 대부분 주변 환경과 구별하기 힘든 색의 옷을 입는다.

　사람들은 직업에 따라 입는 옷 색깔이 다양하다. 옷 색깔이 무엇을 뜻하는지 안다면 그 직업을 더 잘 알 수 있다.

16 이 글의 내용으로 알맞지 <u>않은</u> 것은 무엇입니까?
（　　　）

① 약사나 위생사, 요리사는 주로 흰색 옷을 입는다.
② 옛날에 검은색 옷은 누구나 입을 수 없는 옷이었다.
③ 흰색 옷은 옷이 더러워졌을 때 이를 쉽게 알아차릴 수 있게 한다.
④ 직업의 특성에 따라 특정 색깔의 옷이 일을 하는 데 도움이 된다.
⑤ 예전 서양에서는 신분에 따라 입을 수 있는 옷 색깔이 정해져 있었다.

17 이 글을 읽고 답을 찾을 수 있는 질문으로 알맞은 것에 ○표, 알맞지 <u>않은</u> 것에 ×표 하시오.

(1) 법관은 왜 검은색 옷을 입나요?　（　　　）
(2) 우리나라 군인들의 옷 색깔은 무엇인가요?
（　　　）

서술형 상

18 다음은 이 글의 내용을 정리한 것입니다. 빈칸에 들어갈 알맞은 내용을 쓰시오.

처음	사람은 직업에 따라 고유한 색깔 옷을 입기도 한다.
가운데	의사나 간호사는 보통 흰색 옷을 입고, 법관은 검은색 옷을 입으며, 군인은 주변 환경과 상황에 따라 옷 색깔을 달리하여 입는다.
끝	

19 설명하는 글을 쓸 때 주의할 점으로 알맞은 것은 무엇입니까?（　　　）

① 어려운 말을 사용한다.
② 추측하는 말을 사용한다.
③ 확실한 정보만 제공한다.
④ 주장하는 내용을 주로 쓴다.
⑤ 읽는 사람이 이미 알고 있는 정보만 쓴다.

20 주제를 중심으로 여러 가지 자료를 함께 찾아 글을 쓰는 순서에 맞게 기호를 쓰시오.

> ㉮ 설명 방법 정하기
> ㉯ 설명할 주제 정하고 자료 찾기
> ㉰ 설명 방법에 맞게 내용 정리하기
> ㉱ 내용과 자료에 따라 설명하는 글 쓰기
> ㉲ 자료를 읽고 설명하고 싶은 내용 정하기

㉯ → （　　　）→（　　　）→（　　　）→ ㉱

개념 ① 문장을 구성하는 성분

• 주어: 문장에서 동작이나 상태의 [ㅈ][ㅊ]가 되는 말입니다.

• 서술어: 문장에서 주어의 움직임, 상태, [ㅅ][ㅈ] 따위를 풀이하는 말입니다.

• 목적어: 문장에서 동작의 대상이 되는 말입니다.

1 그림에 어울리는 문장이 되도록 (   )에 알맞은 말을 쓰시오.

	(1) 무엇이 ( ) 뜁니다.
	(2) 어떠하다 새가 ( ).

개념 ② 쓸 내용을 떠올려 내용을 조직하고 글로 나타내기

• 쓰기 목적과 [ㄷ][ㅅ]을 정합니다.

• 글로 쓸 내용을 몇 가지로 나누어 떠올리거나 자유롭게 떠올립니다.

• 시간 흐름과 장소 변화에 따라 일어난 일을 정리합니다. 흐름에 맞게 생각이나 느낌을 묶는 것을 '[ㄷ][ㅂ] 짓기'라고 합니다.

• 다발 짓기 내용을 보며 글을 써 봅니다.

2 다음은 글을 쓰기 위해 다발 짓기를 한 것입니다. ㉠에 들어갈 내용을 쓰시오.

일어난 일		㉠
아빠께서 나를 깨우심. 아빠께서 말씀하심.	처음	더 자고 싶어서 툴툴거림.
공원까지 걸음. 턱걸이를 다섯 개나 성공함. 등	가운데	생각보다 사람이 많아서 놀람. / 아빠께 칭찬을 들어 기분이 좋음. 등
이웃 어른들께 반갑게 인사함. 등	끝	기분이 참 상쾌함.

(   )

개념 ③ 호응 관계가 알맞은 문장 쓰기

• 호응: 문장에서 앞에 어떤 말이 오고 [ㅉ]인 말이 뒤따라오는 것입니다.

• [ㅎ][ㅇ]이 되지 않으면 문장이 어색해지거나, 전달하려는 뜻이 잘못 전해질 수 있습니다.

3 다음 중 밑줄 친 부분에서 '시간을 나타내는 말과 서술어의 호응' 관계를 알 수 있는 문장을 골라 ○표 하시오.

(1) 물고기가 낚싯줄에 걸렸다.   (   )
(2) 할머니께서 맛있는 떡을 주셨다.   (   )
(3) 나는 어제 재미있는 동화책을 읽었다.   (   )

정답 ① 중심 ② 성질 ③ 대상 ④ 다발 ⑤ 뒤 ⑥ 호응

01 다음 문장에서 동작이나 상태의 주체가 되는 말은 무엇인지 찾아 쓰시오.

> 나는 음식을 먹었습니다.

( )

02 다음 두 친구 중 문장을 알맞게 말하지 <u>못한</u> 친구의 이름을 쓰고, 그렇게 생각한 까닭을 쓰시오.

선수가 공을 잡았습니다.

내 친구는 좋아합니다.

윤지   경환

(1) 알맞게 말하지 못한 친구:

( )

(2) 그렇게 생각한 까닭: _____

_____

03 다음 문장에서 반드시 있어야 하는 부분을 두 가지 고르시오. (,)

> 예쁜 꽃이 드넓은 들판에 피었습니다.

① 예쁜   ② 꽃이
③ 드넓은   ④ 들판에
⑤ 피었습니다.

[04~06]

민재야, 이번 학급 신문에 실을 글을 한 편 써 줘.

어떤 글을 쓸까? 그래, 내가 지난달에 겪은 일을 소개하는 글을 써 보자.

우리 반 친구들이 읽을 글이니 친구들이 재미있어할 내용으로 써야겠어.

지난달에 어떤 일이 있었지?

04 민재가 글을 쓰려는 목적은 무엇인지 찾아 쓰시오.

• ( )에 실을 글을 쓰는 것

05 민재가 글을 쓰기 위해 떠올릴 내용으로 알맞은 것은 무엇입니까? ( )

① 친구들에게 궁금한 점
② 내년에 하고 싶은 공부
③ 우리 집 강아지의 특징
④ 지난달에 아버지와 요리했던 일
⑤ 가족과 여행을 떠나고 싶은 장소

06 이 그림의 내용으로 보아, 겪은 일을 글로 쓸 때 떠올릴 내용으로 알맞지 <u>않은</u> 것은 무엇입니까? ( )

① 글의 주제
② 읽을 사람
③ 반복되는 표현
④ 글을 쓰는 상황
⑤ 글을 쓰는 목적

[07~08]

나는 달걀말이를 정말 좋아한다. 날마다 달걀말이를 반찬으로 먹어도 투정하지 않을 자신이 있다. 지난 주말에 삼촌 댁에 갔더니 삼촌께서 내가 좋아하는 달걀말이를 해 주셨다. 삼촌은 요리를 정말 잘하시는 것 같다. 달걀말이가 너무 맛있어서 삼촌께 달걀말이를 만드는 방법을 배워 왔다.

먼저 재료로 달걀 여섯 알, 다진 파 한 줌, 소금, 식용유를 준비한다. 그런 다음 달걀을 큰 그릇에 깨뜨려 넣고 다진 파 한 줌과 소금 적당량을 넣어서 골고루 잘 저어 준다. 삼촌께서 이때 달걀을 젓가락으로 싹둑싹둑 잘라 주어야 좋다고 하셨다. 덩어리진 것을 가위로 자르듯 끊어 주면 된다고 하셨다. 그런 다음 약한 불에 준비한 지짐 판을 얹고 식용유를 골고루 두른 뒤 달걀물을 넓게 붓는다. 그리고 조금씩 익으면 끝에서부터 뒤집개로 살살 말아 준다.

내가 음식을 만든다고 하니 아버지께서 걱정하시며 조금 도와주셨다. 그리고 내가 처음으로 만든 달걀말이를 드시고 정말 맛있다고 하셨다. 내가 만든 요리를 우리 반 친구들에게도 주고 싶지만 사람이 너무 많으니 특별히 요리 비법을 공개한 것이다.

07 이 글은 '나'의 어떤 경험을 글로 쓴 것입니까? ( )

① 가게에서 달걀을 산 경험
② 달걀을 혼자 삶아 먹은 경험
③ 달걀말이를 스스로 만든 경험
④ 달걀말이를 처음 먹어 본 경험
⑤ 달걀 요리법을 쓴 책을 읽은 경험

꼭나와 ㅂ

08 달걀말이를 만드는 방법이 <u>아닌</u> 것은 무엇입니까? ( )

① 약한 불에서 요리한다.
② 덩어리진 달걀은 그대로 익힌다.
③ 달걀, 파, 소금, 식용유를 준비한다.
④ 조금씩 익으면 뒤집개로 살살 말아 준다.
⑤ 식용유는 골고루 두르고, 달걀물은 넓게 붓는다.

[09~10]

아침 일찍, 아빠께서 공원에 가자며 나를 깨우셨다.

"일찍 일어나는 새가 벌레를 잡는다는 말이 있어. 얼른 일어나자."

아빠 말씀에 난 억지로 일어나 세수를 하고 옷을 입었다. 공원에 갈 준비가 끝날 때까지도 난 계속 툴툴거렸다.

대문을 나서니, 찬 바람에 코끝이 시려 손으로 코를 가렸다.

"왜? 춥니? 좀 걸으면 괜찮아질 거야."

아빠께서는 물통을 들고 뚜벅뚜벅 걸어가셨다. 아빠 발걸음이 어찌나 빠른지 나는 그 뒤를 따라 뛰어야 했다. 뒷산 시민 공원에 도착하니 벌써 운동하는 사람이 많아 깜짝 놀랐다.

"준비 운동부터 하자."

나는 아빠를 따라 맨손 체조를 했다. 체조를 하고 나니 정말 추위가 달아나는 것 같았다. 철봉에서 턱걸이를 다섯 번이나 해서 아빠께 칭찬을 들었다. 아침 일찍 일어나기는 힘들었지만 아빠께 칭찬을 들으니 기분이 좋았다. 운동으로 땀을 흘린 뒤에 마시는 물은 배 속까지 시원하게 했다.

09 이 글을 쓴 목적은 무엇입니까? ( )

① 친구를 초대하려고
② 정보를 전달하려고
③ 중요한 내용을 알리려고
④ 원인과 까닭을 설명하려고
⑤ 경험한 일에 대해 생각이나 느낌을 나타내려고

10 이 글에 나타난 글쓴이의 생각이나 느낌을 바르게 정리한 것은 무엇입니까? ( )

① 뿌듯함. → 부러움.
② 뿌듯함. → 기분이 좋음.
③ 일어나기 힘듦. → 부끄러움.
④ 일어나기 힘듦. → 기분이 좋음.
⑤ 일어나기 힘듦. → 기운이 없음.

[11~13]

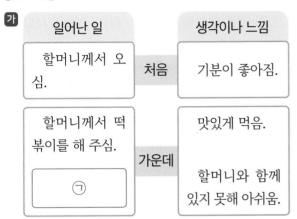

일어난 일		생각이나 느낌
할머니께서 오심.	처음	기분이 좋아짐.
할머니께서 떡볶이를 해 주심. ㉠	가운데	맛있게 먹음. 할머니와 함께 있지 못해 아쉬움.

나　　　　할머니께서 오신 날

　학교 공부가 끝나고 집으로 갔다. 오늘은 어려운 내용을 배워 머리가 아팠다. 그런데 집에 오니 할머니께서 계셨다. 늘 내 편이 되어 주시는 할머니께서 계시니 갑자기 기분이 좋아졌다.
　할머니께서 공부하느라 고생했다며 맛있는 떡볶이를 해 주셨다. 동생과 함께 먹다 보니 어느새 떡볶이를 다 먹었다. 정말 맛있었다. 짝과 함께 수학 공부를 하기로 해서 할머니께 인사드리고 친구 집으로 갔다. 할머니께 공부를 열심히 한다고 칭찬을 들었지만 할머니와 함께 있지 못해 아쉬운 마음이 들었다. 수학 공부를 하는 동안 할머니께서 일찍 가시지 않으면 좋겠다고 생각했다.

11 글 **나**에서 있었던 일을 골라 ○표 하시오.

(1) 할머니께서 떡볶이를 해 주셨다. (　　　)
(2) 친구가 놀러 와서 만화 영화를 봤다.
　　　　　　　　　　　　　　　　 (　　　)
(3) 동생과 함께 할머니 댁에 놀러 갔다.
　　　　　　　　　　　　　　　　 (　　　)

12 **가**는 글 **나**를 쓰기 위해 다발 짓기를 한 것입니다. ㉠에서 일어난 일을 정리해 보고, (　　　)에 알맞은 말을 찾아 쓰시오.

・친구 집에 (　　　　　　　　　)을/를 하러 감.

13 **가**에 없는 내용을 글 **나**에서 표현한 방법으로 알맞은 것은 무엇입니까? (　　　)

① 요점을 파악하여 썼다.
② 글쓴이의 느낌을 간추려 썼다.
③ 겪은 일 중 중요한 내용만 썼다.
④ 글쓴이의 생각을 생략하고 썼다.
⑤ 글쓴이의 생각을 더 자세하게 드러냈다.

14 호응 관계를 생각할 때, 다음 문장에서 밑줄 친 내용과 바꾸어 쓸 수 <u>없는</u> 말은 무엇입니까?
　　　　　　　　　　　　　　　　 (　　　)

　<u>아버지</u>께서 청소를 하신다.

① 할머니　　　　　② 선생님
③ 여동생　　　　　④ 어머니
⑤ 할아버지

15 문장의 호응 관계가 바르지 <u>못한</u> 문장을 찾아 기호를 쓰고, 그 문장을 바르게 고쳐 써 보시오.

　㉮ 도둑이 경찰에게 잡았다.
　㉯ 나는 내일 도서관에 갈 것이다.

(1) 바르지 못한 문장:
　　　　　　　　(　　　　　　　)

(2) 문장 고쳐 쓰기: _____
_____

01 다음 문장이 어색한 까닭을 알맞게 말한 친구의 이름을 쓰시오.

> 아이가 엄마께 선물을.

동작이나 상태의 주체가 되는 말이 빠져서 어색해.
미연

문장에서 동작의 대상이 되는 말이 빠져서 어색해.
지혁

주어의 움직임, 상태, 성질 등을 풀이하는 말이 빠져서 어색해.
현민

( )

02 다음 문장이 어색한 까닭은 무엇입니까?

( )

선수가 잡았습니다.

① 문장 부호가 없어서
② 꾸며 주는 말이 없어서
③ 동작의 대상이 되는 말이 없어서
④ 동작의 주체가 되는 말이 없어서
⑤ 주어의 움직임을 풀이하는 말이 없어서

어려워 ☺

03 다음 문장에서 반드시 있어야 하는 부분과 그렇지 않은 부분을 구분해 빈칸에 각각 쓰시오.

> 매콤한 떡볶이가 익은 고추처럼 빨갛다.

반드시 있어야 할 부분	(1) 떡볶이가, ( )
그렇지 않은 부분	(2) 매콤한, ( ), ( )

04 다음 문장에서 꼭 있어야 하는 부분만 남기고 줄인 것으로 알맞지 <u>않은</u> 것은 무엇입니까?

( )

① 예쁜 꽃이 들판에 피었습니다.
➡ 꽃이 피었습니다.
② 나는 맛있게 음식을 먹었습니다.
➡ 나는 음식을 먹었습니다.
③ 수진이가 뻥 하고 공을 찼습니다.
➡ 수진이가 뻥 찼습니다.
④ 내 친구는 귀여운 강아지를 좋아합니다.
➡ 내 친구는 강아지를 좋아합니다.
⑤ 잽싸고 빠른 경찰이 검정 옷을 입은 도둑을 잡았습니다.
➡ 경찰이 도둑을 잡았습니다.

서술형 ☺

05 주어, 목적어, 서술어가 모두 들어간 문장을 한 가지 만들어 쓰시오.

_____

_____

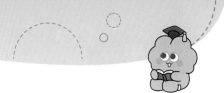

06 다음 문장의 빈칸에 '무엇이다'가 들어간다고 할 때 알맞은 것은 무엇입니까? (   )

> 이것은 (   ).

① 아이가   ② 토끼가
③ 새입니다.   ④ 귀엽습니다.
⑤ 앉았습니다.

[07~08]

1. 민재야, 이번 학급 신문에 실을 글을 한 편 써 줘.
2. 어떤 글을 쓸까? 그래, 내가 지난달에 겪은 일을 소개하는 글을 써 보자.
3. 우리 반 친구들이 읽은 글이니 친구들이 재미있어할 내용으로 써야겠어.
4. 지난달에 어떤 일이 있었지?

서술형 ¾
07 민재가 읽을 사람을 고려해 세운 계획은 무엇인지 쓰시오.

_____

_____

08 민재는 글을 쓰기 위해 언제 겪은 일을 떠올리고 있는지 (   )에 알맞은 말을 찾아 쓰시오.

• (   )에 겪은 일

[09~10]

나는 달걀말이를 정말 좋아한다. 날마다 달걀말이를 반찬으로 먹어도 투정하지 않을 자신이 있다. 지난 주말에 삼촌 댁에 갔더니 삼촌께서 내가 좋아하는 달걀말이를 해 주셨다. 삼촌은 요리를 정말 잘하시는 것 같다. 달걀말이가 너무 맛있어서 삼촌께 달걀말이를 만드는 방법을 배워 왔다.

먼저 재료로 달걀 여섯 알, 다진 파 한 줌, 소금, 식용유를 준비한다. 그런 다음 달걀을 큰 그릇에 깨뜨려 넣고 다진 파 한 줌과 소금 적당량을 넣어서 골고루 잘 저어 준다. 삼촌께서 이때 달걀을 젓가락으로 싹둑싹둑 잘라 주어야 좋다고 하셨다. 덩어리진 것을 가위로 자르듯 끊어 주면 된다고 하셨다. 그런 다음 약한 불에 준비한 지짐 판을 얹고 식용유를 골고루 두른 뒤 달걀물을 넓게 붓는다. 그리고 조금씩 익으면 끝에서부터 뒤집개로 살살 말아 준다.

09 달걀말이를 만드는 방법을 그림으로 표현한 것입니다. 순서에 맞게 기호를 쓰시오.

㉠ ㉡ ㉢ ㉣

(   ) → (   ) → (   ) → (   )

어려워 ¾
10 이와 같은 글을 쓰기 전에 고려해야 할 점이 <u>아닌</u> 것은 무엇입니까? (   )

① 글의 주제   ② 글을 쓰는 상황
③ 글을 쓰는 목적   ④ 글을 읽을 사람
⑤ 글쓴이의 학교 이름

[11~12]

아침 일찍, 아빠께서 공원에 가자며 나를 깨우셨다.

"일찍 일어나는 새가 벌레를 잡는다는 말이 있어. 얼른 일어나자."

아빠 말씀에 난 억지로 일어나 세수를 하고 옷을 입었다. 공원에 갈 준비가 끝날 때까지도 난 계속 툴툴거렸다.

대문을 나서니, 찬 바람에 코끝이 시려 손으로 코를 가렸다.

"왜? 춥니? 좀 걸으면 괜찮아질 거야."

아빠께서는 물통을 들고 뚜벅뚜벅 걸어가셨다. 아빠 발걸음이 어찌나 빠른지 나는 그 뒤를 따라 뛰어야 했다. 뒷산 시민 공원에 도착하니 벌써 운동하는 사람이 많아 깜짝 놀랐다.

11 이 글의 장소 변화로 알맞은 것은 무엇입니까?
( )

① 집 → 공원
② 공원 → 집
③ 학교 → 공원
④ 공원 → 학교
⑤ 집 → 수영장

12 다음 중 글쓴이에게 일어난 일이 <u>아닌</u> 것은 무엇입니까? ( )

① 아침 일찍 일어났다.
② 아빠 뒤를 따라 뛰었다.
③ 아빠와 함께 공원으로 갔다.
④ 춥다고 불평을 하여 엄마께 혼이 났다.
⑤ 뒷산 시민 공원에서 운동하는 많은 사람을 보았다.

[13~15]

"준비 운동부터 하자."

나는 아빠를 따라 맨손 체조를 했다. 체조를 하고 나니 정말 추위가 달아나는 것 같았다. 철봉에서 턱걸이를 다섯 번이나 해서 아빠께 칭찬을 들었다. 아침 일찍 일어나기는 힘들었지만 아빠께 칭찬을 들으니 기분이 좋았다. 운동으로 땀을 흘린 뒤에 마시는 물은 배 속까지 시원하게 했다.

이웃 어른들께 반갑게 인사를 하며 아빠와 함께 공원을 나왔다. 나는 아빠를 앞질러 집으로 달렸다. 아빠와 함께 아침 운동을 하니 기분이 참 상쾌했다.

13 글쓴이가 한 일 중 가장 먼저 한 일은 무엇입니까? ( )

① 물을 마셨다.
② 맨손 체조를 했다.
③ 아빠께 칭찬을 들었다.
④ 아빠와 함께 공원을 나왔다.
⑤ 턱걸이를 다섯 개나 성공했다.

14 이 글에 나타난 글쓴이의 생각이나 느낌을 정리한 것으로 알맞은 것을 세 가지 고르시오.
(, ,)

① 기분이 참 상쾌함.
② 아빠를 앞질러 집으로 달림.
③ 물이 배 속까지 시원하게 함.
④ 이웃 어른들께 반갑게 인사함.
⑤ 아빠께 칭찬을 들어 기분이 좋음.

서술형 낭

15 이 글과 같이 힘들었지만 뿌듯했던 경험을 떠올려 그때의 생각이나 느낌을 쓰시오.

_____

_____

[16~18]

가

일어난 일		생각이나 느낌
할머니께서 떡볶이를 해 주심.		맛있게 먹음.
친구 집에 수학 공부를 하러 감.	가운데	할머니와 함께 있지 못해 아쉬움.
할머니께서 여전히 계심.		할머니께서 아직 집에 계신 것을 다행이라고 생각함.
저녁에 할머니께서 댁으로 가심.	끝	ⓐ ㉠ 더 자주 오시면 좋겠음.

나 할머니께서 공부하느라 고생했다며 맛있는 떡볶이를 해 주셨다. 동생과 함께 먹다 보니 어느새 떡볶이를 다 먹었다. 정말 맛있었다. 짝과 함께 수학 공부를 하기로 해서 할머니께 인사드리고 친구 집으로 갔다. 할머니께 공부를 열심히 한다고 칭찬을 들었지만 할머니와 함께 있지 못해 아쉬운 마음이 들었다. 수학 공부를 하는 동안 할머니께서 일찍 가시지 않았으면 좋겠다고 생각했다. 공부를 마치자마자 집으로 왔다. 다행히 할머니께서 아직 집에 계셨다. 할머니와 함께 만화 영화도 보고, 과일과 피자도 먹었다.

할머니께서는 저녁을 드시고 나서 댁으로 가셨다. 생각보다 오래 계셨지만 그래도 헤어질 때가 되니 섭섭했다. 우리 집에 더 자주 오셨으면 좋겠다고 생각하다가 다음부터 내가 할머니 댁에 자주 찾아가야겠다고 생각했다. 즐거운 하루였다.

16 **가**와 같이 다발 짓기를 한 후 글을 쓰면 좋은 점으로 알맞은 것을 골라 ○표 하시오.

(1) 글을 짧게 쓸 수 있다. ( )

(2) 글을 쓰는 데 많은 시간을 들일 수 있다. ( )

(3) 쉽게 읽히면서 이해도 잘 되는 글을 쓸 수 있다. ( )

17 글 **나**의 내용으로 볼 때, **가**의 ㉠에 들어갈 글쓴이의 생각과 느낌으로 알맞은 것은 무엇입니까? ( )

① 섭섭함. ② 미안함. ③ 불안함.
④ 즐거움. ⑤ 화가 남.

어려워 ⁺

18 **가**의 다발 짓기와 글 **나**를 비교하여 바르게 이해한 것은 무엇입니까? ( )

① 다발 짓기의 내용과 상관없이 글을 썼다.
② 다발 짓기의 내용에서 말하는 이를 바꾸어 썼다.
③ 다발 짓기의 내용에서 일어난 일을 생략하여 글을 썼다.
④ 다발 짓기의 내용에 생각을 더 자세하게 덧붙여 글을 썼다.
⑤ 다발 짓기의 내용에서 필요 없는 부분을 생략하여 글을 썼다.

19 문장 성분이 자연스럽게 짝을 이루도록 다음 말에 알맞은 서술어를 골라 ○표를 하시오.

바다가

(1) 보였다. ( )
(2) 보았다. ( )

20 문장의 호응이 자연스럽도록 밑줄 친 말을 고쳐 쓰시오.

어제 친구들과 놀 것이다.

( )

5. 글쓴이의 주장

➔ 바른답·알찬풀이 10쪽

개념 1   상황에 따라 여러 가지로 해석되는 낱말

- 동형어(형태가 같은 낱말): 형태는 같지만 **❶** ㄸ 이 서로 다른 낱말

- **❷** ㄷ ㅇ ㅇ : 여러 가지 뜻을 가진 한 낱말

1 다음과 같은 낱말을 무엇이라고 하는지 골라 ○표 하시오.

| 다리 | 다리 | 다리 |

(1) 동형어 (   )   (2) 다의어 (   )

개념 2   글쓴이의 주장 파악하기

- 각 문단의 **❸** ㅈ ㅅ 내용을 확인합니다.

- 글쓴이의 의견이 무엇인지 알아보고, 어떤 근거를 제시했는지도 살펴봅니다.

- 글쓴이가 여러 번 강조해 사용한 **❹** ㄴ ㅁ 이 무엇인지 확인합니다.

2 다음 글을 읽고, 글쓴이의 주장은 무엇인지 (   )에 알맞은 말을 찾아 쓰시오.

> 앞으로 인공 지능은 우리의 삶 곳곳에 영향을 미칠 것입니다. 그런 미래는 편리함이라는 빛만큼이나 위험하고 어두운 그림자 또한 있을 것이라고 생각합니다. 그러므로 인공 지능이 일으킬 위험을 막을 방법도 생각해야 합니다.

- (   )이/가 일으킬 위험을 알고 그를 막을 방법을 연구해야 한다.

개념 3   근거의 적절성을 파악하며 글 읽기

- 제시한 근거가 **❺** ㅈ ㅈ 과 관련이 있는지 알아봅니다.

- 제시한 근거가 주장을 더욱 **❻** ㅅ ㄷ ㄹ 있게 하는지 알아봅니다.

- 제시한 근거에 알맞은 낱말을 썼는지 알아봅니다.

3 다음 주장을 뒷받침하는 근거로 적절한 것을 골라 ○표 하시오.

> 교실이나 복도에서 큰 소리로 떠들지 말자.

(1) 교실의 쓰레기를 줄일 수 있다. (   )
(2) 넘어지거나 부딪혀 다칠 수 있다. (   )
(3) 안전하고 질서 있는 생활을 할 수 있다. (   )
(4) 소음 때문에 다른 사람에게 피해를 줄 수 있다. (   )

[01~03]

01 그림 2에서 남자아이가 걱정하는 표정을 지은 까닭은 무엇입니까? (   )

① 다리를 건널 수 없어서
② 누가 다쳤다는 말로 이해해서
③ 친구가 거짓말을 하는 것 같아서
④ 친구의 목소리가 너무 좋지 않아서
⑤ 안경다리가 부러졌다는 말을 들어서

02 ㉠~㉢의 뜻으로 알맞은 그림을 골라 기호를 쓰시오.

(1) (   )

(2) (   )

(3) (   )

03 ㉡'다리'와 ㉢'다리'처럼 형태는 같지만 뜻이 서로 다른 낱말을 무엇이라고 하는지 쓰시오.

(   )

꼭나와 ㉴

04 다음 문장의 '길'과 뜻이 같은 낱말이 쓰인 문장은 무엇입니까? (   )

> 어린이가 많이 다니는 길에는 과속 방지 턱을 만들어 차량 속도를 낮추도록 해야 한다.

① 이 말은 길이 잘 든 말이다.
② 시골 생활에 제법 길이 들었다.
③ 이 전략이 우리를 승리의 길로 이끌었다.
④ 길이 너무 막혀서 밤늦게 집에 도착했다.
⑤ 역사책을 읽으며 인류 문명이 발전해 온 길을 돌아보았다.

05 상황에 따라 여러 가지로 해석되는 낱말의 뜻을 확인하는 방법으로 알맞은 것을 세 가지 고르시오.

(,   ,   )

① 낱말의 모양을 꼼꼼히 살펴본다.
② 낱말을 여러 번 반복해서 읽어 본다.
③ 국어사전에서 어울리는 뜻을 찾아본다.
④ 문장에서 대신 쓸 수 있는 낱말을 생각한다.
⑤ 낱말의 앞뒤 내용을 살펴보고 관련 있는 뜻을 찾는다.

[06~10]

⑦ 인공 지능 기술의 개발 속도는 우리가 예상할 수 없을 만큼 빨라지고 있습니다. 많은 사람이 다음 세기에는 인공 지능이 인간을 뛰어넘을 것이라고 말합니다. 앞으로 인공 지능은 우리의 삶 곳곳에 영향을 미칠 것입니다. 그런 미래는 편리함이라는 빛만큼이나 ㉠위험하고 어두운 그림자 또한 있을 것이라고 생각합니다. 그러므로 인공 지능이 일으킬 ⟨ ㉡ ⟩을 막을 방법도 생각해야 합니다.

㉯ 인공 지능 개발을 연구하는 학자들은 인공 지능으로 세상을 더 살기 좋게 만들 수 있도록 다양한 분야에서 노력할 것이라고 말했습니다. 앞으로 인공 지능은 인간의 생활을 이롭게 하는 생활 속 기술로 자리 잡을 것입니다. 인간에게 나쁜 영향을 줄 수 있는 인공 지능은 철저히 통제하고, 인간을 보호하고 도울 수 있는 인공 지능을 활용하면 인공 지능은 인류의 미래를 희망으로 가득하게 만들어 줄 것입니다.

06 글쓴이가 생각하는 ㉠에 해당하지 <u>않는</u> 것은 무엇입니까? (　　　)

① 사회적·경제적 불평등이 더욱 심해진다.
② 인간이 인공 지능에게 지배를 받게 될지도 모른다.
③ 나라 사이에 새로운 지배 관계가 생길 위험이 매우 크다.
④ 인공 지능을 개발한 회사는 경제적 이득을 얻을 수 있다.
⑤ 인공 지능이 인간의 통제에서 벗어나면 사회가 혼란스러워질 수 있다.

07 글쓴이의 주장을 생각할 때 ㉡에 들어갈 알맞은 말은 무엇입니까? (　　　)

① 발전　　② 희망　　③ 위험
④ 즐거움　　⑤ 편리함

08 글 ㉯의 주장을 뒷받침하는 내용으로 알맞지 <u>않</u>은 것은 무엇입니까? (　　　)

① 인공 지능은 인류의 삶을 편리하게 해 준다.
② 인공 지능과 관련한 일자리가 늘어날 것이다.
③ 인공 지능 때문에 인간 사회가 비극을 맞게 될 것이다.
④ 사람이 하기 어려운 일을 인공 지능이 대신할 수 있다.
⑤ 인공 지능을 잘 활용하면 인류의 삶은 더욱 풍요로워질 것이다.

서술형 ㅇ

09 글 ㉮와 글 ㉯ 중 의 내용과 어울리는 글은 무엇인지 기호를 쓰고, 그렇게 생각한 까닭을 쓰시오.

보기
　사람이 하기 어렵거나 위험한 일을 인공 지능이 대신할 수 있습니다.

(1) 어울리는 글: 글 (　　　　　)

(2) 그렇게 생각한 까닭: _____

_____

꼭나와 ㅂ

10 글 ㉮와 글 ㉯에 알맞은 제목을 각각 선으로 이으시오.

(1) 글 ㉮ ・　　　　・ ㉮ 인공 지능은 미래의 희망이다

(2) 글 ㉯ ・　　　　・ ㉯ 인공 지능 개발에 따른 위험

[11~15]

가 글을 쓸 때에도 다른 사람에게 피해를 주지 않으려면 규범을 지켜야 한다. 글을 쓸 때 남의 글을 베껴 자신이 쓴 글인 양 속이는 사람이 있다. 그리고 진실이 아닌 내용을 진실인 것처럼 거짓으로 꾸며 글을 쓰는 사람도 있다. 또 읽는 사람이 크게 상처를 받을 수 있는 내용의 글을 함부로 쓰는 사람도 있다. 이것은 모두 글쓰기 과정에서 지켜야 할 규범과 예의를 지키지 않은 경우이다. 이처럼 글을 쓰는 과정에서 지켜야 하는 여러 가지 규범을 쓰기 윤리라고 한다. 글을 쓸 때 흔히 글만 잘 쓰면 된다고 생각하기 쉽지만 아무리 잘 쓴 글이라고 하더라도 쓰기 윤리에 벗어난 글이라면 아무 소용이 없다. 쓰기 윤리를 지켜야 하는 까닭을 살펴보자.

나 쓰기 윤리를 지키지 않는 것은 법을 어기는 일이다. 무엇보다 진실이 아닌 내용을 진실인 것처럼 쓰는 경우, 법으로 처벌을 받을 수도 있다.

다 쓰기 윤리를 지키지 않으면 다른 사람에게 물질이나 정신 피해를 줄 수 있다. 글을 쓰려고 어떤 자료를 이용하는 경우, 자신이 직접 쓴 부분과 자료에서 인용한 부분을 명확하게 구분하지 않으면 표절이 될 수 있다. 너무도 뚜렷하게 의도가 있는 표절이면 저작권자에게 피해를 준다.

라 [　　　　ㄱ　　　　] 글쓰기는 사람들이 생각을 함께 나누게 함으로써 문화 발전에 큰 역할을 한다. 그런데 자신이 조사한 내용을 거짓으로 꾸미거나 허위로 글을 쓰는 사람이 많다면 글을 읽는 사람들은 글의 내용을 믿을 수 없게 된다.

11 글을 쓸 때 지켜야 할 규범으로 알맞은 것은 무엇입니까? (　　　　)

① 글을 읽을 사람이 누구인지 밝히는 것
② 진실이 아닌 내용을 진실인 것처럼 쓰는 것
③ 다른 사람이 쓴 글을 베껴서 자신의 글인 양 쓰는 것
④ 읽는 사람이 상처를 받을 수 있는 내용의 글을 쓰는 것
⑤ 자신이 직접 쓴 부분과 자료에서 인용한 부분을 명확하게 구분하는 것

12 ㄱ에 들어갈 중심 내용을 골라 ○표 하시오.

(1) 쓰기 윤리를 지키지 않는 것은 문화 발전을 막는 일이다. (　　　　)
(2) 쓰기 윤리를 지키지 않으면 다른 사람의 기분이 좋아진다. (　　　　)

꼭나와 ♡

13 이 글을 읽고 글쓴이의 주장에 대한 근거가 적절한지 파악하는 방법으로 알맞지 <u>않은</u> 것을 두 가지 고르시오. (　　　　,　　　　)

① 글쓴이의 이름을 알아본다.
② 제시한 근거에 알맞은 낱말을 썼는지 살펴본다.
③ 제시한 근거가 주장을 설득력 있게 하는지 살펴본다.
④ 제시한 근거가 글쓴이의 주장과 관련이 있는지 살펴본다.
⑤ 글쓴이의 수준이 높아 어려운 낱말을 사용하고 있는지 판단한다.

서술형 ♡

14 글 **가**~**라** 중 주장이 나타난 문단의 기호를 쓰고, 글쓴이의 주장을 한 문장으로 쓰시오.

(1) 주장이 나타난 문단:

글 (　　　　　　　　　　　)

(2) 글쓴이의 주장: _____

_____

15 이 글을 읽고 쓰기 윤리를 바르게 이해한 친구의 이름을 쓰시오.

> • 수하: 자료에서 인용한 내용과 내 생각을 구분해서 쓰고, 확실한 사실만 써야겠어.
> • 하연: 글을 잘 쓰는 것이 중요하니까, 언니가 쓴 시를 살짝 고쳐서 글쓰기 과제로 내야겠어.

(　　　　　　　　　　　)

[01~05]

가 어린이 보행 중 교통사고를 줄이는 방법은 무엇일까? 운전자에게 어린이 보행 안전 교육을 철저히 해야 한다. 전체 교통사고 가운데에서 보행 중에 발생한 사고의 나이대별 분포를 살펴보면, 초등학생이 다른 나이대보다 상대적으로 높게 나타나는 것을 알 수 있다. 이는 초등학생들이 바깥 활동이 잦은 데다 위험 상황을 판단하고 그에 대처하는 능력이 부족하기 때문이다. 그러므로 운전자에게 어린이 보행자를 보호할 수 있는 안전 교육을 실시해 어린이 보행 중 교통사고가 ㉠일어나지 않도록 해야 한다.

나 〔   ㉡   〕 도로에서 발생하는 수많은 비극은 교통 법규를 무시하고 조금 빨리 가려다가 발생한다. 운전자와 보행자 모두 도로에서 시간적 여유를 가지는 마음이 필요하다. 보행 신호가 초록색으로 바뀌지도 않았는데 보행자가 무리하게 길을 건너면 사고를 당할 수 있다. 그리고 신호가 바뀌자마자 좌우를 살피지 않고 출발하다가 사고를 당하기도 한다. 또 신호가 바뀐 뒤에도 신호 위반을 하는 차가 있을 수 있기 때문에 늘 조심해야 한다.

01 어린이 보행 중 교통사고를 줄이는 방법으로 글쓴이가 제안한 것은 무엇인지 (   )에 알맞은 말을 찾아 쓰시오.

- 운전자에게 어린이 보행자를 보호할 수 있는 (   )을/를 실시해야 한다.

02 다음 국어사전을 보고 ㉠의 뜻으로 알맞은 것을 찾아 기호를 쓰시오.

┌─────────────────────────┐
「동사」
[1] […에서]
  누웠다가 앉거나 앉았다가 서다. …… ㉮
[2] 「1」 잠에서 깨어나다. …………… ㉯
   「2」 어떤 일이 생기다. …………… ㉰
   「3」 어떤 마음이 생기다. ………… ㉱
└─────────────────────────┘

(   )

03 길을 건널 때 지켜야 할 안전 수칙으로 알맞은 것은 무엇입니까? (   )

① 신호가 바뀌자마자 뛰어서 길을 건넌다.
② 신호가 바뀌면 앞만 보고 서둘러 길을 건넌다.
③ 신호를 위반하는 차가 있는지 조심하며 길을 건넌다.
④ 지나가는 차가 없으면 보행 신호와 상관없이 길을 건넌다.
⑤ 보행 신호가 빨간색으로 바뀌면 좌우를 살피고 길을 건넌다.

어려워

04 글 **나**의 내용으로 보아, ㉡에 들어갈 내용으로 알맞은 것은 무엇입니까? (   )

① 성인 안전 교육을 실시하자.
② 버스나 지하철과 같은 대중교통을 이용하자.
③ 어린이를 고려한 보행 안전시설을 마련하자.
④ 운전자에게 조금 빨리 가도록 노력하자고 설득하자.
⑤ 어린이 스스로도 보행 중 교통사고를 당하지 않도록 노력해야 한다.

서술형

05 이 글에 제시된 것 외에 어린이 보행 중 교통사고를 줄이기 위한 방법을 한 가지 생각하여 쓰시오.

_____

_____

[06~09]

가 첫째, 인공 지능을 가졌느냐 아니냐에 따라 부자는 더 부자가 되고 가난한 사람은 더욱 가난해질 것입니다. 이로써 사회적·경제적 불평등은 더욱 심해질 것입니다.

둘째, 힘이 강한 나라나 집단이 힘이 약한 나라나 사람들을 지배할 수도 있습니다. 인공 지능이 발달하면 힘 있는 사람들의 지배력이 지금과 비교가 안 될 정도로 강해질 것입니다. 즉 나라 사이에 새로운 지배 관계가 생길 위험이 매우 크다고 생각합니다.

셋째, 지금보다 더 발달한 인공 지능이 등장하면 인간은 인공 지능에게 지배를 받게 될지도 모릅니다. 인공 지능은 인간보다 뛰어난 지적 능력이 있으면서 인간에게 있는 문제점은 없습니다. 인공 지능에게 독립성이 생긴다면 인공 지능은 인간의 통제에서 벗어나고 끝내 인간 사회는 비극을 맞게 될 것입니다.

나 첫째, 인공 지능에 제대로 된 규칙을 부여해 잘 통제하고 활용하면 인류의 삶은 더욱 편리하고 풍요로워질 것입니다. 예를 들어 움직임이 불편한 노인과 장애인들은 무인 자동차로 자유롭게 이동할 수 있습니다. 인류가 인공 지능을 제대로 관리한다면 인공 지능은 인류에게 많은 도움이 될 것입니다.

둘째, 인공 지능과 관련한 일자리가 늘어날 것입니다. 많은 사람이 인공 지능의 발달로 삼십 년 안에 현재의 일자리 절반이 사라질 것이라고 걱정합니다. 하지만 이 문제는 사람들의 의견을 모으고 제도를 마련하여 인공 지능이 인간의 일자리를 빼앗지 않도록 하면 됩니다. 더 나아가 인공 지능 관련 일자리를 늘려 나갈 수도 있습니다.

06 글 **가**에 어울리는 제목으로 가장 알맞은 것은 무엇입니까? (   )

① 인류의 희망인 인공 지능
② 인공 지능의 사회적 책임
③ 인공 지능과 관련한 일자리
④ 인공 지능 개발에 따른 위험
⑤ 인공 지능으로 더욱 편리하고 풍요로워지는 인류의 삶

07 글 **나**를 읽고 짐작할 수 있는 글쓴이의 생각으로 알맞은 것은 무엇입니까? (   )

① 인공 지능을 통제하는 것은 불가능한 일이다.
② 인공 지능으로 일자리 절반이 사라져 버렸다.
③ 인간에게 나쁜 영향을 주는 인공 지능은 없다.
④ 인공 지능이 사회에 끼칠 위험을 생각해야 한다.
⑤ 인공 지능의 개발은 인류 미래에 꼭 필요한 기술이다.

08 다음은 글 **가**와 글 **나** 중 어느 글의 주장을 뒷받침하는 내용인지 기호를 쓰시오.

> 지금보다 더 발달한 인공 지능이 등장하면 인간은 인공 지능에게 지배를 받게 될지도 모릅니다.

글 (   )

서술형

09 글 **나**의 제목을 정하여 쓰시오.

_____

_____

10 글쓴이의 주장을 파악하는 방법으로 알맞지 <u>않</u>은 것은 무엇입니까? (   )

① 각 문단의 중심 내용을 확인한다.
② 각 문단의 마지막 문장만 읽어 본다.
③ 글쓴이의 의견이 무엇인지 알아본다.
④ 어떤 근거를 제시하고 있는지 살펴본다.
⑤ 여러 번 강조해서 사용한 낱말을 확인한다.

[11~15]

가 글을 쓰는 과정에서 지켜야 하는 여러 가지 규범을 쓰기 윤리라고 한다. 글을 쓸 때 흔히 글만 잘 쓰면 된다고 생각하기 쉽지만 아무리 잘 쓴 글이라고 하더라도 쓰기 윤리에 벗어난 글이라면 아무 소용이 없다. 쓰기 윤리를 지켜야 하는 까닭을 살펴보자.

나 어떤 과학자가 자신이 연구한 결과를 돋보이게 하려고 내용을 조작하거나 결과를 부풀려서 쓴 보고서를 발표했다고 하자. 이것은 과학자 자신뿐만 아니라 그 보고서를 읽는 모든 사람을 속이는 일로, 법의 심판을 피할 수 없다. 이렇듯 쓰기 윤리의 시작은 스스로에게 떳떳하고 진실하게 쓰는 것이며 이를 어길 경우 처벌을 받을 수도 있음을 유념해야 한다.

다 어떤 작가가 오랜 시간 힘들여 쓴 이야기책이 유명해졌는데, 어떤 사람이 비슷한 내용으로 다른 책을 만들어서 판다면 어떻게 될까? 이야기책의 원래 작가는 그만큼 돈을 못 벌게 되고, 또 마음에 큰 상처를 받게 될 것이다. 만약 친구가 내가 쓴 글을 읽고 내 글과 비슷하게 써서 상을 받았다고 생각해 본다면 저작권을 존중해 쓰기 윤리를 지키는 일이 중요하다는 것을 알게 될 것이다.

라 쓰기 윤리를 존중하는 것은 우리나라의 미래 발전에 영향을 미칠 정도로 중요하다. 우리가 쓰기 윤리를 존중하지 않으면 우리 스스로 피해를 보는 일이 생길 수도 있다. 그러므로 글을 쓸 때 출처를 정확히 밝히고, 자신을 속이지 않으며 거짓된 내용은 쓰지 않아야 한다. 다른 사람 글에도 예의 있게 반응하고 읽는 사람을 배려하며 글을 써야 한다.

11 다음 중 이 글에서 가장 많이 쓴 낱말은 무엇입니까? (　　　)

① 연구　　　② 피해　　　③ 과학자
④ 보고서　　⑤ 쓰기 윤리

12 쓰기 윤리란 무엇인지 (　　　)에 알맞은 말을 찾아 쓰시오.

• 글을 쓰는 과정에서 지켜야 하는 여러 가지 (　　　　　　　　　)을/를 뜻한다.

13 이 글에서 파악할 수 있는 쓰기 윤리를 지키는 방법으로 알맞지 <u>않은</u> 것을 두 가지 고르시오.

(　　　,　　　)

① 거짓된 내용은 쓰지 않는다.
② 읽는 사람을 배려하며 글을 쓴다.
③ 내용을 조작해서 재미있게 글을 쓴다.
④ 다른 사람의 글에 예의 있게 반응한다.
⑤ 관심을 끌 수 있도록 내용을 부풀려서 쓴다.

14 다음 중 쓰기 윤리를 잘 지킨 친구의 이름을 쓰시오.

• 인수: 보고서를 쓸 때 인용한 자료의 출처를 모두 밝혔어.
• 유희: 유명한 이야기책을 조금 고쳐서 글쓰기 대회에 냈어.
• 지연: 여러 사람의 독후감을 조금씩 베낀 후 내 글인 것처럼 제출했어.

(　　　　　　　　　)

어려워 🤔

15 글 **나**와 글 **다**가 뒷받침하는 내용은 각각 무엇인지 알맞은 것끼리 으로 이으시오.

(1) 글 **나** •

• ㉮ 쓰기 윤리를 지키지 않는 것은 법을 어기는 일이다.

(2) 글 **다** •

• ㉯ 쓰기 윤리를 지키지 않으면 다른 사람에게 물질이나 정신적 피해를 줄 수 있다.

→ 바른답·알찬풀이 **11쪽**

[16~17]

가 학교 안 스마트폰 사용을 법으로 금지해야 한다고 주장하는 사람들은 다음과 같은 근거를 듭니다. "학교 안에서 스마트폰을 사용하면 학생들이 수업에 집중하지 못해 학업에 방해가 됩니다. 만약 학교 안에서 스마트폰을 사용하는 것을 법으로 금지한다면 학생들이 스마트폰에 정신을 빼앗기지 않아 좀 더 수업에 집중할 수 있을 것입니다. 아무리 학교에서 사용하지 않겠다고 다짐해도 스마트폰이 자신에게 있으면 손이 가기 마련입니다."

나 하지만 학교 안 스마트폰 사용을 법으로 금지하면 안 된다고 주장하는 사람들도 있습니다. 이들의 생각은 다음과 같습니다. "초등학생의 스마트폰 중독 문제를 강제적으로 해결할 수는 없습니다. 학교 안에서 스마트폰을 쓰지 못하게 한다면 오히려 역효과만 일어날 것입니다. 대부분의 학생은 방과 후에 스마트폰을 사용하기 때문에 법을 굳이 만들지 않아도 됩니다."

16 이 글에서 다루고 있는 문제는 무엇입니까?
( )

① 초등학생들의 잘못된 식습관
② 초등학생들의 게임 중독 문제
③ 학교 안 스마트폰 사용에 대한 찬반 의견
④ 방과 후에 시간을 효율적으로 보내는 방법
⑤ 학교 안에서 예절을 잘 지키지 못하는 문제

서술형 낭

17 이 글에서 다루고 있는 문제에 대해 자신의 생각을 정하여 근거와 함께 쓰시오.

_____

_____

_____

_____

[18~19]

가 학교 안 휴대 전화 사용 허용해야 할까요?

나 학교 안 휴대 전화, 강제로 막을 수 있을까

다 학교 안 휴대 전화 금지, 인권 침해인가 학교 교육의 일부인가

18 **가**~**다**의 기사 제목은 모두 무엇에 대한 내용인지 ( )에 알맞은 말을 찾아 쓰시오.

• 학교에서 ( ) 사용을 금지해야 하는지, 허용해야 하는지에 대한 내용이다.

어려워 ᵒᵒ

19 **가**의 제목으로 기사를 쓴다고 할 때, 다음 근거는 찬성과 반대 중 어느 주장을 뒷받침하는지 쓰시오.

> 난청, 시각 장애, 거북목 증후군 같은 여러 가지 병에 걸릴 수 있다.

( )

20 주장을 뒷받침하려고 제시한 근거가 적절한지 확인하는 방법으로 알맞은 것을 세 가지 고르시오.
(, ,)

① 제시한 근거가 주장과 관련 있는지 확인한다.
② 제시한 근거에 알맞은 낱말을 썼는지 확인한다.
③ 제시한 근거 문장이 주장하는 문장보다 짧은지 확인한다.
④ 제시한 근거가 친구들이 잘 알고 있는 내용인지 확인한다.
⑤ 제시한 근거가 주장을 더욱 설득력 있게 하는지 확인한다.

6. 토의하여 해결해요

➔ 바른답·알찬풀이 12쪽

개념 ① 토의 뜻과 필요성

- 토의의 뜻: 어떤 문제를 여러 사람이 **①ㅎㄹ**해 해결하는 방법입니다.

- 토의를 해야 하는 까닭: 적절한 문제 해결 방법을 찾고, 문제 상황을 더 잘 이해할 수 있습니다. 또 문제 **②ㅎㄱ**에 직접 참여하고, 결정된 내용을 잘 받아들일 수 있습니다.

1 다음과 같이 어떤 문제를 여러 사람이 협력해 해결하는 방법을 무엇이라고 하는지 쓰시오.

> 학생 1: 지난번에 1학년 동생이 운동장에서 축구공에 맞아 다쳤습니다. 이와 같은 사고를 막으면서 운동장을 안전하게 쓰려면 어떻게 해야 할까요?
> 학생 2: 1학년을 안전하게 보호하는 것도 중요하지만 무조건 운동장을 못 쓰게 하면 안 된다고 생각합니다.
> 학생 3: 하지만 우리가 축구를 하고 싶다고 해서 다른 사람을 위험하게 할 수는 없어요.

(   )

개념 ② 토의 절차와 방법

- 토의 주제를 정합니다.

- **③ㅇㄱ**을 마련합니다.

- 의견을 모읍니다.

- 의견을 **④ㄱㅈ**합니다.

2 다음은 토의 절차 중 무엇을 할 때에 사용하는 방법인지 보기 에서 찾아 기호를 쓰시오.

> 토의 주제에 맞게 자신의 의견과 의견에 대한 까닭 쓰기

보기
㉠ 의견 모으기   ㉡ 의견 마련하기
㉢ 의견 결정하기   ㉣ 토의 주제 정하기

(   )

개념 ③ 글을 읽고 토의하기

- 글을 읽고 문제 상황을 파악합니다.

- 문제 상황과 관련이 있는 토의 **⑤ㅈㅈ**를 정합니다.

- 토의 주제에 따라 자신의 의견을 정리하고, 친구들의 의견이 알맞은지 살펴보며 토의합니다.

- **⑥ㅌㅇ**에서 결정한 의견을 정리합니다.

3 학생들에게 생긴 문제는 무엇인지 ( )에 알맞은 말을 찾아 쓰시오.

> 어린이 보호 구역에서 유치원생이 목숨을 잃은 사고가 있은 뒤, 초등학생들이 직접 교통사고 대책 마련에 나서 화제가 됐다. 과거에도 같은 곳에서 비슷한 사고가 있었기에 학생들은 학교 앞 어린이 보호 구역이 자신들의 안전을 지켜 주지 못한다는 것을 알았다. / 이에 따라 전교 학생회에서 '안전한 학교 만들기' 안건을 마련했다.

- 학교 앞 ( )에서 유치원생이 교통사고로 목숨을 잃었다.

꼭나와 ♡

01 다음 ( )에 들어갈 알맞은 말은 무엇입니까?
( )

> ( )(이)란 어떤 문제를 여러 사람이 협력해 해결하는 방법이다.

① 토론   ② 논쟁   ③ 토의
④ 강연   ⑤ 면담

02 이 그림 속 문제 상황은 무엇입니까? ( )

① 개교기념일이 정해지지 않은 것
② 개교기념일 행사를 취소하기로 한 것
③ 올해는 개교기념일 행사를 하지 않기로 한 것
④ 학생들이 선생님 말씀을 주의해서 듣지 않는 것
⑤ 개교기념일 행사를 학생들의 의견을 모아 진행하기로 한 것

03 이 그림으로 보아, 학생들이 정한 토의 주제를 골라 ○표 하시오.

(1) 개교기념일에도 학교에 나와야 할까요?
( )
(2) 개교기념일을 뜻깊게 보내는 방법은 무엇일까요?
( )
(3) 학생들 사이에 발생하는 문제를 어떻게 해결할까요?
( )

[02~05]

가

다가오는 ○월 ○○일이 무슨 날일까요?

올해는 개교기념일 행사를 학생들의 의견을 모아 진행하기로 했어요.

무슨 날이지?

개교기념일이에요.

나

토의 주제는 무엇으로 정하면 좋을까요?

토의 주제에 따라 내 생각을 정리해 봐야지.

1

2

각자 정리한 의견을 모아 보겠습니다.

저는 우리 학교 역사부터 조사하면 좋겠습니다. 왜냐하면……

우리 모둠에서는 개교기념일 행사로 '우리 학교 역사 찾기'를 하기로 결정했습니다.

3

4

제 의견의 좋은 점은……

04 나의 그림 **1**~**4**에 해당하는 토의 절차를 선으로 이으시오.

(1) **1** ·   · ㉮ [의견 모으기]

(2) **2** ·   · ㉯ [의견 결정하기]

(3) **3** ·   · ㉰ [의견 마련하기]

(4) **4** ·   · ㉱ [토의 주제 정하기]

05 나의 그림 **2**에 해당하는 단계에서 생각해야 할 점으로 ( )에 알맞은 말을 쓰시오.

· 토의 ( )에 맞는 의견인지 생각한다.

[06~08]

06 이 그림 속 대화는 무엇에 대한 의견을 모으고 있습니까? ( )

① 역사 공부를 재미있게 하는 방법
② 역할 놀이를 할 때 각자 맡을 역할
③ 개교기념일을 뜻깊게 보내는 방법
④ 학예회에서 무엇을 할지에 대한 것
⑤ 반 청소 당번을 어떻게 정할지에 대한 것

07 꼭나와 ㅂ

그림 **2**에 나타난 문제점을 두 가지 고르시오.
(,)

① 사회자의 말에 끼어들었다.
② 자신의 생각을 바르게 말했다.
③ 손을 들고 말할 기회를 얻었다.
④ 자신의 의견을 반말로 이야기하였다.
⑤ 친구의 의견을 존중하지 않고 자신의 주장만 내세웠다.

서술형 ㅂ

08 그림 **3**에 나타난 오른쪽 남자아이의 문제점으로 알맞은 것을 보기에서 찾아 기호를 쓰고, 남자아이에게 토의를 잘할 수 있게 충고하는 말을 간단히 쓰시오.

보기

㉠ 의견을 너무 길게 이야기했다.
㉡ 친구의 말을 끝까지 듣지 않았다.
㉢ 너무 작은 목소리로 의견을 말했다.

(1) 문제점: ( )

(2) 충고하는 말: _____

_____

09 토의에서 의견을 결정하는 방법으로 알맞은 것을 세 가지 고르시오. (, ,)

① 실천할 수 있는 의견을 결정한다.
② 토의 주제에 맞는 의견을 결정한다.
③ 선생님이 좋아하시는 의견으로 결정한다.
④ 똑똑한 친구가 제시한 의견으로 결정한다.
⑤ 알맞은 주장과 근거를 든 의견을 결정한다.

10 토의에서 의견을 모으는 과정에 대한 설명으로 알맞지 <u>않은</u> 것은 무엇입니까? ( )

① 토의 주제에 대한 의견을 주고받는다.
② 의견마다 장단점이 무엇인지 살펴본다.
③ 의견이 알맞은지 판단할 기준을 세운다.
④ 정한 기준에 따라 의견이 알맞은지 판단한다.
⑤ 사회자가 가장 알맞은 의견이라고 생각하는 의견을 결정한다.

[11~15]

가 어린이 보호 구역에서 유치원생이 목숨을 잃은 사고가 있은 뒤, 초등학생들이 직접 교통사고 대책 마련에 나서 화제가 됐다. 과거에도 같은 곳에서 비슷한 사고가 있었기에 학생들은 학교 앞 어린이 보호 구역이 자신들의 안전을 지켜 주지 못한다는 것을 알았다. / 이에 따라 전교 학생회에서 '안전한 학교 만들기' 안건을 마련했다. 이날 회의에서는 '구청장님께 편지 쓰기'라는 실천 방안까지 나왔다.

학생회는 학교 친구들이 직접 학교 앞 어린이 보호 구역 환경 개선을 요구하고 뚜렷한 개선 방안을 낼 것을 계획했다. 학생회는 학교 곳곳에 알림 글을 붙여 전교생이 편지를 쓰자고 했다.

나 이 가운데 가장 눈에 띄는 제안은 어린이 보호 구역 표지판을 개선하자는 것이었다. 어린이 보호 구역 표지판이 너무 작아 가로수에 가려 잘 보이지도 않는 데다 밤에는 어린이 보호 구역을 알아보기조차 힘들다는 의견이었다. 이에 따라 어린이 보호 구역 표지판의 크기를 키우고 밤에 잘 보일 수 있도록 표지판 테두리를 엘이디(LED)로 반짝이게 만들어 밤이든 낮이든 운전자가 이곳이 어린이 보호 구역임을 분명히 알게 하자는 개선 방안이 나왔다.

학생회는 교사와 함께 이를 받아들이게 할 방법을 논의했고, 지방 자치 단체 누리집에 면담을 신청해 구청장을 만났다. 학생회는 아이들이 직접 쓴 편지를 전달하며 불법 주정차 단속을 강화하고 어린이 보호 구역 표지판을 개선해 달라고 구청장에게 부탁했다.

11 이 글의 문제 상황을 해결하기 위한 토의 안건을 찾아 쓰시오.

( )

12 전교 학생회에서 **11**과 같은 안건을 마련한 까닭은 무엇인지 ( )에 알맞은 말을 쓰시오.

• 학교 앞 ( )이/가 자신들의 안전을 지켜 주지 못한다는 것을 알았기 때문이다.

13 문제를 해결하기 위해 전교 학생회가 한 일이 **아닌** 것은 무엇입니까? ( )

① 구청장님께 보낼 편지를 전교생에게 받았다.
② 학교 앞 어린이 보호 구역 환경 개선을 요구했다.
③ 어린이 보호 구역 표지판이 가려지게 디자인을 바꿨다.
④ 문제를 해결하기 위한 안건과 실천 방안을 마련했다.
⑤ 지방 자치 단체 누리집에 구청장님과의 면담을 신청했다.

14 어린이 보호 구역 표지판을 개선해야 한다고 제안한 까닭이 **아닌** 것은 무엇입니까? ( )

① 어린이 보호 구역 표지판이 너무 작아서
② 표지판이 가로수에 가려 잘 보이지 않아서
③ 밤에는 어린이 보호 구역을 알아보기 힘들어서
④ 어린이 보호 구역에 표지판이 설치되어 있지 않아서
⑤ 운전자가 어린이 보호 구역임을 분명히 알게 해야 해서

서술형

15 전교 학생회에서 나온 실천 방안을 찾아 쓰고, 이 실천 방안을 어떻게 행동으로 옮겼는지 간단히 쓰시오.

(1) 실천 방안: ( )

(2) 실천 방안을 행동으로 옮긴 방법:

_____

_____

_____

[01~03]

01 그림 가, 나는 문제를 해결하는 과정이 어떻게 다른지 보기 에서 찾아 기호를 쓰시오.

보기
⑦ 알림 글로 결정된 내용을 전달했다.
⑭ 학생들이 모여 해결 방법을 의논했다.

(1) 그림 가: (   )
(2) 그림 나: (   )

02 그림 나에서 의견을 나누고 있는 주제로 알맞은 것은 무엇입니까? (   )

① 축구를 안전하게 하는 방법
② 운동장을 안전하게 쓰는 방법
③ 운동장을 깨끗하게 쓰는 방법
④ 게시판을 올바르게 쓰는 방법
⑤ 후배들과 친하게 지내는 방법

서술형
03 그림 나처럼 문제 해결 과정에 여러 사람이 참여하면 좋은 점은 무엇인지 쓰시오.

_____

_____

_____

어려워
04 일상생활에서 토의를 해야 하는 까닭으로 알맞은 것을 세 가지 고르시오.

(,   ,   )

① 일을 빠르게 처리할 수 있다.
② 상황을 더 잘 이해할 수 있다.
③ 문제 해결에 직접 참여할 수 있다.
④ 적절한 문제 해결 방법을 찾을 수 있다.
⑤ 반드시 내가 생각한 의견으로 문제를 해결할 수 있다.

[05~09]

05 그림 **1**~**4**를 보고, 토의 절차를 정리하여 순서에 맞게 기호를 쓰시오.

> ㉮ 의견 모으기 　　㉯ 의견 마련하기
> ㉰ 의견 결정하기 　　㉱ 토의 주제 정하기

(　　) → (　　) → (　　) → (　　)

06 토의 절차 중 그림 **2**의 단계에서 생각해야 할 점으로 알맞지 <u>않은</u> 것을 두 가지 고르시오.

(　　 , 　　)

① 토의 주제가 적절한지 생각한다.
② 실천할 수 있는 의견인지 생각한다.
③ 토의 주제에 맞는 의견인지 생각한다.
④ 알맞은 주장과 근거를 들었는지 생각한다.
⑤ 다른 사람이 좋아할 만한 의견인지 생각한다.

어려워 🐰

07 토의 절차 중 그림 **3**의 단계에서 해야 할 일을 알맞게 말하지 <u>못한</u> 친구의 이름을 쓰시오.

의견이 알맞은지 판단할 기준을 세워야 해.
인석

기준에 따라 의견이 알맞은지 판단해야 해.
소휘

자신의 의견과 그 의견이 좋은 까닭을 써야 해.
지찬

친구들과 의견을 주고받으며 각 의견의 장단점을 찾아야 해.
영은

(　　　　　　)

08 그림 **3**에서 친구들이 말한 의견을 판단할 수 있는 기준으로 알맞은 것을 세 가지 고르시오.

(　　 , 　　 , 　　)

① 실천할 수 있는가?
② 토의 주제에 맞는 내용인가?
③ 나에게 도움이 되는 의견인가?
④ 알맞은 주장과 근거를 들었는가?
⑤ 선생님께서 칭찬할 만한 의견인가?

09 이 그림에서 개교기념일 행사로 학생들이 결정한 의견은 무엇입니까? (　　)

① 우리 학교 역사 찾기
② 성공한 선배 찾아보기
③ 학교 운동장 청소하기
④ 반 대항 체육 대회 하기
⑤ 학교 이름으로 삼행시 짓기

10 토의에서 의견을 결정하는 방법에 대하여 알맞게 설명한 것은 무엇입니까? (　　)

① 가장 재미있는 의견으로 결정한다.
② 가장 적은 수의 의견으로 결정한다.
③ 좋은 의견이 많으면 여러 가지 의견을 정할 수 있다.
④ 순서를 정해서 친구들의 의견을 돌아가며 정하는 것이 좋다.
⑤ 도움이 되는 의견이라도 소수의 의견이라면 받아들이지 않는다.

[11~13]

11 이 그림에서 친구들이 하고 있는 것은 무엇입니까? (　　　)

① 의견 모으기
② 의견 마련하기
③ 의견 결정하기
④ 토의 주제 정하기
⑤ 문제 상황 파악하기

12 그림 1과 그림 2에서 말하고 있는 남자아이의 문제점은 무엇인지 알맞은 것끼리 선으로 이으시오.

(1) 1 ・　　　・ ㉮ 친구의 의견을 무시함.

(2) 2 ・　　　・ ㉯ 자신의 의견을 제시하는 까닭을 설명하지 않음.

13 그림 3에서 토의를 하면서 지켜야 할 점은 무엇인지 세 가지 고르시오. (　　,　　,　　)

① 의견을 좀 더 짧게 말해야 한다.
② 손을 들고 말할 기회를 얻어야 한다.
③ 자신의 의견을 반말로 말하지 않아야 한다.
④ 말끝을 흐리지 않고 분명하게 말해야 한다.
⑤ 다른 사람의 의견을 끝까지 듣고 자신의 의견을 말해야 한다.

어려워 👀

14 토의에 대한 설명으로 바르지 **않은** 것은 무엇입니까? (　　　)

① 토의 주제에 맞는 의견을 생각한다.
② 의견이 많으면 좋은 의견을 결정하기 어렵다.
③ 의견을 마련할 때에는 알맞은 주장과 근거를 들어야 한다.
④ 토의 주제를 정할 때에는 토의하고 싶은 주제를 자유롭게 이야기한다.
⑤ 문제 상황과 관련 있고 해결 방법을 찾을 수 있는 것을 토의 주제로 정한다.

서술형 👀

15 다음 고민을 해결하는 데 알맞은 토의 주제를 정하여 쓰시오.

_____

_____

→ 바른답·알찬풀이 13쪽

[16~20]

○○일보   20○○년 ○○월 ○○일

┌─────────────────────────────┐
│   ㉠   │
└─────────────────────────────┘

가 초등학생들이 직접 교통사고 대책 마련에 나서 화제가 됐다. 과거에도 같은 곳에서 비슷한 사고가 있었기에 학생들은 학교 앞 어린이 보호 구역이 자신들의 안전을 지켜 주지 못한다는 것을 알았다.

이에 따라 전교 학생회에서 '안전한 학교 만들기' 안건을 마련했다. 이날 회의에서는 '구청장님께 편지 쓰기'라는 실천 방안까지 나왔다.

나 학교 앞 어린이 보호 구역에 폐회로 텔레비전[CCTV]과 신호등을 설치하고, 불법 주정차 단속을 제대로 해야 한다는 내용이 대부분이었다. 이 가운데 가장 눈에 띄는 제안은 어린이 보호 구역 표지판을 개선하자는 것이었다. 어린이 보호 구역 표지판이 너무 작아 가로수에 가려 잘 보이지도 않는 데다 밤에는 어린이 보호 구역을 알아보기조차 힘들다는 의견이었다.

다 학생회는 교사와 함께 이를 받아들이게 할 방법을 논의했고, 지방 자치 단체 누리집에 면담을 신청해 구청장을 만났다. 학생회는 아이들이 직접 쓴 편지를 전달하며 불법 주정차 단속을 강화하고 어린이 보호 구역 표지판을 개선해 달라고 구청장에게 부탁했다. 이에 구청장은 신속하게 시설을 개선하고 문제를 해결하기로 약속했다.

○○○ 기자

16 ㉠에 들어갈 기사의 제목으로 알맞은 것은 무엇입니까? (   )

① 교통 표지판의 중요성
② 학생회가 되기 위한 방법
③ 어린이 보호 구역의 역사
④ 초등학생과 구청장의 만남
⑤ 고사리 손으로 교통사고 대책 마련 눈길

17 학생들이 학교 앞 어린이 보호 구역이 자신들의 안전을 지켜 주지 못한다는 것을 안 까닭은 무엇인지 (   )에 알맞은 말을 찾아 쓰시오.

• 과거에도 같은 곳에서 비슷한
(   )이/가 있었기 때문에

18 학생들이 제안한 해결 방안이 <u>아닌</u> 것은 무엇입니까? (   )

① 어린이 보호 구역 표지판을 개선하자.
② 어린이 보호 구역에 신호등을 설치하자.
③ 어린이 보호 구역에 가로수를 심지 말자.
④ 어린이 보호 구역에 폐회로 텔레비전을 설치하자.
⑤ 어린이 보호 구역의 불법 주정차 단속을 강화하자.

19 학생회가 문제를 해결한 방법으로 알맞은 것은 무엇입니까? (   )

① 부모님께 말씀드렸다.
② 구청장과 면담을 하였다.
③ 교장 선생님을 만나러 갔다.
④ 방송국에 학교 안전의 문제점을 알렸다.
⑤ 학교 친구들에게 교통안전 교육을 하였다.

서술형

20 이 글에 나온 안건에 대해 자신의 의견을 떠올려 주장과 근거를 쓰시오.

주장	(1)
근거	(2)

7. 기행문을 써요

➜ 바른답·알찬풀이 14쪽

개념 ① 여행하며 보고 듣고 느낀 점을 글로 쓰면 좋은 점

• 여행하면서 보고 들은 것을 나중에 알 수 있습니다.

• 여행했을 때의 기분을 잘 간직할 수 있습니다.

• 여행했던 ❶ ㄱ ㅎ 을 다시 느낄 수 있습니다.

• 다른 사람에게 여행 ❷ ㅈ ㅂ 를 줄 수 있습니다.

1 여행하면서 보고 듣고 느낀 것을 글로 남기지 않아서 여행 경험을 정확하게 전하지 <u>못한</u> 친구의 이름을 쓰시오.

> 서윤: 현석아, 방학 때 제주도 여행 잘 다녀왔어? 재미있었니?
> 현석: 응, 재미있었어.
> 서윤: 어디어디 다녀왔어?
> 현석: 삼나무 숲길을 걸었는데…… 거기 이름이 뭐더라. 여행할 때에는 다 기억할 것 같았는데…….
> 서윤: 여행하고 나서 글로 남겨 놓지 않았구나?
> 현석: 글? 무슨 글을 말하는 거지?

(   )

개념 ② 기행문의 특성

• 기행문: 여정을 적고, 여행으로 얻은 견문과 감상을 쓴 글입니다.

　- ❸ ㅇ ㅈ : 여행의 과정이나 일정.

　- ❹ ㄱ ㅁ : 여행하며 보거나 들은 것.

　- 감상: 여행하며 든 생각이나 느낌.

2 다음 내용은 여정, 견문, 감상 중 무엇에 해당하는지 쓰시오.

> • 이른 아침에 현대 문화와 옛 문화가 어우러진 인사동에 도착했다.
> • 우리는 버스를 타고 담양으로 갔다.
> • 다음 날 저녁에 들른 곳은 고창 고인돌 박물관이다.

(   )

개념 ③ 기행문 쓰기

• 시간과 ❺ ㅈ ㅅ 가 잘 드러나게 씁니다.

• 보고 들은 내용을 생생하고 자세하게 풀어 씁니다.

• 생각이나 ❻ ㄴ ㄲ 도 함께 씁니다.

3 기행문의 '처음', '가운데', '끝'에 들어갈 내용을 찾아 선으로 이으시오.

(1) 처음 •　　• ㉮ 여행의 전체 감상

(2) 가운데 •　　• ㉯ 여행한 까닭이나 목적

(3) 끝 •　　• ㉰ 여행지에서 다닌 곳, 보고 들은 것, 생각하거나 느낀 것과 같이 여행하면서 있었던 일

[01~03]

01 현석이가 방학 때 여행 다녀온 곳은 어디인지 쓰시오.

(   )

02 ㉠이 의미하는 글은 무엇입니까? (   )

① 시   ② 기행문   ③ 연설문
④ 설명문   ⑤ 독서 감상문

03 현석이가 대화에서 멋쩍어한 까닭을 알맞게 말한 친구의 이름을 쓰시오.

> • 재희: 여행한 경험을 혼자만 간직하고 싶은데 서윤이가 자꾸 귀찮게 물어봐서 짜증이 났기 때문이야.
> • 승훈: 제주도에서 즐거운 기억이 많았지만 글로 남긴 것이 없어서 여행 경험을 정확하게 전하지 못했기 때문이야.

(   )

[04~05]

04 서윤이가 지난해 방학 때, 제주도에서 다녀온 곳이 아닌 곳은 무엇입니까? (   )

① 만장굴
② 한라산
③ 거문오름
④ 섭지코지
⑤ 성산 일출봉

05 서윤이가 여행 경험을 자신 있게 전할 수 있었던 까닭은 무엇입니까? (   )

① 기억력이 좋아서
② 여행을 자주 다녀서
③ 여행 경험을 글로 남겨 놓아서
④ 여행을 다녀온 지 얼마 안 되어서
⑤ 여행을 다니면서 엽서를 많이 사 놓아서

꼭나와 ㄴ

06 여행하며 보고 느낀 점을 글로 쓰면 좋은 점으로 알맞지 <u>않은</u> 것은 무엇입니까? (   )

① 여행했던 경험을 다시 느낄 수 있다.
② 다른 사람에게 여행 정보를 줄 수 있다.
③ 여행에 관한 글을 좀 더 길게 쓸 수 있다.
④ 여행했을 때의 기분을 잘 간직할 수 있다.
⑤ 여행하면서 보고 들은 것을 나중에 알 수 있다.

07 ㉠에서 알 수 있는 것은 무엇입니까? (   )

① 여행하며 본 것
② 여행하며 들은 것
③ 여행하며 든 생각
④ 여행하며 든 느낌
⑤ 여행의 과정이나 일정

【07~10】

㉠우리 답사의 첫 유적지는 한라산 산천단이었다. 한라산 산신께 제사드리는 산천단에 가서 답사의 안전을 빌고 가는 것이 순서에도 맞고 또 제주도에 온 예의라는 마음도 든다. 산천단은 제주시 아라동 제주대학교 뒤편 소산봉(소산 오름) 기슭에 있다. 산천단 주위에는 제단을 처음 만들 당시에 심었을 수령 500년이 넘는 곰솔 여덟 그루가 산천단의 역사와 함께 엄숙하고도 성스러운 분위기를 보여 준다.

제주의 동북쪽 구좌읍 세화리 송당리 일대는 크고 작은 무수한 오름이 저마다의 맵시를 자랑하며 드넓은 들판과 황무지에 오뚝하여 오름의 섬 제주에서도 오름이 가장 많고 아름다운 '오름의 왕국'이라고 했다. 그중에서도 다랑쉬오름은 '오름의 여왕'이라고 불린다.

다랑쉬라는 이름의 유래에는 여러 설이 있으나 다랑쉬오름 남쪽에 있던 마을에서 보면 북사면을 차지하고 앉아 된바람을 막아 주는 오름의 분화구가 마치 달처럼 둥글어 보인다 하여 붙여졌다는 설이 가장 정겹다.

오름 아래 자락에는 삼나무와 편백나무 조림지가 있어 제법 무성하다 싶지만 숲길을 벗어나면 이내 천연의 풀밭이 나오면서 시야가 갑자기 탁 트이고 사방이 멀리 조망된다. 경사면을 따라 불어오는 그 유명한 제주의 바람이 흐르는 땀을 씻어 주어 한여름이라도 더운 줄 모른다. ㉡발길을 옮길 때마다, 한 굽이를 돌 때마다 시야는 점점 넓어지면서 가슴까지 시원하게 열린다.

08 이 글의 내용으로 알맞은 것을 두 가지 찾아 ○표 하시오.

(1) 제주도에서 오름은 구좌읍 세화리 송당리에만 있다.   (   )
(2) 다랑쉬오름의 이름은 분화구의 모양과 관련이 있다는 설이 있다.   (   )
(3) 다랑쉬오름 아래 자락의 삼나무와 편백나무 조림지를 지나면 한여름에도 바람이 분다.
                                                              (   )

09 ㉡에 대한 설명으로 알맞은 것을 골라 ○표 하시오.

• 글쓴이가 여행하면서 생각하거나 느낀 (여정 , 견문 , 감상)이 잘 드러난 부분이다.

서술형 ㅇ

10 이 글의 종류는 무엇인지 쓰고, 이와 같은 글의 특징을 한 가지 쓰시오.

(1) 글의 종류: (   )

(2) 글의 특징: _____

_____

_____

[11~12]

성산 일출봉은 제주 답사의 기본 경로라 할 만큼 잘 알려져 있고, 영주 십경의 제1경이 '성산에 뜨는 해'인 성산 일출이며, 제주 올레 제1경로가 시작되는 곳일 만큼 제주의 중요한 상징이기도 하다.

제주도와 연결된 서쪽을 제외한 성산 일출봉의 동·남·북쪽 외벽은 깎아 내린 듯한 절벽으로 바다와 맞닿아 있다. 일출봉의 서쪽은 고운 잔디 능선 위에 돌기둥과 수백 개의 기암이 우뚝우뚝 솟아 있는데 그 사이에 계단으로 만든 등산로가 나 있다. 전설에 따르면 ㉠설문대 할망은 일출봉 분화구를 빨래 바구니로 삼고 우도를 빨랫돌로 하여 옷을 매일 세탁했다고 한다.

일출봉은 멀리서 볼 때나, 가까이 다가가 올려다볼 때나, 정상에 올라 분화구를 내려다볼 때나 풍광 그 자체의 아름다움과 감동이 있다. 특히나 항공 사진으로 찍은 성산 일출봉은 공상 과학 영화에나 나옴 직한 신비로운 모습을 보여 준다.

11 성산 일출봉에 대한 설명으로 알맞지 <u>않은</u> 것은 무엇입니까? (   )

① 제주 올레 제1경로가 시작되는 곳이다.
② 일출봉의 서쪽은 우도와 연결되어 있다.
③ 설문대 할망과 관련된 전설이 전해진다.
④ 일출봉의 동·남·북쪽 외벽은 바다와 맞닿아 있다.
⑤ 일출봉의 서쪽에는 수백 개의 기암이 솟아 있다.

서술형 ½
12 기행문의 요소를 생각하며 다음 물음에 답하시오.

(1) ㉠은 '여정', '견문', '감상' 중 무엇이 가장 잘 드러난 부분입니까?

(   )

(2) (1)과 같이 답한 까닭을 쓰시오.

_____

_____

꼭나와 ❤
13 기행문을 쓰는 순서에 맞게 기호를 쓰시오.

㉮ 기행문을 쓴다.
㉯ 기행문을 쓸 준비를 한다.
㉰ 기억에 남는 여행 장소를 떠올린다.
㉱ 기행문의 짜임을 생각하며 여정, 견문, 감상으로 나누어 정리한다.

㉰ → (   ) → (   ) → (   )

14 기행문을 쓸 준비를 할 때 정리해야 할 것들은 무엇인지 (   )에 알맞은 말을 보기에서 골라 쓰시오.

보기

| 자료 | 까닭 | 읽을 사람 |

기행문을 쓰는 목적	친구들에게 내 경험을 알려 주기 위해서
그 장소를 고른 (1) ( )	해인사에서 봤던 팔만대장경이 기억에 많이 남았기 때문에
(2) ( )	우리 반 친구들
필요한 (3) ( )	사진, 입장권 따위

15 기행문의 짜임 중 끝부분에 들어갈 내용은 무엇입니까? (   )

① 교통편   ② 여행한 목적
③ 여행 일정 소개   ④ 인상 깊은 경험
⑤ 여행한 뒤에 한 다짐이나 반성

[01~04]

01 그림 가, 나에서 현석이는 쓰지 않고, 서윤이는 쓴 글의 종류를 쓰시오.

( )

02 서윤이와 현석이는 무엇에 대해 이야기를 나누고 있습니까? ( )

① 등산의 좋은 점
② 여행을 다녀온 경험
③ 여행 가고 싶은 장소
④ 제주도와 관련된 영화
⑤ 방학 때 한 일 중 가장 기억에 남는 일

어려워

03 서윤이가 제주도에서 다녀온 곳을 다 기억하는 까닭은 무엇입니까? ( )

① 제주도에 여러 번 가 보았기 때문이다.
② 부모님과 여행 다녀온 이야기를 자주 하기 때문이다.
③ 여행 경험을 사진과 함께 글로 남겨 놓았기 때문이다.
④ 기억력이 좋아서 한 번 본 것은 잘 잊지 않기 때문이다.
⑤ 현석이에게 자랑하려고 미리 관련된 책을 읽어 두었기 때문이다.

서술형

04 현석이에게 어떤 말을 해 주면 좋을지 쓰시오.

_____

_____

_____

05 여행하면서 보고 듣고 느낀 점을 글로 쓰면 좋은 점을 알맞게 말한 친구의 이름을 쓰시오.

> • 소이: 여행했을 때의 기분을 잘 간직할 수 있어.
> • 영웅: 여행을 하지 못한 친구에게 잘난 체할 수 있어.

( )

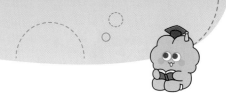

[06~08]

제주행 비행기를 탈 때면 나는 창가 쪽 자리를 선호한다. 하늘에서 보는 제주도의 풍광을 만끽하기 위해서다.

"저희 비행기는 잠시 후 제주 국제공항에 착륙하겠습니다. 안전벨트를 다시 매어 주십시오."

기내 방송이 나오면 나는 창가에 바짝 붙어 제주도가 나타나기를 기다린다. 비행기 왼쪽 좌석이면 한라산이 먼저 나타나고 오른쪽이면 쪽빛 바다와 맞닿아 둥글게 돌아가는 해안선이 시야에 펼쳐진다.

이윽고 비행기가 제주도 상공으로 들어오면 왼쪽 창밖으로는 오름의 산비탈에 수놓듯이 줄지어 있는 산담이 아름답고, 오른쪽 창밖으로는 삼나무 방풍림 속에 짙은 초록빛으로 자란 밭작물들이 싱그러워 보인다. 비행기가 선회하여 활주로로 들어설 때는 오른쪽과 왼쪽의 풍광이 교체되면서 제주의 들과 산이 섞바뀌어 모두 볼 수 있게 된다. 올 때마다 보는 제주의 전형적인 풍광이지만 그것이 철 따라 다르고 날씨 따라 다르기 때문에 언제나 신천지에 오는 것 같은 설렘을 느끼게 된다.

06 착륙하기 전, 비행기 창밖으로 볼 수 <u>없는</u> 모습은 무엇입니까? ( )

① 산담　　② 한라산　　③ 해안선
④ 제주대학교　⑤ 삼나무 방풍림

07 다음 중 이 글에서 알 수 있는 것은 무엇입니까?
( )

① 제주도의 날씨
② 제주도에서 간 곳
③ 제주도 여행을 한 까닭
④ 여행하기 전의 여행 계획
⑤ 비행기에서 본 제주도 풍경

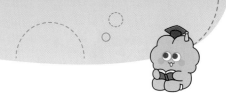

서술형

08 글쓴이가 제주행 비행기를 타고 제주도 상공으로 들어왔을 때 느낀 기분을 쓰시오.

_____

_____

[09~10]

우리 답사의 첫 유적지는 한라산 산천단이었다. ㉠한라산 산신께 제사드리는 산천단에 가서 답사의 안전을 빌고 가는 것이 순서에도 맞고 또 제주도에 온 예의라는 마음도 든다. 산천단은 제주시 아라동 제주대학교 뒤편 소산봉(소산오름) 기슭에 있다. 산천단 주위에는 제단을 처음 만들 당시에 심었을 수령 500년이 넘는 곰솔 여덟 그루가 산천단의 역사와 함께 엄숙하고도 성스러운 분위기를 보여 준다.

09 ㉠은 기행문에 들어가는 내용 중 무엇에 해당하는지 쓰시오.

( )

어려워

10 글쓴이가 간 곳에 대한 설명으로 알맞지 <u>않은</u> 것은 무엇입니까? ( )

① 한라산 산신에게 제사드리는 곳이다.
② 글쓴이가 답사에서 처음으로 간 유적지이다.
③ 제주시 아라동 제주대학교 뒤편 소산봉 기슭에 있다.
④ 산천단 주위에 심은 지 500년이 넘는 곰솔 여덟 그루가 있다.
⑤ 산천단 주위에 성스러운 분위기를 자아내기 위해 야자수를 새로 심었다.

【11~12】

우리는 어리목에서 출발하여 만세 동산을 지나 1700 고지인 윗세오름까지 올라 그곳 산장 휴게소에서 준비해 간 도시락을 먹고 영실로 하산하면서 한라산의 아름다움을 만끽했다. ㉠영실에 들어서면 이내 솔밭 사이로 시원한 계곡물이 흐른다. 본래 실이라는 이름이 붙은 곳은 계곡을 말하는 것으로 옛 기록에는 영곡으로 나오기도 한다. 언제 어느 때 가도 계곡물 소리와 바람 소리, 거기에 계곡을 끼고 도는 안개가 신령스러워 영실이라는 이름에 값한다. 무더운 여름날 소나기라도 한차례 지나간 뒤라면 이 계곡을 두른 절벽 사이로 100여 미터의 폭포가 생겨 더욱 장관을 이룬다.

숲길을 지나노라면 아래로는 제주조릿대가 떼를 이루면서 낮은 포복으로 기어가며 온통 푸르게 물들여 놓고, ㉡위로는 하늘을 가린 울창한 나무들이 크면 큰 대로 작으면 작은 대로 아름답고 기이하다.

숲길을 빠져나와 머리핀처럼 돌아가는 가파른 능선 허리춤에 올라서면 홀연히 눈앞에 수백 개의 뾰족한 기암괴석이 호를 그리며 병풍처럼 펼쳐진다. 오르면 오를수록 이 수직의 기암들이 점점 더 하늘로 치솟아 올라 ㉢신비스럽고도 웅장한 모습에 절로 감탄이 나온다.

11 다음 중 글쓴이가 가지 <u>않은</u> 곳은 어디입니까? ( )

① 영실 ② 어리목
③ 백록담 ④ 윗세오름
⑤ 만세 동산

12 ㉠~㉢에 대한 설명으로 알맞지 <u>않은</u> 것에 ×표 하시오.

(1) ㉠은 시원한 계곡물이 흐르는 것을 본 '견문'이 잘 나타나 있다. ( )
(2) ㉡은 울창한 나무들에 대한 생각이나 느낌인 '감상'이 잘 나타나 있다. ( )
(3) ㉢은 영실에 전해지는 전설에 대한 '견문'이 잘 나타나 있다. ( )

【13~14】

㉠언제 올라도 한라산 영실은 아름답다. 오백 장군봉을 안방에 드리운 병풍 그림처럼 둘러놓고, 그것을 멀찍이서 바라보며 느린 걸음으로 돌계단을 밟으며 바쁠 것도 힘들 것도 없이 오르노라면 마음이 들뜰 것도 같지만 거기엔 아름다움뿐만 아니라 장엄함과 아늑함이 곁들여 있기에 우리는 함부로 감정을 놀리지 못하고 아래 한 번, 위 한 번, 좌우로 한 번씩 발을 옮기며 그 풍광에 느긋이 취하게 된다.

13 ㉠의 '아름답다'는 '여정, 견문, 감상' 중 무엇이 잘 드러난 표현인지 쓰시오.

( )

14 이와 같은 글의 끝부분에 들어갈 내용으로 가장 알맞은 것은 무엇입니까? ( )

① 여행 일정 소개
② 여행지에서 다닌 곳
③ 도착할 때까지 걸린 시간
④ 앞으로 있을 계획이나 각오
⑤ 이동하면서 겪은 일이나 느낌

→ 바른답·알찬풀이 15쪽

15 기행문을 쓸 때 여정, 견문, 감상을 잘 드러내는 표현을 찾아 선으로 이으시오.

(1) 여정 •   • ㉮ '느끼다', '생각하다'와 같은 낱말

(2) 견문 •   • ㉯ '먼저', '~에 도착했다'와 같은 표현

(3) 감상 •   • ㉰ '~을/를 보다', '~을/를 듣다'와 같은 표현

어려워요

16 다음 중 감상을 드러낸 것을 세 가지 고르시오.
(, ,)

① 불국사에는 청운교와 백운교가 있다.
② 창덕궁이 유네스코 세계 문화유산이 되었다고 한다.
③ 현대 기술 수준을 앞선 우리 선조의 지혜가 자랑스럽게 느껴졌다.
④ 유리 벽 사이로라도 석굴암을 볼 수 있어 천만다행이라고 생각했다.
⑤ 무령왕릉 내부를 보는 동안 머리카락이 쭈뼛 서는 듯한 감동이 밀려왔다.

17 기행문을 쓸 준비를 할 때, 생각할 내용이 <u>아닌</u> 것은 무엇입니까? ( )

① 여행한 목적은?
② 내가 갔던 곳은?
③ 여행지에서 생각하거나 느낀 점은?
④ 여행지에 다녀온 뒤의 생각이나 느낌은?
⑤ 여행지에서 보고 들은 것 가운데에서 기억에 남지 않는 것은?

서술형

18 여행한 경험을 글로 쓴다면 어떤 여행지에 대한 글을 쓰고 싶은지 그 까닭과 함께 쓰시오.

_____
_____
_____

19 기행문의 처음, 가운데, 끝부분에 들어갈 알맞은 말을 **보기**에서 찾아 ( )에 쓰시오.

보기
• 여행의 전체 감상
• 여행한 까닭이나 목적
• 이동하면서 겪은 일이나 느낌

처음	• 교통편 • (1) ( ) • 여행 일정 소개 등
가운데	• 여행하면서 있었던 일 • 새롭게 안 사실 • (2) ( )
끝	• (3) ( ) • 여행한 뒤에 한 다짐이나 반성 • 앞으로 있을 계획이나 각오 등

20 여행지 안내장을 만드는 순서에 맞게 기호를 쓰시오.

㉮ 박람회를 열고 감상하기
㉯ 소개하고 싶은 여행지 정하기
㉰ 여행지와 관련 있는 자료 모으기
㉱ 여행지를 소개하는 안내장 만들기
㉲ 여행지를 소개하는 안내장의 형태 고르기

㉯ → ( ) → ( ) → ( ) → ㉮

개념 1 낱말의 짜임

- ❶ⓓⓞⓞ : 나누면 본디의 뜻이 없어져 더는 나눌 수 없는 낱말입니다. 예 바늘

- 복합어
  - 뜻이 있는 두 ❷ⓝⓜ을 합한 낱말입니다. 예 사과나무, 검붉다

  - 뜻을 더해 주는 말과 뜻이 있는 낱말을 합한 낱말입니다. 예 맨주먹, 햇밤

1 다음 낱말을 뜻을 더해 주는 말과 뜻이 있는 낱말로 나누어 쓰시오.

(1) 햇밤 = [　　] + [　　]

(2) 덧신 = [　　] + [　　]

(3) 맨주먹 = [　　] + [　　]

(4) 애벌레 = [　　] + [　　]

개념 2 낱말을 만드는 방법

- 낱말에 다른 낱말을 ❸ⓗⓗ 낱말을 만듭니다.

- ❹ⓓ을 더해 주는 말에 낱말을 합해 낱말을 만듭니다.

2 낱말을 만드는 방법을 생각하며 '새우잠'의 뜻을 쓰시오.

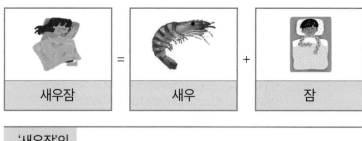

| 새우잠 | = | 새우 | + | 잠 |

'새우잠'의 뜻	

개념 3 겪은 일을 떠올리며 글 읽기

- 본 일을 떠올리며 읽습니다.

- ❺ⓓⓞⓞ을 떠올리며 읽습니다.

- ❻ⓗⓞ을 떠올리며 읽습니다.

3 겪은 일을 떠올리며 「자연을 닮은 우리 악기」라는 글을 읽었습니다. 본 일을 떠올리며 읽고 말한 것을 보기 에서 찾아 기호를 쓰시오.

> ㉮ 예술제에서 가야금 공연을 보았어. 아름다운 가야금 선율을 들으며 가야금이 어떤 악기인지 궁금했어.
> ㉯ 학교에서 사물놀이를 배운 적이 있어. 신나게 꽹과리를 칠 때 어깨춤을 덩실덩실 출 정도로 흥겨웠지.
> ㉰ 옛날에는 농사일을 할 때나 힘든 일을 할 때 노래를 부르며 풍물을 연주했다는 이야기를 할머니께 들은 적이 있어.

(　　　　　)

정답 ❶ 단일어 ❷ 낱말 ❸ 붙여 ❹ 뜻 ❺ 들은 일 ❻ 한 일

국어

[01~02]

예원: 시원아, 책을 읽다가 '㉠바늘방석'이라는 말이 나왔는데 뜻을 잘 모르겠어.

시원: 글쎄, '바늘'과 '방석'을 합친 말 같은데……

예원: 아, 그러면 '바늘'은 '바느질할 때 쓰는 뾰족한 것'이고 '방석'은 '자리에 앉을 때 쓰는 것'이니까 '바늘방석'은 바늘처럼 뾰족한 방석이라는 뜻이겠구나.

선생님: 시원이와 예원이가 제법인걸. '바늘방석'은 몹시 불안스러운 자리를 가리키는 말이란다.

예원: 뜻을 잘 모르는 낱말은 이미 내가 아는 뜻으로 그 뜻을 짐작해 볼 수 있어요.

시원: 선생님, 그럼 '맨주먹'은 '맨-'과 '주먹'으로 나눌 수 있고 '맨-'은 다른 것이 없다는 뜻을 더해 주니까 '맨주먹'은 '아무것도 없는 빈주먹'이라는 뜻이겠네요?

선생님: 그렇지. 이렇게 '바늘방석'이나 '맨주먹'처럼 낱말을 쪼개 살펴보면 뜻을 쉽게 짐작할 수 있단다.

01 ㉠은 무엇과 무엇을 합친 말인지 두 가지 고르시오. (　　,　　)

① 바늘　　　② 자리　　　③ 방석
④ 뾰족한　　⑤ 바느질

02 이 대화에서 알 수 있는 낱말의 뜻을 짐작하는 방법은 무엇인지 두 가지 고르시오.

(　　,　　)

① 낱말을 쪼개어 살펴본다.
② 문장을 거꾸로 읽어 본다.
③ 어려운 낱말로 바꾸어 본다.
④ 낱말의 형태를 바꾸어 본다.
⑤ 자신이 아는 뜻으로 짐작한다.

03 다음 글을 읽고 (　　　)에 들어갈 말로 알맞은 것을 골라 ○표 하시오.

'바늘'처럼 '바'와 '늘'로 나누면 본디의 뜻이 없어져 더는 나눌 수 없는 낱말을 (1) (단일어 , 복합어)라고 하고, '사과나무'처럼 뜻이 있는 두 낱말을 합한 낱말과 '맨주먹'처럼 뜻을 더해 주는 말과 뜻이 있는 낱말을 합한 낱말을 (2) (단일어 , 복합어)라고 한다.

04 다음 낱말 중 단일어를 세 가지 고르시오.

(　　,　　,　　)

① 사과　　　② 자두　　　③ 오이
④ 덧신　　　⑤ 산딸기

05 낱말의 짜임을 생각하며 다음 보기와 같이 (1)에 알맞은 낱말을 쓰고, (2)에 만들어진 복합어의 뜻을 짐작하여 쓰시오.

보기

책가방	책 + 가방

• 뜻: 책이나 학용품 따위를 넣어서 들고 다니는 가방.

뛰놀다	뛰다 + (1) (　　　　　)

• 뜻: (2) _____

_____

[06~07]

대나무와 박에서 나오는 청아한 소리는 맑은 봄날의 아침 같아요. 명주실에서 뽑아내는 섬세한 소리와 나무에서 나오는 깨끗한 소리는 쨍쨍한 여름 햇살을 닮았어요. 쇠와 흙에서 울리는 우렁차고 광대한 소리는 높은 가을 하늘 같답니다. 돌의 묵직한 소리와 가죽의 탄탄한 소리는 겨울의 웅장함을 느끼게 하지요. 이렇게 옛사람들은 여러 악기의 소리를 들으며 자연의 이치를 깨달았답니다.

명주실은 우리 악기를 만드는 데 가장 많이 쓰이는 재료 가운데 하나입니다. 명주실은 누에고치에서 뽑아낸 비단실이에요. 이 비단실로 천도 짜고, 소리 고운 악기도 만들지요. 명주실은 잘 끊어지지 않고 탄력이 있어서 가야금, 거문고, 아쟁, 해금 같은 악기의 줄로 쓰입니다. 가야금은 오동나무로 만든 울림통에 명주실을 열두 줄로 꼬아 얹어 만들어요. 웅장하고 깊은 소리를 내는 거문고의 줄도 명주실로 만들지요. 해금은 낮은음에서 높은음까지 다양한 소리를 내고, 아쟁은 가야금과 비슷하지만 가야금보다 몸통이 크고 줄이 굵습니다.

06 이 글에서 빗대어서 말한 악기의 소리와 빗댄 말이 알맞게 짝 지어지지 <u>않은</u> 것을 두 가지 고르시오. (,   )

① 비단실에서 나는 소리 - 단단한 울림통
② 쇠와 흙에서 나는 소리 - 높은 가을 하늘
③ 돌과 가죽에서 나는 소리 - 겨울의 웅장함
④ 명주실에서 나는 소리 - 쨍쨍한 여름 햇살
⑤ 대나무에서 나는 소리 - 웅장하고 깊은 마음

07 다음에서 설명한 대상을 이 글에서 찾아 쓰시오.

> • 우리 악기를 만드는 데 가장 많이 쓰이는 재료 가운데 하나이다.
> • 누에고치에서 뽑아낸 비단실이다.
> • 잘 끊어지지 않고 탄력이 있다.

(   )

[08~09]

쇠는 아무나 함부로 다룰 수 없는 귀한 재료였어요. 쇠를 다루는 사람들이 불로 쇠를 녹여 여러 가지 도구를 만들어 쓰기도 하고, 무기를 만들기도 하였지요. 그 때문에 쇠로 만든 악기에도 특별한 힘이 있을 거라고 여겼어요. 사람들은 쇠를 녹여 사방을 깨우는 듯한 소리가 나는 악기를 만들어 특별한 신호를 보내거나, 놀이판의 흥을 높였어요. 쇠를 녹여 만든 우리 악기에는 징, 꽹과리, 편종, 특종, 나발 등이 있어요.

나무는 어디에서나 쉽게 구할 수 있고 쓰임도 많은 재료예요. 나무로 만든 악기에는 박, 어 등이 있어요. 나무의 딱딱한 소리는 여러 악기를 모아 합주할 때 연주의 처음과 끝을 알리는 역할을 했답니다.

08 쇠로 만든 악기에 대한 설명으로 알맞은 것을 두 가지 고르시오. (,   )

① 징, 꽹과리, 편종, 특종, 나발 등이 있다.
② 쇠로 만든 악기로 연주의 시작과 끝을 알렸다.
③ 쇠는 아무나 쉽게 다룰 수 있는 악기 재료였다.
④ 쇠로 만든 악기에는 특별한 힘이 있을 거라고 여겼다.
⑤ 쇠로 만든 악기를 연주하는 사람은 지휘자와 같은 역할을 했다.

09 여러 악기를 모아 합주할 때 연주의 처음과 끝을 알리는 역할을 한 악기의 재료는 무엇인지 쓰시오.

(   )

꼭나와 ♥

10 겪은 일을 떠올리며 글을 읽으면 좋은 점으로 알맞지 <u>않은</u> 것은 무엇입니까? (   )

① 글 내용에 더 흥미를 지니게 된다.
② 글 내용을 더 쉽게 이해할 수 있다.
③ 글 내용을 더 깊이 있게 이해할 수 있다.
④ 자신이 아는 내용과 비교하며 읽을 수 있다.
⑤ 경험하지 않은 일도 경험한 것처럼 말할 수 있다.

[11~12]

가 그럼 지금부터 우리나라에서 사라질 위기에 처한 동물을 만나 보겠습니다.

나 내가 ㉠염소게, 산양이게? 히히, 염소랑 비슷하게 생겼어도 난 엄연히 산양이야. 자세히 보면 수염도 없고 갈색, 검은색, 회색 털이 뒤섞여 있어. 그리고 내 뿔은 송곳 모양으로, 나이를 먹을 때마다 고리 모양으로 변해. 나는 워낙 험한 ㉡바위산에 살기 때문에 지금까지 살아남았어. 이런 내가 설마 인간 때문에 멸종 위기에 처할 줄은 정말 몰랐어. 사냥꾼들은 내 털과 고기를 노렸지. 우리가 도망가지 못하게 길도 막아 버렸어. 으으, 무서운 인간들을 피할 방법 좀 알려 줘.

11 이 글에 나온 낱말 중 낱말의 짜임이 ㉠과 다른 것은 무엇입니까? (   )

① 수염   ② 나이   ③ 인간
④ 고기   ⑤ 사냥꾼

서술형 ㅇ

12 낱말의 짜임을 생각하며 글을 읽고, 물음에 답하시오.

(1) ㉡ '바위산'은 복합어와 단일어 중 무엇인지 쓰시오.

(   )

(2) (1)에 나온 '바위산'의 뜻은 무엇일지 짐작하여 쓰시오.

_____

_____

[13~14]

멸종 위기에 처한 우리나라의 동물들을 구하려면 어떻게 해야 할까요? 1993년 국제 연합 환경 계획에서 '생물 다양성 국가 연구에 대한 지침'을 발표했습니다. 이를 시작으로 하여 사람들은 단순히 멸종 위기의 동물을 보호하는 데에만 그치는 것이 아니라 생태계 전체를 건강하게 만드는 데 힘을 쏟기 시작했습니다. 멸종 위기 동물을 천연기념물로 지정해 보호하고 우리나라 고유의 생물들을 보존하는 방법을 찾기로 했습니다. 그렇게 해서 생겨난 것이 깃대종과 지표종이랍니다.

깃대종은 그 지역을 대표하는 생물들이기 때문에 깃대종이 잘 보존된다면 그 지역의 생태계가 잘 유지된다는 증거로 볼 수 있습니다. 우리나라의 대표적인 깃대종으로는 설악산의 산양, 내장산의 비단벌레, 속리산의 하늘다람쥐, 지리산의 반달가슴곰이 있습니다.

13 깃대종의 뜻은 무엇입니까? (   )

① 그 지역을 대표하는 생물들
② 그 지역에서 가장 많은 생물들
③ 그 지역에서 볼 수 없는 생물들
④ 그 지역에서 가장 아름다운 생물들
⑤ 그 지역에서 가장 쓸모가 많은 생물들

14 천연기념물로 지정하여 보호하려는 것이 어떤 것인지 찾아 쓰시오.

(   )

꼭나와 ㅂ

15 아는 지식을 떠올리며 글을 읽으면 좋은 점을 알맞게 말한 친구의 이름을 쓰시오.

• 승준: 글 내용을 깊이 있게 이해할 수 있어.
• 예리: 낱말의 뜻을 전부 새롭게 바꿀 수 있어.
• 준우: 글쓴이의 생각과 반대되는 내용으로 글을 새로 쓸 수 있어.

(   )

[01~04]

가 낱말을 어떻게 만들었는지 생각해 보기

구름다리

'구름'은 공중에 높이 떠 있는 것이고, '다리'는 한편에서 다른 편으로 건너다닐 수 있도록 만든 것이야.

'구름'과 '다리'를 합해서 만들었네.

아, 그럼 구름다리는 ㉠ 라는 뜻이구나.

나 뜻이 있는 두 낱말을 합해 새로운 낱말 만들기

김밥 = 김 + 밥

| 뜻 | 여러 가지 재료를 김 속에 넣어 만든 음식. |

다 뜻을 더해 주는 말과 뜻이 있는 낱말을 합해 새로운 낱말 만들기

풋고추   풋밤   풋사과

01 ㉠에 들어갈 '구름다리'의 뜻은 무엇입니까?
( )

① 구름으로 만든 다리
② 구름처럼 가벼운 다리
③ 공중에 걸쳐 놓은 다리
④ 구름처럼 하얀색으로 된 다리
⑤ 구름이 있을 때만 이용할 수 있는 다리

02 **나**와 같이 낱말의 짜임을 생각하여 ( )에 알맞은 말을 쓰시오.

• 새우잠 = ( ) + ( )

03 **다**에 나오는 '풋-'의 뜻으로 알맞은 것을 두 가지 고르시오. (,)

① 덜 익은.   ② 처음 나온.
③ 그해에 새로 난.   ④ 다른 것이 없는.
⑤ 그것이 심하거나 많은 사람.

04 다음 낱말들은 **나**와 **다** 중 어떤 방법으로 만들어진 낱말인지 기호를 쓰시오.

| 골목길   눈길   길동무 |

( )

어려워 😊

05 다음 낱말들의 '-꾼'을 알맞게 사용하여 만든 낱말을 두 가지 고르시오. (,)

▲ 나무꾼   ▲ 소리꾼   ▲ 낚시꾼

① 꽃꾼   ② 구경꾼   ③ 오이꾼
④ 곡식꾼   ⑤ 재주꾼

06 다음 낱말들의 밑줄 친 '새-'의 뜻을 생각하며 ( )에 알맞은 말을 보기에서 찾아 쓰시오.

| 새빨갛다   새파랗다   새까맣다 |

보기

| 선명   흐릿   똘똘 |

• 매우 짙고 ( )하게.

[07~08]

가 우리나라 악기들은 자연에서 얻은 여덟 가지 재료로 만들어졌어요. 명주실, 대나무, 박, 흙, 가죽, 쇠붙이, 돌, 나무 등 주변에서 흔히 볼 수 있고 쉽게 구할 수 있는 것들이지요. 대한 제국 때 발간된 『증보문헌비고』에서는 이 여덟 악기의 재료를 팔음이라고 불렀어요. 여덟 가지 재료에 저마다 독특한 소리가 담겨 있기 때문이지요.

나 예부터 우리 조상들이 좋아했던 대나무는 굽힐 줄 모르는 곧은 마음을 상징했어요. 대나무를 즐겨 그리는 선비가 많았고, 장인들은 대나무로 여러 가지 물건을 만들었지요. 대나무로 만든 악기도 아주 많아요. 대나무는 속이 비어 있어서 보통 나무와는 다른 소리를 내는 악기를 만들 수 있어요. 그윽하고 평온한 소리가 울려 나오는 대금, 달빛이 빛나는 봄밤에 어울리는 악기인 피리를 만듭니다. 그리고 맑고 청아한 소리를 내는 단소도 만들 수 있습니다.

　초가지붕 위에 주렁주렁 앉아 자라던 박은 물을 푸는 물박, 간장을 퍼내는 장 박, 밥을 담는 주발 박 같은 바가지나 그릇을 만드는 데 많이 쓰였어요. 우리 악기 가운데 생황은 박으로 만든 악기입니다. 생황은 박으로 만든 공명통(소리를 울리게 하는 통)에서 서로 길이가 다른 여러 개의 대나무관이 꽂혀 있는 악기예요.

07 이 글에 나타나 있는 우리나라 악기의 재료가 아닌 것은 무엇입니까? (　　　)

① 박　　　② 흙　　　③ 돌
④ 가죽　　⑤ 과일

08 대나무로 만든 악기가 아닌 것을 세 가지 고르시오. (　　, 　　, 　　)

① 훈　　　② 장구　　③ 대금
④ 피리　　⑤ 생황

[09~10]

가 흙은 쓰임이 많은 재료예요. 집을 짓기도 하고 여러 가지 물건을 만들지요. 흙은 원하는 모양을 쉽게 만들 수도 있고, 말리거나 구우면 단단해져요. 우리 조상들은 이런 흙의 특성을 이용해서 훈과 부 같은 악기를 만들었어요. 우묵한 질그릇처럼 생긴 부는 아홉 조각으로 쪼갠 대나무 채로 두드려 소리를 내는 악기예요. 훈은 흙을 빚고 구워서 만든 악기로 입으로 불어 소리를 내요.

나 돌로 만든 악기는 추위나 더위에 강하기 때문에 음의 변화가 거의 없었어요. 그래서 다른 악기의 음을 맞추거나 고르게 할 때 기준이 된답니다. 돌로 만든 악기에는 편경과 특경이 있어요. 편경은 단단한 돌을 'ㄱ' 자 모양으로 깎아서 만든 악기로, 돌조각을 '각퇴'라는 채로 쳐서 소리를 내요. 돌에서 나오는 티 없이 청아한 소리가 일품이에요. 편경은 주로 궁중에서 제사를 지낼 때 쓰입니다.

다 여덟 가지 재료로 만든 우리 옛 악기들은 저마다 독특하고 아름다운 소리를 지닙니다. 하지만 우리 악기들은 더불어 살아가는 사람들처럼 여럿이 함께 어우러져야 더 아름다운 소리를 냅니다.

09 다음 글에서 설명하는 재료는 무엇입니까?

(　　　)

- 이 재료로 만든 악기에는 훈, 부 등이 있다.
- 원하는 모양을 쉽게 만들 수 있고, 말리거나 구우면 단단해진다.

① 흙　　　② 돌　　　③ 나무
④ 가족　　⑤ 명주실

서술형 낭

10 이 글을 읽고 떠오른 내용이나 관심을 둔 내용을 친구들과 비교하여 쓰시오.

_____

_____

[11~12]

가 지금까지 알려진 동물은 약 170만 종이라고 합니다. 앞으로 20~30년 안에 이 동물 가운데 $\frac{1}{4}$ 정도가 지구상에서 완전히 사라질 수도 있다고 합니다. 왜냐하면 지구 온난화와 환경 오염 등으로 동물의 서식지가 줄어들고 있기 때문입니다.

나 나는 점박이물범일세. 잘 사냐고? 음, 할 말이 없군. 지금 우리 가족은 겨우 500마리 남짓 남았을 뿐이거든. 물론 30년 전보다야 낫지만 말이야. 그때만 해도 사람들이 우리를 마구 잡아서 모피와 약을 만들었지만, 지금은 보호 구역도 정해 주더라고. 우리는 주로 백령도 근처에 머무는데 사람이 별로 없어서 지내기가 좋아. 그리고 추운 겨울이 되면 서해 위쪽으로 올라가 지낸다네. 그런데 여기서 잠깐! 사실 무척 걱정되는 게 있어. 우리에게는 새끼를 낳으려면 부빙이 꼭 필요하지. 그런데 지구가 점점 따뜻해지는 바람에 얼음들이 녹고 있어. 게다가 사람들이 오염된 물과 쓰레기를 바다에 마구 쏟아 내서 살기가 참 힘들다네. 자네가 우리 대신 사람들한테 잘 좀 말해 줄 수 없겠나?

11 앞으로 20~30년 안에 동물 가운데 $\frac{1}{4}$ 정도가 지구상에서 완전히 사라질 수도 있는 까닭은 무엇인지 (   )에 알맞은 말을 찾아 쓰시오.

• (   )과/와 환경 오염 등으로 동물의 서식지가 줄어들고 있기 때문에

12 점박이물범이 살기 힘들다고 한 까닭을 두 가지 고르시오. (,   )

① 점박이물범의 보호 구역이 없어서
② 점박이물범의 모피를 구하는 사람이 늘어나서
③ 백령도 근처에는 점박이물범을 돌봐 줄 사람이 없어서
④ 사람들이 오염된 물과 쓰레기를 바다에 마구 쏟아 내서
⑤ 새끼를 낳으려면 부빙이 필요한데 얼음들이 녹고 있어서

[13~15]

반달가슴곰

대한민국 사람들은 우리를 참 많이 사랑해요. 그만큼 우리에게 관심도 많고요. 우리 친구들을 지리산으로 돌려보낼 때마다 잘 살기를 무척 바라지요. 듣자 하니 50마리까지 늘리는 게 목표라고 해요. 하기는 우리를 귀하게 여길 만해요. 우리는 산에서 도토리, 가래, 산뽕나무의 열매 등을 먹고 여기저기에 똥을 누어요. 바로 그 똥이 흙을 좋게 만들어서 씨앗이 돋아나게 하고 산을 푸르게 만드는 데 도움을 주거든요. 우리가 있어야 지리산의 생태계가 잘 돌아가는 거죠. 하지만 문제는 바로 사람들! 아무리 깊은 산속이라도 사람들이 보여요. 이 험한 데까지 대체 어떻게 오는 거죠?

13 반달가슴곰은 어떤 일을 해서 지리산의 생태계가 잘 돌아가게 한다고 하였습니까? (   )

① 산에 돋아난 씨앗을 파먹어서
② 사람들이 깊은 산속에 오지 못하도록 막아서
③ 도토리, 가래, 산뽕나무를 먹지 않고 보호해서
④ 나무를 자라지 못하게 하는 해충을 잡아먹어서
⑤ 반달가슴곰의 똥이 흙을 좋게 만들고 산을 푸르게 만드는 데 도움을 주어서

어려워 ↓

14 이 글에 나타난 반달가슴곰의 먹이를 모두 고르시오. (,   ,   )

① 벌레   ② 가래   ③ 도토리
④ 물고기   ⑤ 산뽕나무의 열매

서술형 ↓

15 '반달가슴곰'은 왜 이런 이름을 얻었을지 짐작해서 쓰시오.

_____

_____

[16~17]

꼬치동자개

뭘 그리 놀라요? 나 처음 봐요? 하긴 나는 1940년대까지는 도시의 하천에서도 쉽게 잡을 수 있을 정도로 흔한 물고기였죠. 하지만 산업화·도시화가 되면서 환경이 오염되어 마음놓고 살 곳이 사라져 버렸어요. 나와 친구들은 어느새 멸종 위기 1등급이 되어 버렸고요. 듣기로는 우리를 데려다가 연구해서 수를 늘릴 계획이 있다고 하던데, 그러다 잘못되면 어떡하죠?

멸종 위기에 처한 우리나라의 동물들을 구하려면 어떻게 해야 할까요? 1993년 국제 연합 환경 계획에서 '생물 다양성 국가 연구에 대한 지침'을 발표했습니다. 이를 시작으로 하여 사람들은 단순히 멸종 위기의 동물을 보호하는 데에만 그치는 것이 아니라 생태계 전체를 건강하게 만드는 데 힘을 쏟기 시작했습니다. 멸종 위기 동물을 천연기념물로 지정해 보호하고 우리나라 고유의 생물들을 보존하는 방법을 찾기로 했습니다. 그렇게 해서 생겨난 것이 바로 깃대종과 지표종이랍니다.

16 꼬치동자개에 대한 설명으로 알맞지 <u>않은</u> 것은 무엇입니까? (   )

① 멸종 위기 1등급이다.
② 연구를 해서 수를 늘릴 계획이 있다.
③ 산업화·도시화가 되면서 살 곳이 사라져 버렸다.
④ 1940년대까지는 도시의 하천에서도 쉽게 볼 수 있었다.
⑤ 맛이 좋아 사람들이 많이 잡은 탓에 멸종 위기종이 되었다.

어려워 ⋎

17 우리나라 고유의 생물들을 보존하는 방법을 찾다가 생겨난 것을 두 가지 찾아 쓰시오.

(   ), (   )

[18~20]

지표종은 그 지역의 환경이 얼마나 깨끗한지 측정할 수 있는 종을 말합니다. 예를 들어 오래전 탄광에서 일하던 광부들은 카나리아를 이용해 몸에 해로운 유독 가스를 측정했습니다. 공기가 좋은 곳에서 사는 카나리아는 산소가 부족하면 숨을 쉬기가 힘들어 노래를 멈춘답니다. 그래서 광부들은 카나리아가 노래를 부르는 동안에는 안심하고 일을 할 수 있었습니다.

또한 바로 떠서 먹을 수 있을 정도로 깨끗한 1급수에는 어름치, 열목어 등이 살고, 약간의 처리 과정을 거치면 마실 수 있는 2급수에는 은어, 피라미가 삽니다. 물이 흐리고 마실 수 없어 공업용수로 주로 사용하는 3급수에는 물벼룩, 짚신벌레 등이 살며, 4급수에는 물곰팡이, 실지렁이 등이 살 수 있습니다. 이렇게 지표종으로 물의 등급을 알 수 있답니다.

18 지표종의 뜻은 무엇인지 (   )에 알맞은 말을 찾아 쓰시오.

• 그 지역의 (   )이/가 얼마나 깨끗한지 측정할 수 있는 종

19 1급수의 지표종에 해당하는 동물은 무엇입니까? (   )

① 은어   ② 열목어   ③ 피라미
④ 짚신벌레   ⑤ 물곰팡이

서술형 ⋎

20 이 글을 읽고 새롭게 알거나 자세히 안 점을 쓰시오.

_____

_____

_____

개념 ① 글의 종류에 따른 읽기 방법 – 설명하는 글

- 설명하려는 ❶ㄷ ㅅ이 무엇인지 생각합니다.

- 대상의 무엇을 자세히 설명하는지 생각합니다.

- 대상을 보고 이미 아는 것을 떠올려 보고, 대상에 대해 ❷ㅅ ㄹ ㄱ 안 것을 찾습니다.

1 다음 글에서 설명한 대상은 무엇인지 네 글자로 쓰시오.

> 가 최근 출판하는 책이나 광고, 알림판 따위에서 네모 모양의 표식을 자주 볼 수 있다. 네모 모양 안에 검은 선과 점을 배열했는데, 이것을 정보 무늬[QR 코드]라고 한다.
> 나 정보 무늬는 스마트폰으로 사용할 수 있다. 스마트폰 응용 프로그램으로 정보 무늬를 찍으면 관련 내용이 있는 누리집으로 이동하거나, 관련 사진이나 동영상을 볼 수 있다.

( )

개념 ② 글의 종류에 따른 읽기 방법 – 주장하는 글

- 글쓴이의 ❸ㅈ ㅈ을 파악합니다.

- 의견을 뒷받침하는 근거를 찾고, 주장을 뒷받침하는 알맞은 ❹ㄱ ㄱ인지 생각합니다.

- 자신의 생각과 비교해 같은 점을 찾습니다.

- 자신의 생각과 비교해 비판하는 태도로 읽습니다.

2 글쓴이의 주장을 완성하여 ( )에 알맞은 말을 찾아 쓰시오.

> 미래 사회에 필요한 사람은 어떤 사람일까요?
> 첫째, 정해진 답을 찾기보다 새로운 방식으로 문제를 해결하는 사람입니다. 정해진 문제는 사람보다 인공 지능이 더 잘 해결할 수도 있습니다. 그러나 새로운 방식을 생각하는 것은 인공 지능보다 사람이 더 잘할 수 있습니다.

- ( )에 필요한 사람이 되자.

개념 ③ 필요한 글을 찾아 정리하기

- ❺ㅎ ㅇ 읽기: 제목을 보고 내용을 짐작하거나 관심 있는 내용이 있는지 훑어봐야 합니다.

- ❻ㅈ ㅅ ㅎ 읽기: 필요한 내용을 찾으며 자세히 읽습니다. 또 중요한 내용이나 그것을 뒷받침하는 내용에 밑줄을 그으며 읽습니다.

3 '자세히 읽기'의 방법으로 글을 읽은 친구의 이름을 쓰시오.

- 소진: 제목을 가장 먼저 읽고 필요한 내용이 있는지 생각했다.
- 지은: 자신이 아는 내용과 새롭게 안 내용을 비교하며 자세히 읽었다.
- 정우: 글 전체를 다 읽지 않고 중요한 낱말을 읽으면서 필요한 내용이 있는지 찾아보았다.

( )

정답 ❶ 대상 ❷ 새롭게 ❸ 주장 ❹ 근거 ❺ 훑어 ❻ 자세히

국어

01 다음과 같은 경우에 필요한 글을 찾는 방법으로 알맞지 <u>않은</u> 것을 두 가지 고르시오.
(,)

> 과학 숙제로 돌의 종류를 조사해야 해.

① 제품 설명서에서 돌에 대해 찾는다.
② 도서관에서 돌을 설명한 책을 찾아본다.
③ 인터넷에서 돌을 설명한 글을 찾아본다.
④ 동화책에서 말하는 돌 이야기를 찾아본다.
⑤ 과학관 안내 책자에서 돌을 설명한 내용을 찾아본다.

02 글을 찾아 읽은 경험으로 알맞지 <u>않은</u> 것을 두 가지 고르시오. (,)

① 관심 있는 내용을 인터넷 게시판에서 찾아 읽었다.
② 드론이 어떤 것인지 알고 싶어서 책을 찾아보았다.
③ 환경 오염을 막는 방법을 알고 싶어서 아버지께 여쭈어보았다.
④ 친구가 꼭 읽어 보라고 해서 도서관에서 신문을 읽은 적이 있다.
⑤ 춤을 잘 추는 방법을 잘 몰라서 인터넷에서 춤 동영상을 찾아보았다.

꼭나와 ♥
03 글의 목적에 맞게 찾아 읽으면 좋은 점을 잘못 말한 친구의 이름을 쓰시오.

> • 주아: 많은 분량의 글을 한꺼번에 읽을 수 있어.
> • 민준: 읽고 싶은 책을 알맞게 찾아 읽을 수 있어.
> • 혁수: 찾고 싶은 정보를 정확하고 자세하게 알 수 있어.

( )

[04~05]

가 최근 출판하는 책이나 광고, 알림판 따위에서 네모 모양의 표식을 자주 볼 수 있다. 네모 모양 안에 검은 선과 점을 배열했는데, 이것을 정보 무늬[QR 코드]라고 한다. 큐아르(QR)는 '빠른 응답'이라는 영어의 줄임 말이다.

나 정보 무늬는 여러 가지 정보를 확인할 수 있는 표식이다. 정보 무늬를 쓰기 전에는 막대 표시를 주로 썼다. 막대 표시는 숫자 20개를 저장할 수 있는 무늬로서 물건을 살 때 쉽게 계산할 수 있다. 그러나 정보 무늬는 숫자 7089개, 한글 1700자 정도를 저장할 수 있다. 또 정보 무늬는 일부를 지워도 사용할 수 있다. 정보 무늬의 세 귀퉁이에 위치는 지정하는 문양이 있기 때문이다. 이 문양이 있어 정보 무늬를 어느 각도에서 찍어도 내용을 확인할 수 있다.

다 정보 무늬는 스마트폰으로 사용할 수 있다. 스마트폰 응용 프로그램으로 정보 무늬를 찍으면 관련 내용이 있는 누리집으로 이동하거나, 관련 사진이나 동영상을 볼 수 있다.

서술형 ♥
04 글 가 ~ 글 다 중 '정보 무늬의 사용 방법'을 설명한 문단의 기호를 (1)에 쓰고, (2)에 사용 방법을 정리해 쓰시오.

(1) 글 ( )

(2) 사용 방법: _____

_____

05 이와 같은 설명하는 글을 읽으며 내용이 정확한지 알아보는 방법으로 알맞은 것을 두 가지 고르시오. (,)

① 글쓴이가 누구인지 알아본다.
② 글은 반드시 한 번만 읽어 본다.
③ 글에 나타난 주장과 근거를 찾는다.
④ 설명하는 대상과 관련된 자료를 찾아본다.
⑤ 아는 지식이나 경험을 떠올리며 설명하는 내용이 믿을 만한지 생각해 본다.

[06~07]

가까운 미래에는 제4차 산업 혁명이 일어나 많은 것이 달라진다고 합니다. 인공 지능이 발달하고 새로운 기술을 개발해서 지금까지 살던 모습과는 다를 것입니다.

그렇다면 미래 사회에 필요한 사람은 어떤 사람일까요?

첫째, 정해진 답을 찾기보다 새로운 방식으로 문제를 해결하는 사람입니다. 정해진 문제는 사람보다 인공 지능이 더 잘 해결할 수도 있습니다. 그러나 새로운 방식을 생각하는 것은 인공 지능보다 사람이 더 잘할 수 있습니다.

둘째, 새로운 변화에 대응하는 사람입니다. 미래 연구자들은 다가올 미래에는 여러 가지 사회·환경 문제처럼 예전에 없던 새로운 변화를 맞을 것이라고 합니다. 그러므로 미래 사회에서는 막힌 생각보다 변화에 부드럽게 대처하려는 생각을 해야 합니다.

셋째, 서로 돕고 존중하는 사람입니다. 인공 지능과 새로운 기술이 삶을 빠르게 바꿀 수 있습니다.

06 이 글에서 글쓴이의 주장은 무엇입니까?

( )

① 기술을 많이 익힌 사람이 되자.
② 미래 사회에 필요한 사람이 되자.
③ 지금까지 살던 모습을 지켜 나가자.
④ 인공 지능을 잘 다루는 사람이 되자.
⑤ 알 수 없는 미래보다는 지금 현재에 충실하자.

07 글쓴이가 주장하는 미래 사회에 필요한 사람의 모습으로 알맞지 <u>않은</u> 것을 것을 두 가지 고르시오.

(,)

① 막힌 생각을 가진 사람
② 서로 돕고 존중하는 사람
③ 인공 지능을 잘 다루는 사람
④ 새로운 변화에 대응하는 사람
⑤ 새로운 방식으로 문제를 해결하는 사람

[08~10]

고려청자는 청자의 빛깔, 독특한 장식 기법과 아름다운 형태로 유명하다. 고려청자를 만든 시기에는 중국과 우리나라에서만 질 높은 청자를 만들 수 있었다. 우리나라보다 중국이 먼저 청자를 만들고 세상에 알렸지만, 고려는 청자를 만드는 우수한 기술력과 아름다움을 인정받아 다른 나라 사람들에게 사랑을 받았다.

고려청자는 무엇보다 아름다운 빛깔로 더욱 주목 받았다. 청자의 빛깔은 맑고 은은한 푸른 녹색이다. 이는 유약 안에 아주 작은 기포가 많아 빛이 반사되면서 은은하고 투명하게 비쳐 보이기 때문이다.

08 고려청자는 무엇으로 유명한지 세 가지 고르시오.

(, ,)

① 청자의 빛깔 ② 저렴한 가격
③ 아름다운 형태 ④ 독특한 장식 기법
⑤ 청자를 만든 시기

09 고려청자가 다른 나라 사람들에게 사랑을 받은 까닭은 무엇입니까? ( )

① 가장 먼저 청자를 만들었기 때문에
② 우리나라만 청자를 만들 수 있어서
③ 중국은 질 높은 청자를 만들지 못해서
④ 우수한 기술력과 아름다움을 인정받아서
⑤ 다른 나라 사람들이 우리나라 청자만 알아서

10 꼭나와 ♡ 이와 같은 글을 훑어 읽으면 좋은 점을 에서 찾아 기호를 쓰시오.

> **보기**
> ㉮ 새로운 감동을 느낄 수 있다.
> ㉯ 필요한 내용만 빨리 찾을 수 있다.
> ㉰ 내용 전체를 자세하게 정리할 수 있다.

( )

→ 바른답·알찬풀이 18쪽

[11~13]

외국에서 온 친구는 고려청자를 잘 모를 거 야. 고려청자를 자세히 알려 주고 싶어. 고려 청자의 뛰어난 점이 무엇인지 자세히 살펴보 고 내가 아는 내용과 비교해 읽어 봐야지.

지완

청자의 상감 기법은 어느 나라에서도 찾아볼 수 없는 우리 고유의 독창적인 도자기 장식 기법이다. 상감 기법은 그릇을 빚고 굳었을 때 그릇 바깥쪽에 조각칼로 무늬를 새긴 다음, 검은색이나 흰색의 흙을 메운 뒤 무늬가 드러나도록 바깥쪽을 매끄럽게 다듬는 기법이다. 이 기법은 금속 공예나 나전 칠기에 장식 기법으로 쓰고 있었지만, 고려 도공들이 도자기를 만들 때 장식에 처음으로 응용했다. 상감 기법으로 만든 고려청자는 구름과 학 무늬를 새긴 '청자 상감 운학문 매병'이 대표적이다.

이러한 청자의 형태는 기존의 단순한 그릇 모양의 형태에서 여러 형태의 청자로 발전했다. 그 당시 고려인들은 대접과 접시, 잔, 항아리, 병, 찻잔, 상자 따위를 비롯해 심지어 베개와 기와까지도 청자로 만들었다.

11 고려인들이 청자로 만든 것이 <u>아닌</u> 것은 무엇입니까? (　　　)

① 베개　　　② 신발　　　③ 대접
④ 접시　　　⑤ 찻잔

서술형 ✎

12 중요한 내용을 생각하며 물음에 답하시오.

(1) 이 글에서 설명한 우리 고유의 독창적 도자기 장식 기법을 찾아 쓰시오.

(　　　　　　　　　)

(2) (1)에서 답한 기법에 대해 설명하여 쓰시오.

_____

_____

_____

13 지완이가 글을 읽으며 붉은 색으로 밑줄을 그었습니다. 지완이가 글을 읽은 방법은 무엇인지 (　　　)에 알맞은 말을 쓰시오.

• 필요한 내용을 찾으며 (　　　　　　　　) 읽는다.

14 다음 글에 나타난 독서가들의 읽기 방법을 두 가지 고르시오. (　　　, 　　　)

가 헬렌 켈러는 듣지도, 보지도, 말하지도 못해 책을 읽는 데 어려움이 있었다. 하지만 헬렌 켈러는 손끝으로 책을 읽을 수 있게 되었다. 헬렌 켈러는 평소 느끼지 못했던 대상과 감정을 상상하며 책을 읽었다.

나 어린이날을 만든 아동 문학가 방정환은 어린이가 글을 읽은 다음에는 반드시 관련한 곳에 직접 가 봐야 한다고 했다. 글 내용을 오랫동안 기억하려면 직접 겪어 보라고 했다.

① 글을 읽고 감상문 쓰기
② 여러 번 반복해 읽고 쓰기
③ 대상과 감정을 상상하며 읽기
④ 글과 관련한 곳에 직접 가 보기
⑤ 좋아하는 분야의 책만 찾아 읽기

꼭나와 ♥

15 다음 각 읽기 방법의 좋은 점을 보기에서 찾아 기호를 쓰시오.

보기

㉮ 글 내용을 생생하게 느낄 수 있다.
㉯ 글 내용을 꼼꼼하게 읽을 수 있다.
㉰ 필요한 부분만 빠르게 읽을 수 있다.

(1) 훑어 읽기: (　　　　　　　)
(2) 메모하며 읽기: (　　　　　　　)
(3) 상상하며 읽기: (　　　　　　　)

[01~02]

01 그림 1~4에 나타난 경험은 무엇입니까?
( )

① 글을 찾아 읽은 경험
② 책 내용을 옮겨 쓴 경험
③ 전문가와 면담을 한 경험
④ 친구들과 이야기를 한 경험
⑤ 단원 평가 대비 문제집을 푼 경험

02 그림 1~4에서 여자아이가 한 일이 <u>아닌</u> 것은 무엇입니까? ( )

① 책을 읽고 독서 감상문을 썼다.
② 제목을 보고 관심이 생겨서 책을 읽었다.
③ 인터넷에서 관심 있는 내용을 찾아 읽었다.
④ 삼국 시대가 궁금해서 역사책을 찾아 읽었다.
⑤ 드론이 어떤 것인지 알고 싶어서 책을 찾아 보았다.

03 과학 숙제로 돌의 종류를 조사해야 할 때, 필요한 글을 찾는 방법으로 알맞은 것을 보기에서 찾아 기호를 쓰시오.

보기

㉮ 선생님께 돌의 종류에 대해서 질문했다.
㉯ 인터넷에서 돌을 설명한 글을 찾아보았다.
㉰ 친구들과 돌의 종류에 대해서 이야기했다.

( )

04 다음과 같은 상황에 필요한 글을 찾는 방법으로 알맞은 것을 세 가지 고르시오.

(, ,)

미술 시간에 교통질서 지키기 광고를 그리기로 했어.

① 교통질서를 잘 지키도록 노력한다.
② 책에서 교통안전을 다룬 내용을 찾아본다.
③ 신문에서 교통사고를 다룬 기사를 찾아본다.
④ 박물관에서 본 전시물을 사진으로 찍어 간직한다.
⑤ 인터넷에서 교통질서 지키기 광고지를 검색해 본다.

어려워

05 글을 찾아 읽으면 좋은 점을 <u>잘못</u> 말한 친구의 이름을 쓰시오.

• 다은: 설명서를 읽고 나서 로봇을 조립하는 방법을 잘 알 수 있었어.
• 하림: 뉴스 내용을 잘 이해하지 못했는데 인터넷에서 글을 찾아 읽고 알 수 있었어.
• 은우: 도서관에서 악기 연주 방법에 대한 책을 찾으려고 했는데 비슷한 내용의 책이 너무 많았어.

( )

[06~08]

가 정보 무늬는 일부를 지워도 사용할 수 있다. 정보 무늬의 세 귀퉁이에 위치를 지정하는 문양이 있기 때문이다.

나 정보 무늬는 스마트폰으로 사용할 수 있다. 스마트폰 응용 프로그램으로 정보 무늬를 찍으면 관련 내용이 있는 누리집으로 이동하거나, 관련 사진이나 동영상을 볼 수 있다. 또 정보 무늬에 색깔이나 신기한 그림을 넣어 만들기도 한다.

정보 무늬는 여러 분야에서 활용한다. 백화점이나 할인점에서는 정보 무늬로 할인 정보를 제공한다. 신문 광고에 있는 정보 무늬를 찍으면 3차원으로 움직이는 광고가 나오기도 하고, 책에 있는 정보 무늬를 찍으면 등장인물이 튀어나와 책의 정보와 줄거리를 알려 주기도 한다.

다 정보 무늬는 누구나 만들 수 있다. 예를 들어 개인 정보를 담은 명함을 만들 수도 있다. 명함에 있는 정보 무늬로 자신의 사진이나 동영상을 보여 주거나 이름이나 연락처를 자동으로 저장할 수 있다.

06 이 글의 종류는 무엇입니까? (   )

① 이야기 글   ② 광고하는 글
③ 설명하는 글   ④ 주장하는 글
⑤ 안부를 전하는 글

07 정보 무늬에 대한 설명으로 알맞지 <u>않은</u> 것은 무엇입니까? (   )

① 누구나 만들 수 있다.
② 여러 분야에서 활용한다.
③ 색깔을 넣어 만들기도 한다.
④ 스마트폰으로 사용할 수 있다.
⑤ 정보 무늬로 동영상을 보여 줄 수는 없다.

서술형

08 이 글의 설명 중 내용이 정확한지 알아보고 싶은 것을 한 가지만 쓰시오.

_____

_____

[09~10]

가까운 미래에는 제4차 산업 혁명이 일어나 많은 것이 달라진다고 합니다. 인공 지능이 발달하고 새로운 기술을 개발해서 지금까지 살던 모습과는 다를 것입니다.

그렇다면 미래 사회에 필요한 사람은 어떤 사람일까요?

첫째, 정해진 답을 찾기보다 새로운 방식으로 문제를 해결하는 사람입니다. 정해진 문제는 사람보다 인공 지능이 더 잘 해결할 수도 있습니다. 그러나 새로운 방식을 생각하는 것은 인공 지능보다 사람이 더 잘할 수 있습니다.

둘째, 새로운 변화에 대응하는 사람입니다. 미래 연구자들은 다가올 미래에는 여러 가지 사회·환경 문제처럼 예전에 없던 새로운 변화를 맞을 것이라고 합니다. 그러므로 미래 사회에서는 막힌 생각보다 변화에 부드럽게 대처하려는 생각을 해야 합니다.

셋째, 서로 돕고 존중하는 사람입니다. 인공 지능과 새로운 기술이 삶을 빠르게 바꿀 수 있습니다. 이럴 때 함께 마음을 모아 서로 돕고 존중해야 사회를 따뜻하게 만들 수 있습니다.

09 이 글에서 말한 미래 사회에 필요한 사람의 모습을 세 가지 고르시오. (,   ,   )

① 정해진 답을 찾는 사람
② 기술을 많이 익히는 사람
③ 서로 돕고 존중하는 사람
④ 새로운 변화에 대응하는 사람
⑤ 새로운 방식으로 문제를 해결하는 사람

10 이와 같은 글을 읽는 방법으로 알맞은 것에 ○표 하시오.

(1) 대상의 무엇을 자세히 설명하는지 생각한다.
(   )

(2) 주장을 뒷받침하는 근거가 알맞은지 생각하며 글쓴이의 생각을 자신의 생각과 비교해 비판하는 태도로 읽는다.
(   )

[11~15]

규빈

제목에 나온 비색은 어떤 색깔을 말하는 것일까? 이 글에는 사진도 같이 있구나. 발표할 만한 내용이 있을지 낱말들을 중심으로 찾아봐야지.

아름다운 비색을 지닌 고려청자

<u>고려청자는 청자의 빛깔, 독특한 장식 기법과 아름다운 형태로 유명하다.</u> 고려청자를 만든 시기에는 중국과 우리나라에서만 질 높은 청자를 만들 수 있었다. 우리나라보다 중국이 먼저 청자를 만들고 세상에 알렸지만, 고려는 청자를 만드는 우수한 기술력과 아름다움을 인정받아 다른 나라 사람들에게 사랑을 받았다.

고려청자는 무엇보다 아름다운 빛깔로 더욱 주목받았다. 청자의 빛깔은 맑고 은은한 푸른 녹색이다. 이는 유약 안에 아주 작은 기포가 많아 빛이 반사되면서 은은하고 투명하게 비쳐 보이기 때문이다. 청자의 색이 짙고 푸른색 윤이 나는 구슬인 비취옥과 색깔이 닮았기 때문에 '비색'이라 불렀는데, 중국 송나라의 태평 노인이 『수중금』이라는 책에서 고려청자의 빛깔을 비색이라 부르며 천하제일이라고 칭찬했다.

11 이 글에서 설명하고 있는 대상을 쓰시오.

(   )

12 다음은 고려청자의 특징입니다. ( )에 알맞은 말을 찾아 쓰시오.

• 청자의 색이 짙고 푸른색 윤이 나는 구슬인 비취옥과 색깔이 닮아서 '(   )' (이)라 불렀다.

13 중국 송나라의 태평 노인이 고려청자를 칭찬했던 책 제목은 무엇인지 찾아 쓰시오.

(   )

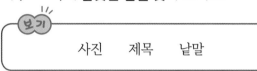

14 규빈이가 이 글을 읽은 방법에 알맞게 보기 에서 ( )에 알맞은 말을 찾아 쓰시오.

보기

| 사진 | 제목 | 낱말 |

(1) (   )을/를 가장 먼저 읽고 필요한 내용이 있는지 생각했다.

(2) 글 전체를 다 읽지 않고 중요한 (   )을/를 읽으면서 필요한 내용이 있는지 찾아보았다.

(3) 제목뿐만 아니라 (   ) 도 살펴보며 필요한 내용이 있을지 짐작했다.

15 규빈이가 이 글에서 밑줄 친 부분만 읽었다면 그 까닭은 무엇일지 쓰시오.

_____

_____

[16~18]

지완

외국에서 온 친구는 고려청자를 잘 모를 거야. 고려청자를 자세히 알려 주고 싶어. 고려청자의 뛰어난 점이 무엇인지 자세히 살펴보고 내가 아는 내용과 비교해 읽어 봐야지.

아름다운 비색을 지닌 고려청자

고려청자는 청자의 빛깔, 독특한 장식 기법과 아름다운 형태로 유명하다. 고려청자를 만든 시기에는 중국과 우리나라에서만 질 높은 청자를 만들 수 있었다. 우리나라보다 중국이 먼저 청자를 만들고 세상에 알렸지만, 고려는 청자를 만드는 우수한 기술력과 아름다움을 인정받아 다른 나라 사람들에게 사랑을 받았다.

고려청자는 무엇보다 아름다운 빛깔로 더욱 주목받았다. 청자의 빛깔은 맑고 은은한 푸른 녹색이다. 이는 유약 안에 아주 작은 기포가 많아 빛이 반사되면서 은은하고 투명하게 비쳐 보이기 때문이다. 청자의 색이 짙고 푸른색 윤이 나는 구슬인 비취옥과 색깔이 닮았기 때문에 '비색'이라 불렸는데, 중국 송나라의 태평 노인이 『수중금』이라는 책에서 고려청자의 빛깔을 비색이라 부르며 천하제일이라고 칭찬했다.

16 이 글에 나타난 고려청자의 뛰어난 점이 <u>아닌 것</u>은 무엇입니까? (   )

① 높은 질
② 아름다운 형태
③ 아름다운 빛깔
④ 독특한 장식 기법
⑤ 절대로 깨지지 않는 튼튼함

17 고려청자를 만든 시기에 질 높은 청자를 만든 두 나라는 어디어디인지 찾아 쓰시오.

(   ), (   )

서술형 ⓓ

18 고려청자가 맑고 은은한 푸른 녹색으로 나타난 까닭은 무엇인지 쓰시오.

_____

_____

어려워 ⓥ

19 필요한 내용을 찾아 읽고 정리하는 방법에 대한 설명으로 알맞은 것은 무엇입니까?

(   )

① 자신이 아는 내용만 골라 읽는다.
② 설명하는 글은 훑어 읽지 않고 자세히 읽는다.
③ 훑어 읽을 때에는 글은 읽지 않고 사진과 그림만 본다.
④ 메모하며 읽으면 글의 내용을 이해하기 어려우므로 눈으로만 읽는다.
⑤ 자세한 내용을 알고 싶으면 글 전체를 자세히 읽고 필요한 내용을 찾아 정리한다.

20 다음에 나타난 독서가의 읽기 방법과 관련 있는 내용을 에서 찾아 기호를 쓰시오.

세종 대왕은 같은 책을 백 번 읽고 백 번 쓰면 책 내용을 잊지 않는다고 했다.

보기
㉮ 여러 번 반복해 읽고 쓰기
㉯ 대상과 감정을 상상하며 읽기
㉰ 글과 관련한 곳에 직접 가 보기

(   )

국어 핵심 개념

10. 주인공이 되어

➜ 바른답·알찬풀이 20쪽

개념 ① 일상생활의 경험이 잘 드러난 글 읽기

- 일기와는 다르게 읽는 사람을 생각하면서 쓴 부분을 찾습니다.

- ❶ ㄱㅇㅇ 을 그대로 풀어서 자신의 생각과 함께 솔직하게 쓴 부분을 찾습니다.

- 일기나 생활문에 비해 긴 기간에 걸친 ❷ ㅅㄱ 을 어떻게 해결했는지 잘 나타낸 부분을 찾습니다.

1 일상생활의 경험이 잘 드러난 글을 읽을 때, 찾아볼 부분이 <u>아닌</u> 것을 보기 에서 찾아 기호를 쓰시오.

> 보기
> ㉮ 읽는 사람을 생각하면서 쓴 부분
> ㉯ 겪은 일을 읽는 이가 알지 못하도록 잘 감추어서 쓴 부분
> ㉰ 긴 기간에 걸친 사건을 어떻게 해결했는지 잘 나타낸 부분

(   )

개념 ② 경험을 이야기로 표현하는 방법

- 읽는 사람이 관심을 보일 수 있는 경험을 쓰고, 읽는 사람이 이해할 수 있게 씁니다.

- 말하고자 하는 ❸ ㅈㅈ 가 잘 드러나도록 이야기 흐름에 맞게 씁니다.

- 사건을 어떻게 전개하고 어떻게 해결했는지가 나타나야 하고, 사람들이 흥미를 보이며 읽을 수 있어야 합니다.

2 그림의 내용을 이야기로 어떻게 만들면 좋을지 쓰시오.

_____

_____

개념 ③ 겪은 일을 이야기로 만들기

- 이야기로 쓰고 싶은 경험을 떠올려 주제와 ❹ ㅈㅁ 을 정합니다.

- 등장인물을 떠올려 그 인물의 ❺ ㅌㅈ 을 생각합니다.

- 이야기의 흐름에 따라 사건과 ❻ ㅂㄱ 을 정리하고, 정리한 내용을 바탕으로 이야기를 씁니다.

3 겪은 일을 이야기로 만들기 위해 정리한 것입니다. (   )에 알맞은 말을 보기 에서 찾아 쓰시오.

> 보기
> 사건   배경   이야기의 흐름

(1) ( )	사건을 해결하고 마무리하는 단계
(2) ( )	건호가 다친 민규의 가방을 들어 주고 서로 화해함.
(3) ( )	아침, 민규네 집 앞

정답 ❶ 경험 ❷ 사건 ❸ 주제 ❹ 제목 ❺ 특징 ❻ 배경

01 다음 그림과 관련된 경험은 무엇입니까?

( )

① 학교 발야구 대회
② 밀가루로 장난한 일
③ 처음으로 먹은 떡볶이
④ 부모님께 꾸중을 들은 일
⑤ 현장 체험학습을 다녀온 일

【02~03】

제하가 나를 보고 복도로 나오라는 눈짓을 보냈다. 나는 기다렸다는 듯이 튕겨 나갔다. 제하는 앞장서서 가더니 화장실 옆 계단 구석에서 멈췄다.
"너, 전학 안 가기로 한 거냐?"
내 말에 녀석은 잠깐 뜸을 들이다가 천천히 고개를 끄덕였다.
오, 신이시여! 황제하가 이렇게 멋져 보이는 순간이 다 있다니!
"잘 생각했다. 당연히 그래야지. ㉠반장 도우미가 반장 허락도 없이 전학 간다는 게 말이 되냐?"
나는 농담처럼 말하면서 느물느물 웃었다. 녀석도 피식 웃었다.

02 ㉠에서 말한 '반장 도우미'는 누구를 가리키는지 쓰시오.

( )

03 이 이야기의 인물, 사건, 배경을 정리한 것으로 알맞지 않은 것은 무엇입니까? ( )

① 배경은 화장실 옆 복도이다.
② 등장인물은 '나'와 제하이다.
③ 제하와 '나'는 친구 관계이다.
④ 중요한 사건은 '나'와 제하가 화해한 일이다.
⑤ 제하는 '나'와 친한 사이였지만 사이가 멀어져 서로를 무시한다.

【04~05】

가 제하가 합창 연습을 맡으면서부터 우리 반 노래 실력은 몰라보게 달라졌다.
"역시 제하는 다르다니까."
화음을 나눠서 멋지게 지휘하고, 한 사람씩 일일이 노래를 지도해 주는 제하를 보며 아이들은 저절로 고개를 끄덕였다. 이제 제하를 보고 빈정거리는 아이는 거의 없었다. 나는 다시 예전의 모습을 찾아가는 제하를 볼 때마다 흐뭇했다.
다른 반은 다 반장이 연습을 시키는데 우리 반만 반장 도우미가 한다며 한심하게 쳐다보는 아이들도 있었지만, 나는 예전처럼 사납게 으르렁대지 않았다.
나 나는 연습을 시작하기 전에 아이들이 마실 물을 떠다 놓고, 연습이 끝난 뒤에는 교실 정리도 도맡아 했다. 반장이니까 그렇게 해서라도 ㉠ 을/를 다하고 싶었다. 대광이가 도와주어서 힘든 일도 아니었다.
"와, 선생님은 우리 반이 요즘처럼 평화로울 수 있다는 게 믿어지지 않는구나. 이게 꿈이니, 생시니?"
선생님은 수업 중에도 이따금 아이들을 둘러보면서 큰 소리로 웃곤 했다.

04 이 이야기의 내용 전개상 ㉠에 들어갈 말로 알맞은 것은 무엇입니까? ( )

① 책임 ② 자유 ③ 용기
④ 승리 ⑤ 환호

꼭나와 ♥
05 이 이야기에서 중요한 사건은 무엇입니까?

( )

① '내'가 합창 연습을 하지 않은 일
② 반 아이들이 제하와 합창 연습을 한 일
③ '나'의 노래 실력이 몰라보게 달라진 일
④ 제하와 '내'가 합창 연습 때문에 다툰 일
⑤ 제하를 보고 빈정거리는 아이가 늘어난 일

[06~07]

명찬이 반장은 얼굴이 하얗고, 손이 작고 고운 아이였다. 다운 증후군이 있는 명찬이 반장은 운동장에서 나를 보자마자 생글생글 웃으면서 인사를 건넸다.

"형아, 안녕!"

어눌한 말투였지만 밝고 경쾌한 목소리였다. 옆에 선 누나가 수줍게 웃었다. 보기만 해도 좋은 모양이다. 누나가 좋아하는 명찬이 반장이 다운 증후군이 있다니 좀 의외였다. 하지만 내가 멀뚱멀뚱 쳐다보는데도 한결같이 해맑게 웃고 있는 그 아이의 눈을 한참 보고 있으려니 내 입가에도 어느새 웃음이 번졌다. 누나가 명찬이 반장을 좋아하는 이유를 알 것 같았다.

"명찬이 반장, 나 형아 아니야. 너랑 똑같은 열한 살이니까 앞으로는 그냥 이름 불러."

"응, 로운이 반장."

그렇게 대답하고 나서 명찬이 반장은 뭐가 부끄러운지 얼굴을 가리고 큭큭 웃었다.

주위에 있던 어른들이 우리를 힐끔힐끔 돌아보았지만 신경 쓰지 않았다.

06 다음 중 명찬이 반장에 대한 설명으로 알맞은 것을 보기 에서 찾아 기호를 쓰시오.

> 보기
> ㉮ 다운 증후군이 있다.
> ㉯ 얼굴이 까무잡잡하다.
> ㉰ 웃음이 없고 항상 표정이 굳어 있다.

(   )

07 이 이야기에서 주인공의 경험을 나타낸 방법은 무엇입니까? (   )

① 억지로 꾸며 썼다.
② 일기와 비슷하게 썼다.
③ 자신의 생각을 숨기며 썼다.
④ 읽는 사람을 생각하면서 자세히 썼다.
⑤ 등장인물이 누구인지 알 수 없게 썼다.

[08~09]

어느새 찬 바람이 씽씽 불고, 겨울 방학이 코앞으로 다가왔다. 그새 나는 키가 오 센티미터나 자랐다. 아이들의 우유를 ⎡ ㉠ ⎤ 받아 마셔서 그런 것 같았다. 초콜릿을 전보다 덜 먹어서 그런지 몸무게는 오히려 약간 줄었다. 내 키가 훌쩍 자란 걸 확인한 뒤로 백희는 속이 울렁거려도 꾹 참고 우유를 마시기 시작했다. 우유가 먹기 싫어서 꾀를 피우던 다른 아이들도 그랬다. 우유가 더 먹고 싶을 땐 좀 아쉽기도 했지만 잘된 일이다. 반장은 자신보다 반 아이들을 먼저 생각해야 한다는 걸 알게 됐기 때문이다.

서술형

08 ㉠에 어울리는 낱말을 생각하며 다음 물음에 답하시오.

(1) ㉠에 들어가기에 알맞은 흉내 내는 말:

(   )

(2) (1)에 답한 낱말을 넣은 짧은 글: ＿＿＿＿＿＿

＿＿＿＿＿＿＿＿＿＿＿＿＿＿＿＿

09 '내'가 알게 된 사실은 무엇인지 (   )에 알맞은 말을 찾아 쓰시오.

• 반장은 자신보다 (   )
을/를 먼저 생각해야 한다는 것

10 경험을 이야기로 나타내면 좋은 점을 두 가지 고르시오. (,   )

① 읽는 사람을 생각하지 않고 글을 쓸 수 있다.
② 다른 친구들의 생각과 똑같이 나타낼 수 있다.
③ 이야기 속 자신의 모습을 항상 멋있게 표현할 수 있다.
④ 실제로 일어나지 않았더라도 일어났으면 하는 일을 사건으로 나타낼 수 있다.
⑤ 자신의 이야기를 다른 사람의 이야기를 쓰듯이 쓸 수 있으므로 좀 더 솔직하게 쓸 수 있다.

→ 바른답·알찬풀이 20쪽

[11~14]

나 인국이는 4학년이 끝나 갈 즈음 우리 반에 전학 온 친구다. 전학 온 첫날부터 친구들 주변을 돌아다니며 소란스럽게 말을 걸고, 우리가 대화를 하거나 게임을 할 때 끼어들어서 나는 물론 친구들은 인국이를 그렇게 좋아하지 않았다. 그러던 인국이와 5학년이 되어 이렇게 친해진 건 며칠째 봄비가 내리던 날 체육 시간 때문이었다.

그날 우리 반 친구들은 비 때문에 못 할 줄 알았던 체육을 체육관에서 할 수 있어 기분이 좋았다. 하지만 난 평소에 못마땅하게 여겼던 인국이랑 같은 편을 하고, 체육을 잘하는 민영이와 다른 편을 하여 기분이 별로였다.

뼹! / 역시나 상대편에서 민영이에게 공을 넘겨주었다. 난 민영이를 쫓아갔다.

"야! 막아!" / 골키퍼 인국이가 소리쳤다.

'쳇, 또 먼저 나서네. 자기는 얼마나 잘한다고⋯⋯.'

11 다음은 그림 **가**에서 있었던 일을 정리한 것입니다. ( )에 알맞은 인물의 이름을 쓰시오.

• 체육관에서 체육 수업을 할 수 있어 좋아했으나 진주는 ( )과/와 같은 편을 하고 싶지 않았다.

12 글 **나**에서 '나'와 인국이는 몇 학년 때 친해졌다고 했습니까?

( )

13 글 **나**에서 반 아이들이 좋아하지 않았던 친구는 누구인지 이름을 찾아 ⑴에 쓰고, 그 까닭은 무엇인지 ⑵에 정리하여 쓰시오.

⑴ 이름: ( )

⑵ 그 까닭: _____

_____

_____

14 글 **나**는 그림 **가**의 내용을 바탕으로 하여 꾸며 쓴 글입니다. 그림 **가**와 비교했을 때 글 **나**에서 달라진 점을 두 가지 고르시오. (,)

① 인물의 이름이 달라졌다.
② 날씨가 맑음으로 바뀌었다.
③ 수업 과목이 미술로 바뀌었다.
④ 이야기가 일어난 장소가 달라졌다.
⑤ 글 앞부분에 새로운 이야기를 만들었다.

15 겪은 일을 이야기로 만들 때 생각할 점이 아닌 것은 무엇입니까? ( )

① 읽는 사람이 이해할 수 있게 쓴다.
② 사건을 어떻게 해결했는지 나타나야 한다.
③ 읽는 사람보다 쓰는 사람을 생각하며 쓴다.
④ 사람들이 흥미를 보이며 읽을 수 있어야 한다.
⑤ 말하고자 하는 주제가 잘 드러나도록 이야기 흐름에 맞게 쓴다.

[01~03]

가
세 살 때
밀가루로 장난한 일

나
일곱 살 때 부모님께
꾸중을 들은 일

다
여덟 살 때
처음으로 한 운동회

라
5학년 때 친구들과
함께한 학교 발야구
대회

01 이 그림에서 떠올린 것 중 부엌에서 밀가루로 장난쳤던 일이 일어난 때는 언제인지 쓰시오.

(   ) 살 때

02 여덟 살 때 있었던 일은 무엇입니까? (   )

① 소풍간 일
② 그림 그린 일
③ 처음 발표한 날
④ 놀이공원에 간 일
⑤ 처음으로 한 운동회

03 그림 라와 비슷한 경험을 찾아 기호를 쓰시오.

⑦ 가족들과 나들이를 간 일
⑭ 친구들과 축구를 함께한 일
⑮ 강아지와 산책을 나갔다가 비를 맞은 일

(   )

[04~08]

앞 이야기

이야기의 주인공 '이로운'은 말썽 많고 숙제도 잘 안 해 오는 아이로, 몸이 불편한 누나 이루리를 부끄러워한다. 2학기 반장 선거에서 반장으로 뽑히나, 처음에는 '잘못 뽑은 반장'이라고 놀림을 받고 선생님과 친구들의 신임을 받는 1학기 반장 황제하가 반장 도우미를 한다. 하지만 이로운은 조금씩 친구들과 사이가 좋아지고, 황제하는 이를 시기한다. 그러던 어느 날 황제하가 멋진 모습만 보여 주려고 거짓으로 했던 행동들을 이로운이 밝히고, 황제하는 선생님과 친구들의 실망한 눈빛에 충격을 받아 학교에 나오지 않는다.

가 다음 날 아침, 나는 일찌감치 학교로 갔다. 밤새 잠을 설쳐서 그런지 눈두덩이 뻐근했다. 나는 자리에 앉아서 출입문 쪽만 뚫어져라 살폈다. 복도에서 발소리가 날 때마다 가슴을 졸이며 기다렸지만 제하는 나타나지 않았다. 가슴이 바짝바짝 마르는 것 같았다. / '이 자식이 정말 전학 갈 생각인가!'

나는 불안한 마음으로 뻑뻑한 눈을 비비며 기다렸다. 어느새 수업 시작 시간이 다 되어 갔다. 시간이 갈수록 짜증이 밀려왔다.

나 제하를 발견한 정규가 달려가서 반갑게 인사를 건넸다.

"제하야, 아픈 데는 괜찮아진 거야?"

"응, 다 나았어."

제하는 아무렇지 않게 대답했다. 싱글싱글 웃는 걸 보니 정말 괜찮은 것 같았다. 전학 가는 건 포기한 걸까! 궁금해서 죽을 지경이었지만 먼저 다가가서 물어볼 용기가 나지 않았다.

04 '이로운'에 대한 설명으로 알맞은 것을 두 가지 고르시오. (,   )

① 몸이 불편한 누나를 잘 돌본다.
② 점점 친구들과 사이가 나빠진다.
③ 말썽 많고 숙제를 잘 안 해 온다.
④ '잘못 뽑은 반장'이라고 놀림을 받는다.
⑤ 황제하에게 대신 반장을 해 달라고 부탁한다.

05 글 **가**에서 일이 일어난 장소는 어디인지 쓰시오.

( )

06 '내'가 불안한 마음으로 제하를 기다린 까닭은 무엇입니까? ( )

① 제하가 먼저 사과를 하지 않아서
② 제하가 정규하고만 친하게 지내서
③ 제하가 계속 알은척을 하지 않아서
④ 제하가 전학을 가 버릴까 봐 걱정이 되어서
⑤ 제하가 자신이 반장이 되겠다고 할 것 같아서

07 '내'가 궁금했던 것은 무엇입니까? ( )

① 제하가 수업에 참여할지에 대한 것
② 제하가 병원에 다녀왔는지에 대한 것
③ 제하가 반장을 하고 싶어 하는지에 관한 것
④ 제하가 전학 가는 것을 포기했는지에 관한 것
⑤ 제하가 자신과 화해하고 싶어 하는지에 관한 것

어려워 ☺

08 이 글에 나온 다음 부분에서는 주인공의 경험을 이야기로 어떻게 나타냈는지 알맞은 것을 골라 ○표 하시오.

> 제하가 학교에 오기를 기다리는 마음을 나타낸 부분

(1) 방학 기간에 걸친 사건을 어떻게 해결했는지 잘 나타냈다. ( )
(2) 읽는 사람을 생각하면서 썼으므로 일기와 비슷하게 표현했다. ( )
(3) 억지로 꾸며 쓰지 않고 겪은 일을 그대로 풀어서 솔직하게 썼다. ( )

【09~10】

가 "전에는 뭐든지 무조건 잘하기만 하면 다들 나를 깔보지 못할 거라고 생각했거든. 아빠가 없어도……."
아빠가 없다는 말에 나는 깜짝 놀랐다.
"우리 아빠와 엄마, 오래전에 이혼했어. 난 엄마랑 외할머니랑 같이 살아."
내 마음을 읽었는지 제하가 묻지도 않은 말을 했다.

나 "힘들겠구나. 난 아빠랑 잠깐 떨어져 있는 것도 싫어서 투덜거리는데."
나도 모르게 목소리가 기어들어 갔다. 제하가 나지막이 웃었다.
"그래도 넌 나처럼 잘 못하는 걸 잘하는 척하지는 않잖아. 난 항상 내 생각만 했어. 그런데 네가 그게 부끄러운 일이라는 걸 알려 줬어. 이제 나도 너처럼 못하는 건 못한다고 솔직하게 말할 거야. 그게 진짜 당당해지는 방법이라는 걸 알았어."

나 "우리 이제부터 한번 잘 지내보자."
제하가 내 어깨를 툭 치더니 한쪽 손을 쑥 내밀었다. 제하의 말투가 너무 다정해서 귀가 간질거렸다. 나는 망설이지 않고 녀석의 손을 덥석 잡았다.

09 '내'가 황제하와 대화를 나누며 알게 된 사실은 무엇인지 찾아 쓰시오.

• 제하가 엄마와 ( )와/과 함께 살고 있다는 것

서술형 ☺

10 이 이야기에 나오는 등장인물의 관계와 특징을 정리했습니다. 빈칸에 들어갈 내용을 쓰시오.

이름	황제하
관계	'나(이로운)'의 친구
특징	

[11~15]

그새 나는 키가 오 센티미터나 자랐다. 아이들의 우유를 넘름넘름 받아 마셔서 그런 것 같았다. 초콜릿을 전보다 덜 먹어서 그런지 몸무게는 오히려 약간 줄었다. 내 키가 훌쩍 자란 걸 확인한 뒤로 백희는 속이 울렁거려도 꾹 참고 우유를 마시기 시작했다. 우유가 먹기 싫어서 꾀를 피우던 다른 아이들도 그랬다. ㉠우유가 더 먹고 싶을 땐 좀 아쉽기도 했지만 잘된 일이다. 반장은 자신보다 반 아이들을 먼저 생각해야 한다는 걸 알게 됐기 때문이다. 우유를 먹고 내 마음의 키도 한 뼘쯤 더 자란 모양이었다.

㉡재미있는 일이 한 가지 더 있었다. 다음에 반장 선거에 나가겠다는 아이들이 부쩍 늘어난 것이다. 대광이뿐만 아니라 샌님 민호, 겁쟁이 동배, 하마 금주까지 꽤 여럿이 벌써부터 모이기만 하면 내년에 있을 반장 선거 얘기로 열을 올렸다.

"로운이도 하는데 우리라고 못하겠어!"

그 아이들이 한결같이 입을 모아 하는 말이다. 맞는 말이니까 난 그냥 웃는다. 요즘은 나를 '잘못 뽑은 반장'이니, '해로운'이니 하면서 놀려 대는 아이들이 거의 없어서 하루하루가 신나고 즐겁다.

11 '나'는 자신의 키가 훌쩍 자란 까닭을 무엇이라고 생각하는지 (   )에 알맞은 말을 찾아 쓰시오.

• 아이들의 (   )을/를 받아 마셔서

어려워 ☺

12 '내'가 ㉠과 같이 생각한 까닭은 무엇입니까?
(   )

① 모든 아이들이 우유를 좋아하기 때문에
② '나'는 따로 우유를 많이 마시기 때문에
③ 유통기한이 지난 우유라는 것을 알고 있기 때문에
④ 우유를 먹으면 배탈이 난다는 사실을 알고 있기 때문에
⑤ 반장은 자신보다 반 아이들을 먼저 생각해야 한다는 것을 알게 됐기 때문에

13 ㉡이 가리키는 것은 무엇입니까? (   )

① 샌님 민호가 반장이 된 일
② 키가 훌쩍 큰 아이들이 늘어난 일
③ '나'와 명찬이 반장이 친구가 된 일
④ 아이들이 초콜릿을 먹지 않게 된 일
⑤ 반장 선거에 나가겠다는 아이들이 늘어난 일

14 아이들이 '나'를 놀려 댔던 별명에는 무엇무엇이 있었는지 찾아 쓰시오.

(   ), (   )

서술형 ☺

15 우리 반에서 이 글의 '나'와 비슷한 성격을 지닌 친구를 떠올려 그렇게 생각한 까닭과 함께 쓰시오.

_____

_____

_____

[16~17]

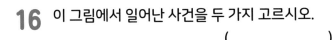
➜ 바른답·알찬풀이 21쪽

16 이 그림에서 일어난 사건을 두 가지 고르시오.
(,   )

① 진주와 성훈이가 힘을 합쳐 골을 넣었다.
② 진주가 성훈이에게 축구를 가르쳐 주었다.
③ 체육 시간에 성훈이가 진주에게 웃어 주었다.
④ 체육 시간에 축구를 하다가 진주와 성훈이가 다투었다.
⑤ 상담실에서 선생님과 진주와 성훈이가 이야기를 나누었다.

17 이 그림에서 선생님께서는 진주와 성훈이에게 무엇을 하는 것이 좋겠다고 하셨는지 쓰시오.
(   )

[18~20]

체육 시간이 끝나고 선생님께서 나와 인국이를 부르셨다.
"오늘 일도 그렇고, 너희가 지내는 모습을 보니 서로 대화를 하는 게 좋을 것 같아서 말이야. 인국이, 상은이, 서로에게 하고 싶은 말 없니?"
나는 눈치를 보며 우물쭈물했다. 인국이가 먼저 말을 꺼냈다.
"저는 상은이랑 친하게 지내고 싶은데 상은이는 자꾸 저한테만 더 화를 내는 느낌이에요."
"그랬구나. 상은이도 알았니?"
"아, 아니요. 전 그냥 인국이가 자꾸 말하는 데 끼어들어서 좋지 않게 생각했어요. 인국아, 그 점 미안하게 생각해."
"그래, 서로 마음을 잘 몰랐던 것 같구나. 시간을 줄 테니 좀 더 이야기하고 교실로 들어오렴."

18 상은이와 인국이가 서로에게 하고 싶었던 말은 무엇이었는지 알맞은 것끼리 선으로 이으시오.

(1) 상은 •

(2) 인국 •

• ㉮ 상대방이 자꾸 자신한테만 더 화를 내는 느낌이다.

• ㉯ 말하는 데 상대방이 자꾸 끼어들어서 좋지 않게 생각했다.

서술형 ◔

19 [16~17]의 그림과 이 글의 차이점은 무엇인지 한 가지 쓰시오.

_____

_____

어려워 ◔

20 꾸며 쓴 이야기가 일기와 다른 점을 모두 찾아 ○표 하시오.

(1) 그날 동안에 있었던 일을 소재로 한다.
(   )

(2) 자신의 이야기를 다른 사람의 이야기인 듯 쓴다.
(   )

(3) 여러 사람이 읽는 글로 읽는 사람을 생각하며 쓴다.
(   )

국어

숨은수학찾기

학습을 시작하기 전에 숨은 그림을 찾아보세요.

숨은그림

| 옷걸이 | 방석 | 물뿌리개 | 연 | 사다리 | 편지봉투 | 장화 |

정답바로보기

수학

1. 자연수의 혼합 계산

개념 1 덧셈, 뺄셈이 섞여 있는 식의 계산

앞에서부터 차례대로 계산하고, (   )가 있으면 (   ) 안을 먼저 계산합니다.

$$19-6+3=16 \qquad 19-(6+3)=10$$

① 13   ① 9
② 16   ② 10

1 가장 먼저 계산해야 하는 부분에 ○표 하시오.

(1) $14-8+3$

(2) $14-(8+3)$

개념 2 곱셈, 나눗셈이 섞여 있는 식의 계산

앞에서부터 차례대로 계산하고, (   )가 있으면 (   ) 안을 먼저 계산합니다.

$$18÷2×3=27 \qquad 18÷(2×3)=3$$

① 9   ① 6
② 27   ② 3

2 가장 먼저 계산해야 하는 부분에 ○표 하시오.

(1) $4×6÷3$

(2) $4×(6÷3)$

개념 3 덧셈, 뺄셈, 곱셈이 섞여 있는 식의 계산

• 곱셈을 먼저 계산하고, 덧셈과 뺄셈을 앞에서부터 차례대로 계산합니다.
• (   )가 있으면 (   ) 안을 가장 먼저 계산합니다.

$$7+3×5-8=14 \qquad (7+3)×5-8=42$$

① 15   ① 10
② 22   ② 50
③ 14   ③ 42

3 □ 안에 알맞은 수를 써넣으시오.

$$15-5×2=15-\boxed{}$$

①
② $=\boxed{}$

개념 4 덧셈, 뺄셈, 나눗셈이 섞여 있는 식의 계산

• 나눗셈을 먼저 계산하고, 덧셈과 뺄셈을 앞에서부터 차례대로 계산합니다.
• (   )가 있으면 (   ) 안을 가장 먼저 계산합니다.

$$14+16÷2-5=17 \qquad (14+16)÷2-5=10$$

① 8   ① 30
② 22   ② 15
③ 17   ③ 10

4 □ 안에 알맞은 수를 써넣으시오.

$$90÷(10-7)=90÷\boxed{}$$

①
② $=\boxed{}$

개념 5 덧셈, 뺄셈, 곱셈, 나눗셈이 섞여 있는 식의 계산

• 곱셈과 나눗셈을 앞에서부터 차례대로 먼저 계산하고, 덧셈과 뺄셈을 앞에서부터 차례대로 계산합니다.
• (   )가 있으면 (   ) 안을 가장 먼저 계산합니다.

$$6+12÷3×2-10=4 \qquad (6+12)÷3×2-10=2$$

① 4   ① 18
② 8   ② 6
③ 14   ③ 12
④ 4   ④ 2

5 가장 먼저 계산해야 하는 부분을 찾아 기호를 쓰시오.

$$9×5-2+6÷3$$
ㄱ ㄴ ㄷ ㄹ

(   )

01 ☐ 안에 알맞은 수를 써넣으시오.

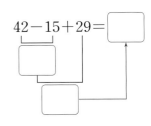

$$42-15+29=\boxed{}$$

02 계산 결과가 같으면 ○표, 다르면 ×표 하시오.

| 17−3+8 | 17−(3+8) |

( )

꼭나와 ㅂ

03 계산 결과를 비교하여 ○ 안에 >, =, <를 알맞게 써넣으시오.

$$27+14-18 \bigcirc 52-39+13$$

04 버스에 16명이 타고 있었습니다. 다음 정거장에서 7명이 내리고 9명이 탔습니다. 지금 버스에 타고 있는 사람은 몇 명인지 하나의 식으로 바르게 나타낸 것에 ○표 하시오.

| 16+7−9 | 16−7+9 |

( )   ( )

05 계산해 보시오.

(1) $6 \times 5 \div 3$

(2) $36 \div (3 \times 2)$

06 바르게 계산한 것의 기호를 쓰시오.

㉠ $60 \div 4 \times 3 = 5$ ㉡ $84 \div (2 \times 7) = 6$

( )

서술형 ㅇ

07 다음을 하나의 식으로 나타내어 계산한 답을 구하려고 합니다. 풀이 과정을 쓰고, 답을 구하시오.

12와 3의 곱을 4로 나눈 몫

풀이

❶ 하나의 식으로 나타내기

_____

_____

❷ ❶에서 나타낸 식의 계산한 답을 구하기

_____

_____

답 _____

08 복숭아가 한 상자에 16개씩 5상자 있습니다. 모든 복숭아를 다시 4상자에 똑같이 나누어 담으려면 복숭아를 한 상자에 몇 개씩 담아야 합니까?

(   )

꼭나와 ㅂ

09 계산 순서에 맞게 기호를 쓰시오.

$$40-18+3\times7$$
$$\uparrow\quad\uparrow\quad\uparrow$$
$$\text{㉠}\quad\text{㉡}\quad\text{㉢}$$

(   ) → (   ) → (   )

10 보기 와 같이 계산 순서를 나타내고, 계산해 보시오.

보기

$$17+(13-9)\times2=17+4\times2$$
$$=17+8$$
$$=25$$
①②③

$$32-3\times(2+5)$$

서술형 ㅂ

11 계산 결과가 더 작은 식을 말한 친구의 이름을 쓰려고 합니다. 풀이 과정을 쓰고, 답을 구하시오.

정은   준호

$$8+4\times6-9 \qquad 42-(3+2)\times4$$

풀이

❶ 두 친구가 말한 식을 각각 계산하기

_____

_____

❷ 계산 결과가 더 작은 식을 말한 친구의 이름을 쓰기

_____

_____

답 _____

12 식이 성립하도록 ( )로 묶어 보시오.

$$18 + 6 \times 12 - 5 = 60$$

13 계산 결과를 구하시오.

$$16+20\div5-9$$

(   )

→ 바른답·알찬풀이 22쪽

14 계산이 처음으로 <u>잘못된</u> 곳을 찾아 기호를 쓰고, 바르게 계산한 값을 구하시오.

$$70-28\div(5+9) \quad ⟩ ㉠$$
$$=70-28\div14 \quad ⟩ ㉡$$
$$=42\div14 \quad ⟩ ㉢$$
$$=3$$

(   ), (   )

15 계산 결과가 더 작은 식에 색칠하시오.

$$9+30\div5-3$$

$$12-(37+15)\div13$$

16 지희는 우유 $500\,\text{mL}$ 중에서 $80\,\text{mL}$를 마신 후 남은 우유를 병 3개에 똑같이 나누어 담았습니다. 한 병에 담긴 우유는 몇 mL입니까?

(   )

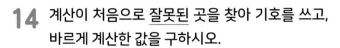

17 계산 순서에 맞게 계산할 때 가장 마지막에 계산해야 하는 부분을 찾아 기호를 쓰시오.

$$8+5\times16-(7+12\div4)$$
$$↑ \quad ↑ \quad ↑ \quad ↑ \quad ↑$$
$$㉠ \quad ㉡ \quad ㉢ \quad ㉣ \quad ㉤$$

(   )

18 잘못 계산한 것에 ×표 하시오.

$$48\div8+10-4\times3=4 \quad (\quad\quad)$$

$$(36-12)\div6\times2+5=7 \quad (\quad\quad)$$

19 두 식의 계산 결과의 차를 구하시오.

- $56\div7+5\times6-3$
- $(82-65)\times3+27\div3$

(   )

서술형

20 ☐ 안에 들어갈 수 있는 자연수는 모두 몇 개인지 구하려고 합니다. 풀이 과정을 쓰고, 답을 구하시오.

$$☐<4+72\div8-2\times3$$

풀이

❶ 주어진 식을 간단하게 나타내기

_____

_____

❷ ☐ 안에 들어갈 수 있는 자연수는 모두 몇 개인지 구하기

_____

_____

답 _____

01 계산해 보시오.

(1) $34 + 6 - 11$

(2) $42 - (13 + 19)$

02 꼭나와 ♥ 지호의 말에 대한 답을 구하시오.

16과 23의 합에서 19를 뺀 값

지호

( )

03 계산 결과가 더 큰 식의 기호를 쓰시오.

㉠ $28 - 14 - 6$ ㉡ $28 - (14 - 6)$

( )

04 ☐ 안에 알맞은 수를 구하시오.

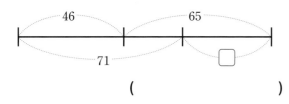

46
71
65
☐

( )

05 ☐ 안에 알맞은 수를 써넣으시오.

(1) $14 \times 10 \div 7 = $ ☐ $\div 7 = $ ☐

(2) $90 \div (5 \times 6) = 90 \div $ ☐ $ = $ ☐

06 보기 와 같이 계산 순서를 나타내고, 계산해 보시오.

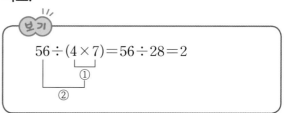

보기

$56 \div (4 \times 7) = 56 \div 28 = 2$
①
②

$3 \times (72 \div 9)$

07 서술형 ♥ 두 식의 계산 결과의 합을 구하려고 합니다. 풀이 과정을 쓰고, 답을 구하시오.

$16 \times 5 \div 4$ $36 \div 9 \times 7$

풀이

❶ 두 식의 계산 결과를 각각 구하기

_____

_____

❷ 두 식의 계산 결과의 합을 구하기

_____

_____

답 _____

08 민주네 반은 3명씩 8모둠입니다. 붙임 딱지 48장을 민주네 반 학생들에게 똑같이 나누어 주려고 합니다. 한 사람에게 몇 장씩 나누어 주면 되는지 구하시오.

( )

09 ☐안에 알맞은 수를 써넣으시오.

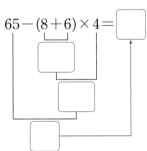

$65-(8+6)\times4=$ ☐

10 계산 결과를 찾아 선으로 알맞게 이으시오.

$8\times(9-5)-7$ $18-7\times2+24$

·   ·

·   ·   ·

25   26   28

11 식을 보고 바르게 설명한 친구의 이름을 쓰고, 계산 결과를 구하시오.

$$20-3\times5+7$$

- 유정: 앞에서부터 차례대로 계산해야 해.
- 서준: 곱셈을 먼저 계산해야 해.

( ), ( )

서술형 ㅇ

12 계산이 <u>잘못된</u> 이유를 쓰고, 바르게 계산한 값을 구하시오.

$$3\times(17-9)+6=51-9+6$$
$$=42+6$$
$$=48$$

풀이

❶ 계산이 잘못된 이유를 쓰기

_____

_____

❷ 바르게 계산한 값을 구하기

_____

답 _____

꼭나와 ㅇ

13 앞에서부터 차례대로 계산하면 답이 <u>틀리는</u> 것에 색칠하시오.

$18\div3-4+7$ $84-72\div6+3$

14 ( )가 없어도 계산 결과가 같은 식을 찾아 기호를 쓰시오.

> ㉠ $35-(14+11)$
> ㉡ $36\div(2+2)-5$
> ㉢ $20-(9\times2)+3$

( )

15 계산 결과가 37인 식의 기호를 쓰시오.

> ㉠ $40-36\div9+3$
> ㉡ $40-36\div(9+3)$

( )

꼭나와 ♥
16 식이 성립하도록 ○ 안에 +, −, ×, ÷ 중에서 알맞은 기호를 써넣으시오.

> $9+18\,\bigcirc\,2-6=12$

17 $36-24\div4\times3+7$을 계산할 때 가장 먼저 계산해야 하는 부분을 찾아 ○표 하시오.

| 36−24 | 24÷4 | 4×3 | 3+7 |

( ) ( ) ( ) ( )

18 계산 결과를 구하시오.

> $15-2\times(9+6)\div5$

( )

19 ㉠과 ㉡의 계산 결과를 비교하여 어느 것이 얼마나 더 큰지 구하시오.

> ㉠ $3\times8-45\div5+21$
> ㉡ $(18-4)\div7+3\times15-12$

( ), ( )

서술형 ♥
20 어떤 수에서 27을 뺀 다음 4로 나누고 3을 곱했더니 15가 되었습니다. 어떤 수는 얼마인지 풀이 과정을 쓰고, 답을 구하시오.

풀이

❶ 어떤 수를 □라고 하여 식을 세우기

_____

_____

❷ 어떤 수는 얼마인지 구하기

_____

_____

답 _____

01 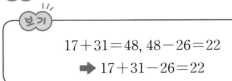와 같이 두 식을 하나의 식으로 나타내시오.

보기
$$17+31=48,\ 48-26=22$$
➡ $$17+31-26=22$$

$$25+13=38,\ 38-14=24$$

( )

02 계산 결과를 비교하여 ○ 안에 >, =, <를 알맞게 써넣으시오.

45에서 7을 뺀 후 23을 더한 수 ○ 45에서 7과 23의 합을 뺀 수

서술형
03 편의점에 있는 간식의 가격을 나타낸 것입니다. 소미는 과자 1개와 초콜릿 1개를 사고 5000원을 냈습니다. 소미는 거스름돈으로 얼마를 받아야 하는지 풀이 과정을 쓰고, 답을 구하시오.

간식	과자	빵	사탕	초콜릿
가격(원)	2400	3500	800	1200

풀이

답

04 도서관에서 공원까지의 거리는 몇 km입니까?

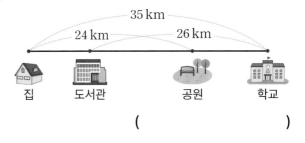

( )

05 빈칸에 알맞은 수를 써넣으시오.

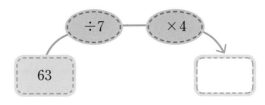

06 ( )가 없으면 계산 결과가 달라지는 식에 ○표 하시오.

$$3\times(20\div5)$$ $$48\div(8\times3)$$

( )   ( )

07 계산 결과를 ⬭ 안의 조건에 맞게 선택하여 ☐ 안에 알맞은 수를 써넣으시오.

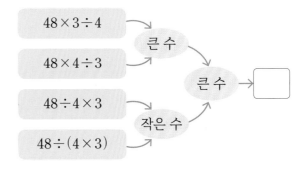

08 색종이가 한 묶음에 12장씩 6묶음 있습니다. 이 색종이를 한 모둠에 4명씩 2모둠의 학생들에게 똑같이 나누어 주려고 합니다. 한 사람에게 나누어 줄 수 있는 색종이는 몇 장입니까?

(   )

09 계산 결과를 찾아 선으로 알맞게 이으시오.

$(25+2)\times5-3$ •   •   29

$25+2\times(5-3)$ •   •   132

$25+2\times5-3$ •   •   32

10 다음과 같이 약속할 때, $28 \heartsuit 7$의 값을 구하시오.

$$㉠\heartsuit㉡=㉠-3\times㉡+8$$

(   )

서술형 ♥

11 대화를 읽고 은주와 용진이가 일주일 동안 줄넘기를 모두 몇 번 했는지 구하려고 합니다. 풀이 과정을 쓰고, 답을 구하시오.

• 은주: 난 일주일 동안 매일 줄넘기를 20번씩 했어.
• 용진: 난 일주일 중에서 2일은 쉬고 나머지 날은 매일 줄넘기를 32번씩 했어.

풀이 _____

_____

_____

답 _____

어려워 ♥

12 수 카드 [1], [3], [5]를 한 번씩 사용하여 계산 결과가 가장 큰 식을 만들려고 합니다. 만든 식의 계산 결과를 구하시오.

$$\square+(6-\square)\times\square$$

(   )

13 계산 결과가 20에 더 가까운 식의 기호를 쓰시오.

㉠ $27-18\div9+3$ ㉡ $10+56\div(12-4)$

(   )

14 식이 성립하도록 ◯ 안에 $+, -, \times, \div$ 중에서 알맞은 기호를 써넣으시오.

$$9 \bigcirc 16 \bigcirc 2 - 5 = 12$$

15 길이가 63 cm인 종이테이프를 3등분 한 것 중의 한 도막과 길이가 56 cm인 종이테이프를 4등분 한 것 중의 한 도막을 5 cm만큼 겹치게 이어 붙였습니다. 이어 붙인 종이테이프의 전체 길이는 몇 cm인지 구하시오.

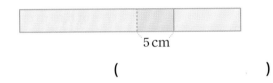

5 cm

(   )

16 어떤 수에서 7을 뺀 다음 9를 곱해야 할 것을 잘못하여 어떤 수에 7을 더한 다음 9로 나누었더니 2가 되었습니다. 바르게 계산한 값은 얼마인지 구하시오.

(   )

17 계산 결과가 큰 것부터 차례대로 (   ) 안에 1, 2, 3을 써넣으시오.

$47 - (11 + 14) \div 5 \times 3$ (   )

$8 + 4 \times 12 - 28 \div 7$ (   )

$30 - 63 \div (5 + 8 \times 2)$ (   )

18 ◻ 안에 알맞은 수를 구하시오.

$$28 \div (4 + \square) \times 8 - 15 = 17$$

(   )

서술형

19 놀이동산에서 풍선 500개를 4일 동안 입장객에게 매일 똑같은 수만큼 나누어 주려고 합니다. 첫날 오전에 어른 7명과 어린이 13명에게 풍선을 2개씩 나누어 주었습니다. 첫날 오후에 나누어 줄 수 있는 풍선은 몇 개인지 풀이 과정을 쓰고, 답을 구하시오.

풀이

_____

_____

_____

답 _____

어려워

20 무게가 같은 귤 20개가 들어 있는 바구니의 무게를 재어 보니 3 kg 200 g이었습니다. 여기에서 귤 4개를 빼고 무게를 재어 보니 2 kg 600 g이었습니다. 빈 바구니의 무게는 몇 g입니까?

(   )

개념 ① 약수와 배수

- 약수: 어떤 수를 나누어떨어지게 하는 수
  - ㉘ 6의 약수 구하기
    $6 \div 1 = 6, 6 \div 2 = 3, 6 \div 3 = 2, 6 \div 4 = 1 \cdots 2, 6 \div 5 = 1 \cdots 1, 6 \div 6 = 1$
    ➡ 6의 약수: 1, 2, 3, 6
- 배수: 어떤 수를 1배, 2배, 3배, ... 한 수
  - ㉘ 6의 배수 구하기
    $6 \times 1 = 6, 6 \times 2 = 12, 6 \times 3 = 18, ...$ ➡ 6의 배수: 6, 12, 18, ...

1 나눗셈식을 보고 4의 약수를 모두 쓰시오.

$$4 \div 1 = 4$$
$$4 \div 2 = 2$$
$$4 \div 4 = 1$$

(   )

개념 ② 약수와 배수의 관계

➡ ⌐ 1, 2, 3, 6은 6의 약수입니다.
  └ 6은 1, 2, 3, 6의 배수입니다.

2 $14 = 2 \times 7$일 때 알맞은 말에 ○표 하시오.

(1) 2와 7은 14의 (약수 , 배수)입니다.

(2) 14는 2와 7의 (약수 , 배수)입니다.

개념 ③ 공약수와 최대공약수

- 공약수: 두 수의 공통인 약수
- 최대공약수: 공약수 중에서 가장 큰 수

곱셈식 이용하기	공약수로 나누기
여러 수의 곱으로 나타낸 곱셈식에서 공통인 수들의 곱을 구합니다. $12 = 2 \times 2 \times 3$ $20 = 2 \times 2 \times 5$ 최대공약수: $2 \times 2 = 4$	두 수를 나눈 공약수들의 곱을 구합니다. 12와 20의 공약수 → 2) 12 20 6과 10의 공약수 → 2) 6 10 3 5 최대공약수: $2 \times 2 = 4$

3 10과 15의 공약수와 최대공약수를 각각 구하시오.

> 10의 약수: 1, 2, 5, 10
> 15의 약수: 1, 3, 5, 15

- 공약수: ☐ , ☐
- 최대공약수: ☐

개념 ④ 공배수와 최소공배수

- 공배수: 두 수의 공통인 배수
- 최소공배수: 공배수 중에서 가장 작은 수

곱셈식 이용하기	공약수로 나누기
여러 수의 곱으로 나타낸 곱셈식에서 공통인 수들과 공통이 아닌 수들의 곱을 구합니다. $18 = 2 \times 3 \times 3$ $30 = 2 \times 3 \times 5$ 최소공배수: $2 \times 3 \times 3 \times 5 = 90$	두 수를 나눈 공약수들과 밑에 남은 몫의 곱을 구합니다. 18과 30의 공약수 → 2) 18 30 9와 15의 공약수 → 3) 9 15 3 5 최소공배수: $2 \times 3 \times 3 \times 5 = 90$

4 곱셈식을 보고 4와 6의 최소공배수를 구하시오.

> - $4 = 2 \times 2$
> - $6 = 2 \times 3$

$2 \times 2 \times$ ☐ $=$ ☐

꼭나와 ○

01 27의 약수가 <u>아닌</u> 것은 어느 것입니까?

( )

① 1 ② 3 ③ 9
④ 15 ⑤ 27

02 어느 해의 11월 달력입니다. 달력에서 날짜가 6의 배수인 수를 모두 찾아 쓰시오.

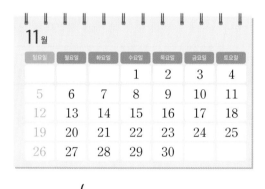

11월

일요일	월요일	화요일	수요일	목요일	금요일	토요일
			1	2	3	4
5	6	7	8	9	10	11
12	13	14	15	16	17	18
19	20	21	22	23	24	25
26	27	28	29	30		

( )

03 어떤 수의 배수를 가장 작은 수부터 차례대로 쓴 것입니다. ☐ 안에 알맞은 수를 써넣으시오.

7, 14, 21, ☐ , 35, 42, ☐ , ...

04 약수의 개수가 가장 많은 수를 찾아 ○표 하시오.

24	46	36
( )	( )	( )

05 다음을 보고 ☐ 안에 알맞은 수를 써넣으시오.

$16 = 1 \times 16, \ 16 = 2 \times 8, \ 16 = 4 \times 4$

(1) 16은 ☐, ☐, ☐, ☐, ☐ 의 배수입니다.

(2) ☐, ☐, ☐, ☐, ☐ 은 16의 약수입니다.

06 곱셈식 $21 = 3 \times 7$에 대한 설명으로 옳지 <u>않은</u> 것을 두 가지 고르시오. (,)

① 21은 3의 배수입니다.
② 7은 21의 약수입니다.
③ 3은 21의 배수입니다.
④ 21은 7의 배수입니다.
⑤ 21의 약수는 3과 7뿐입니다.

서술형 ○

07 왼쪽 수는 오른쪽 수의 배수일 때 ☐ 안에 들어갈 수 있는 수를 모두 구하려고 합니다. 풀이 과정을 쓰고, 답을 구하시오.

20   ☐

풀이

❶ ☐ 안에 들어갈 수 있는 수의 조건 설명하기

_____

_____

❷ ☐ 안에 들어갈 수 있는 수를 모두 구하기

_____

_____

답 _____

08 ☐ 안에 알맞은 수를 써넣고, 24와 30의 최대공약수를 구하시오.

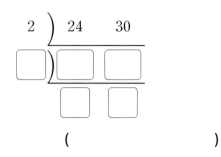

(   )

09 16과 40의 공약수가 <u>아닌</u> 것을 모두 찾아 ×표 하시오.

| 2 | 4 | 10 | 8 | 5 |

꼭나와 ⓥ

10 두 수의 최대공약수를 구하시오.

| 14 | 42 |

(   )

11 두 수의 최대공약수가 더 작은 것의 기호를 쓰시오.

| ㉠ (24, 54) | ㉡ (45, 60) |

(   )

서술형 ⓥ

12 어떤 두 수의 최대공약수가 15일 때 이 두 수의 공약수를 모두 구하려고 합니다. 풀이 과정을 쓰고, 답을 구하시오.

풀이

❶ 두 수의 공약수와 최대공약수의 관계 알기

_____

_____

❷ 두 수의 공약수를 모두 구하기

_____

_____

답 _____

13 준우가 설명하는 어떤 수 중에서 가장 큰 수를 구하시오.

준우: 28과 36을 어떤 수로 나누면 두 수 모두 나누어떨어져.

(   )

14 가로가 27 cm, 세로가 45 cm인 직사각형 모양의 종이가 있습니다. 이 종이를 남김없이 잘라 크기가 같은 정사각형 모양의 종이를 여러 장 만들려고 합니다. 만들 수 있는 가장 큰 정사각형 모양 종이의 한 변은 몇 cm인지 구하시오.

(   )

➡ 바른답·알찬풀이 24쪽

15 곱셈식을 보고 18과 24의 최대공약수와 최소공배수를 각각 구하시오.

> • $18 = 2 \times 3 \times 3$
> • $24 = 2 \times 2 \times 2 \times 3$

최대공약수: (   )
최소공배수: (   )

16 두 수의 최소공배수를 구하시오.

27	18

(   )

17 2의 배수이면서 7의 배수인 것을 모두 찾아 ○표 하시오.

27	42	56	72

18 두 수의 최소공배수가 더 큰 것에 색칠하시오.

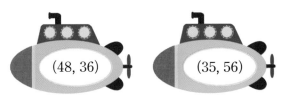

(48, 36)   (35, 56)

19 15로 나누어도 나누어떨어지고, 10으로 나누어도 나누어떨어지는 수 중에서 두 자리 수를 모두 구하시오.

(   )

서술형 낭

20 어느 역에서 ㉮ 기차는 12분마다, ㉯ 기차는 8분마다 출발한다고 합니다. 8시에 이 역에서 ㉮와 ㉯ 기차가 동시에 출발하였다면 다음번에 두 기차가 동시에 출발하는 시각은 몇 시 몇 분인지 구하시오.

풀이

❶ 12와 8의 최소공배수 구하기

_____

_____

❷ 다음번에 두 기차가 동시에 출발하는 시각은 몇 시 몇 분인지 구하기

_____

_____

답 _____

01 4의 배수를 그림에 모두 나타내고, 가장 작은 수부터 3개 쓰시오.

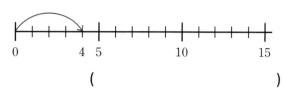

(   )

02 두 수 중에서 약수의 개수가 더 적은 수에 ○표 하시오.

28	31

(   )   (   )

서술형 상

03 1부터 100까지의 수 중에서 11의 배수는 모두 몇 개인지 구하려고 합니다. 풀이 과정을 쓰고, 답을 구하시오.

풀이

❶ 1부터 100까지의 수 중에서 11의 배수 알기

_____

_____

❷ 1부터 100까지의 수 중에서 11의 배수는 모두 몇 개인지 구하기

_____

_____

답 _____

04 설명이 옳지 않은 것을 찾아 기호를 쓰시오.

> ㉠ 1은 모든 자연수의 약수입니다.
> ㉡ 수가 작을수록 약수의 개수도 적습니다.
> ㉢ 자연수의 배수는 무수히 많습니다.

(   )

05 6은 54의 약수이고 54는 6의 배수입니다. 이 관계를 나타내는 곱셈식을 쓰시오.

(   )

꼭나와 ㉤

06 두 수가 약수와 배수의 관계인 것을 모두 찾아 ○표 하시오.

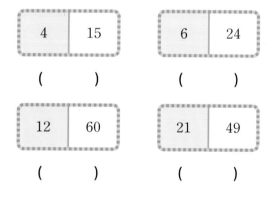

4	15		6	24

(   )   (   )

12	60		21	49

(   )   (   )

07 16과 약수와 배수의 관계인 수를 모두 찾아 기호를 쓰시오.

㉠ 8	㉡ 60	㉢ 48
㉣ 10	㉤ 52	㉥ 4

(   )

08 1부터 9까지의 수 중에서 ☐ 안에 들어갈 수 있는 수를 모두 구하시오.

> 12의 배수는 모두 ☐의 배수입니다.

(   )

꼭나와 ㅂ

09 두 수의 공약수를 모두 구하시오.

> 21   35

(   )

10 ☐ 안에 1이 아닌 알맞은 수를 써넣고, 36과 40의 최대공약수를 구하시오.

> • 36 = ☐ × ☐ × ☐ × ☐
> • 40 = ☐ × ☐ × ☐ × ☐

(   )

11 두 수의 최대공약수의 크기를 비교하여 ◯ 안에 >, =, <를 알맞게 써넣으시오.

> (40, 50)   ◯   (56, 64)

12 어떤 두 수의 최대공약수가 12일 때 이 두 수의 공약수는 모두 몇 개인지 구하시오.

(   )

13 구슬 48개와 딱지 60개를 최대한 많은 친구들에게 남김없이 똑같이 나누어 주려고 합니다. 구슬과 딱지를 몇 명에게 나누어 줄 수 있는지 구하시오.

(   )

서술형 ㅇ

14 바구니에 사탕 30개와 초콜릿 18개를 남김없이 똑같이 나누어 담을 수 있는 바구니의 수를 모두 구하려고 합니다. 풀이 과정을 쓰고, 답을 구하시오. (단, 바구니의 수는 1개보다 많습니다.)

> **풀이**
>
> ❶ 30과 18의 최대공약수 구하기
>
> _____
>
> _____
>
> ❷ 남김없이 똑같이 나누어 담을 수 있는 바구니의 수를 모두 구하기
>
> _____
>
> _____
>
> **답** _____

15 ☐ 안에 알맞은 수를 써넣고, 21과 42의 최소공배수를 구하시오.

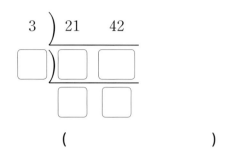

( )

꼭나와 ⓤ

16 두 수의 최대공약수와 최소공배수를 각각 구하시오.

42   30

최대공약수: (   )
최소공배수: (   )

17 26의 배수도 되고 39의 배수도 되는 수 중에서 가장 작은 수를 구하시오.

( )

서술형 ⓝ

18 9와 15의 공배수 중에서 100보다 작은 수를 모두 구하려고 합니다. 풀이 과정을 쓰고, 답을 구하시오.

풀이

❶ 9와 15의 최소공배수 구하기

_____

_____

❷ 9와 15의 공배수 중에서 100보다 작은 수를 모두 구하기

_____

_____

답 _____

19 가로가 10 cm, 세로가 25 cm인 직사각형 모양의 종이를 여러 장 겹치지 않도록 이어 붙여 가장 작은 정사각형을 만들었습니다. 만든 정사각형의 한 변은 몇 cm인지 구하시오.

( )

20 진호는 6일마다, 소민이는 8일마다 바이올린 학원에 갑니다. 7월 2일에 진호와 소민이가 바이올린 학원에서 만났다면 다음번에 두 사람이 바이올린 학원에서 다시 만나는 날은 몇 월 며칠인지 구하시오.

( )

01 약수가 2개인 수는 어느 것입니까? (   )

① 9   ② 25   ③ 37

④ 44   ⑤ 51

02 어떤 수의 배수를 가장 작은 수부터 차례대로 쓴 것입니다. 12번째 수를 구하시오.

9, 18, 27, 36, 45, …

(   )

서술형

03 30보다 크고 50보다 작은 수 중에서 3으로 나누면 나누어떨어지는 수는 모두 몇 개인지 구하려고 합니다. 풀이 과정을 쓰고, 답을 구하시오.

풀이

답

어려워

04 조건을 모두 만족하는 어떤 수를 구하시오.

• 어떤 수는 18의 약수입니다.
• 어떤 수의 약수를 모두 더하면 12입니다.

(   )

05 ☐ 안에 공통으로 들어갈 수 있는 수를 찾아 ○표 하시오.

• 2와 9는 ☐의 약수입니다.
• ☐은/는 2와 9의 배수입니다.

11   15   18

06 곱셈식 $30 = 2 \times 3 \times 5$에 대한 설명으로 옳은 것을 두 가지 고르시오. (,   )

① 2는 30의 배수입니다.
② 5의 배수는 30뿐입니다.
③ 30의 약수는 2, 3, 5로 3개입니다.
④ 2×3과 2×5는 30의 약수입니다.
⑤ 30은 2×5와 $2 \times 3 \times 5$의 배수입니다.

07 어떤 수의 약수를 모두 쓴 것입니다. 어떤 수의 배수를 가장 작은 수부터 3개 쓰시오.

1, 2, 4, 5, 10, 20

(   )

어려워 👀

08 두 수가 약수와 배수의 관계일 때, ㈀에 알맞은 두 자리 수는 모두 몇 개인지 구하시오.

| ㈀ | 42 |

(   )

09 27의 약수이면서 45의 약수인 수를 모두 구하시오.

(   )

10 두 수의 최대공약수가 가장 큰 것을 찾아 기호를 쓰시오.

㈀ (21, 18)   ㈁ (22, 33)   ㈂ (36, 40)

(   )

11 40과 60의 공약수 중에서 5의 배수를 모두 구하시오.

(   )

12 감자 84개와 고구마 120개를 각각 최대한 많은 상자에 남김없이 똑같이 나누어 담으려고 합니다. 한 상자에 감자와 고구마를 각각 몇 개씩 담아야 하는지 구하시오.

감자: (   )

고구마: (   )

서술형 👀

13 길의 한쪽에 처음부터 끝까지 일정한 간격으로 가로등을 가장 적게 설치하려고 합니다. 필요한 가로등은 모두 몇 개인지 풀이 과정을 쓰고, 답을 구하시오. (단, 가로등의 두께는 생각하지 않습니다.)

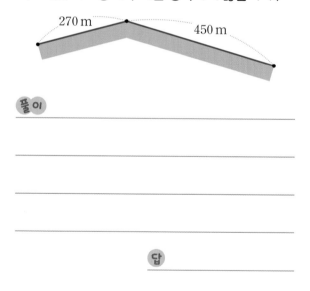

풀이

_____

_____

_____

답 _____

14 54를 어떤 수로 나누면 나머지가 4이고, 61을 어떤 수로 나누면 나머지가 1입니다. 어떤 수 중에서 가장 큰 수를 구하시오.

(   )

→ 바른답·알찬풀이 26쪽

15 어떤 두 수의 최소공배수가 13입니다. 이 두 수의 공배수 중에서 다섯 번째로 작은 수를 구하시오.

(   )

16 ㉠과 ㉡의 최소공배수가 210일 때 ☐ 안에 알맞은 수를 구하시오.

$$
\begin{array}{r}
\boxed{}\,)\ \,\bigcirc\quad\bigcirc \\
3\,)\ \,6\quad 21 \\
\hline
2\quad 7
\end{array}
$$

(   )

17 대화를 읽고 잘못 말한 친구를 찾아 이름을 쓰시오.

- 수호: 27과 36의 공약수는 27과 36의 최대공약수의 약수와 같아.
- 정아: 27과 36의 공배수는 27과 36의 최소공배수의 배수와 같아.
- 민정: 27과 36의 최소공배수는 27과 36의 최대공약수보다 작아.

(   )

18 24로도 나누어떨어지고, 18로도 나누어떨어지는 수 중에서 가장 작은 세 자리 수를 구하시오.

(   )

서술형

19 은정이와 준석이가 다음과 같이 규칙에 따라 각각 구슬 30개를 놓았습니다. 같은 자리에 파란색 구슬이 놓이는 경우는 모두 몇 번인지 풀이 과정을 쓰고, 답을 구하시오.

은정 ●●●●●●●●● …
준석 ●●●●●●●●● …

풀이

답

어려워

20 24와 어떤 수의 최대공약수는 8이고, 최소공배수는 120입니다. 어떤 수를 구하시오.

(   )

개념 ① 두 양 사이의 관계

㉠ 삼각형의 수와 원의 수 사이의 대응 관계 알아보기 ── 한 양이 변할 때 다른 양이 그에 따라 일정하게 변하는 관계

 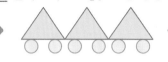 ⋯

규칙 알아보기	삼각형의 수가 1개씩 늘어날 때 원의 수는 2개씩 늘어납니다.			
표를 이용하여 대응 관계 알아보기	삼각형의 수(개)	1	2	3	⋯
	원의 수(개)	2	4	6	⋯

┌ 삼각형의 수에 2를 곱하면 원의 수가 됩니다.
└ 원의 수를 2로 나누면 삼각형의 수가 됩니다.

1 사각형의 수와 사각형의 변의 수 사이의 규칙을 알아보려고 합니다. ☐ 안에 알맞은 수를 써넣으시오.

> 사각형의 수가 1개씩 늘어날 때 변의 수는 ☐개씩 늘어납니다.

개념 ② 대응 관계를 식으로 나타내기

㉠ 세발자전거의 수와 바퀴의 수 사이의 대응 관계를 식으로 나타내기

표를 이용하여 대응 관계 알아보기	세발자전거의 수(대)	1	2	3	⋯
	바퀴의 수(개)	3	6	9	⋯

┌ 세발자전거의 수에 3을 곱하면 바퀴의 수가 됩니다.
└ 바퀴의 수를 3으로 나누면 세발자전거의 수가 됩니다.

대응 관계를 식으로 나타내기	세발자전거의 수를 ◯, 바퀴의 수를 ☐라고 하면 (세발자전거의 수)×3=(바퀴의 수) ➡ ◯×3=☐ (바퀴의 수)÷3=(세발자전거의 수) ➡ ☐÷3=◯

2 사각형의 수를 △, 사각형의 변의 수를 ◇라고 할 때, 두 양 사이의 대응 관계를 식으로 바르게 나타낸 것에 ◯표 하시오.

$△×4=◇$ (　　　)

$◇×4=△$ (　　　)

개념 ③ 생활 속에서 대응 관계를 찾아 식으로 나타내기

대응 관계가 있는 두 양 알아보기	대응 관계를 식으로 나타내기
┌ 문어의 수: △ └ 다리의 수: ♡	(문어의 수)×8=(다리의 수) ➡ $△×8=♡$ (다리의 수)÷8=(문어의 수) ➡ $♡÷8=△$
┌ 의자의 수: ♧ └ 팔걸이의 수: ◎	(의자의 수)+1=(팔걸이의 수) ➡ $♧+1=◎$ (팔걸이의 수)−1=(의자의 수) ➡ $◎−1=♧$

3 그림을 보고 컵의 수와 대응 관계인 것을 찾아 ☐ 안에 알맞은 말을 써넣으세요.

컵의 수와 ☐

01 봉지의 수와 귤의 수 사이의 대응 관계를 나타낸 것입니다. ☐ 안에 알맞은 수를 써넣으시오.

봉지의 수에 ☐ 을/를 곱하면 귤의 수가 됩니다.

[02~04] 도형의 배열을 보고 물음에 답하시오.

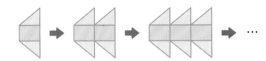

02 위 그림에서 다음에 이어질 알맞은 모양을 그려 보시오.

03 사각형의 수와 삼각형의 수 사이의 대응 관계를 알아보려고 합니다. ☐ 안에 알맞은 수를 써넣으시오.

사각형의 수를 ☐ 배 하면 삼각형의 수와 같습니다.

04 사각형이 10개일 때 삼각형은 몇 개 필요한지 구하시오.

( )

[05~07] 꽃병의 수와 꽃의 수 사이의 대응 관계를 알아보려고 합니다. 물음에 답하시오.

05 꽃병의 수와 꽃의 수 사이의 대응 관계를 생각하며 표를 완성하시오.

꽃병의 수(개)	1	2	3	4	5	⋯
꽃의 수(송이)						⋯

06 꽃병의 수와 꽃의 수 사이의 대응 관계를 바르게 설명한 것의 기호를 쓰시오.

㉠ 꽃병의 수에 5를 곱하면 꽃의 수가 됩니다.
㉡ 꽃병의 수를 5로 나누면 꽃의 수가 됩니다.

( )

서술형

07 꽃이 50송이 있을 때, 꽃병은 몇 개 필요한지 구하려고 합니다. 풀이 과정을 쓰고, 답을 구하시오.

풀이

❶ 두 양 사이의 대응 관계를 설명하기

❷ 꽃병은 몇 개 필요한지 구하기

답

08 표를 보고 ◇와 ♡ 사이의 대응 관계를 바르게 나타낸 것에 ○표 하시오.

◇	5	6	7	8	…
♡	1	2	3	4	…

◇÷5＝♡   ◇−4＝♡

(   )   (   )

[09~11] 면봉을 사용하여 다음과 같은 방법으로 탑을 쌓고 있습니다. 한 층을 쌓는 데 필요한 면봉은 2개입니다. 물음에 답하시오.

1층   2층   3층   4층

09 층수와 면봉의 수 사이의 대응 관계를 생각하며 표를 완성하시오.

층수(층)	1	2	3	4	…
면봉의 수(개)					…

10 두 양 사이의 대응 관계를 식으로 바르게 나타낸 것을 모두 찾아 기호를 쓰시오.

㉠ (층수)×2＝(면봉의 수)
㉡ (면봉의 수)×2＝(층수)
㉢ (층수)÷2＝(면봉의 수)
㉣ (면봉의 수)÷2＝(층수)

(   )

꼭나와 ♡

11 층수를 △, 면봉의 수를 ☆이라고 할 때, △와 ☆ 사이의 대응 관계를 식으로 나타내시오.

(   )

[12~14] 도형의 배열을 보고 물음에 답하시오.

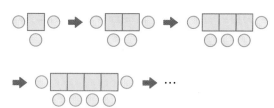

12 사각형의 수와 원의 수 사이의 대응 관계를 생각하며 표를 완성하시오.

사각형의 수(개)	1	2	3	4	…
원의 수(개)					…

서술형 ♡

13 사각형의 수를 □, 원의 수를 ○라고 할 때, □와 ○ 사이의 대응 관계를 식으로 나타내려고 합니다. 풀이 과정을 쓰고, 답을 구하시오.

풀이

❶ 두 양 사이의 대응 관계를 설명하기

_____

_____

❷ □와 ○ 사이의 대응 관계를 식으로 나타내기

_____

_____

답

14 사각형이 10개일 때 원은 몇 개 필요합니까?

(   )

15 가방의 수와 주머니의 수를 기호로 나타내고, 두 양 사이의 대응 관계를 식으로 나타내시오.

└─ 주머니

'가방의 수'를 나타내는 기호	
'주머니의 수'를 나타내는 기호	

( )

[16~17] 지현이의 나이와 동생의 나이 사이의 대응 관계를 나타낸 표입니다. 물음에 답하시오.

지현이의 나이(살)	12	13	14	15	...
동생의 나이(살)	9	10	11	12	...

16 기호를 사용하여 식으로 나타내시오.

지현이의 나이를 ☐, 동생의 나이를 ☐ (이)라고 할 때, 두 양 사이의 대응 관계를 식으로 나타내면 ☐☐☐☐☐☐ 입니다.

17 지현이의 나이가 28살일 때 동생은 몇 살인지 구하시오.

( )

[18~20] 만화 영화를 1초 동안 상영하려면 그림이 30장 필요합니다. 물음에 답하시오.

18 만화 영화를 상영하는 시간과 필요한 그림의 수 사이의 대응 관계를 생각하며 표를 완성하시오.

상영하는 시간(초)	1	2	3	4	...
그림의 수(장)					...

19 기호를 사용하여 식으로 나타내시오.

상영하는 시간을 ☐, 필요한 그림의 수를 ☐ (이)라고 할 때, 두 양 사이의 대응 관계를 식으로 나타내면 ☐☐☐☐☐☐ 입니다.

서술형

20 만화 영화를 12초 상영하려면 그림이 몇 장 필요한지 구하려고 합니다. 풀이 과정을 쓰고, 답을 구하시오.

풀이

❶ 필요한 그림의 수를 구하는 과정 쓰기

_____

_____

❷ 그림이 몇 장 필요한지 구하기

_____

_____

답 _____

[01~02] 도형의 배열을 보고 물음에 답하시오.

01 위 그림에서 다음에 이어질 알맞은 모양을 그려 보시오.

02 보기 에서 알맞게 골라 사각형의 수와 원의 수 사이의 대응 관계를 알아보시오.

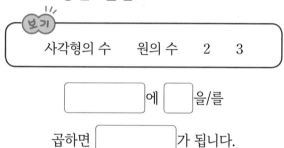

보기

사각형의 수   원의 수   2   3

[   ]에 [   ]을/를

곱하면 [   ]가 됩니다.

꼭나와 ᵛ
03 자동차의 수와 바퀴의 수 사이의 대응 관계를 나타낸 표입니다. 바르게 설명한 친구의 이름을 쓰시오.

자동차의 수(대)	1	2	3	4	...
바퀴의 수(개)	4	8	12	16	...

주희   영진

(   )

[04~06] 사각판의 배열을 보고 물음에 답하시오.

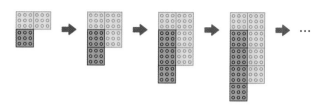

04 빨간색 사각판의 수와 노란색 사각판의 수 사이의 대응 관계를 생각하며 표를 완성하시오.

빨간색 사각판의 수(개)	1	2	3	4	...
노란색 사각판의 수(개)					...

05 노란색 사각판이 12개일 때 빨간색 사각판은 몇 개 필요한지 구하시오.

(   )

서술형 ᵛ
06 빨간색 사각판이 15개일 때 노란색 사각판은 몇 개 필요한지 구하려고 합니다. 풀이 과정을 쓰고, 답을 구하시오.

풀이

❶ 두 양 사이의 대응 관계를 설명하기

_____

_____

❷ 노란색 사각판은 몇 개 필요한지 구하기

_____

_____

답 _____

[07~08] 달걀이 한 팩에 10개씩 있습니다. 물음에 답하시오.

07 달걀 팩의 수와 달걀의 수 사이의 대응 관계를 생각하며 표를 완성하시오.

달걀 팩의 수(팩)	1	2	3	4	…
달걀의 수(개)					…

꼭나와 ㅂ

08 달걀 팩의 수를 □, 달걀의 수를 △라고 할 때, □와 △ 사이의 대응 관계를 식으로 <u>잘못</u> 나타낸 것에 ×표 하시오.

□×10=△	□÷10=△
( )	( )

09 대응 관계를 나타낸 식을 보고 표를 완성하시오.

♧－3=♤

♧	8	10	12	14	16	…
♤						…

10 ○와 ☆ 사이의 대응 관계를 나타낸 표입니다. ㉠과 ㉡에 알맞은 수를 각각 구하시오.

○	5	6	7	8	㉠	10
☆	13	14	㉡	16	17	18

㉠: ( )

㉡: ( )

[11~12] 그림을 보고 사진의 수와 누름 못의 수 사이의 대응 관계를 알아보려고 합니다. 물음에 답하시오.

11 사진의 수를 ○, 누름 못의 수를 ◇라고 할 때, ○와 ◇ 사이의 대응 관계를 식으로 나타내시오.

( )

12 사진을 20장 붙일 때 누름 못은 몇 개 필요한지 구하시오.

( )

서술형 ㅂ

13 한 모둠에 6명씩 앉아 있습니다. 모둠 수를 △, 학생 수를 ○라고 할 때, △와 ○ 사이의 대응 관계를 식으로 나타내시오.

풀이

❶ 두 양 사이의 대응 관계를 설명하기

_____

_____

❷ △와 ○ 사이의 대응 관계를 식으로 나타내기

_____

답 _____

14 오징어의 수와 다리의 수를 기호로 나타내고, 두 양 사이의 대응 관계를 식으로 나타내시오.

'오징어의 수'를 나타내는 기호	
'다리의 수'를 나타내는 기호	

( )

[15~16] 실을 가위로 잘랐습니다. 물음에 답하시오.

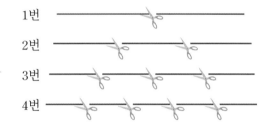

15 기호를 사용하여 식으로 나타내시오.

실을 자른 횟수를 ☐, 도막의 수를 ☐ (이)라고 할 때, 두 양 사이의 대응 관계를 식으로 나타내면 ☐ 입니다.

서술형

16 도막이 26개일 때 실을 자른 횟수는 몇 번인지 구하려고 합니다. 풀이 과정을 쓰고, 답을 구하시오.

풀이

❶ 두 양 사이의 대응 관계를 설명하기

_____

❷ 실을 자른 횟수는 몇 번인지 구하기

_____

답 _____

[17~18] 어느 동물원의 어린이 입장료는 2000원입니다. 물음에 답하시오.

17 어린이 입장객의 수와 어린이 입장료 사이의 대응 관계를 생각하며 표를 완성하시오.

입장객의 수(명)	1	2	3	4	…
입장료(원)					…

꼭나와

18 어린이 입장객이 8명일 때 어린이 입장료는 모두 얼마인지 구하시오.

( )

[19~20] 그림과 같이 성냥개비로 정육각형을 만들고 있습니다. 물음에 답하시오.

19 정육각형의 수와 성냥개비의 수를 표와 식으로 나타내시오.

정육각형의 수(개)	1	2	3	4	…
성냥개비의 수(개)					…

(정육각형의 수) = (성냥개비의 수) ÷ ☐

20 성냥개비가 72개일 때 정육각형은 몇 개인지 구하시오.

( )

[01~02] 책꽂이 한 개에 책이 7권씩 꽂혀 있습니다. 물음에 답하시오.

01 책꽂이의 수와 책의 수 사이의 대응 관계를 생각하며 표를 완성하시오.

책꽂이의 수(개)	1	2	3	4	…
책의 수(권)					…

02 책꽂이가 8개 있을 때 책은 몇 권 꽂을 수 있습니까?

( )

 서술형

03 사각형과 삼각형으로 규칙적인 배열을 만들고 있습니다. 삼각형이 30개일 때 사각형은 몇 개 필요한지 풀이 과정을 쓰고, 답을 구하시오.

풀이 _____

_____

_____

답 _____

04 강아지의 수와 다리의 수 사이에는 어떤 대응 관계가 있는지 바르게 설명한 것을 찾아 기호를 쓰시오.

> ㉠ 다리의 수는 강아지의 수를 4로 나눈 몫입니다.
> ㉡ 강아지의 수는 다리의 수보다 3만큼 작습니다.
> ㉢ 강아지가 1마리 늘어날 때마다 다리는 4개씩 늘어납니다.

( )

[05~07] 사각형 조각으로 규칙적인 배열을 만들고 있습니다. 물음에 답하시오.

첫째   둘째   셋째   넷째

05 배열 순서와 사각형 조각의 수 사이의 대응 관계를 생각하며 표를 완성하시오.

배열 순서	첫째	둘째	셋째	넷째	…
조각의 수(개)					…

06 열째에는 사각형 조각이 몇 개인지 구하시오.

( )

어려워

07 여덟째와 열셋째에는 사각형 조각이 모두 몇 개인지 구하시오.

( )

[08~09] 지영이와 언니가 저금을 하려고 합니다. 언니는 가지고 있던 500원을 먼저 저금통에 넣었고, 두 사람은 다음 주부터 1주일에 1000원씩 저금을 하기로 했습니다. 물음에 답하시오.

08 지영이가 모은 돈과 언니가 모은 돈 사이의 대응 관계를 생각하며 표를 완성하시오.

	지영이가 모은 돈(원)	언니가 모은 돈(원)
저금을 시작했을 때	0	500
1주일 후	1000	1500
2주일 후		
3주일 후		
⋮	⋮	⋮

09 지영이가 모은 돈과 언니가 모은 돈 사이의 대응 관계를 식으로 나타내시오.

( )

[10~11] 서울의 시각과 프랑스 파리의 시각 사이의 대응 관계를 나타낸 표입니다. 서울의 시각을 ☆, 파리의 시각을 △라고 할 때 물음에 답하시오.

서울의 시각	오전 9시	오전 11시	오후 1시	오후 3시
파리의 시각	오전 2시	오전 4시	오전 6시	오전 8시

10 ☆과 △를 사용하여 두 양 사이의 대응 관계를 식으로 나타내시오.

( )

어려워

11 파리가 오후 1시일 때 서울은 같은 날 오후 몇 시인지 구하시오.

( )

[12~14] 자동차는 1시간에 90 km를 이동합니다. 자동차가 이동하는 시간과 이동하는 거리 사이의 대응 관계를 알아보려고 합니다. 물음에 답하시오.

12 자동차가 이동하는 시간을 ○, 이동하는 거리를 □라고 할 때, 두 양 사이의 대응 관계를 식으로 나타내시오.

( )

13 위 **12**의 식에 대한 설명입니다. **잘못** 설명한 친구의 이름을 쓰시오.

> • 정은: 자동차가 이동하는 시간을 ☆, 이동하는 거리를 ♡로 바꿔서 나타낼 수도 있어.
> • 호준: □의 값은 ○의 값에 관계없이 변할 수 있어.

( )

서술형

14 수빈이는 1시간에 80 km를 이동하는 버스를 타고 오전에 2시간, 오후에 3시간 이동했습니다. 수빈이가 이동한 거리는 모두 몇 km인지 풀이 과정을 쓰고, 답을 구하시오.

풀이 _____

_____

_____

_____

답 _____

→ 바른답·알찬풀이 **29**쪽

[15~16] 수미가 수를 말하면 경호가 대응 관계에 따라 답을 하고 있습니다. 물음에 답하시오.

15 수미가 말한 수와 경호가 답한 수 사이의 대응 관계를 생각하여 표를 완성하시오.

수미가 말한 수	5	11	16	20
경호가 답한 수				

16 경호가 30이라고 답했다면 수미는 몇이라고 말한 것인지 구하시오.

( )

서술형 ❤

17 대응 관계를 나타낸 식을 보고 식에 알맞은 상황을 만들어 보시오.

$$\heartsuit \times 4 = \spadesuit$$

_____

_____

_____

18 다영이의 나이는 12살이고, 고모의 나이는 45살입니다. 다영이가 25살이 되면 고모는 몇 살이 되는지 구하시오.

( )

19 치킨 쿠폰 10장을 모으면 치킨 한 마리를 받을 수 있습니다. 쿠폰 37장으로 치킨을 최대 몇 마리까지 받을 수 있는지 구하시오.

( )

어려워 ❤

20 통나무를 한 방향으로 자르고 있습니다. 통나무를 한 번 자르는 데 8분이 걸린다면 통나무를 10도막으로 자르는 데 걸리는 시간은 몇 시간 몇 분인지 구하시오.

( )

개념 1 크기가 같은 분수

• 분모와 분자에 각각 0이 아닌 같은 수를 곱하면 크기가 같은 분수가 됩니다.
• 분모와 분자를 각각 0이 아닌 같은 수로 나누면 크기가 같은 분수가 됩니다.

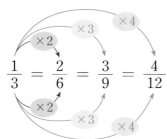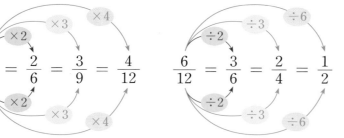

1 크기가 같은 분수를 만들려고 합니다. ☐ 안에 알맞은 수를 써넣으시오.

$$\frac{3}{5} = \frac{3 \times \boxed{}}{5 \times 2} = \frac{\boxed{}}{10}$$

개념 2 약분

• 약분: 분모와 분자를 1이 아닌 공약수로 나누는 것
• 기약분수: 더 이상 약분할 수 없는 분수

예 $\frac{8}{12}$을 약분하기 ┌ ① 12와 8의 공약수 구하기: 1, 2, 4
└ ② 1을 제외한 공약수로 분모와 분자를 나누기

➔ $\frac{8}{12} = \frac{8÷2}{12÷2} = \frac{4}{6}$, $\frac{8}{12} = \frac{8÷4}{12÷4} = \frac{2}{3}$ ─기약분수

2 ☐ 안에 알맞은 수를 써넣어 $\frac{2}{4}$를 약분하시오.

$$\frac{2}{4} = \frac{2÷\boxed{}}{4÷2} = \frac{\boxed{}}{2}$$

개념 3 통분

• 통분: 분모가 서로 다른 분수의 분모를 같게 하는 것
• 공통분모: 통분한 분모

방법 1 $\left(\frac{5}{8}, \frac{7}{10}\right)$ ➔ $\left(\frac{5 \times 10}{8 \times 10}, \frac{7 \times 8}{10 \times 8}\right)$ ➔ $\left(\frac{50}{80}, \frac{56}{80}\right)$ ─두 분모의 곱을 공통분모로 하여 통분해요.

방법 2 $\left(\frac{5}{8}, \frac{7}{10}\right)$ ➔ $\left(\frac{5 \times 5}{8 \times 5}, \frac{7 \times 4}{10 \times 4}\right)$ ➔ $\left(\frac{25}{40}, \frac{28}{40}\right)$ ─두 분모의 최소공배수를 공통분모로 하여 통분해요.

3 두 분모의 곱을 공통분모로 하여 통분하시오.

$$\left(\frac{1}{2}, \frac{3}{4}\right) \Rightarrow \left(\frac{\boxed{}}{8}, \frac{\boxed{}}{8}\right)$$

개념 4 분수의 크기 비교 / 분수와 소수의 크기 비교

• 분모가 다른 두 분수의 크기 비교 ─두 분수를 통분하여 분모를 같게 한 다음 분자의 크기를 비교해요.

$\left(\frac{2}{3}, \frac{3}{4}\right)$ ➔ $\left(\frac{8}{12}, \frac{9}{12}\right)$ ➔ 8<9이므로 $\frac{2}{3}<\frac{3}{4}$

• 분수와 소수의 크기 비교

방법 1 분수를 소수로 나타내어 크기 비교하기

$\left(\frac{2}{5}, 0.5\right)$ ➔ $\left(\frac{4}{10}, 0.5\right)$ ➔ $(0.4, 0.5)$ ➔ 0.4<0.5이므로 $\frac{2}{5}<0.5$

방법 2 소수를 분수로 나타내어 크기 비교하기

$\left(\frac{2}{5}, 0.5\right)$ ➔ $\left(\frac{2}{5}, \frac{5}{10}\right)$ ➔ $\left(\frac{4}{10}, \frac{5}{10}\right)$ ➔ 4<5이므로 $\frac{2}{5}<0.5$

4 $\frac{1}{5}$과 0.4의 크기를 비교하시오.

$$\frac{1}{5} = \frac{\boxed{}}{10} = \boxed{}$$

☐ ◯ 0.4

➔ $\frac{1}{5}$ ◯ 0.4

01 ☐ 안에 알맞은 수를 써넣어 크기가 같은 분수를 만드시오.

(1) $\dfrac{5}{6} = \dfrac{\square}{12} = \dfrac{15}{\square} = \dfrac{\square}{24}$

(2) $\dfrac{24}{32} = \dfrac{\square}{16} = \dfrac{6}{\square} = \dfrac{\square}{4}$

02 세 분수의 크기가 같도록 색칠하고, ☐ 안에 알맞은 분수를 써넣으시오.

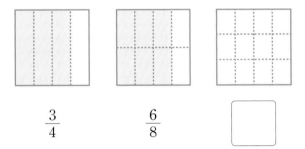

$\dfrac{3}{4}$ $\dfrac{6}{8}$ ☐

03 크기가 같은 분수를 찾아 선으로 알맞게 이으시오.

$\dfrac{5}{8}$ · · $\dfrac{3}{5}$

$\dfrac{3}{11}$ · · $\dfrac{15}{24}$

$\dfrac{9}{15}$ · · $\dfrac{12}{44}$

서술형
04 주어진 분수와 크기가 같은 분수는 모두 몇 개인지 구하려고 합니다. 풀이 과정을 쓰고, 답을 구하시오.

$\dfrac{18}{24}$ ○──○ $\dfrac{1}{4}$ $\dfrac{9}{12}$ $\dfrac{3}{8}$ $\dfrac{36}{48}$

풀이

❶ 주어진 분수와 크기가 같은 분수 찾는 과정 쓰기

_____

_____

❷ 크기가 같은 분수는 모두 몇 개인지 구하기

_____

_____

답 _____

05 $\dfrac{24}{40}$ 를 약분한 분수를 모두 찾아 ○표 하시오.

$\dfrac{12}{20}$ $\dfrac{10}{15}$ $\dfrac{3}{5}$

(   ) (   ) (   )

06 기약분수로 나타내시오.

(1) $\dfrac{10}{15}$ ➡ ☐   (2) $\dfrac{18}{30}$ ➡ ☐

07 어떤 분수의 분모와 분자를 각각 7로 약분하였더니 $\frac{2}{9}$가 되었습니다. 어떤 분수를 구하시오.

( )

08 진분수 $\frac{\square}{6}$가 기약분수라고 할 때, $\square$ 안에 들어갈 수 있는 수를 모두 구하시오.

( )

꼭나와 ♥
09 두 분수를 통분하시오.

(1) $\left(\dfrac{3}{5}, \dfrac{4}{9} \right)$ ➡ $\left(\dfrac{\square}{45}, \dfrac{\square}{\square} \right)$

(2) $\left(\dfrac{1}{4}, \dfrac{7}{10} \right)$ ➡ $\left(\dfrac{\square}{20}, \dfrac{\square}{\square} \right)$

10 두 분모의 곱을 공통분모로 하여 통분하시오.

$\left(\dfrac{5}{6}, \dfrac{3}{8} \right)$ ➡ $\left(\qquad , \qquad \right)$

11 두 분모의 최소공배수를 공통분모로 하여 통분하시오.

$\left(\dfrac{4}{15}, \dfrac{7}{10} \right)$ ➡ $\left(\qquad , \qquad \right)$

12 $\frac{1}{6}$과 $\frac{5}{9}$를 통분하려고 합니다. 공통분모가 될 수 있는 수 중에서 가장 작은 수부터 차례대로 3개를 쓰시오.

( )

서술형 ♥
13 두 분수를 통분한 것입니다. ㉠과 ㉡에 알맞은 수를 각각 구하려고 합니다. 풀이 과정을 쓰고, 답을 구하시오.

$$\left(\frac{5}{㉠}, \frac{㉡}{16} \right) ➡ \left(\frac{40}{48}, \frac{39}{48} \right)$$

풀이

❶ ㉠에 알맞은 수 구하기

_____

_____

❷ ㉡에 알맞은 수 구하기

_____

_____

답 ㉠: , ㉡:

➡ 바른답·알찬풀이 30쪽

14 두 분수의 크기를 비교하여 ◯ 안에 >, =, < 를 알맞게 써넣으시오.

$$1\frac{8}{21} \bigcirc 1\frac{5}{14}$$

15 세 분수 $\frac{1}{4}$, $\frac{2}{5}$, $\frac{3}{10}$의 크기를 비교하려고 합니다. ◯ 안에 >, =, < 를 알맞게 써넣고, 가장 큰 분수를 쓰시오.

$$\frac{1}{4} \bigcirc \frac{2}{5} \qquad \frac{2}{5} \bigcirc \frac{3}{10} \qquad \frac{1}{4} \bigcirc \frac{3}{10}$$

( )

서술형

16 두 수의 크기를 비교하여 더 큰 수의 기호를 쓰려고 합니다. 풀이 과정을 쓰고, 답을 구하시오.

$$⊙ \ 1.4 \qquad ⊙ \ 1\frac{3}{5}$$

풀이

❶ ⊙을 분수로 나타내기

_____

❷ 더 큰 수의 기호를 쓰기

_____

_____

답 _____

17 대화를 읽고 잘못 말한 친구의 이름을 쓰시오.

- 수영: 분모의 크기가 같을 때는 분자의 크기가 작은 분수가 더 작은 분수야.
- 재민: 분모가 다른 분수는 분모와 분자에 어떤 수든지 같은 수를 곱해서 크기를 비교하면 돼.

( )

꼭나와 ♡

18 두 수의 크기 비교를 바르게 한 것의 기호를 쓰시오.

$$⊙ \ 0.7 < \frac{13}{20} \qquad ⊙ \ 2.34 < 2\frac{3}{5}$$

( )

19 오렌지주스를 세호는 $\frac{3}{8}$ L, 유진이는 $\frac{1}{3}$ L 마셨습니다. 두 사람 중에서 오렌지주스를 더 적게 마신 사람은 누구입니까?

( )

20 가장 큰 수를 찾아 쓰시오.

$$4.4 \qquad 4\frac{1}{2} \qquad 4.15 \qquad 4\frac{3}{4}$$

( )

01 그림을 보고 ▢ 안에 알맞은 분수를 써넣으시오.

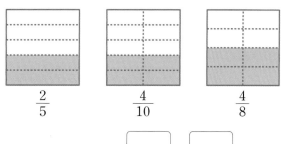

$\dfrac{2}{5}$ \qquad $\dfrac{4}{10}$ \qquad $\dfrac{4}{8}$

크기가 같은 분수는 ▢ 와 ▢ 입니다.

02 주어진 분수와 크기가 같은 분수를 분모가 작은 것부터 차례대로 3개 쓰시오.

$\dfrac{2}{3}$ ➡ (,   ,   )

서술형

03 크기가 같은 분수끼리 짝 지은 것을 모두 찾아 기호를 쓰려고 합니다. 풀이 과정을 쓰고, 답을 구하시오.

ㄱ $\left(\dfrac{2}{3}, \dfrac{3}{9}\right)$ \qquad ㄴ $\left(\dfrac{4}{5}, \dfrac{16}{20}\right)$

ㄷ $\left(\dfrac{18}{54}, \dfrac{3}{9}\right)$ \qquad ㄹ $\left(\dfrac{24}{64}, \dfrac{2}{8}\right)$

풀이

❶ 크기가 같은 분수인지 각각 알아보기

_____

_____

❷ 크기가 같은 분수끼리 짝 지은 것을 모두 찾아 기호를 쓰기

_____

답 _____

04 $\dfrac{16}{28}$ 과 크기가 같은 분수 중에서 분모가 7인 분수를 구하시오.

(   )

꼭나와 ♥

05 $\dfrac{36}{54}$ 을 약분하려고 합니다. 분모와 분자를 나눌 수 <u>없는</u> 수는 어느 것입니까? (   )

① 2 \qquad ② 4 \qquad ③ 6
④ 9 \qquad ⑤ 18

06 기약분수는 모두 몇 개인지 구하시오.

$\dfrac{4}{7}$	$\dfrac{12}{16}$	$\dfrac{11}{20}$	$\dfrac{14}{49}$

(   )

07 $\dfrac{28}{42}$ 을 약분한 분수를 모두 쓰시오.

(   )

08 수아는 매일 $\dfrac{63}{72}$ 시간씩 수학 공부를 합니다. 수아가 매일 수학 공부를 하는 시간은 몇 시간인지 기약분수로 나타내시오.

(   )

09 다음을 기약분수로 나타내시오.

> 0.01이 45개인 수

(   )

10 두 분수를 45를 공통분모로 하여 통분하시오.

$$\left(\dfrac{2}{3},\ \dfrac{4}{5}\right)$$

(,   )

꼭나와 ♡

11 두 분수를 통분한 것을 찾아 선으로 알맞게 이으시오.

$$\left(\dfrac{3}{16},\ \dfrac{5}{12}\right)\cdot \qquad \cdot \left(\dfrac{4}{24},\ \dfrac{21}{24}\right)$$

$$\left(\dfrac{1}{6},\ \dfrac{7}{8}\right)\cdot \qquad \cdot \left(\dfrac{9}{48},\ \dfrac{20}{48}\right)$$

12 두 분수를 가장 작은 공통분모로 통분할 때, 공통분모가 더 큰 것의 기호를 쓰시오.

$$\text{㉠}\left(\dfrac{1}{2},\ \dfrac{7}{9}\right) \qquad \text{㉡}\left(\dfrac{7}{8},\ \dfrac{5}{12}\right)$$

(   )

서술형 ♡

13 $\dfrac{7}{9},\ \dfrac{5}{6}$ 를 분모의 최소공배수를 공통분모로 하여 통분했을 때 통분한 두 분수의 분자의 합을 구하려고 합니다. 풀이 과정을 쓰고, 답을 구하시오.

풀이

❶ 최소공배수를 공통분모로 하여 통분하기

_____

_____

❷ 통분한 두 분수의 분자의 합을 구하기

_____

_____

답 _____

14 두 수의 크기를 비교하여 더 큰 수를 빈칸에 써넣으시오.

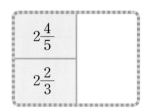

꼭나와 ❤️

15 두 수의 크기를 비교하여 ◯ 안에 >, =, <를 알맞게 써넣으시오.

$$1\frac{13}{25} \bigcirc 1.5$$

16 두 분수의 크기를 잘못 비교한 것에 ×표 하시오.

$$\frac{5}{6} < \frac{13}{15} \qquad 1\frac{2}{3} > 1\frac{7}{10}$$

(   )   (   )

17 0.6보다 큰 수의 기호를 쓰시오.

ⓐ $\frac{11}{20}$ ⓑ $\frac{27}{40}$

(   )

18 가장 큰 수를 찾아 ◯표 하시오.

| 0.64 | $\frac{3}{4}$ | 0.78 |

(   )   (   )   (   )

19 시장에서 보리 $5.48\,\text{kg}$과 쌀 $5\frac{5}{8}\,\text{kg}$을 샀습니다. 보리와 쌀 중에서 더 적게 산 것은 무엇인지 쓰시오.

(   )

서술형 ❤️

20 ☐ 안에 들어갈 수 있는 자연수는 모두 몇 개인지 구하려고 합니다. 풀이 과정을 쓰고, 답을 구하시오.

$$\frac{\square}{15} < \frac{1}{3}$$

풀이

❶ ☐ 안에 들어갈 수 있는 자연수를 모두 구하기

_____

_____

❷ ☐ 안에 들어갈 수 있는 자연수는 모두 몇 개인지 구하기

_____

_____

답 _____

01 $\dfrac{5}{7}$와 크기가 같은 분수를 바르게 만든 것을 찾아 기호를 쓰시오.

> ㉠ $\dfrac{5}{7} = \dfrac{5+3}{7\times 3}$ ㉡ $\dfrac{5}{7} = \dfrac{5-3}{7-3}$
>
> ㉢ $\dfrac{5}{7} = \dfrac{5\times 4}{7\times 4}$ ㉣ $\dfrac{5}{7} = \dfrac{5\div 0}{7\div 0}$

( )

02 수 카드 5장 중에서 2장을 골라 $\dfrac{4}{9}$와 크기가 같은 분수를 만드시오.

> 20 27 32 36 45

$$\dfrac{4}{9} = \dfrac{\boxed{}}{\boxed{}}$$

03 분모가 20보다 크고 30보다 작은 분수 중에서 $\dfrac{3}{7}$과 크기가 같은 분수를 모두 구하시오.

( )

어려워요

04 경호는 빵 한 개의 $\dfrac{6}{15}$을 먹었습니다. 종수는 같은 크기의 빵 한 개를 똑같이 5조각으로 나누었습니다. 종수는 이 중에서 몇 조각을 먹어야 경호가 먹은 양과 같은지 구하시오.

( )

05 $\dfrac{27}{63}$을 약분하려고 합니다. 1을 제외하고 분모와 분자를 나눌 수 있는 수를 모두 찾아 쓰시오.

> 2 3 5 9 12

( )

06 지훈이네 반 학생 28명 중에서 12명이 안경을 꼈습니다. 안경을 낀 학생은 전체의 몇 분의 몇인지 기약분수로 나타내시오.

( )

서술형

07 기약분수로 나타낼 때 분모가 가장 큰 분수를 찾아 쓰려고 합니다. 풀이 과정을 쓰고, 답을 구하시오.

> $\dfrac{21}{28}$ $\dfrac{9}{45}$ $\dfrac{20}{32}$ $\dfrac{16}{48}$

풀이

답

08 분모가 9인 진분수 중에서 기약분수는 모두 몇 개인지 구하시오.

(   )

어려워

09 어떤 분수의 분모에 7을 더하고 3으로 약분하였더니 $\frac{3}{7}$이 되었습니다. 어떤 분수는 얼마인지 구하시오.

(   )

10 $\frac{1}{6}$과 $\frac{7}{15}$을 <u>잘못</u> 통분한 것을 찾아 기호를 쓰시오.

ㄱ $\left(\frac{5}{30}, \frac{14}{30} \right)$

ㄴ $\left(\frac{4}{60}, \frac{28}{60} \right)$

ㄷ $\left(\frac{15}{90}, \frac{42}{90} \right)$

(   )

11 두 기약분수를 통분하였더니 $\frac{30}{65}$과 $\frac{26}{65}$이 되었습니다. 통분하기 전의 두 기약분수를 각각 구하시오.

(,   )

서술형

12 두 분수를 통분하려고 합니다. 공통분모가 될 수 있는 수 중에서 150보다 작은 수는 모두 몇 개인지 풀이 과정을 쓰고, 답을 구하시오.

$$\left(\frac{5}{8}, \frac{13}{20} \right)$$

풀이

_____

_____

_____

답 _____

13 $\frac{4}{9}$와 $\frac{5}{12}$를 통분하려고 합니다. 공통분모가 될 수 있는 수 중에서 100에 가장 가까운 수로 두 분수를 통분하시오.

(,   )

➜ 바른답·알찬풀이 32쪽

14 더 큰 수의 기호를 쓰시오.

$$⊙\ 1\frac{7}{8} \qquad ⓛ\ 1\frac{5}{6}$$

(   )

15 두 수의 크기를 비교하여 더 큰 수를 위의 빈칸에 써넣으시오.

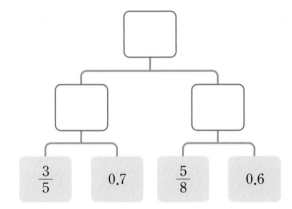

$\frac{3}{5}$ 0.7 $\frac{5}{8}$ 0.6

16 분수와 소수의 크기를 비교하여 작은 수부터 차례대로 쓰시오.

$$1\frac{1}{4} \qquad 1.38 \qquad 1\frac{7}{20}$$

(   )

17 사과를 정인이는 $2\frac{2}{9}$ kg 땄고, 동수는 $2\frac{4}{15}$ kg 땄습니다. 정인이와 동수 중에서 사과를 더 적게 딴 친구의 이름을 쓰시오.

(   )

18 소영이는 노란색 테이프를 $\frac{37}{50}$ m, 초록색 테이프를 0.64 m 가지고 있습니다. 노란색 테이프와 초록색 테이프 중에서 길이가 더 짧은 테이프는 어느 것입니까?

(   )

서술형

19 수 카드 3장 중에서 2장을 골라 진분수를 만들려고 합니다. 만들 수 있는 진분수 중에서 가장 큰 수를 소수로 나타내려고 합니다. 풀이 과정을 쓰고, 답을 구하시오.

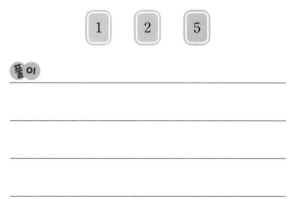

1   2   5

풀이

_____

_____

_____

답

어려워

20 ◯ 안에 들어갈 수 있는 모든 자연수의 합을 구하시오.

$$\frac{1}{6} < \frac{◯}{24} < \frac{3}{8}$$

(   )

개념 1 분모가 다른 진분수의 덧셈

방법 1 두 분모의 곱을 공통분모로 하여 통분한 후 계산하기

$$\frac{5}{6}+\frac{3}{8}=\frac{5\times8}{6\times8}+\frac{3\times6}{8\times6}=\frac{40}{48}+\frac{18}{48}=\frac{58}{48}=1\frac{10}{48}=1\frac{5}{24}$$
분모의 곱: 48　　　　　　　　　　　　　　　　가분수 ➡ 대분수 → 기약분수로 나타내요.

방법 2 두 분모의 최소공배수를 공통분모로 하여 통분한 후 계산하기

$$\frac{5}{6}+\frac{3}{8}=\frac{5\times4}{6\times4}+\frac{3\times3}{8\times3}=\frac{20}{24}+\frac{9}{24}=\frac{29}{24}=1\frac{5}{24}$$
최소공배수: 24　　　　　　　　　　　　　　　가분수 ➡ 대분수

1 ☐ 안에 알맞은 수를 써넣으시오.

$$\frac{1}{4}+\frac{1}{6}=\frac{\boxed{}}{24}+\frac{\boxed{}}{24}$$
$$=\frac{\boxed{}}{24}=\frac{\boxed{}}{12}$$

개념 2 분모가 다른 대분수의 덧셈

방법 1 자연수는 자연수끼리, 분수는 분수끼리 계산하기

$$1\frac{1}{2}+2\frac{3}{5}=1\frac{5}{10}+2\frac{6}{10}=(1+2)+\left(\frac{5}{10}+\frac{6}{10}\right)$$
통분하기
$$=3+\frac{11}{10}=3+1\frac{1}{10}=4\frac{1}{10}$$
가분수 ➡ 대분수

방법 2 대분수를 가분수로 나타내어 계산하기

$$1\frac{1}{2}+2\frac{3}{5}=\frac{3}{2}+\frac{13}{5}=\frac{15}{10}+\frac{26}{10}=\frac{41}{10}=4\frac{1}{10}$$
대분수 ➡ 가분수　　　　　　　　　가분수 ➡ 대분수

2 ☐ 안에 알맞은 수를 써넣으시오.

$$1\frac{2}{5}+1\frac{1}{3}$$
$$=1\frac{\boxed{}}{15}+1\frac{\boxed{}}{15}$$
$$=\boxed{}\frac{\boxed{}}{15}$$

개념 3 분모가 다른 진분수의 뺄셈

방법 1 두 분모의 곱을 공통분모로 하여 통분한 후 계산하기

$$\frac{3}{4}-\frac{1}{6}=\frac{3\times6}{4\times6}-\frac{1\times4}{6\times4}=\frac{18}{24}-\frac{4}{24}=\frac{14}{24}=\frac{7}{12}$$
분모의 곱: 24　　　　　　　　　　　　　　　→ 기약분수로 나타내요.

방법 2 두 분모의 최소공배수를 공통분모로 하여 통분한 후 계산하기

$$\frac{3}{4}-\frac{1}{6}=\frac{3\times3}{4\times3}-\frac{1\times2}{6\times2}=\frac{9}{12}-\frac{2}{12}=\frac{7}{12}$$
최소공배수: 12

3 ☐ 안에 알맞은 수를 써넣으시오.

$$\frac{4}{5}-\frac{1}{2}=\frac{\boxed{}}{10}-\frac{\boxed{}}{10}$$
$$=\frac{\boxed{}}{10}$$

개념 4 분모가 다른 대분수의 뺄셈

방법 1 자연수는 자연수끼리, 분수는 분수끼리 계산하기

$$3\frac{2}{7}-1\frac{1}{3}=3\frac{6}{21}-1\frac{7}{21}=2\frac{27}{21}-1\frac{7}{21}$$
통분하기
$$=(2-1)+\left(\frac{27}{21}-\frac{7}{21}\right)=1+\frac{20}{21}=1\frac{20}{21}$$

방법 2 대분수를 가분수로 나타내어 계산하기

$$3\frac{2}{7}-1\frac{1}{3}=\frac{23}{7}-\frac{4}{3}=\frac{69}{21}-\frac{28}{21}=\frac{41}{21}=1\frac{20}{21}$$
대분수 ➡ 가분수　　　　　　　　　가분수 ➡ 대분수

4 ☐ 안에 알맞은 수를 써넣으시오.

$$2\frac{1}{4}-1\frac{1}{6}$$
$$=2\frac{\boxed{}}{12}-1\frac{\boxed{}}{12}$$
$$=\boxed{}\frac{\boxed{}}{12}$$

01 그림을 보고 □ 안에 알맞은 수를 써넣으시오.

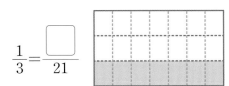

$$\frac{1}{3} = \frac{\boxed{}}{21}$$

$$\frac{2}{7} = \frac{\boxed{}}{21}$$

$$\frac{1}{3} + \frac{2}{7} = \frac{\boxed{}}{21} + \frac{\boxed{}}{21} = \frac{\boxed{}}{21}$$

02 계산해 보시오.

(1) $\frac{2}{5} + \frac{3}{10}$

(2) $\frac{11}{15} + \frac{4}{9}$

03 빈칸에 알맞은 수를 써넣으시오.

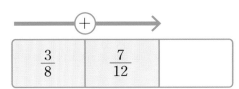

$$\frac{3}{8} \qquad \frac{7}{12}$$

04 계산 결과를 비교하여 ○ 안에 >, =, <를 알맞게 써넣으시오.

$$\frac{2}{3} + \frac{7}{10} \quad \bigcirc \quad \frac{9}{10} + \frac{8}{15}$$

서술형
05 가장 큰 수와 가장 작은 수의 합을 구하려고 합니다. 풀이 과정을 쓰고, 답을 구하시오.

$$\frac{1}{9} \qquad \frac{1}{5} \qquad \frac{1}{12}$$

풀이

❶ 단위분수의 크기를 비교하기

_____

_____

❷ 가장 큰 수와 가장 작은 수의 합을 구하기

_____

_____

답 _____

06 보기 와 같이 계산해 보시오.

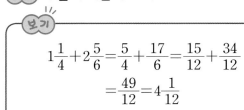

보기

$$1\frac{1}{4} + 2\frac{5}{6} = \frac{5}{4} + \frac{17}{6} = \frac{15}{12} + \frac{34}{12}$$
$$= \frac{49}{12} = 4\frac{1}{12}$$

$$1\frac{4}{5} + 1\frac{1}{2} = \underline{}$$

_____

07 바르게 계산한 것에 ○표 하시오.

$$1\frac{2}{3} + 2\frac{1}{5} = 3\frac{3}{8}$$ $$1\frac{1}{7} + 2\frac{1}{4} = 3\frac{11}{28}$$

(   )   (   )

수학

08 빈칸에 두 분수의 합을 써넣으시오.

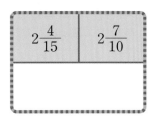

꼭나와 ♡

09 직사각형의 가로와 세로의 합은 몇 cm인지 구하시오.

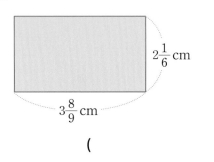

$3\frac{8}{9}$ cm $2\frac{1}{6}$ cm

(   )

10 서현이는 주말농장에서 옥수수 $1\frac{13}{18}$ kg, 방울토마토 $1\frac{5}{12}$ kg을 땄습니다. 서현이가 딴 옥수수와 방울토마토의 무게는 모두 몇 kg입니까?

(   )

11 계산해 보시오.

(1) $\frac{1}{2} - \frac{1}{10}$

(2) $\frac{11}{16} - \frac{7}{12}$

12 계산 결과가 $\frac{5}{24}$인 것에 색칠하시오.

$$\frac{11}{12} - \frac{5}{8}$$

$$\frac{7}{8} - \frac{2}{3}$$

13 계산 결과를 찾아 선으로 알맞게 이으시오.

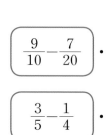

$\frac{9}{10} - \frac{7}{20}$ ·

$\frac{3}{5} - \frac{1}{4}$ ·

· $\frac{3}{20}$

· $\frac{7}{20}$

· $\frac{11}{20}$

서술형 ♥

14 은성이가 설명하는 수를 구하려고 합니다. 풀이 과정을 쓰고, 답을 구하시오.

은성: $\frac{5}{6}$보다 $\frac{4}{15}$만큼 더 작은 수

풀이

❶ 은성이가 설명하는 수를 식으로 나타내기

_____

_____

❷ 은성이가 설명하는 수를 구하기

_____

_____

답 _____

→ 바른답·알찬풀이 33쪽

 15 어떤 수에 $\frac{3}{8}$을 더했더니 $\frac{7}{12}$이 되었습니다. 어떤 수를 구하시오.

(   )

16 두 분수의 차를 구하시오.

$$1\frac{7}{12} \qquad 4\frac{5}{18}$$

(   )

17 ☐ 안에 알맞은 수를 써넣으시오.

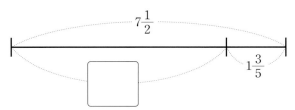

18 두 막대의 길이의 차는 몇 m인지 구하시오.

$3\frac{9}{16}$ m

$2\frac{1}{4}$ m

(   )

서술형 **19** 계산 결과가 더 작은 것의 기호를 쓰려고 합니다. 풀이 과정을 쓰고, 답을 구하시오.

$$\text{㉠ } 4\frac{1}{3} - 1\frac{9}{16} \qquad \text{㉡ } 5\frac{13}{16} - 3\frac{5}{12}$$

풀이

❶ ㉠과 ㉡의 계산 결과를 각각 구하기

_____

_____

❷ 계산 결과가 더 작은 것의 기호를 쓰기

_____

_____

답 _____

20 수 카드를 한 번씩 모두 사용하여 대분수를 만들려고 합니다. 만들 수 있는 가장 큰 대분수와 가장 작은 대분수의 차를 구하시오.

(   )

01 보기와 같이 계산해 보시오.

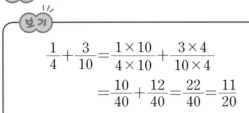

$$\frac{1}{4}+\frac{3}{10}=\frac{1\times10}{4\times10}+\frac{3\times4}{10\times4}$$
$$=\frac{10}{40}+\frac{12}{40}=\frac{22}{40}=\frac{11}{20}$$

$\dfrac{1}{6}+\dfrac{2}{9}=$ _____

_____

02 두 분수의 합을 구하시오.

$$\frac{5}{12} \qquad \frac{1}{20}$$

(   )

03 꼭나와 ♡ □ 안에 알맞은 수를 써넣으시오.

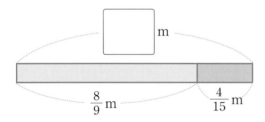

□ m

$\dfrac{8}{9}$ m $\dfrac{4}{15}$ m

04 계산 결과를 찾아 선으로 알맞게 이으시오.

$\dfrac{5}{6}+\dfrac{4}{5}$ ·

$\dfrac{2}{5}+\dfrac{11}{30}$ ·

$\dfrac{7}{10}+\dfrac{4}{15}$ ·

· $\dfrac{23}{30}$

· $\dfrac{29}{30}$

· $1\dfrac{19}{30}$

05 서술형 ㉡ 계산 결과가 1보다 작은 것의 기호를 쓰려고 합니다. 풀이 과정을 쓰고, 답을 구하시오.

$$㉠\ \frac{3}{7}+\frac{1}{2} \qquad ㉡\ \frac{2}{9}+\frac{5}{6}$$

풀이

❶ ㉠과 ㉡의 계산 결과를 각각 구하기

_____

_____

❷ 계산 결과가 1보다 작은 것의 기호를 쓰기

_____

_____

답 _____

06 계산해 보시오.

(1) $1\dfrac{1}{2}+3\dfrac{2}{7}$

(2) $2\dfrac{5}{6}+1\dfrac{4}{9}$

07 빈칸에 두 분수의 합을 써넣으시오.

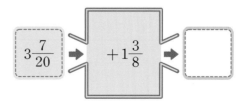

$3\dfrac{7}{20}$ ➡ $+1\dfrac{3}{8}$ ➡

08 다음이 나타내는 수는 얼마인지 구하시오.

$$2\frac{4}{7} \text{보다 } 3\frac{1}{2} \text{만큼 더 큰 수}$$

(   )

09 계산 결과를 비교하여 ○ 안에 >, =, <를 알맞게 써넣으시오.

$$2\frac{1}{18}+2\frac{5}{12}$$ $$1\frac{3}{4}+2\frac{7}{9}$$

10 민수는 사과를 $3\frac{3}{10}$ kg, 귤을 $5\frac{5}{6}$ kg 샀습니다. 민수가 산 사과와 귤은 모두 몇 kg인지 구하시오.

(   )

11 그림을 보고 ☐ 안에 알맞은 수를 써넣으시오.

$$\frac{3}{4}=\frac{\boxed{}}{12} \qquad \frac{1}{3}=\frac{\boxed{}}{12}$$

$$\frac{3}{4}-\frac{1}{3}=\frac{\boxed{}}{12}-\frac{\boxed{}}{12}=\frac{\boxed{}}{12}$$

꼭나와 ㅂ

12 계산을 바르게 한 친구의 이름을 쓰시오.

- 성주: $\frac{5}{7} - \frac{1}{3} = \frac{4}{21}$
- 지우: $\frac{1}{2} - \frac{5}{12} = \frac{1}{12}$

(   )

13 빈칸에 알맞은 수를 써넣으시오.

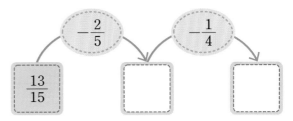

서술형 ㅂ

14 계산 결과가 더 큰 것의 기호를 쓰려고 합니다. 풀이 과정을 쓰고, 답을 구하시오.

㉠ $\frac{7}{10} - \frac{8}{15}$ ㉡ $\frac{4}{5} - \frac{1}{6}$

풀이

❶ ㉠과 ㉡의 계산 결과를 각각 구하기

_____

_____

❷ 계산 결과가 더 큰 것의 기호를 쓰기

_____

_____

답 _____

15 줄넘기 연습을 지민이는 $\frac{7}{10}$시간, 세아는 $\frac{3}{5}$시간 하였습니다. 줄넘기 연습을 누가 몇 시간 더 많이 했는지 구하시오.

(   ), (   )

16 보기 와 같이 계산해 보시오.

보기

$$3\frac{8}{9} - 1\frac{2}{3} = \frac{35}{9} - \frac{5}{3} = \frac{35}{9} - \frac{15}{9}$$
$$= \frac{20}{9} = 2\frac{2}{9}$$

$4\frac{2}{5} - 1\frac{7}{15} = $ _____

_____

17 꼭나와 ♥ 두 털실 길이의 차는 몇 m인지 구하시오.

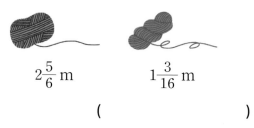

$2\frac{5}{6}$ m $1\frac{3}{16}$ m

(   )

18 서술형 ♥ 계산이 잘못된 이유를 쓰고, 바르게 계산한 값을 구하시오.

$$4\frac{1}{6} - 1\frac{7}{10} = 4\frac{5}{30} - 1\frac{21}{30}$$
$$= 4\frac{35}{30} - 1\frac{21}{30} = 3\frac{14}{30} = 3\frac{7}{15}$$

풀이

❶ 계산이 잘못된 이유를 쓰기

_____

_____

❷ 바르게 계산한 값을 구하기

_____

_____

답 _____

19 찰흙을 서현이는 $4\frac{1}{5}$ kg, 해진이는 $2\frac{4}{15}$ kg 가지고 있습니다. 서현이는 해진이보다 찰흙을 몇 kg 더 많이 가지고 있는지 구하시오.

(   )

20 ☐ 안에 들어갈 수 있는 자연수를 모두 구하시오.

$$\square < 8\frac{2}{9} - 4\frac{5}{12}$$

(   )

01 빈칸에 알맞은 분수를 써넣으시오.

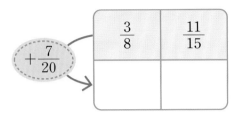

$\dfrac{3}{8}$	$\dfrac{11}{15}$

02 계산 결과가 1보다 큰 것을 찾아 기호를 쓰시오.

$$\text{㉠ } \frac{1}{2}+\frac{4}{9} \quad \text{㉡ } \frac{9}{14}+\frac{4}{21} \quad \text{㉢ } \frac{5}{12}+\frac{2}{3}$$

(   )

03 빨간색 물감 $\dfrac{1}{5}$ L와 노란색 물감 $\dfrac{7}{9}$ L를 섞어서 주황색 물감을 만들었습니다. 주황색 물감은 몇 L인지 풀이 과정을 쓰고, 답을 구하시오.

풀이 _____

_____

_____

답 _____

04 가장 큰 분수와 가장 작은 분수의 합을 구하시오.

$\dfrac{3}{5}$	$\dfrac{11}{20}$	$\dfrac{5}{8}$

(   )

05 어떤 수에서 $\dfrac{1}{3}$을 뺐더니 $\dfrac{3}{8}$이 되었습니다. 어떤 수에 $\dfrac{3}{4}$을 더하면 얼마인지 구하시오.

(   )

06 빈칸에 알맞은 분수를 써넣으시오.

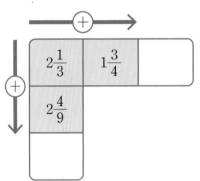

07 계산 결과가 4와 5 사이의 수인 덧셈에 ◯표 하시오.

$2\dfrac{1}{4}+2\dfrac{6}{7}$	$2\dfrac{3}{10}+2\dfrac{5}{12}$

(   )   (   )

08 빨간색 테이프의 길이는 $3\dfrac{3}{5}$ m, 노란색 테이프의 길이는 $2\dfrac{7}{15}$ m입니다. 빨간색 테이프와 노란색 테이프의 길이는 모두 몇 m입니까?

(   )

09 3장의 수 카드 $\boxed{1}$, $\boxed{5}$, $\boxed{9}$ 를 한 번씩 모두 사용하여 만들 수 있는 대분수 중에서 가장 큰 수와 가장 작은 수의 합을 구하시오.

(   )

어려워 😈

10 선아는 공부를 $1\dfrac{1}{15}$시간, 운동을 $1\dfrac{2}{5}$시간 하였습니다. 선아가 공부와 운동을 한 시간은 모두 몇 시간 몇 분인지 구하시오.

(   )

11 ㉮에서 ㉯를 뺀 값을 구하시오.

㉮ $\dfrac{1}{3}$이 2개인 수	㉯ $\dfrac{1}{7}$이 4개인 수

(   )

12 ㉠에 알맞은 수를 구하시오.

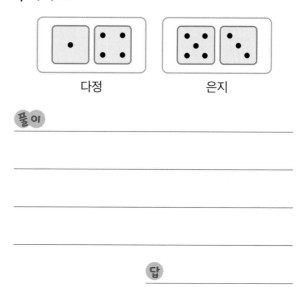

(   )

서술형 😊

13 다정이와 은지가 주사위를 2번씩 던져서 나온 눈의 수로 각각 진분수를 만들었습니다. 만든 두 진분수의 차는 얼마인지 풀이 과정을 쓰고, 답을 구하시오.

다정	은지

풀이 _____

_____

_____

_____

답 _____

14 기호 ♥에 대하여 가♥나＝나－가＋나로 약속할 때, $\dfrac{5}{9}$♥$\dfrac{7}{12}$의 값을 구하시오.

(   )

→ 바른답·알찬풀이 35쪽

15 가장 큰 수에서 나머지 두 수를 뺀 값을 구하시오.

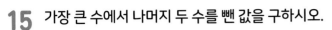

$$\frac{3}{4} \qquad \frac{1}{10} \qquad \frac{2}{5}$$

( )

16 빈칸에 알맞은 분수를 써넣으시오.

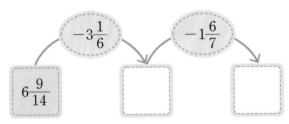

서술형

17 계산 결과가 더 작은 것의 기호를 쓰려고 합니다. 풀이 과정을 쓰고, 답을 구하시오.

$$㉠\ 4\frac{1}{3}-1\frac{5}{9} \qquad ㉡\ \frac{2}{9}+2\frac{13}{18}$$

풀이 _____

_____

_____

_____

답 _____

18 다음 대분수 중에서 2개를 골라 차가 가장 큰 뺄셈식을 만들었습니다. 만든 뺄셈식의 차를 구하시오.

$$2\frac{11}{18} \qquad 5\frac{7}{12} \qquad 2\frac{1}{6}$$

( )

19 ☐ 안에 들어갈 수 있는 자연수 중에서 가장 작은 수를 구하시오.

$$7\frac{9}{16}-2\frac{11}{20}<☐$$

( )

어려워

20 길이가 다른 색 테이프 2장을 $1\frac{4}{9}$ m만큼 겹치게 이어 붙였습니다. 이어 붙인 색 테이프의 전체 길이는 몇 m입니까?

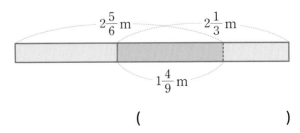

( )

6. 다각형의 둘레와 넓이

➜ 바른답·알찬풀이 36쪽

개념 ① 다각형의 둘레

- (직사각형의 둘레)＝((가로)＋(세로))×2
- (평행사변형의 둘레)＝((한 변)＋(다른 한 변))×2
- (마름모의 둘레)＝(한 변)×4
- (정다각형의 둘레)＝(한 변)×(변의 수)

1 한 변이 2 cm인 마름모의 둘레를 구하시오.

(마름모의 둘레)

＝ ☐ ×4＝ ☐ (cm)

개념 ② 1 cm², 1 m², 1 km² 알아보기

- 1 cm²(1 제곱센티미터): 한 변이 1 cm인 정사각형의 넓이
- 1 m²(1 제곱미터): 한 변이 1 m인 정사각형의 넓이
- 1 km²(1 제곱킬로미터): 한 변이 1 km인 정사각형의 넓이

$$1 \, m^2 = 10000 \, cm^2$$ $$1 \, km^2 = 1000000 \, m^2$$

2 주어진 넓이를 읽어 보시오.

(1) 2 cm²

(   )

(2) 5 km²

(   )

개념 ③ 다각형의 넓이(1) – 직사각형, 정사각형, 평행사변형의 넓이

- (직사각형의 넓이)＝(가로)×(세로)
- (정사각형의 넓이)＝(한 변)×(한 변)
- (평행사변형의 넓이)＝(밑변)×(높이)

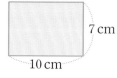

(직사각형의 넓이)　　(정사각형의 넓이)　　(평행사변형의 넓이)
＝10×7＝70 (cm²)　 ＝7×7＝49 (cm²)　 ＝7×5＝35 (cm²)

3 한 변이 5 cm인 정사각형의 넓이를 구하시오.

(정사각형의 넓이)

＝5× ☐

＝ ☐ (cm²)

개념 ④ 다각형의 넓이(2) – 삼각형, 사다리꼴, 마름모의 넓이

- (삼각형의 넓이)＝(밑변)×(높이)÷2
- (사다리꼴의 넓이)＝((윗변)＋(아랫변))×(높이)÷2
- (마름모의 넓이)＝(한 대각선)×(다른 대각선)÷2

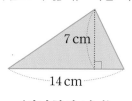

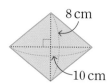

(삼각형의 넓이)　　(사다리꼴의 넓이)　　(마름모의 넓이)
＝14×7÷2　　　 ＝(3＋5)×5÷2　　 ＝10×8÷2
＝49 (cm²)　　　 ＝20 (cm²)　　　 ＝40 (cm²)

4 사다리꼴의 구성 요소를 알아보시오.

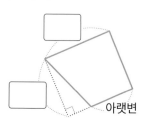

아랫변

01 평행사변형의 둘레를 구하려고 합니다. ☐ 안에 알맞은 수를 써넣으시오.

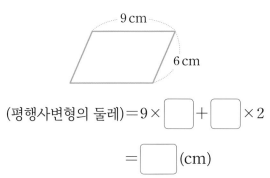

(평행사변형의 둘레)= 9 × ☐ + ☐ × 2

= ☐ (cm)

02 정삼각형의 둘레는 몇 cm인지 구하시오.

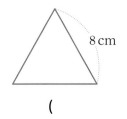

( )

03 한 변이 3 cm인 마름모의 둘레는 몇 cm인지 구하시오.

( )

04 둘레가 더 긴 것의 기호를 쓰시오.

> ㉠ 한 변이 6 cm인 정육각형
> ㉡ 한 변이 4 cm인 정십각형

( )

05 두 정다각형의 둘레가 같을 때 ☐ 안에 알맞은 수를 구하려고 합니다. 풀이 과정을 쓰고, 답을 구하시오.

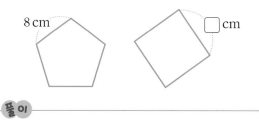

풀이

❶ 정오각형의 둘레는 몇 cm인지 구하기

_____

_____

❷ ☐ 안에 알맞은 수를 구하기

_____

_____

답 _____

꼭나와

06 를 사용하여 도형의 넓이를 구하시오.

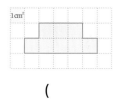

( )

07 ☐ 안에 알맞은 수를 써넣으시오.

(1) $3 \text{m}^2 = $ ☐ cm^2

(2) $5 \text{km}^2 = $ ☐ m^2

08 넓이가 $4\,\text{cm}^2$인 도형을 모두 찾아 ○표 하시오.

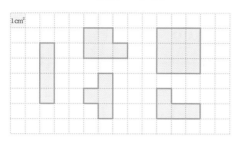

꼭나와 ♥

09 넓이를 비교하여 ○ 안에 >, =, <를 알맞게 써넣으시오.

$80000\,\text{cm}^2$ ○ $10\,\text{m}^2$

10 직사각형의 넓이는 몇 cm^2인지 구하시오.

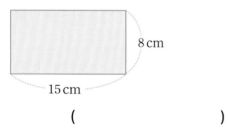

(   )

11 평행사변형의 밑변이 $9\,\text{cm}$, 높이가 $21\,\text{cm}$일 때 넓이는 몇 cm^2인지 구하시오.

(   )

12 넓이가 다른 평행사변형을 찾아 기호를 쓰시오.

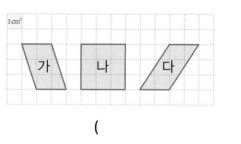

(   )

13 정사각형과 평행사변형 중에서 넓이가 더 넓은 도형의 이름을 쓰시오.

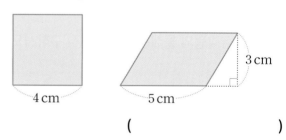

(   )

서술형 ♥

14 둘레가 $20\,\text{cm}$인 정사각형의 넓이는 몇 cm^2인지 구하려고 합니다. 풀이 과정을 쓰고, 답을 구하시오.

풀이

❶ 정사각형의 한 변은 몇 cm인지 구하기

_____

_____

❷ 정사각형의 넓이는 몇 cm^2인지 구하기

_____

_____

답 _____

→ 바른답·알찬풀이 36쪽

15 삼각형의 넓이는 몇 cm²인지 구하시오.

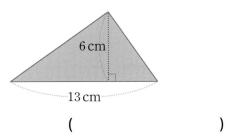

( )

16 사다리꼴의 넓이는 몇 cm²인지 구하시오.

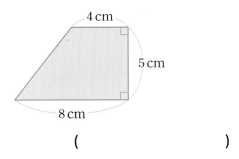

( )

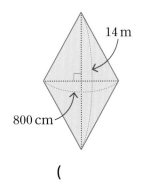

꼭나와 ⊙

17 마름모의 넓이는 몇 m²인지 구하시오.

( )

18 주어진 마름모와 넓이가 같고 모양이 다른 마름모를 1개 그려 보시오.

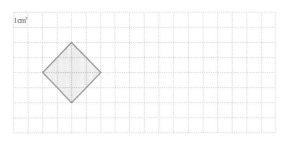

19 삼각형의 넓이가 60 cm²일 때 ⬜ 안에 알맞은 수를 써넣으시오.

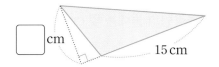

서술형 ⊙

20 모양과 크기가 같은 사다리꼴 2개를 이어 붙여서 평행사변형을 만들었습니다. 사다리꼴 1개의 넓이는 몇 cm²인지 풀이 과정을 쓰고, 답을 구하시오.

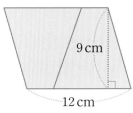

풀이

❶ 만든 평행사변형의 넓이는 몇 cm²인지 구하기

_____

_____

❷ 사다리꼴 1개의 넓이는 몇 cm²인지 구하기

_____

_____

답 _____

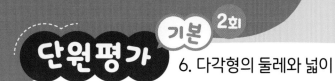
01 직사각형의 둘레를 구하려고 합니다. ☐ 안에 알맞은 수를 써넣으시오.

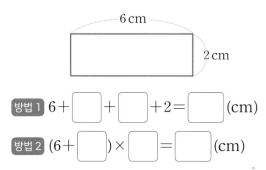

방법1 $6+\boxed{}+\boxed{}+2=\boxed{}$ (cm)

방법2 $(6+\boxed{})\times\boxed{}=\boxed{}$ (cm)

02 정육각형의 둘레는 몇 cm인지 구하시오.

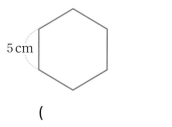

(   )

꼭나와 ♡

03 한 변이 11 cm인 정사각형 모양의 액자가 있습니다. 액자의 둘레는 몇 cm인지 구하시오.

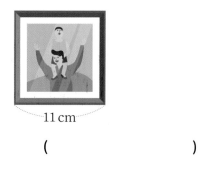

11 cm

(   )

04 둘레가 60 cm인 마름모 모양의 장식품이 있습니다. 이 장식품의 한 변은 몇 cm인지 구하시오.

(   )

서술형 ♡

05 직사각형 가와 마름모 나의 둘레의 합은 몇 cm인지 구하려고 합니다. 풀이 과정을 쓰고, 답을 구하시오.

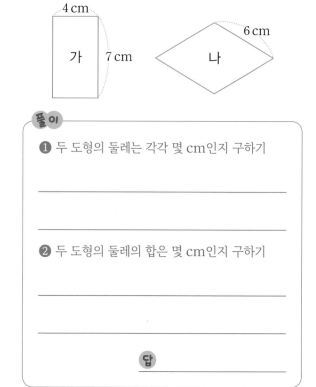

풀이

❶ 두 도형의 둘레는 각각 몇 cm인지 구하기

_____

_____

❷ 두 도형의 둘레의 합은 몇 cm인지 구하기

_____

_____

답 _____

06 알맞은 넓이의 단위에 ◯표 하시오.

공책의 넓이   (cm^2 , m^2)

07 넓이가 같은 것을 찾아 선으로 알맞게 이으시오.

$4\,m^2$ •

$4\,km^2$ •

• $4000000\,m^2$

• $40000\,cm^2$

• $40000\,m^2$

꼭나와 ☺

08 ☐ 안에 알맞은 수를 써넣으시오.

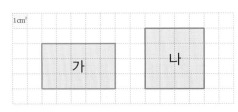

도형 나는 도형 가보다 ☐ cm^2 더 넓습니다.

09 넓이가 $9\,cm^2$이고 모양이 서로 다른 도형을 2개 그려 보시오.

10 평행사변형의 넓이는 몇 cm^2인지 구하시오.

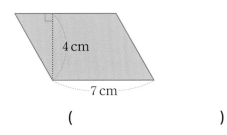

( )

11 영준이가 설명하는 도형의 넓이는 몇 cm^2인지 구하시오.

영준

( )

12 직사각형의 넓이는 몇 km^2인지 구하시오.

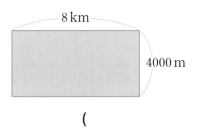

( )

13 평행사변형의 넓이가 $120\,cm^2$일 때 ☐ 안에 알맞은 수를 써넣으시오.

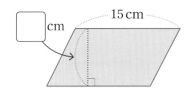

서술형 ☺

14 직사각형의 둘레는 $38\,cm$입니다. 이 직사각형의 넓이는 몇 cm^2인지 풀이 과정을 쓰고, 답을 구하시오.

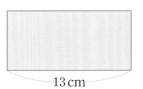

풀이

❶ 직사각형의 세로는 몇 cm인지 구하기

_____

_____

❷ 직사각형의 넓이는 몇 cm^2인지 구하기

_____

_____

답 _____

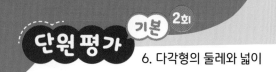
15 마름모의 넓이는 몇 cm^2인지 구하시오.

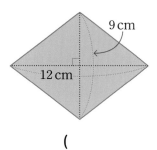

(   )

16 사다리꼴의 넓이는 몇 cm^2인지 구하시오.

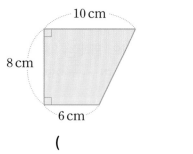

(   )

17 넓이가 다른 삼각형을 찾아 기호를 쓰시오.

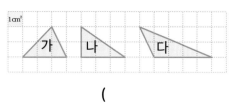

(   )

서술형

18 사다리꼴과 직사각형 중에서 넓이가 더 넓은 도형의 이름을 쓰려고 합니다. 풀이 과정을 쓰고, 답을 구하시오.

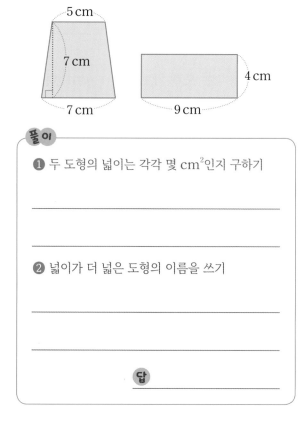

풀이

❶ 두 도형의 넓이는 각각 몇 cm^2인지 구하기

_____

_____

❷ 넓이가 더 넓은 도형의 이름을 쓰기

_____

_____

답 _____

19 직사각형 안에 마름모를 그렸습니다. 색칠한 부분의 넓이는 몇 cm^2인지 구하시오.

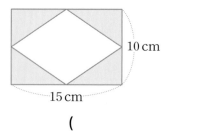

(   )

20 넓이가 $80\ cm^2$인 삼각형의 밑변이 $8\ cm$일 때 높이는 몇 cm인지 구하시오.

(   )

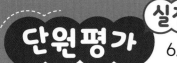

01 한 변이 15 cm이고 다른 한 변이 8 cm인 평행사변형의 둘레는 몇 cm인지 구하시오.

(   )

02 준희는 둘레가 36 cm인 마름모를 그리려고 합니다. 마름모의 한 변을 몇 cm로 그려야 하는지 구하시오.

(   )

03 둘레가 더 짧은 것의 기호를 쓰시오.

> ㉠ 가로 11 cm, 세로 5 cm인 직사각형
> ㉡ 한 변이 7 cm인 정오각형

(   )

서술형

04 정사각형 가와 직사각형 나의 둘레가 같을 때 직사각형 나의 세로는 몇 cm인지 구하려고 합니다. 풀이 과정을 쓰고, 답을 구하시오.

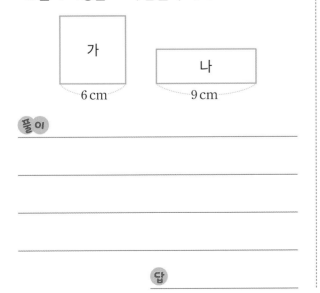

풀이 _____

_____

_____

답 _____

어려워

05 한 개의 둘레가 20 cm인 정사각형 5개를 다음과 같이 겹치지 않게 이어 붙였습니다. 이어 붙여 만든 도형의 둘레는 몇 cm인지 구하시오.

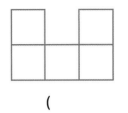

(   )

06 잘못 나타낸 것을 찾아 기호를 쓰시오.

> ㉠ $3 \, m^2 = 30000 \, cm^2$
> ㉡ $7000000 \, m^2 = 70 \, km^2$
> ㉢ $4 \, km^2 = 4000000 \, m^2$

(   )

07 넓이 단위를 잘못 말한 친구의 이름을 쓰시오.

(   )

08 도형을 보고 바르게 설명한 것을 찾아 기호를 쓰시오.

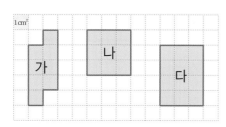

> ㉠ 도형 가의 넓이는 $7\,cm^2$입니다.
> ㉡ 넓이가 가장 넓은 도형은 도형 나입니다.
> ㉢ 도형 가의 넓이는 도형 다의 넓이보다 $4\,cm^2$ 더 좁습니다.

(   )

서술형

09 가장 넓은 넓이를 찾아 기호를 쓰려고 합니다. 풀이 과정을 쓰고, 답을 구하시오.

> ㉠ $6000000\,m^2$
> ㉡ $2\,km^2$
> ㉢ $90000\,cm^2$

풀이

답

10 한 변이 $9\,cm$인 정사각형의 둘레와 넓이를 각각 구하시오.

둘레: ☐ cm, 넓이: ☐ cm^2

11 직사각형 모양의 꽃밭의 가로가 $500\,cm$, 세로가 $600\,cm$입니다. 꽃밭의 넓이는 몇 m^2인지 구하시오.

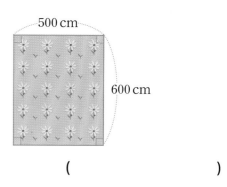

(   )

12 그림과 같이 평행사변형 모양의 종이를 잘라 붙여 정사각형 모양을 만들었습니다. 처음 평행사변형의 넓이는 몇 cm^2인지 구하시오.

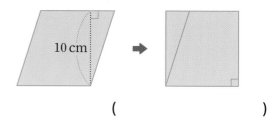

(   )

13 넓이가 $64\,cm^2$인 정사각형 모양의 수첩이 있습니다. 이 수첩의 한 변은 몇 cm인지 구하시오.

(   )

어려워

14 평행사변형의 둘레가 $32\,cm$일 때 평행사변형의 넓이는 몇 cm^2인지 구하시오.

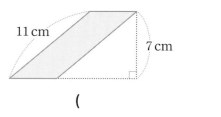

(   )

→ 바른답·알찬풀이 38쪽

15 사다리꼴의 넓이는 cm²인지 구하시오.

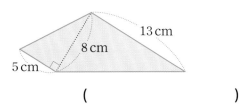

(   )

16 직사각형 ㄱㄴㄷㄹ의 넓이가 28 cm²일 때 마름모 ㅁㅂㅅㅇ의 넓이는 몇 cm²인지 구하시오.

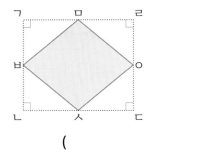

(   )

17 색칠한 도형의 넓이는 몇 cm²인지 구하려고 합니다. 풀이 과정을 쓰고, 답을 구하시오.

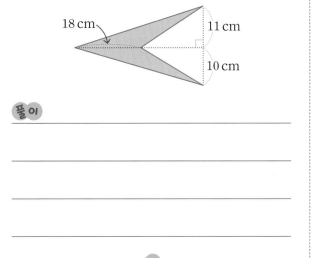

풀이 _____

_____

_____

_____

답 _____

18 윗변이 8 cm, 높이가 5 cm인 사다리꼴의 넓이가 60 cm²일 때 아랫변은 몇 cm인지 구하시오.

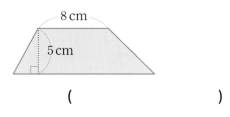

(   )

19 다각형의 넓이는 몇 cm²인지 구하시오.

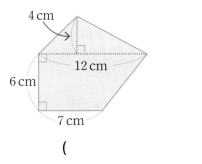

(   )

20 가의 넓이는 나의 넓이의 3배입니다. ▢ 안에 알맞은 수를 구하시오.

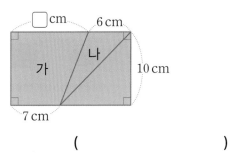

(   )

숨은사회찾기 학습을 시작하기 전에 숨은 그림을 찾아보세요.

숨은그림

지구본　　김치　　우데기　　헌법　　모시옷　　신문고　　한반도

사회

개념 1   우리 국토의 위치와 특징

① 국토: 한 나라의 ❶[ㄸ]을 뜻하며, 사람들이 살아가는 삶의 터전입니다.

② 위도와 경도 → 지구본에서 위도는 가로선(위선)에 쓰인 숫자, 경도는 세로선(경선)에 쓰인 숫자예요.

위도	적도(위도 0°)를 기준으로 북쪽과 남쪽을 각각 90°로 나누어 북쪽은 북위, 남쪽은 남위라고 함.
❷[ㄱㄷ]	본초 자오선(경도 0°)을 기준으로 동쪽과 서쪽을 각각 180°로 나누어 동쪽은 동경, 서쪽은 서경이라고 함.

③ 우리 국토의 위치 나타내기

방위로 이용하기	우리 국토는 아시아 대륙의 ❸[ㄷ]쪽에 위치함.
위도와 경도 이용하기	우리 국토는 북위 33°~43°, 동경 124°~132° 사이에 위치해 있음.
주변의 나라 이용하기	우리나라 주변에는 중국, 러시아, 몽골, 일본 등이 있음.

④ 우리 국토의 위치적 특징: 우리나라는 삼면이 바다로 둘러싸인 반도 국가로, 대륙과 해양으로 나아가기 좋은 위치에 있습니다. ┈→ 우리나라는 위치적 장점을 이용하여 세계 여러 나라와 교류하고 있어요.

개념 2   우리나라의 영역과 소중한 우리 국토

① ❹[ㅇㅇ]: 한 나라의 주권이 미치는 범위를 말하며 영토(땅), 영해(바다), 영공(하늘)으로 이루어집니다.

② 우리나라의 영역

영토	한반도와 한반도에 속한 여러 섬
영해	• 영토 주변의 바다로, 대체로 영해를 설정하는 기준선으로부터 12해리(약 22 km)까지임. • 동해안, 제주도, 울릉도, 독도는 썰물일 때의 해안선을 기준으로 영해를 정하고, 서해안과 남해안은 가장 바깥에 위치한 섬을 잇는 선을 기준으로 영해를 정함.
영공	영토와 영해 위에 있는 ❺[ㅎㄴ]의 범위

③ 국토가 소중한 까닭: 국토는 우리가 살아온 삶의 터전이고 앞으로도 살아갈 터전이기 때문입니다.

개념 3   우리 국토의 지역 구분 →원래는 멸악산맥의 북쪽을 뜻해요.

① 큰 산맥과 하천을 중심으로 한 지역 구분

북부 지방	휴전선 북쪽의 북한 지역
❻[ㅈㅂ] 지방	휴전선 남쪽부터 소맥산맥과 금강 하류까지의 지역
남부 지방	소백산맥과 금강 하류의 남쪽 지역

② 자연환경에 따른 전통적인 지역 구분

관서, 관북, 관동	철령관을 기준으로 관서 지방(서쪽), 관북 지방(북쪽), 관동 지방(동쪽)으로 구분함.
해서	경기만의 서쪽 지방
경기	왕이 사는 도읍(한양)과 그 주변의 땅
❼[ㅎㅅ]	의림지 또는 금강(옛 이름 호강)의 서쪽 지방
호남	금강(옛 이름 호강)의 남쪽 지방
영남	조령(문경 새재)의 남쪽 지방

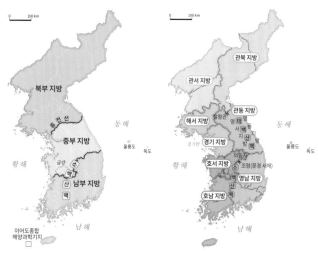

⬆ 북부, 중부, 남부 지방 구분   ⬆ 전통적인 지역 구분

개념 4   우리나라의 행정 구역

① 행정 구역: 나라를 효율적으로 관리하려고 나눈 지역을 말합니다. ┈→ 현재 우리나라의 행정 구역은 조선 시대 초기에 정한 것을 기본으로 해요.

② 우리나라의 행정 구역: 우리나라의 행정 구역은 북한 지역을 제외하면 ❽[ㅌㅂㅅ] 1곳, 특별자치시 1곳, 광역시 6곳, 도 6곳, 특별자치도 3곳으로 이루어져 있습니다.

정답 ❶ 땅 ❷ 경도 ❸ 동 ❹ 영역 ❺ 하늘 ❻ 중부 ❼ 호서 ❽ 특별시

자료 ① 우리 국토의 위치

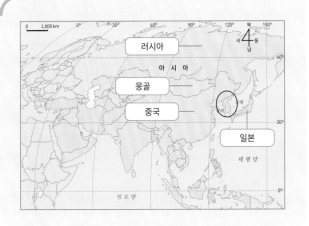

POINT
우리나라는 북반구의 중위도에 있고, 아시아 대륙의 동쪽에 위치합니다.

1-1 우리나라가 속한 대륙을 쓰시오.
(   )

1-2 우리나라 주변에는 중국, 일본, 러시아, 몽골 등의 나라가 있습니다. (○ , ×)

1-3 우리나라는 중국과 (러시아 , 일본) 사이에 있습니다.

자료 ② 우리나라의 영역

POINT
영토를 기준으로 영해와 영공의 범위가 달라지기 때문에 우리 영토의 동서남북 끝을 아는 것이 중요합니다.

2-1 우리나라 (   )은/는 한반도와 한반도에 속한 여러 섬으로 이루어집니다.

2-2 우리나라 영해는 영토 주변의 바다로, 영해를 설정하는 기준선으로부터 (   )해리까지입니다.

2-3 (   )은/는 우리나라의 영토와 영해 위에 있는 하늘의 범위입니다.

자료 ③ 우리나라의 행정 구역

POINT
우리나라는 나라를 효율적으로 관리하기 위해 행정 기관별로 지역을 나누었습니다.

3-1 (   )은/는 나라를 효율적으로 관리하려고 나눈 지역을 말합니다.

3-2 우리나라의 특별자치시는 (   ) 1곳입니다.

3-3 우리나라는 인천광역시, 대전광역시, 대구광역시, 광주광역시, 울산광역시, 부산광역시 6곳의 광역시가 있습니다. (○ , ×)

사
회

01 다음에서 설명하는 것은 무엇인지 쓰시오.

> • 한 나라의 땅을 뜻한다.
> • 우리가 살아가는 삶의 터전이다.

(   )

[02~03] 다음 지도를 보고, 물음에 답하시오.

02 위 지도의 ㉠~㉣에 들어갈 알맞은 나라의 이름을 각각 쓰시오.

㉠: (   ), ㉡: (   )
㉢: (   ), ㉣: (   )

03 위 지도에 나타난 우리나라의 위치에 대한 설명으로 알맞은 것은 어느 것입니까? (   )

① 남반구의 중위도에 있다.
② 삼면이 육지로 둘러싸여 있다.
③ 중국과 몽골 사이에 위치한다.
④ 아시아 대륙의 서쪽에 위치한다.
⑤ 대륙과 해양으로 나아가기 좋은 위치에 있다.

04 우리나라의 영역에 대한 설명을 선으로 알맞게 이으시오.

(1) 영토 •   • ㉠ 한반도와 한반도에 속한 여러 섬

(2) 영해 •   • ㉡ 우리나라의 영토와 영해 위에 있는 하늘의 범위

(3) 영공 •   • ㉢ 황해, 남해, 동해를 포함한 영토 주변 바다의 영역

05 우리나라의 영해를 정하는 기준에 대한 설명으로 알맞은 것을 보기에서 골라 기호를 쓰시오.

> **보기**
> ㉠ 대체로 영해를 설정하는 기준선으로부터 12해리까지이다.
> ㉡ 섬이 많은 서해안과 남해안은 썰물일 때의 해안선을 기준으로 한다.
> ㉢ 동해안, 울릉도, 독도, 제주도는 가장 바깥에 위치한 섬들을 직선으로 연결한 선을 기준으로 한다.

(   )

서술형 낭

06 우리가 국토를 소중하게 여기고 사랑해야 하는 까닭을 쓰시오.

_____

_____

→ 바른답·알찬풀이 39쪽

07 다음 (   ) 안에 공통으로 들어갈 말을 쓰시오.

> 우리나라의 북부 지방은 (   ) 북쪽의 북한 지역을 뜻하고, 중부 지방은 (   ) 남쪽부터 소백산맥과 금강 하류까지의 지역을 뜻한다.

(   )

[08~09] 다음 지도를 보고, 물음에 답하시오.

⬆ 우리나라의 전통적인 지역 구분

08 위 지도에서 지역을 구분한 기준으로 알맞지 <u>않은</u> 것은 어느 것입니까? (   )

① 하천   ② 고개   ③ 바다
④ 산맥   ⑤ 고속 국도

09 위 지도에서 왕이 사는 도읍(한양)과 그 주변의 땅을 뜻하는 곳을 찾아 쓰시오.

(   )

서술형 ⓝ

10 우리 국토를 다음과 같이 행정 구역으로 구분하는 까닭을 쓰시오.

11 북한 지역을 제외한 우리나라의 행정 구역에 대한 설명으로 알맞지 <u>않은</u> 것은 어느 것입니까?
(   )

① 광역시 8곳, 도 6곳이 있다.
② 특별시는 1곳이며 서울특별시이다.
③ 특별자치시는 1곳, 특별자치도는 3곳이 있다.
④ 특별시, 특별자치시, 광역시에는 시청이 있다.
⑤ 우리나라 행정 구역은 조선 시대 초기에 정한 것을 기본으로 한다.

개념 1 우리나라의 지형

① **❶ ㅈㅎ** : 산지, 평야, 하천, 해안 등 땅의 생김새를 말합니다.

② 우리나라 지형의 특징 →우리나라에는 산지, 하천, 평야, 해안, 섬 등의 지형이 나타나요.

산지	• 우리 국토는 산지가 약 70%로 많은 편임. • 북동쪽에 대체로 높은 산지가 많음.
하천	동쪽이 높고 서쪽이 낮은 지형적 특징 때문에 큰 하천은 대부분 동쪽에서 서쪽으로 흐름.
평야	• 남서쪽에 비교적 낮은 평야가 많음. • 서쪽이나 남쪽으로 흐르는 큰 하천의 주변에 평야가 발달함.
해안	• 동해안: 해안선이 단조롭고 모래사장이 많음. • 서해안: 해안선이 복잡하고 넓은 **❷ ㄱㅂ** 이 발달하였음. • 남해안: 해안선이 복잡하고 섬이 많아 다도해라고 불림.

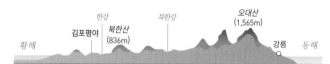

🔼 우리나라 지형 단면도

③ 사람들이 지형을 이용하는 모습

산지	지하자원·삼림 자원 이용, 스키장 발달 등
하천	**❸ ㄷ** 건설, 휴식 공간 제공 등
평야	논농사 중심으로 농업 발달, 도시 발달 등
해안	동해안(해수욕장·항구 발달), 서해안(갯벌에서 해산물 채취), 남해안(양식업 발달)

개념 2 우리나라의 기후

① 기후: 오랜 기간 한 지역에 나타나는 평균적인 날씨를 말합니다.

② 우리나라 기후의 특징

• 중위도에 위치하여 **❹ ㅅㄱㅈ** 이 뚜렷합니다.
• 계절에 따라 기온의 차이가 큽니다.
• 여름에는 남쪽에서 덥고 습한 바람이 불어오고, 겨울에는 북서쪽에서 차갑고 건조한 바람이 불어옵니다.

개념 3 우리나라의 기온

① 우리나라 기온의 특징

• 대체로 남쪽에서 북쪽으로 갈수록 기온이 낮아집니다.
• 차가운 북서풍을 막아 주는 태백산맥과 수심이 깊어 온도 변화가 작은 동해의 영향으로 **❺ ㄷㅎㅇ** 이 서해안보다 겨울 기온이 높습니다.
• 해안 지역이 내륙 지역보다 겨울 기온이 높습니다.

② 기온에 따른 옛 사람들의 생활 모습

의생활	여름에는 모시옷을, 겨울에는 **❻ ㅅㅇ** 을 입음.
식생활	남쪽 지역 김치는 소금과 양념이 많고, 북쪽 지역 김치는 소금과 양념이 적음.
주생활	여름에는 대청마루, 겨울에는 온돌을 이용함.

개념 4 우리나라의 강수량

① 우리나라 강수량의 특징

지역에 따른 차이	남쪽에서 북쪽으로 갈수록 강수량이 대체로 줄어듦.
계절에 따른 차이	장마와 태풍의 영향으로 연평균 강수량의 절반 이상이 **❼ ㅇㄹ** 에 집중됨.

② 강수량에 따른 생활 모습: 터돋움집(비가 많이 내리는 지역), 우데기(겨울에 눈이 많이 오는 지역) 등

개념 5 우리나라의 자연재해

① 자연재해: 자연 현상이 사람들의 생명과 재산에 피해를 주는 것을 말합니다.

② 자연재해의 종류 →각각의 자연재해에 맞는 행동 요령과 안전 수칙을 알고 실천해야 해요.

❽ ㅎㅅ	중국, 몽골 사막에서 발생한 모래 먼지가 우리나라까지 날아오는 현상
폭염	매우 심한 더위로 열사병에 걸릴 수 있음.
홍수	비가 많이 내려 도로, 건물 등이 물에 잠김.
태풍	매우 강한 바람과 함께 비가 내리는 현상
한파	기온이 갑자기 내려가 동상에 걸릴 수 있음.
지진	땅이 흔들리고 갈라지는 현상

정답 ❶ 지형 ❷ 갯벌 ❸ 댐 ❹ 사계절 ❺ 동해안 ❻ 솜옷 ❼ 여름 ❽ 황사

자료 ① 우리나라 해안의 모습

동해안 서해안 남해안

POINT

우리나라는 삼면이 바다로 둘러싸여 있고, 각 해안의 모습과 특징이 서로 다릅니다.

1-1 우리나라의 서해안은 해안선이 복잡하고 넓은 (　　　　　　)이/가 발달하였습니다.

1-2 (남해안 , 동해안)은 해안선이 복잡하고 섬이 많아 다도해라고 불립니다.

자료 ② 우리나라의 1월과 8월 평균 기온

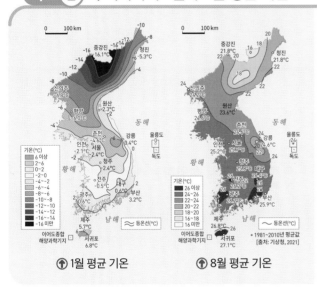

⬆ 1월 평균 기온　　⬆ 8월 평균 기온

POINT

우리나라는 남북으로 길게 뻗어 있어 남쪽 지방과 북쪽 지방의 기온 차이가 큽니다.

2-1 1월의 평균 기온은 (남쪽 , 북쪽)으로 갈수록 낮아집니다.

2-2 8월의 평균 기온은 (남쪽 , 북쪽)으로 갈수록 높아집니다.

2-3 비슷한 위도의 해안 지역과 내륙 지역 중 겨울 기온이 더 높은 지역을 쓰시오.

(　　　　　　　　　　)

자료 ③ 우리나라의 연평균 강수량

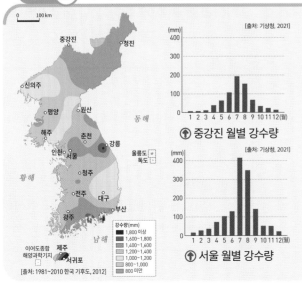

⬆ 중강진 월별 강수량

⬆ 서울 월별 강수량

POINT

우리나라는 지역에 따라 강수량의 차이가 크며, 대체로 북쪽에서 남쪽으로 갈수록 강수량이 많아집니다.

3-1 연평균 강수량 지도에서 (파란색 , 주황색)이 진할수록 비가 많이 오는 지역입니다.

3-2 연평균 강수량이 1,200 mm 이상인 지역은 서울, 강릉, 부산, 제주, 서귀포 등입니다.

(　○ , ×　)

3-3 서울과 중강진 중 계절별 강수량의 차이가 더 큰 지역은 어디인지 쓰시오.

(　　　　　　　　　　)

01 다음 (   ) 안에 들어갈 알맞은 말을 쓰시오.

> 땅의 생김새를 (   )(이)라고 하며, 우리나라에는 산지, 평야, 하천, 해안 등이 있다.

(   )

02 다음 밑줄 친 ㉠~㉣ 중 알맞지 않은 내용을 골라 기호를 쓰시오.

> 우리 국토는 ㉠ 약 70%가 평야로 이루어져 있다. 우리나라 ㉡ 북동쪽에는 대체로 높은 산지가 많고, ㉢ 남서쪽에는 비교적 낮은 평야가 많다. 이러한 지형적 특징 때문에 우리나라의 큰 ㉣ 하천은 대부분 동쪽에서 서쪽으로 흐른다.

(   )

서술형 ❖

03 다음 그림을 보고, 사람들이 하천을 이용하는 모습을 한 가지만 쓰시오.

_____

_____

[04~05] 다음은 우리나라 해안의 모습입니다. 물음에 답하시오.

🔼 동해안   🔼 서해안   🔼 남해안

04 위 해안에 대한 설명으로 알맞지 않은 것은 어느 것입니까? (   )

① 우리나라는 삼면이 바다이다.
② 서해안은 넓은 갯벌이 발달하였다.
③ 동해안은 모래사장이 펼쳐진 곳이 많다.
④ 남해안은 크고 작은 섬이 많아 다도해라고 불린다.
⑤ 동해안의 해안선은 복잡하고, 서해안의 해안선은 단조롭다.

05 다음에서 설명하는 해안은 어디인지 쓰시오.

> 물이 깨끗하고 파도가 잔잔해 김, 미역, 굴, 전복 등을 기르는 양식업이 발달하였다.

(   )

06 우리나라의 기후에 대한 설명으로 알맞은 것을 보기에서 모두 골라 기호를 쓰시오.

> 보기
>
> ㉠ 사계절이 뚜렷하다.
> ㉡ 계절에 따라 불어오는 바람의 방향이 다르다.
> ㉢ 같은 계절이라도 지역에 따라 기온 차이가 크다.
> ㉣ 고위도에 위치하여 사람들이 살기 어려운 기후가 나타난다.

(   )

→ 바른답·알찬풀이 39쪽

07 다음 지도에 나타난 우리나라의 기온에 대한 설명으로 알맞은 것은 어느 것입니까? (   )

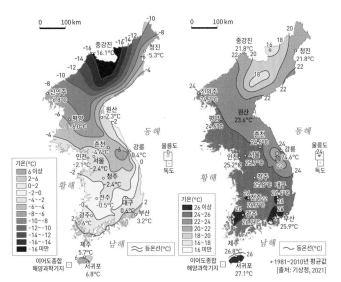

① 1월 평균 기온   ⑧ 8월 평균 기온

① 여름과 겨울의 기온이 비슷하다.
② 북쪽으로 갈수록 기온이 높아진다.
③ 동서 지역 간에 겨울 기온 차이가 없다.
④ 같은 계절이라도 지역에 따라 기온이 다르다.
⑤ 겨울에 내륙 지역이 해안 지역보다 더 따뜻하다.

08 우리나라 강수량의 특징에 대해 옳게 설명한 친구의 이름을 쓰시오.

> • 민재: 지역에 따른 강수량 차이가 거의 없어.
> • 수연: 여름에 연평균 강수량의 절반 이상이 집중돼.
> • 혜린: 제주도와 남해안 지역은 강수량이 적은 편이야.

(   )

09 다음과 같이 비가 많이 내리는 지역에서 집이 물에 잠기는 것을 막으려고 집터를 높게 올려 지은 집을 무엇이라고 합니까? (   )

① 기와집   ② 우데기
③ 저수지   ④ 초가집
⑤ 터돋움집

10 다음에서 설명하는 자연재해를 <보기>에서 골라 기호를 쓰시오.

> **보기**
> ㉠ 지진   ㉡ 태풍   ㉢ 폭염   ㉣ 황사

(1) 매우 심한 더위로 열사병 등을 일으킨다.
(   )

(2) 중국이나 몽골의 사막에서 발생한 모래 먼지가 우리나라까지 날아오는 현상이다.
(   )

서술형 낭

11 지진이 발생하였을 때의 행동 요령을 한 가지만 쓰시오.

_____

_____

_____

개념 ① 우리나라 인구 분포와 인구 구조의 변화

① 우리나라 인구 분포의 변화 ← 인구는 한 나라 또는 일정한 지역에 사는 사람의 수를 말해요.

1960년대 이전	벼농사 중심의 농경 사회로 평야가 많은 남서쪽 지역의 인구 밀도가 높고, 산지가 많은 북동쪽 지역의 인구 밀도가 낮았음.
1960년대 이후	• 도시를 중심으로 산업이 발달하여 많은 사람이 일자리를 찾아 도시로 모여들었음. • ❶ ㅅㄷㄱ 과 대도시의 인구 밀도가 높고, 촌락의 인구 밀도는 낮음.

② 우리나라 인구 구조의 변화
* 과거에는 태어나는 아이의 수가 많고 사망률도 높아 유소년층 인구 비율이 높고 노년층 인구 비율은 낮았습니다.
* 오늘날은 태어나는 아이의 수가 줄어들어 유소년층 인구 비율이 낮아지고, 평균 수명이 늘어나 노년층 인구 비율이 높아져 ❷ ㅈㅊㅅ ·고령 사회의 모습이 나타납니다.

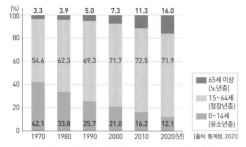
⊕ 우리나라의 연령별 인구 구조 비율 변화

개념 ② 우리나라의 도시 발달

1960년대	산업이 발달하면서 사람들이 일자리를 찾아 도시로 이동하였음.
1970년대	대도시가 지속적으로 성장하고, 남동쪽 해안 지역이 새로운 공업 도시로 성장하였음.
1980년대 이후	• 서울을 비롯한 대도시에 인구가 집중하면서 주택 부족, 교통 혼잡 등이 발생함. → 대도시 주변에 ❸ ㅅㄷㅅ 를 건설함. • 국토를 균형적으로 발전시키려고 수도권에 집중되어 있던 공공 기관을 지방으로 이전함.

개념 ③ 우리나라 산업의 발달

1960년대	풍부한 노동력을 바탕으로 신발, 섬유 등 생활에 필요한 물건을 만드는 산업이 발달하였음.
1970~1980년대	남동 해안 지역의 항구 도시를 중심으로 중화학 공업이 발달하였고, 이후 배나 ❹ ㅈㄷㅊ 등을 만드는 산업이 성장했음.
1990년대	첨단 기술을 활용한 ❺ ㅂㄷㅊ , 컴퓨터 산업 등이 발달하였음.
오늘날	문화, 의료, 관광 산업 등이 새롭게 성장하고 있음.

개념 ④ 우리나라의 교통 발달

① 과거에는 교통수단과 교통 시설이 다양하지 않아 이동 시간이 오래 걸렸습니다.
② 교통의 발달로 달라진 국토의 모습
* 1960년대 말부터 경부 고속 국도를 시작으로 여러 고속 국도가 만들어지면서 사람들의 생활권이 넓어졌습니다.
* 2004년부터 ❻ ㄱㅅㅊㄷ 가 개통되면서 지역 간의 이동이 더욱 빠르고 편리해졌습니다.
* 항구의 수가 늘어나면서 산업에 필요한 원료 공급과 제품 수출이 쉬워졌습니다.
* 공항의 수가 늘어나면서 지역 간의 교류가 더욱 활발해졌습니다.

개념 ⑤ 인문환경의 변화로 달라진 국토의 모습
→ 인문환경은 인간이 자연을 토대로 만들어 낸 환경을 말해요.

인구가 많은 지역을 중심으로 ❼ ㄱㅌ 이 발달함. ➡ 교통의 발달로 지역 간 이동이 활발해지면서 다양한 산업과 도시가 성장함.

➡ 도시의 성장으로 더 많은 인구가 일자리와 생활의 편리를 찾아 도시로 이동함. ➡ 도시의 인구가 증가하면서 교통과 산업이 더욱 발달함.

➔ 바른답·알찬풀이 40쪽

자료 ① 우리나라 인구 분포의 변화

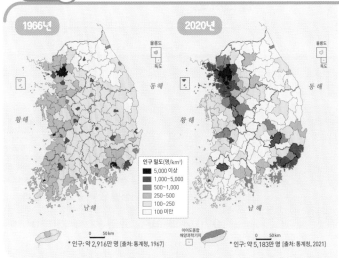

POINT
1966년에는 평야가 발달한 남서쪽 지역, 2020년에는 수도권과 남동쪽 지역의 인구 밀도가 높습니다.

1-1 ( )(이)란 한 나라 또는 일정한 지역에 사는 사람의 수를 말합니다.

1-2 1966년에는 북동쪽 지역에 인구가 많았고, 남서쪽 지역에 인구가 적었습니다.
(○ , ×)

1-3 2020년에는 수도권과 대도시를 중심으로 인구 밀도가 (낮습니다 , 높습니다).

자료 ② 우리나라의 도시 발달

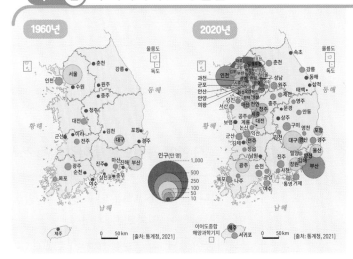

POINT
산업이 발달하면서 인구 100만 명이 넘는 대도시가 크게 늘어났습니다.

2-1 ( )은/는 우리나라의 수도이며 가장 큰 도시입니다.

2-2 1960년에 비해 2020년에 도시 수와 도시 인구수가 (늘어났습니다 , 줄어들었습니다).

2-3 2020년에는 수도권과 남동쪽 해안 지역의 도시 수와 도시 인구가 크게 늘어났습니다.
(○ , ×)

자료 ③ 우리나라의 다양한 산업 발달

⬆ 지식 정보 산업(서울특별시)

⬆ 시멘트 산업(강원특별자치도 삼척시)

⬆ 물류 산업(부산광역시)

⬆ 관광 산업(제주특별자치도)

POINT
지역별로 자연환경과 인문환경이 다르기 때문에 발달한 산업도 다릅니다.

3-1 서울특별시에는 우수한 정보 기술과 고급 인력이 풍부해 (시멘트 산업 , 지식 정보 산업)이 발달하였습니다.

3-2 독특하고 아름다운 자연환경을 볼 수 있는 제주특별자치도에서 발달한 산업을 쓰시오.
( )

사
회

01 다음 ㉠, ㉡에 들어갈 알맞은 말을 쓰시오.

> 1960년대 이전까지 (㉠) 위주의 사회였던 우리나라는 남서쪽 평야 지역의 인구 밀도가 높았고, 상대적으로 북동쪽 (㉡) 지역의 인구 밀도가 낮았다.

㉠: (   ), ㉡: (   )

02 다음 지도를 보고 알 수 있는 내용으로 알맞은 것은 어느 것입니까? (   )

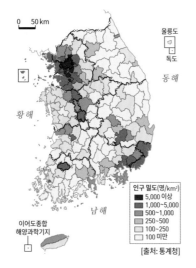

① 남동쪽의 인구 밀도가 낮다.
② 남서쪽의 인구 밀도가 높다.
③ 수도권의 인구 밀도가 높다.
④ 북동쪽의 인구 밀도가 높다.
⑤ 1960년대의 인구 분포를 나타낸 지도이다.

03 다음 그래프를 보고, ㉠, ㉡에 들어갈 알맞은 말을 쓰시오.

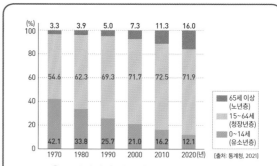

⬆ 우리나라의 연령별 인구 구조 비율 변화

> 1970년과 비교하였을 때 2020년에는 (㉠) 인구 비율이 낮아지고, (㉡) 인구 비율이 높아지는 저출산·고령 사회의 특징이 나타난다.

㉠: (   ), ㉡: (   )

04 다음 (   ) 안에 공통으로 들어갈 말을 쓰시오.

> 우리나라는 1960년대 이후 산업이 발달하면서 사람들이 일자리를 찾아 (   )(으)로 이동하였다. 그 결과 서울, 부산, 인천, 대구 등의 (   ) 인구가 크게 늘어나고, (   )의 수가 많아졌다.

(   )

서술형
05 1980년대부터 대도시 주변에 신도시를 건설한 까닭을 쓰시오.

_____

_____

→ 바른답·알찬풀이 40쪽

06 우리나라에서 시기별로 주로 발달한 산업을 알맞게 짝 지은 것은 어느 것입니까? (   )

① 1960년대 - 첨단 산업
② 1970년대 - 관광 산업
③ 1980년대 - 중화학 공업
④ 1990년대 - 신발 산업
⑤ 2000년대 이후 - 섬유 산업

07 강원특별자치도 삼척시에서 석회석이 풍부해 발달한 산업은 무엇입니까? (   )

① 관광 산업   ② 첨단 산업
③ 자동차 산업   ④ 시멘트 산업
⑤ 지식 정보 산업

08 다음 (   ) 안에 들어갈 교통 시설로 알맞은 것은 어느 것입니까? (   )

> 우리나라에서는 1960년대 말부터 여러 (   )이/가 만들어지면서 사람들의 생활권이 넓어졌다.

① 주차장   ② 지하철역
③ 고속 국도   ④ 버스 정류장
⑤ 자전거 도로

09 다음 지도를 보고 알 수 있는 내용으로 알맞은 것을 [보기]에서 모두 골라 기호를 쓰시오.

↑ 2019년 우리나라의 교통도
[출처: 대한민국 국가 지도집 I, 2019]

> **보기**
> ㉠ 사람과 물건의 이동이 활발할 것이다.
> ㉡ 교통로가 다양하고 그물망처럼 얽혀 있다.
> ㉢ 항구의 수가 적어 원료 공급과 제품 수출이 어려울 것이다.

(   )

10 인구, 도시, 산업, 교통 사이의 관계에 대한 설명으로 알맞지 <u>않은</u> 것은 어느 것입니까?

(   )

① 주요 도시에 인구가 많다.
② 교통이 발달한 곳에 사람이 많이 모인다.
③ 인구가 많은 지역을 중심으로 교통이 발달한다.
④ 교통의 발달로 다양한 산업과 도시가 성장한다.
⑤ 산업이 성장할수록 더 많은 인구가 촌락으로 이동한다.

01 다음 지도를 보고 알 수 있는 우리나라의 위치에 대한 설명으로 알맞지 <u>않은</u> 것은 어느 것입니까? (   )

① 북반구의 중위도에 있다.
② 중국과 일본 사이에 있다.
③ 아시아 대륙의 동쪽에 있다.
④ 적도를 기준으로 위쪽에 있다.
⑤ 해양으로 나아가기 어려운 위치에 있다.

서술형 쌍
02 다음 지도를 보고, 위도와 경도를 이용하여 우리나라의 위치를 설명하시오.

꼭 들어가야 할 말   북위, 동경

_____

_____

꼭나와 쌍
03 영역에 대한 설명으로 알맞은 것을 보기 에서 모두 골라 기호를 쓰시오.

보기
㉠ 한 나라의 주권이 미치는 범위이다.
㉡ 외부의 침입으로부터 보호되어야 할 공간이다.
㉢ 한 나라의 영역에 다른 나라의 비행기나 배가 자유롭게 들어올 수 있다.

(   )

04 우리 국토를 지키고 아름답게 가꾸는 모습으로 알맞지 <u>않은</u> 것은 어느 것입니까? (   )

① 비무장 지대의 생태계 보호 캠페인에 참여한다.
② 우리의 전통과 문화를 알리기 위해 해외여행을 자주 간다.
③ 공군이 우리 영공 곳곳을 날며 항공기들의 안전을 지킨다.
④ 인터넷에서 우리나라와 관련된 잘못된 정보를 찾아 바로잡는다.
⑤ 유조선 사고로 오염된 해안을 청소하는 자원봉사 활동에 참여한다.

05 우리 국토를 북부, 중부, 남부 지방으로 구분하는 기준은 어느 것입니까? (   )

① 기후   ② 인구
③ 행정 구역   ④ 섬과 바다
⑤ 큰 산맥과 하천

06 다음 지도를 보고, ㉠, ㉡에 들어갈 알맞은 말을 찾아 쓰시오.

⬆ 우리나라의 전통적인 지역 구분

> 금강(옛 이름 호강)의 서쪽을 (㉠) 지방이라고 하고, 남쪽을 (㉡) 지방이라고 한다.

㉠: (   ), ㉡: (   )

꼭나와 ☺

07 우리나라의 행정 구역에 대해 알맞게 설명한 친구의 이름을 모두 쓰시오.

> • 수연: 행정 구역은 나라를 효율적으로 관리하려고 나눈 지역을 말해.
> • 혜린: 특별시, 특별자치시, 광역시에는 도청이 있고, 도와 특별자치도에는 시청이 있어.
> • 민재: 우리가 현재 사용하는 행정 구역의 이름은 조선 시대 초기에 정한 것을 기본으로 해.

(   )

서술형 ☺

08 다음은 우리나라의 지형 단면도입니다. 동쪽과 서쪽 중 더 높은 곳을 쓰고, 우리나라 산지와 관련하여 나타나는 특징을 쓰시오.

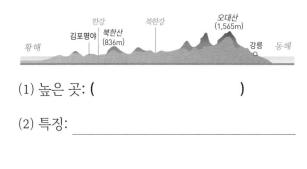

(1) 높은 곳: (   )

(2) 특징: _____

_____

09 다음 (   ) 안에 공통으로 들어갈 말은 어느 것입니까? (   )

> 우리나라 사람들은 (   )을/를 이용하여 논농사를 한다. 또한 (   )은/는 교통이 편리하고 사람들이 모여 살기에 유리해 도시가 발달한다.

① 산지   ② 평야   ③ 하천
④ 해안   ⑤ 호수

10 우리나라 해안 중 다음에서 설명하는 해안은 어디인지 쓰시오.

> • 해안선이 복잡하다.
> • 갯벌에서 해산물을 얻는다.
> • 갯벌을 간척하여 농경지나 공업용지로 이용한다.

(   )

서술형 ☺

11 다음 지도를 보고 강릉과 인천 중 1월 평균 기온이 더 높은 지역을 쓰고, 이러한 차이가 나타나는 까닭을 쓰시오.

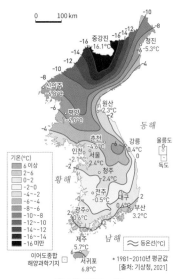

↑ 1월 평균 기온

(1) 평균 기온이 높은 지역: ( )

(2) 차이가 나는 까닭: _____

_____

_____

12 여름에 나타나는 옛사람들의 생활 모습으로 알맞은 것을 두 가지 고르시오. (,)

① 온돌로 더위를 피한다.

② 솜옷을 만들어 입는다.

③ 모시옷을 만들어 입는다.

④ 대청마루에서 더위를 피한다.

⑤ 김치에 소금과 양념을 적게 넣는다.

13 다음 ㉠, ㉡에 들어갈 말을 알맞게 짝 지은 것은 어느 것입니까? ( )

> 우리나라는 대부분 지역에서 장마와 태풍의 영향으로 연평균 강수량의 절반 이상이 (㉠)에 집중되어, (㉡)에 따른 강수량의 차이가 크다.

	㉠	㉡
①	봄	계절
②	여름	계절
③	여름	문화
④	가을	문화
⑤	겨울	인구

꼭나와 ♡

14 자연재해와 자연재해 발생 시 행동 요령을 **잘못** 짝 지은 것은 어느 것입니까? ( )

① 홍수 - 낮은 곳으로 대피한다.

② 태풍 - 바람에 날아갈 물건을 묶어 둔다.

③ 폭염 - 외출을 줄이고 물을 충분히 마신다.

④ 황사 - 외출 후에 손과 얼굴을 깨끗이 씻는다.

⑤ 한파 - 체온 유지를 위해 모자와 장갑을 착용한다.

서술형 ☺

15 1960년대 이전 우리나라 남서쪽 평야 지역의 인구 밀도가 높았던 까닭을 쓰시오.

꼭 들어가야 할 말   농사, 평야

_____

_____

_____

➔ 바른답·알찬풀이 41쪽

16 다음 인구 피라미드 중 최근의 인구 구성을 나타낸 것을 골라 ○표 하시오.

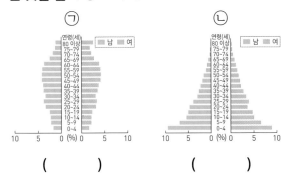

(㉠)   (㉡)

17 다음 ( ) 안에 들어갈 알맞은 말을 쓰시오.

> 1980년대 이후 서울에 인구가 집중되면서 생기는 주택 부족, 교통 혼잡, 환경 오염 등 여러 가지 문제를 해결하기 위해 경기도에 서울의 인구와 기능을 분산하는 ( )을/를 건설하였다.

( )

18 우리나라의 산업 발달에 대한 설명으로 알맞지 않은 것은 어느 것입니까? ( )

① 지역에 상관없이 동일한 산업이 발달하였다.
② 1960년대 이전에는 주로 농업과 어업이 발달하였다.
③ 1970년대에는 남동 해안 지역의 도시에서 중화학 공업이 발달하였다.
④ 1990년대에는 첨단 기술을 바탕으로 컴퓨터 산업이 발달하였다.
⑤ 최근에는 관광 산업, 문화 산업, 의료 산업 등 다양한 산업이 발달하고 있다.

19 다음 지도를 보고 알 수 있는 내용이 <u>아닌</u> 것은 어느 것입니까? ( )

⬆ 2019년 우리나라의 교통도

① 고속 국도가 많은 도시를 지나간다.
② 교통수단과 교통 시설의 종류가 적다.
③ 교통로가 다양하고 그물망처럼 얽혀 있다.
④ 항구의 수가 많아 제품 수출이 쉬울 것이다.
⑤ 공항이 많아서 지역 간 교류가 활발할 것이다.

20 다음 ( ) 안에 공통으로 들어갈 말을 쓰시오.

> ( )은/는 자연환경에 대비되는 개념으로, 인간이 자연을 토대로 만들어 낸 환경이다. 우리 국토는 인구, 도시, 산업, 교통과 같은 ( )이/가 서로 영향을 주고받으면서 발전하고 있다.

( )

01 다음 지도를 보고, 우리나라의 위치에 대한 설명으로 알맞은 것을 보기 에서 골라 기호를 쓰시오.

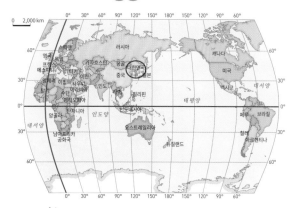

보기
ㄱ 태평양의 동쪽에 있다.
ㄴ 중국과 일본 사이에 있다.
ㄷ 적도(위도 0°)의 아래쪽에 있다.
ㄹ 본초 자오선(경도 0°)의 왼쪽에 있다.

( )

서술형

02 다음 밑줄 친 ㉠에 들어갈 우리 국토의 장점을 쓰시오.

우리나라는 삼면이 바다로 둘러싸인 반도 국가이므로 _____ ㉠
우리나라는 이러한 국토의 장점을 이용하여 세계 여러 나라와 문화 및 물자 등을 교류하고 있다.

_____

_____

어려워

03 우리나라의 영역에 대한 설명으로 알맞지 않은 것은 어느 것입니까? ( )

① 영토의 동쪽 끝은 경상북도 울릉군 독도이다.
② 영공은 우리나라 영토 위 하늘의 범위를 뜻한다.
③ 동해안은 썰물일 때의 해안선을 기준으로 영해를 정한다.
④ 영토는 한반도와 한반도에 속한 여러 섬으로 이루어져 있다.
⑤ 서해안은 가장 바깥에 있는 섬들을 직선으로 연결한 선을 기준으로 영해를 정한다.

04 나와 친구들이 우리 국토를 가꾸고 지키는 모습으로 알맞은 것을 보기 에서 모두 골라 기호를 쓰시오.

보기
ㄱ 꽃이나 나무를 훼손하지 않는다.
ㄴ 국토를 지키느라 애쓰시는 분들께 감사 편지를 쓴다.
ㄷ 비행기를 타고 우리 영공을 날며 항공기들의 안전을 지킨다.

( )

05 전통적인 지역 구분의 지역 이름과 위치를 잘못 짝 지은 것은 어느 것입니까? ( )

① 영남 지방 - 조령의 북쪽 지방
② 호남 지방 - 금강의 남쪽 지방
③ 해서 지방 - 경기만의 서쪽 지방
④ 관서 지방 - 철령관의 서쪽 지방
⑤ 경기 지방 - 왕이 사는 도읍과 주변 지역

06 우리나라의 행정 구역과 주요 도시에 대한 설명으로 알맞은 것을 보기에서 모두 골라 기호를 쓰시오.

> **보기**
> ㉠ 도와 특별자치도에는 도청이 있다.
> ㉡ 시청과 도청이 있는 도시는 대부분 행정 구역의 중심 도시 역할을 한다.
> ㉢ 북한 지역을 제외하면 특별시 1곳, 특별자치시 1곳, 광역시 8곳, 도 8곳, 특별자치도 3곳으로 이루어져 있다.

(   )

07 다음 ㉠~㉢에 들어갈 말을 알맞게 짝 지은 것은 어느 것입니까? (   )

> 우리나라에는 땅이 높고 경사진 (㉠), 땅이 낮고 평평한 평야, 물이 모여 흐르는 (㉡), 바다와 육지가 맞닿는 (㉢) 등 다양한 지형이 있다.

	㉠	㉡	㉢
①	산지	하천	해안
②	산지	해안	하천
③	하천	산지	해안
④	하천	해안	산지
⑤	해안	하천	산지

08 우리나라 지형의 특징으로 알맞지 <u>않은</u> 것은 어느 것입니까? (   )

① 우리 국토는 약 70%가 산지로 이루어져 있다.
② 우리나라 남서쪽에는 비교적 낮은 평야가 많다.
③ 우리나라 북동쪽에는 대체로 높은 산지가 많다.
④ 우리나라의 큰 하천은 대부분 서쪽에서 동쪽으로 흐른다.
⑤ 백두산에서 시작된 산맥은 남쪽의 지리산까지 이어져 우리나라의 뼈대를 이룬다.

09 사람들이 산지를 이용하는 모습을 한 가지만 쓰시오.

_____

_____

10 다음 ( ) 안에 들어갈 알맞은 말을 쓰시오.

> 우리나라는 위도상 (   )에 위치하여 사계절이 뚜렷하고, 사람들이 살기 좋은 기후가 나타난다.

(   )

11 다음 지도의 (가), (나)는 우리나라에 불어오는 바람을 나타낸 것입니다. 이에 대한 설명으로 알맞은 것을 보기에서 모두 골라 기호를 쓰시오.

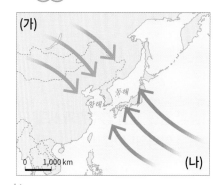

> **보기**
> ㉠ (가)는 덥고 습한 성질이 있다.
> ㉡ (가)는 겨울에 불어오는 바람이다.
> ㉢ (나)는 여름에 불어오는 바람이다.
> ㉣ (나)는 차갑고 건조한 성질이 있다.

(   )

어려워 ⚡

12 다음 지도를 보고, 우리나라 기온에 대해 잘못 설명한 친구는 누구입니까? (   )

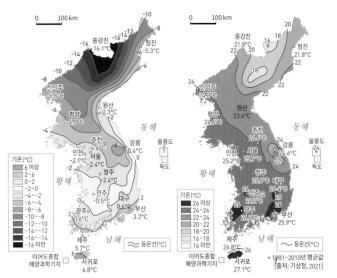

↑ 1월 평균 기온   ↑ 8월 평균 기온

① 수진: 계절에 따라 기온 차이가 커.
② 민재: 강릉보다 서울의 1월 평균 기온이 높아.
③ 혜민: 대체로 남쪽에서 북쪽으로 갈수록 기온이 낮아져.
④ 두영: 같은 계절이라도 지역에 따라 기온 차이가 나타나.
⑤ 유재: 대체로 해안 지역이 내륙 지역보다 겨울 기온이 높아.

13 다음과 같은 월별 강수량과 생활 모습이 나타나는 지역은 어디입니까? (   )

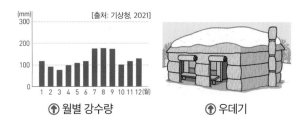

↑ 월별 강수량   ↑ 우데기

① 서울   ② 인천
③ 서귀포   ④ 울릉도
⑤ 중강진

서술형 ✏

14 다음과 같은 자연재해 발생 시 알맞은 행동 요령을 쓰시오.

↑ 홍수

_____

_____

15 다음은 우리나라 인구 분포의 변화 지도를 보고, (   ) 안에 들어갈 알맞은 말을 골라 ○표 하시오.

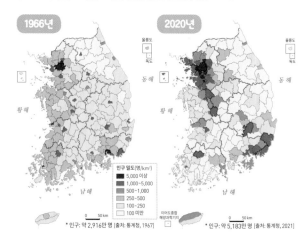

1966년   2020년

   1960년대에는 평야가 발달한 (남서쪽 , 북동쪽) 지역에 인구가 많았고, 2020년대에는 산업이 발달하면서 (촌락 , 대도시)의 인구 밀도가 높다.

→ 바른답·알찬풀이 42쪽

16 오늘날 우리나라의 인구 구조에 대한 설명으로 알맞은 것은 어느 것입니까? (   )

① 노년층 인구 비율이 낮아지고 있다.
② 유소년층 인구 비율이 높아지고 있다.
③ 태어나는 아기의 수가 늘어나고 있다.
④ 저출산·고령 사회의 모습이 나타난다.
⑤ 남자 인구 비율은 높아지고, 여자 인구 비율은 낮아지고 있다.

어려워 😤

17 다음은 우리나라의 도시 발달 과정입니다. 순서에 맞게 기호를 쓰시오.

> ㉠ 산업이 발달하면서 사람들이 촌락을 떠나 도시로 이동하였다.
> ㉡ 대도시 주변에 신도시를 건설하고, 공공 기관 등을 지방으로 이전하였다.
> ㉢ 대도시가 지속적으로 성장하고, 남동쪽 해안 지역이 새로운 공업 도시로 성장하였다.

(   ) → (   ) → (   )

18 다음과 같은 산업 발달 모습을 가진 지역은 어디입니까? (   )

> 해안에 위치하여 원료 수입과 제품 수출에 유리하므로 물류 산업이 발달하였다.

① 대전광역시
② 부산광역시
③ 제주특별자치도
④ 경상북도 구미시
⑤ 강원특별자치도 삼척시

서술형 😊

19 다음 두 교통도를 보고, 교통의 발달로 달라진 국토의 모습을 두 가지 쓰시오.

_____

_____

20 다음 밑줄 친 ㉠~㉣ 중 알맞지 않은 내용을 골라 기호를 쓰시오.

> 우리나라는 ㉠ 산지가 많은 지역을 중심으로 교통이 발달하였다. 교통의 발달로 ㉡ 지역 간 이동이 활발해지면서 다양한 산업이 성장하고, 도시가 많이 생겨났다. 도시가 성장할수록 더 많은 인구가 일자리와 생활의 편리를 찾아 ㉢ 도시로 이동하고, 이것은 다시 교통과 산업의 발달을 이끌었다. 이처럼 우리 국토는 ㉣ 인구·도시·산업·교통이 서로 영향을 주고받으면서 발전하였으며, 과거와 크게 다른 모습으로 변화하였다.

(   )

개념 ① 인권의 뜻과 특징 ┄┄→ 인권은 일정 기간만이 아니라 영구히 보장되는 권리예요.

뜻	모든 사람이 인간다운 삶을 살아가기 위해 당연히 누려야 할 기본적인 ❶ ㄱㄹ
특징	• 태어나는 순간부터 주어짐. • 누구에게나 차별 없이 평등하게 보장됨. • 어떤 이유로도 함부로 침해할 수 없음.

개념 ② 인권 신장을 위해 노력한 옛사람들

① 인권 신장을 위해 노력한 우리나라 사람들

❷ ㅎㄱ	『홍길동전』에서 신분에 따라 차별하는 당시의 사회 제도를 비판함.
박두성	시각 장애인이 손으로 읽을 수 있는 한글 점자인 '훈맹정음'을 만듦.
방정환	어린이날을 만들고, 어린이의 인격을 어른과 동등하게 존중하자고 주장함.
전태일	노동자들이 안전하게 일할 권리를 주장함.

② 인권 신장을 위해 노력한 다른 나라 사람들

로자 파크스	흑인 차별에 맞서 버스 승차 거부 운동을 벌여 흑인의 권리 보장을 위해 노력함.
테레사	가난하고 아픈 사람들을 위해 평생을 바침.
마틴 루서 킹	차별받는 흑인의 인권을 보장하고자 노력하고, 흑인 인권에 대한 연설을 함.

개념 ③ 인권 신장을 위한 옛날의 제도

삼복 제도	사형 등 형벌을 내릴 때 억울하게 처벌받지 않도록 ❸ ㅅ 번의 재판을 거치도록 함.
활인서	가난한 백성들이 신분에 상관없이 무료로 치료받을 수 있었음.
신문고	억울한 일이 있을 때 대궐 밖에 설치된 ❹ ㅂ 을 쳐서 임금에게 알림.
격쟁	억울한 일을 당한 사람이 임금의 행차 때 징이나 꽹과리를 쳐서 억울함을 알림.

개념 ④ 생활 속에서 인권 보장이 필요한 사례

① 인권을 보장받지 못하는 경우
• ❺ ㄷㅁㅎ 가정의 친구가 피부색이나 외모가 다르다는 이유로 차별받습니다.
• 외국인 근로자가 월급을 적게 받습니다.
• 나이나 성별 때문에 일자리를 구하기 어렵습니다.
• 장애인을 위한 시설이 부족해 장애인이 원하는 곳에 갈 수가 없습니다.
• 아동이나 노인이 제대로 된 보호를 받지 못합니다.

② 인권을 보장받지 못한 까닭
• 사람들이 편견을 가지고 대우하기 때문입니다.
• 법이나 제도, 시설 등이 부족하기 때문입니다.

개념 ⑤ 인권 보장을 위한 노력

① 학교, 국가의 노력 ┄┄→ 나의 인권을 보장받으려면 다른 사람의 인권도 보장해야 해요.

학교	다문화 이해 교육, 학교 폭력 예방 캠페인 등 인권 교육 활동을 함.
국가	• 법 시행: 장애, 성별 등에 따라 불합리한 차별이 발생하지 않도록 ❻ ㅂ 을 만들어 시행함. • 공공 편의 시설 설치: 장애인을 포함한 모든 국민이 안전하고 편리하게 공공 서비스를 이용할 수 있도록 편의 시설을 설치함. • ❼ ㅅㅎㅂㅈ 제도 마련: 국민이 안정적으로 살 수 있도록 국민 건강 보험, 고용 보험, 국민 기초 생활 보장 제도 등 여러 가지 사회 보장 제도를 마련함. • 다문화 가족 지원: 다문화 가족의 안정적인 정착과 가족생활을 위한 여러 가지 서비스를 제공함.

② 우리가 할 수 있는 인권 보호 실천 방법
• 일상 속에서 다른 사람의 인권을 침해한 적은 없는지 반성하는 인권 일기를 씁니다.
• 다른 사람의 인권을 존중하는 배려와 응원이 담긴 말을 사용합니다.
• 인권 보호 캠페인, 포스터 그리기, 홍보 동영상 만들기 등 인권 보호 실천 홍보 활동을 합니다.

정답 ❶ 권리 ❷ 허균 ❸ 세 ❹ 북 ❺ 다문화 ❻ 법 ❼ 사회 보장

핵심 자료

자료 ① 세계 인권 선언

제1조 모든 사람은 태어날 때부터 자유롭고 존엄하며 평등하다.

제2조 모든 사람은 인종, 피부색, 성별, 언어, 종교 등 어떤 이유로도 차별받지 않는다.

제3조 모든 사람은 자기 생명을 지킬 권리, 자유를 누릴 권리, 그리고 자신의 안전을 지킬 권리가 있다.

POINT
1948년 세계 인권 선언이 발표되어 인권의 중요성을 세계에 알렸습니다.

1-1 1948년에 국제 연합(UN) 총회에서 인권에 대한 내용이 담긴 (   )이/가 발표되었습니다.

1-2 세계 인권 선언에는 모든 사람은 누구나 태어나면서부터 (똑같은 , 서로 다른) 기본적인 권리를 가지고 있다는 내용이 담겨 있습니다.

자료 ② 『경국대전』에 나타난 인권 존중 모습

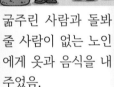

굶주린 사람과 돌봐 줄 사람이 없는 노인에게 옷과 음식을 내주었음.

출산 전후의 노비와 출산한 노비의 남편에게 출산 휴가를 줌.

POINT
조선 시대 최고 법전인 『경국대전』에는 인간 존중 사상에 대한 내용이 나타나 있습니다.

2-1 옛날 사람들도 인간이라면 누구나 존중받아야 한다는 (   ) 존중 사상을 실천하고자 하였습니다.

2-2 조선 시대에 관청에 속한 노비가 출산을 하더라도 노비와 남편은 휴가를 받지 못하였습니다.

(○ , ×)

자료 ③ 인권 보장을 위한 공공 편의 시설

↑ 장애인, 노약자 등 교통 약자를 위한 승강기

↑ 시각 장애인을 위한 점자 블록

↑ 휠체어, 유아차 등의 이용을 위한 경사로

↑ 시각 장애인을 위한 점자 안내판

POINT
국가와 지방 자치 단체에서는 모든 사람이 안전하고 편리하게 공공 서비스를 이용할 수 있도록 다양한 공공 편의 시설을 설치하여 운영합니다.

3-1 국가와 지방 자치 단체는 (   ) 보장을 위해 공공 편의 시설을 설치하고 운영합니다.

3-2 승강기, 경사로 등은 장애인을 포함한 모든 국민이 안전하고 편리하게 이용하기 위한 시설입니다.

(○ , ×)

3-3 시각 장애인이 안전하게 다닐 수 있도록 바닥에 (안내판 , 점자 블록)을 설치하였습니다.

01 다음 (　　) 안에 공통으로 들어갈 말을 쓰시오.

> (　　　)(이)란 사람이라면 누구나 누릴
> 수 있는 권리로, 우리나라의 경우 서양에서
> 들어온 (　　　) 사상이 옛사람들의 인간
> 존중 사상과 연결되면서 점차 확산되었다.

(　　　　　　　　)

02 인권의 특징으로 알맞은 것을 에서 모두
골라 기호를 쓰시오.

> 보기
>
> ㉠ 성인이 되면 자연적으로 얻게 된다.
> ㉡ 다른 사람이 함부로 침해할 수 없다.
> ㉢ 일정 기간만이 아니라 영구히 보장된다.

(　　　　　　　　)

03 1948년에 국제 연합(UN) 총회에서 발표한 선
언으로, 다음과 같은 내용이 나와 있는 선언은 무
엇인지 쓰시오.

> 제1조 모든 사람은 태어날 때부터 자유롭고
> 　　　존엄하며 평등하다.
> 제2조 모든 사람은 인종, 피부색, 성별, 언어,
> 　　　종교 등 어떤 이유로도 차별받지 않는다.
> 제3조 모든 사람은 자기 생명을 지킬 권리,
> 　　　자유를 누릴 권리, 그리고 자신의 안전
> 　　　을 지킬 권리가 있다.

(　　　　　　　　)

04 허균에 대해 잘못 설명한 친구의 이름을 쓰시오.

(　　　　　　　　)

05 다음 (　　) 안에 들어갈 알맞은 인물을 골라 ○표
하시오.

(1) (테레사 , 마틴 루서 킹)은/는 백인에게 차별
　　받는 흑인의 인권을 보장하고자 노력하였다.
(2) (방정환 , 전태일)은 어린이가 더욱 존중받
　　으며 행복하게 자랄 수 있도록 어린이날을
　　만들었다.

06 다음과 같은 내용이 담겨 있는 조선 시대의 법전
은 무엇입니까? (　　　　)

> 굶주림과 추위 속에서 얻어 먹으며 다니는
> 사람과 돌봐 줄 사람이 없는 노인에게는 옷
> 과 먹을 것을 내준다.

① 『경국대전』　　　　② 『삼국유사』
③ 『세종실록』　　　　④ 『홍길동전』
⑤ 『훈민정음』

➜ 바른답·알찬풀이 43쪽

서술형

07 옛날에 다음과 같은 제도를 두었던 까닭은 무엇인지 쓰시오.

> • 억울한 일이 있을 때 대궐 밖에 설치된 신문고를 쳐서 임금에게 알렸다.
> • 가난한 백성들이 신분에 상관없이 무료로 활인서에서 치료받을 수 있었다.
> • 사형과 같은 형벌을 내릴 때 억울하게 처벌받지 않도록 세 번의 재판을 거치도록 하였다.

_____

_____

08 다음과 같은 상황에서 인권 보장을 위한 노력으로 알맞은 것은 어느 것입니까? (   )

① 교실의 문턱을 없앤다.
② 다문화 이해 교육을 한다.
③ 화장실에 비상벨을 설치한다.
④ 국민 기초 생활 보장 제도를 마련한다.
⑤ 학교 건물 입구 계단 옆에 경사로를 설치한다.

09 인권 보장을 위한 우리 사회의 노력을 선으로 알맞게 이으시오.

(1) 학교 •

(2) 국가 •

• ㉠ 인권 존중을 위한 인권 교육 활동을 한다.

• ㉡ 차별이 발생하지 않도록 법을 만들어 시행한다.

10 다음과 같은 공공 편의 시설을 설치하는 주체는 어디입니까? (   )

⬆ 교통 약자를 위한 승강기   ⬆ 시각 장애인을 위한 점자 블록

① 국가   ② 기업
③ 은행   ④ 학교
⑤ 백화점

서술형

11 우리가 할 수 있는 인권 보호 실천 방법을 한 가지만 쓰시오.

_____

_____

개념 ① 헌법의 뜻과 역할

① 헌법: 법 중에서 가장 기본이 되는 법으로, 우리나라 **①** ㅊㄱ 의 법입니다.

② 헌법에 담긴 내용

• 국가 기관의 조직과 운영에 필요한 내용을 담고 있습니다.

• 대한민국 국민이 보호받아야 할 **②** ㄱㄹ 와 지켜야 할 의무가 나타나 있습니다.

• 한 나라를 이끌어 가기 위한 기본 원칙과 모든 국민이 존중받고 행복하게 살아가는 데 필요한 내용을 담고 있습니다.

> 제10조 모든 국민은 인간으로서의 존엄과 가치를 가지며, 행복을 추구할 권리를 가진다. 국가는 개인이 가지는 불가침의 기본적 인권을 확인하고 이를 보장할 의무를 진다.

➡ 인간의 존엄성과 행복 추구권을 나타내고, 국가는 인권을 보장할 의무가 있음을 밝히고 있습니다.

③ 헌법의 성격

• 다른 모든 법은 헌법을 바탕으로 만들어지며, 만약 다른 법이 헌법에 어긋나면 그 법을 없애거나 고쳐 바로잡을 수 있습니다.

• '법 중의 법'이라고도 하며 헌법을 새로 만들거나 고칠 때는 **③** ㄱㅁ ㅌㅍ 로 정합니다.

개념 ② 인권 보장을 위한 헌법의 역할

헌법의 역할	개인의 권리를 보장해 주고, 그 권리가 침해되었을 때 보호해 주는 역할을 함.
헌법 재판소의 역할	• 법률이 **④** ㅎㅂ 에 어긋나는지 심판함. • 국가 권력이 국민의 권리를 침해하는지 심판함. • 헌법 재판에서 법률이 국민의 인권을 침해한다고 결정이 나면 그 법률은 고쳐지거나 없어짐. 예 동성동본 결혼을 금지하는 법은 행복 추구권과 혼인의 자유를 침해하여 헌법에 어긋난다는 헌법 재판소의 위헌 결정 이후 없어졌음.

개념 ③ 헌법에 나타난 국민의 기본권

① 기본권의 종류 →기본권은 헌법에서 보장하는 국민의 기본적인 권리를 말해요.

자유권	국가의 간섭을 받지 않고 자유롭게 생각하고 행동할 수 있는 권리
평등권	모든 국민이 차별받지 않고 동등하게 대우받을 권리
⑤ ㅊㅈㄱ	국가의 의사 결정 과정에 참여할 수 있는 권리
사회권	국민이 국가에 인간다운 생활을 요구할 수 있는 권리
청구권	기본권이 침해되었을 때 국가에 어떤 일을 해 달라고 요구할 수 있는 권리

② 기본권이 제한되는 경우: 국가의 안전 보장이나 공공의 이익, 사회 질서 유지 등을 위해 필요한 경우 **⑥** ㅂㄹ 에 따라 제한될 수도 있습니다.

> 국민의 의무는 나의 기본권뿐만 아니라 다른 사람의 기본권도 보장하는 바탕이 되기 때문에 지켜야 해요.

개념 ④ 헌법에 나타난 국민의 의무

교육의 의무	자녀가 잘 성장할 수 있도록 교육을 받게 할 의무
납세의 의무	나라에 **⑦** ㅅㄱ 을 낼 의무
근로의 의무	개인과 나라의 발전을 위해 일할 의무
국방의 의무	나와 가족, 우리 모두의 안전을 위해 나라를 지킬 의무
⑧ ㅎㄱ ㅂㅈ 의 의무	깨끗한 환경을 지키기 위해 노력할 의무

개념 ⑤ 권리와 의무의 관계

① 권리와 의무의 충돌: 권리와 의무는 서로 긴밀하게 연결되어 있어 충돌할 때도 있습니다.

② 권리와 의무의 바람직한 관계: 권리와 의무를 조화롭게 행하기 위해 노력해야 합니다.

정답 **①** 최고 **②** 권리 **③** 국민 투표 **④** 헌법 **⑤** 참정권 **⑥** 법률 **⑦** 세금 **⑧** 환경 보전

핵심 자료

→ 바른답·알찬풀이 43쪽

자료 ① 인터넷 실명제에 대한 헌법 재판소의 결정

○○ 신문 　　　　　　　　　　　20△△년 △△월 △△일

헌법 재판소, 인터넷 실명제 위헌 결정

헌법 재판소는 인터넷 실명제로 자유로운 의사 표현이 위축되고, 외국인은 인터넷 게시판 이용이 어렵고, 개인 정보가 유출될 가능성이 높아져 인터넷 실명제는 헌법에 어긋난다고 결정하였다.

POINT
헌법 재판소는 인터넷 실명제가 언론·출판의 자유와 사생활의 자유, 평등권을 침해한다고 판단하였습니다.

1-1 (　　　　　　　)은/는 법률이 국민의 인권을 침해하는지를 심판합니다.

1-2 헌법 재판소는 인터넷 실명제가 (헌법 , 규칙)에 어긋난다고 결정하였습니다.

자료 ② 국민의 기본권이 나타난 헌법 조항

자유권	제14조 모든 국민은 거주·이전의 자유를 가진다.
평등권	제11조 ① 모든 국민은 법 앞에 평등하다.
참정권	제24조 모든 국민은 법률이 정하는 바에 의하여 선거권을 가진다.
사회권	제35조 ① 모든 국민은 건강하고 쾌적한 환경에서 생활할 권리를 가진다.
청구권	제26조 ① 모든 국민은 …… 국가 기관에 문서로 청원할 권리를 가진다.

POINT
우리나라 헌법은 모든 국민이 기본적인 권리를 누릴 수 있도록 기본권을 보장하고 있습니다.

2-1 헌법에서 보장하는 국민의 기본적인 권리를 무엇이라고 하는지 쓰시오.
（　　　　　　　　）

2-2 모든 국민은 살고 싶은 곳에 살고, 원할 때 이사를 갈 수 있는 (　　　　　)을/를 가집니다.

2-3 (사회권 , 참정권)은 국민이 국가에 인간다운 생활을 요구할 수 있는 권리입니다.

자료 ③ 국민의 의무가 나타난 헌법 조항

교육의 의무	제31조 ② …… 법률이 정하는 교육을 받게 할 의무를 진다.
납세의 의무	제38조 모든 국민은 법률이 정하는 바에 의하여 납세의 의무를 진다.
근로의 의무	제32조 ② 모든 국민은 근로의 의무를 진다.
국방의 의무	제39조 ① 모든 국민은 법률이 정하는 바에 의하여 국방의 의무를 진다.
환경 보전의 의무	제35조 ① …… 국가와 국민은 환경 보전을 위하여 노력하여야 한다.

POINT
헌법은 국민으로서 마땅히 지켜야 할 의무를 정해 놓았으며, 국민은 이러한 의무를 실천해야 합니다.

3-1 헌법은 국민의 기본권을 보장하는 동시에 국민으로서 지켜야 할 (　　　　　)도 정해 놓습니다.

3-2 모든 국민은 자녀가 잘 성장할 수 있도록 법률이 정하는 (교육 , 근로)을/를 받게 할 의무가 있습니다.

3-3 (　　　　　)의 의무는 나와 가족, 우리 모두의 안전을 위해 나라를 지킬 의무입니다.

01 헌법에 대한 설명으로 알맞지 <u>않은</u> 것은 어느 것입니까? (   )

① 법 중에서 가장 기본이 되는 법이다.
② 나라를 이끌어 가는 기본 원칙이 담겨 있다.
③ 대한민국 국민이 지켜야 할 의무를 정해 놓았다.
④ 대한민국 국민이 보호받아야 할 권리를 정해 놓았다.
⑤ 국가가 침범할 수 있는 개인의 기본적 인권을 규정하고 있다.

02 헌법을 '법 중의 법'이라고 하는 까닭을 알맞게 설명한 친구의 이름을 쓰시오.

> • 민재: 헌법에는 틀린 내용이 없기 때문이야.
> • 소라: 법 중에서 가장 먼저 만들어졌기 때문이야.
> • 수호: 헌법을 바탕으로 다른 법을 만들며, 그 법들은 헌법에 어긋나면 안 되기 때문이야.

(   )

서술형 낭
03 헌법의 내용을 새로 정하거나 고칠 때는 어떻게 해야 하는지 쓰시오.

_____

_____

04 다음 (   ) 안에 들어갈 알맞은 국가 기관을 쓰시오.

> 헌법을 기반으로 만들어진 법률이 개인의 권리를 침해한다고 판단될 때는 국민 누구나 그에 대한 재판을 요청할 수 있다. (   )은/는 법률이 헌법에 어긋나는지, 국가 권력이 국민의 권리를 침해하는지 등을 심판하여 결정을 내린다.

(   )

05 헌법 재판소가 인터넷 실명제에 대해 다음과 같이 결정한 근거로 알맞지 <u>않은</u> 것은 어느 것입니까? (   )

> ○○ 신문   20△△년 △△월 △△일
> **헌법 재판소, 인터넷 실명제 위헌 결정**
> 헌법 재판소는 인터넷 게시판에 글을 쓰려면 사용자의 실명을 확인하도록 한 인터넷 실명제에 대해 다음과 같은 결정을 내렸다. "인터넷 실명제는 사생활의 자유와 언론·출판의 자유, 평등권을 침해하므로 헌법에 어긋난다."

① 악성 댓글로 고통받는 사람이 많다.
② 게시판의 개인 정보가 유출될 가능성이 높아졌다.
③ 인터넷 실명제로 자유로운 의사 표현이 위축되었다.
④ 제도 도입 이후에도 불법 게시물이 크게 감소하지 않았다.
⑤ 주민 등록 번호가 없는 외국인의 인터넷 게시판 이용이 어렵게 되었다.

→ 바른답·알찬풀이 43쪽

06 기본권에 대한 설명으로 알맞지 <u>않은</u> 것은 어느 것입니까? (   )

① 헌법에서 보장하고 있다.
② 국민의 기본적인 권리를 말한다.
③ 국민이라면 누구나 누릴 수 있다.
④ 기본권은 어떠한 경우에도 제한할 수 없다.
⑤ 자유권, 평등권, 참정권, 사회권, 청구권이 있다.

07 다음 대화와 관련 있는 기본권은 어느 것입니까? (   )

① 사회권   ② 자유권   ③ 참정권
④ 청구권   ⑤ 평등권

08 다음 헌법 조항에서 공통으로 보장하는 기본권은 무엇인지 쓰시오.

> 제24조 모든 국민은 법률이 정하는 바에 의하여 선거권을 가진다.
> 제25조 모든 국민은 법률이 정하는 바에 의하여 공무 담임권을 가진다.

(   )

09 헌법에 정해 놓은 국민의 의무로 알맞지 <u>않은</u> 것은 어느 것입니까? (   )

① 나라에 세금을 낼 의무
② 개인과 나라의 발전을 위해 일할 의무
③ 깨끗한 환경을 지키기 위해 노력할 의무
④ 자녀가 잘 성장할 수 있도록 교육을 받게 할 의무
⑤ 나와 가족, 우리 모두의 건강을 지키기 위해 노력할 의무

10 다음 그림과 관련 있는 국민의 의무는 어느 것입니까? (   )

① 교육의 의무   ② 국방의 의무
③ 근로의 의무   ④ 납세의 의무
⑤ 환경 보전의 의무

서술형

11 국민의 권리와 의무의 바람직한 관계를 쓰시오.

_____

_____

개념 1 사회 규범과 법

① 사회 규범: 사람들이 더불어 살아가기 위해 서로 지켜야 할 약속이나 ❶ ㄱㅊ 입니다.

② 법의 뜻과 특징 → 법은 사람들이 사회생활에서 지켜야 할 행동 기준이에요.

뜻	사회 질서를 유지하고 정의를 실현하기 위해 ❷ ㄱㄱ 가 만든 강제성이 있는 규범
특징	• 강제성: 지키지 않았을 때에는 국가로부터 ❸ ㅈㅈ 를 받음. • 변동성: 사회의 변화에 맞지 않거나 그 내용이 인권을 침해한다고 판단되면, 바뀌거나 새로 만들어질 수 있음.

개념 2 법과 도덕 비교하기

① 법과 도덕의 성격

법	• 누구나 무조건 지켜야 하는 사회 규범 • 법을 지키지 않으면 국가로부터 처벌을 받음.
도덕	• 사람들이 ❹ ㅇㅅ 에 따라 자율적으로 지키는 규범 • 지키지 않아도 처벌을 받지는 않지만 여럿이 사는 사회에서 꼭 필요함.

② 법으로 제재를 받는 상황과 그렇지 않은 상황

제재를 받는 상황	• 교통 신호를 지키지 않는 것 • 돈을 내지 않고 물건을 가져가는 것 • 인터넷에서 허락 없이 사진이나 프로그램을 내려받는 것 • 버스 요금을 내지 않고 타는 것
제재를 받지 않는 상황	• 이웃 어른을 보고 인사하지 않는 것 • 형제나 남매끼리 싸우는 것 • 음식점에서 뛰어다니는 것

⬆ 법으로 제재를 받는 상황

⬆ 법으로 제재를 받지 않는 상황

개념 3 우리 생활에 적용되는 법

「초·중등 교육법」	모든 국민은 일정한 나이가 되면 초등학교에 다니도록 정해져 있음.
「어린이 놀이 시설 안전 관리법」	어린이의 안전을 위해 놀이 시설을 정기적으로 관리함.
「학교 급식법」	학생들의 건강과 성장을 위해 질 좋은 급식을 제공하기 위한 법
「소비자 기본법」	소비자의 권리와 이익을 위한 법
「도로 교통법」	❺ ㄷㄹ 에서 안전하게 다닐 수 있도록 만든 법
「저작권법」	음악, 영화, 출판물 등 창작물을 만든 사람의 권리를 보호하는 법

개념 4 법의 역할

개인의 ❻ ㄱㄹ 보호	• 사람들 사이에 분쟁이 발생하였을 때 해결 기준과 절차를 제시함. • 개인의 권리가 침해당하는 것을 막아 주고, 권리가 침해되었을 때 이를 구제해 줌.
사회 질서 유지	• 사람들이 안전하고 쾌적한 환경에서 살아갈 수 있게 해 줌. • 사고나 범죄로부터 사람들을 보호함.

모든 사람이 권리를 보호받고, 질서 있는 사회 ⬅ 에서 살기 위해서는 법을 지켜야 해요.

개념 5 법을 지켜야 하는 까닭

① 법을 지키지 않을 때 일어날 수 있는 일
• 다른 사람에게 ❼ ㅍㅎ 를 줄 수 있습니다.
• 사람들 사이에 갈등을 불러일으켜 사회 질서를 어지럽힐 수 있습니다.

② 법을 지켜야 하는 까닭: 법을 지키는 것이 다른 사람의 권리를 보장하고 나의 권리도 보장받을 수 있는 방법이기 때문입니다.

③ 재판: 법은 개인의 권리를 보장해 주지만 법을 지키지 않을 때는 ❽ ㅈㅍ 을 통해 피해를 준 사람의 권리를 제한하기도 합니다.

정답 ❶ 규칙 ❷ 국가 ❸ 제재 ❹ 양심 ❺ 도로 ❻ 권리 ❼ 피해 ❽ 재판

자료 1 일상생활에서 법이 적용되는 사례

「도로 교통법」	「학교 급식법」

어린이의 안전을 위해 어린이 보호 구역에서 자동차의 주행 속도를 제한함.	학교에 영양 교사를 두어 균형 잡힌 식단을 짜도록 하고 식재료를 관리하는 기준을 정함.

POINT
법은 우리 생활 곳곳에 적용되며 우리 삶에 많은 영향을 끼칩니다.

1-1 법은 국가에서 정한 규범으로 우리 생활과 직접적인 관련은 없습니다. (○ , ×)

1-2 (「도로 교통법」,「소비자 기본법」)에 따라 어린이 보호 구역에서는 속도를 줄여야 합니다.

1-3 「학교 급식법」은 학생들의 건강과 안전을 위해 질 좋은 ( )을/를 제공하기 위한 법입니다.

자료 2 법의 역할

⬆ 위험으로부터 개인의 생명과 재산을 보호해 줌.

⬆ 범죄나 사고로부터 안전하게 지켜 줌.

POINT
법은 개인의 권리를 보호하고, 사회 질서를 유지하는 역할을 합니다.

2-1 법은 생명, 재산과 같은 개인의 ( )을/를 보호합니다.

2-2 (법 , 도덕)은 범죄나 사고로부터 사람들을 보호하는 역할을 합니다.

자료 3 법을 어긴 사례의 모의 재판

장난 전화로 피해를 준 사건
- 판사: 지금부터 피고인 김장난에 대한 재판을 시작하겠습니다.
- 검사: 피고인 김장난은 안전센터에 다섯 차례 장난 전화를 걸었고, 소방관은 필요 없는 출동을 했습니다.
- 변호인: 피고인이 잘못한 사실을 인정하지만, 호기심으로 벌인 일이었습니다.
- 피고인(김장난): 잘못했습니다.
- 판사: 판결을 선고하겠습니다. 공무 집행 방해로 피고인을 벌금 800만 원에 처합니다.

POINT
법을 지키지 않았을 때나 개인 간의 다툼이 일어났을 때 재판을 하여 죄를 지은 사람을 제재하고, 개인 간의 다툼을 해결합니다.

3-1 법을 어겼을 때 ( )을/를 통해 타인에게 피해를 준 사람의 권리를 제한하기도 합니다.

3-2 재판을 통해 법을 어긴 행동인지 아닌지를 확인할 수 있습니다. (○ , ×)

3-3 (판사 , 피고인)은/는 재판을 진행하고 법에 따라 공정한 판단을 내리는 사람입니다.

3-4 (검사 , 변호인)은/는 범죄를 수사하고 법을 위반한 점에 대해 심판을 요청하는 사람입니다.

01 다음에서 설명하는 것은 어느 것입니까?
( )

> 사람들이 사회생활에서 지켜야 할 행동 기준으로, 국가가 만든 강제성이 있는 규범이다.

① 법   ② 규칙   ③ 관습
④ 도덕   ⑤ 예절

02 법을 새로 만들거나 바꿀 수 있는 경우로 알맞은 것을 두 가지 고르시오. (,   )

① 다른 나라의 법과 다를 때
② 너무 오래전에 만든 법일 때
③ 법을 어기는 사람이 많을 때
④ 사회의 변화에 맞지 않을 때
⑤ 법의 내용이 인권을 침해한다고 판단될 때

서술형 ❤

03 다음 사례의 공통점을 법과 관련하여 쓰시오.

> • 교통 신호를 지키지 않는 것
> • 다른 사람의 물건을 훔치는 것
> • 버스를 이용할 때 버스 요금을 내지 않는 것

_____
_____

04 다음 밑줄 친 법이 만들어진 까닭으로 알맞은 것을 보기 에서 골라 기호를 쓰시오.

> 예전에는 소방차가 출동할 때 운전자의 양심에 따라 알아서 길을 양보하도록 했다. 그런데 긴급한 상황인데도 운전자들이 길을 터 주지 않아 생명을 잃는 일들이 생겨났다. 그래서 이러한 문제를 해결하기 위해 긴급 자동차에 길을 터 주는 것을 의무로 정하는 법이 만들어졌다.

보기
> ㉠ 도로에 자동차가 많아졌기 때문이다.
> ㉡ 모든 문제는 법으로 해결하는 것이 바람직하기 때문이다.
> ㉢ 운전자의 양심만으로 문제가 해결되지 않아 강제성이 필요했기 때문이다.

( )

05 ㉠, ㉡에 대한 설명으로 알맞은 것은 어느 것입니까? ( )

㉠   ㉡

⬆ 음식점에서 뛰어다니는 것   ⬆ 악성 댓글을 다는 것

① ㉠은 국가로부터 처벌을 받을 수 있다.
② ㉠은 강제성이 있는 규범을 지키지 않은 상황이다.
③ ㉡은 국가로부터 제재를 받을 수 있다.
④ ㉡은 다른 사람에게 피해를 주지 않는다.
⑤ ㉡은 다른 사람의 권리를 보호하는 상황이다.

06 다음 대화에 적용할 수 있는 법으로 알맞은 것은 어느 것입니까? (　　　)

> • 소비자: 어제 산 세탁기가 작동되지 않아요.
> • 판매자: 손님, 죄송합니다. 교환해 드릴게요.

① 「도로 교통법」
② 「학교 급식법」
③ 「소비자 기본법」
④ 「식품 안전 기본법」
⑤ 「어린이 놀이 시설 안전 관리법」

07 다음 설명에 해당하는 법을 보기 에서 골라 기호를 쓰시오.

> **보기**
> ㉠ 「저작권법」
> ㉡ 「학교 급식법」
> ㉢ 「초·중등 교육법」
> ㉣ 「어린이 놀이 시설 안전 관리법」

(1) 놀이 시설을 정기적으로 관리하도록 정한 법이다. (　　　　　)

(2) 학생들에게 건강한 급식을 제공하기 위한 법이다. (　　　　　)

(3) 음악, 영화, 출판물 등 창작물을 만든 사람의 권리를 보호하기 위한 법이다.
(　　　　　)

(4) 모든 국민이 일정한 나이가 되면 초등학교에 다니도록 정해져 있는 법이다.
(　　　　　)

08 법의 역할에 대한 설명으로 알맞지 <u>않은</u> 것은 어느 것입니까? (　　　)

① 양심에 따라 행동하게 한다.
② 사고나 범죄로부터 사람들을 보호해 준다.
③ 깨끗하고 쾌적한 환경에서 생활할 수 있게 해 준다.
④ 개인의 권리가 국가에 의해 침해당하는 것을 막아 준다.
⑤ 사람들 사이에 권리가 충돌할 때 해결 기준과 절차를 제시해 준다.

09 법을 지키지 않을 때 일어날 수 있는 일로 알맞지 <u>않은</u> 것은 어느 것입니까? (　　　)

① 경제가 발전할 수 있다.
② 개인의 권리가 침해될 수 있다.
③ 사회 질서를 어지럽힐 수 있다.
④ 다른 사람에게 피해를 줄 수 있다.
⑤ 사람들 사이에 갈등이 생길 수 있다.

10 다음 (　　) 안에 공통으로 들어갈 말을 쓰시오.

> 법을 지키는 것은 다른 사람의 (　　　) 을/를 보장하고 나의 (　　　)도 보장받을 수 있는 방법이다.

(　　　　　)

꼭나와 ㅂ

01 다음에서 설명하는 것은 무엇인지 쓰시오.

> • 태어나면서부터 모든 사람에게 자연적으로 주어지는 권리이다.
> • 인종, 국적, 성별, 종교 등과 관계없이 누구나 동등하게 누려야 하는 권리이다.

(   )

서술형 ㅂ

02 방정환이 어린이를 위해 만든 날을 쓰고, 그가 인권 보장을 위해 한 일을 쓰시오.

(1) 만든 날: (   )

(2) 인권 보장을 위해 한 일: _____

_____

03 인권 신장을 위한 옛날의 제도로 알맞지 <u>않은</u> 것은 어느 것입니까? (   )

① 출산을 한 노비와 남편에게 출산 휴가를 주었다.

② 임금의 행차 때 징을 쳐서 억울한 내용을 알렸다.

③ 모두가 존중받을 수 있도록 신분 제도를 없앴다.

④ 가난한 백성들이 무료로 치료받을 수 있게 하였다.

⑤ 사형과 같은 형벌을 내릴 때 세 번의 재판을 거치도록 하였다.

04 인권이 침해된 사례로 보기 <u>어려운</u> 것은 어느 것입니까? (   )

①

⬆ 임금 차별을 받는 외국인 근로자

②

⬆ 편의 시설을 이용하기 어려운 장애인

③

⬆ 몸이 불편하여 돌봄을 받는 노인

④

⬆ 부모의 보살핌을 받지 못하는 어린이

05 인권 보장을 위한 학교의 노력으로 알맞은 것을 두 가지 고르시오. (,   )

① 다문화 이해 교육을 한다.

② 학교 폭력 예방 캠페인을 벌인다.

③ 다문화 가족을 지원하기 위한 정책을 실시한다.

④ 장애, 성별 등에 따라 차별이 생기지 않도록 법을 만들어 시행한다.

⑤ 국민이 안정적으로 살 수 있도록 다양한 사회 보장 제도를 마련한다.

06 인권 보호를 실천하는 방법으로 알맞지 <u>않은</u> 것은 어느 것입니까? (   )

① 인권 보호 캠페인에 참여한다.
② 친구의 개인 정보를 허락 없이 확인한다.
③ 나의 인권과 다른 사람의 인권 모두를 존중하겠다고 다짐한다.
④ 다른 사람의 인권을 침해한 적이 없는지 반성하는 일기를 쓴다.
⑤ 일상생활에서 인권을 존중하는 배려와 응원이 담긴 말을 사용한다.

07 헌법에 대한 설명으로 알맞은 것을 보기 에서 모두 골라 기호를 쓰시오.

> 보기
> ㉠ 우리나라 최고의 법이다.
> ㉡ 국가의 운영 원칙이 담겨 있다.
> ㉢ 대통령이 원하면 헌법을 고칠 수 있다.
> ㉣ 재산이 많은 국민만 존중받고 행복하게 살 수 있는 내용을 담고 있다.

(   )

08 다음과 같이 헌법에 인권에 관한 내용을 제시한 까닭을 쓰시오.

> 제10조 모든 국민은 인간으로서 존엄과 가치를 가지며, 행복을 추구할 권리를 가진다. 국가는 개인이 가지는 불가침의 기본적 인권을 확인하고 이를 보장할 의무를 진다.

> 꼭 들어가야 할 말   국가, 인권, 보장

_____
_____

09 다음 (   ) 안에 들어갈 권리로 알맞은 것을 두 가지 고르시오. (,   )

> ○○신문   20△△년 △△월 △△일
> ─────────────────────────────
> **헌법 재판소, 동성동본 금지 법 위헌 결정**
> 헌법 재판소는 "성과 본관이 모두 같은 동성동본끼리 결혼하는 것을 금지한 법은 (   )을/를 침해하여 헌법에 어긋난다."라고 결정하였다.

① 행복을 추구할 권리
② 자유롭게 혼인할 권리
③ 안전한 곳에서 살 권리
④ 하고 싶은 일을 하면서 살 권리
⑤ 국가에 어떤 일을 해 달라고 요구할 수 있는 권리

> 꼭나와 ♡

10 기본권에 대한 설명으로 알맞지 <u>않은</u> 것은 어느 것입니까? (   )

① 청구권은 국가의 의사 결정 과정에 참여할 수 있는 권리이다.
② 모든 국민은 차별받지 않고 동등하게 대우받을 권리가 있다.
③ 사회권은 국민이 국가에 인간다운 생활을 요구할 수 있는 권리이다.
④ 자유권은 국가의 간섭을 받지 않고 자유롭게 생각하고 행동할 수 있는 권리이다.
⑤ 기본권은 우리나라 국민이라면 누구나 누릴 수 있도록 헌법에 보장된 권리이다.

11 다음 ( ) 안에 들어갈 알맞은 기본권을 쓰시오.

> 헌법에 보장된 기본권인 ( )에 따라 모든 국민이 차별받지 않고 동등하게 대우받는다.

( )

12 다음 그림과 관련 있는 국민의 의무는 어느 것입니까? ( )

① 교육의 의무   ② 납세의 의무
③ 근로의 의무   ④ 국방의 의무
⑤ 환경 보전의 의무

13 다음과 같이 권리와 의무가 충돌하는 까닭을 쓰시오.

> • 나개발 씨는 ○○산에 있는 자신의 땅에 전원주택 단지를 개발하여 돈을 벌려고 한다.
> • △△ 환경 단체는 ○○산의 두꺼비 집단 서식지를 지키기 위해 개발에 반대하고 있다.

꼭 들어가야 할 말   권리, 의무, 연결

_____

_____

꼭나와 ❤

14 법에 대해 잘못 설명한 친구는 누구입니까?

( )

경민 — 국가가 만든 규범이야.
수호 — 강제성이 없는 규범이야.
사랑 — 사람들이 다 함께 지키기로 정한 규범이야.
태호 — 사회의 변화에 맞지 않으면 바뀌거나 새로 만들어질 수 있어.

15 다음 ( ) 안에 들어갈 알맞은 말을 골라 ○표 하시오.

버스를 이용할 때 버스 요금을 내지 않는 것은 (법 , 도덕)을 지키지 않는 것이다.

→ 바른답·알찬풀이 45쪽

16 법으로 제재를 받는 상황에 해당하는 것을 두 가지 고르시오. (,   )

① 교통 신호를 지키지 않는 것
② 친구와의 약속 시간에 늦는 것
③ 이웃 어른을 보고 인사하지 않는 것
④ 상점의 물건을 돈을 내지 않고 가져오는 것
⑤ 음식점에서 친구들과 큰 소리로 이야기를 하는 것

17 일상생활에 적용되는 법에 대한 설명으로 알맞지 <u>않은</u> 것은 어느 것입니까? (   )

① 「도로 교통법」에 따라 안전하게 횡단보도를 건널 수 있다.
② 「학교 급식법」에 따라 학생들에게 건강한 급식을 제공할 수 있다.
③ 「소비자 기본법」에 따라 소비자의 권리와 이익을 보호받을 수 있다.
④ 「초·중등 교육법」에 따라 일정한 나이가 되면 초등학교에 다닐 수 있다.
⑤ 「어린이 놀이 시설 안전 관리법」에 따라 창작물을 만든 사람의 권리를 보호할 수 있다.

서술형

18 법의 역할을 두 가지 쓰시오.

> **꼭 들어가야 할 말**   권리, 사회 질서

_____
_____

19 다음 대화에 대한 설명으로 알맞은 것을 **보기**에서 골라 기호를 쓰시오.

> • 지훈: 음악을 내려받으려면 돈을 내야 한대.
> • 나연: 몰래 공짜로 음악을 내려받을 수 있는 곳이 있어.
> • 지훈: 법을 어기는 일인데 괜찮겠지?
> • 나연: 우리만 내려받으면 괜찮을 거야.

> **보기**
> ㉠ 지훈이와 나연이는 법을 지키려고 한다.
> ㉡ 지훈이와 나연이의 행동은 다른 사람에게 피해를 준다.
> ㉢ 지훈이와 나연이는 음악을 만든 사람의 권리를 존중한다.

(   )

20 다음은 장난 전화로 피해를 준 사건에 대한 모의재판 대본입니다. (   ) 안에 공통으로 들어갈 사람을 쓰시오.

> • (   ): 지금부터 피고인 김장난에 대한 재판을 시작하겠습니다.
> • 검사: 피고인 김장난은 안전센터에 다섯 차례 장난 전화를 걸었고, 소방관은 필요 없는 출동을 해서 실제로 불이 난 장소에는 출동이 늦어졌습니다.
> • 변호인: 피고인이 잘못한 사실을 인정하지만, 호기심으로 벌인 일이었습니다.
> • 피고인: 정말 죄송합니다. 잘못했습니다.
> • (   ): 판결을 선고하겠습니다. 공무 집행 방해로 피고인을 벌금 800만 원에 처합니다.

(   )

01 인권의 특징을 잘못 말한 친구의 이름을 쓰시오.

> • 정우: 인권은 태어나면서부터 주어져.
> • 은비: 인권은 일정 기간만 보장되는 권리야.
> • 한아: 사람이라면 누구나 인권을 누릴 수 있어.
> • 은재: 인권은 빼앗을 수도, 빼앗길 수도 없는 권리야.

(   )

서술형 상

02 다음 옛사람들의 공통점을 쓰시오.

> • 박두성   • 전태일
> • 로자 파크스   • 마틴 루서 킹

_____

_____

어려워 상

03 다음 자료를 보고 알 수 있는 옛날의 상황으로 알맞은 것은 어느 것입니까? (   )

> • 가난하여 약을 살 수 없는 사람에게는 관청에서 약을 준다.   -「경국대전」-
> • 운명을 점치는 학문을 하는 시각 장애인 중에서 젊고 영리한 사람을 뽑아 직업 교육을 받을 수 있도록 하였다.   -「세종실록」-

① 경제 발전을 위한 노력이 있었다.
② 인권을 보장하려는 노력이 있었다.
③ 신분에 따라 차별하려는 노력이 있었다.
④ 부자들의 권리만 보장하려는 노력이 있었다.
⑤ 나라에서 인권을 침해하려는 노력이 있었다.

04 인권 보장을 위해 국가에서 설치한 공공 편의 시설로 알맞지 않은 것은 어느 것입니까?

(   )

①
⬆ 교통 약자를 위한 승강기

②
⬆ 시각 장애인을 위한 점자 블록

③
⬆ 높은 곳까지 올라갈 수 있는 계단

④
⬆ 시각 장애인을 위한 점자 안내판

05 모든 사람의 인권을 보장하기 위한 디자인을 적용한 제품을 에서 모두 골라 기호를 쓰시오.

> 보기
> ㉠ 높이가 고정된 책상
> ㉡ 손의 힘이 약한 사람도 쉽게 뽑을 수 있는 플러그
> ㉢ 어린이나 장애인도 쉽게 누를 수 있는 긴 스위치
> ㉣ 휠체어 사용자나 어린이도 사용할 수 있는 기울어진 세면대

(   )

06 친구의 인권을 지키는 방법을 잘못 말한 친구는 누구입니까? (   )

① 다해: 친구를 무시하는 말을 하지 않아.
② 효리: 피부색이 다른 친구와 놀지 않아.
③ 현우: 친구를 괴롭히거나 따돌리지 않아.
④ 다빈: 내 생각을 친구에게 강요하지 않아.
⑤ 예은: 도움이 필요한 친구를 적극적으로 도와 줘.

서술형

07 헌법을 '법 중의 법'이라고 하는 까닭을 쓰시오.

_____

_____

_____

08 우리나라 헌법에 담겨 있는 내용으로 알맞지 않은 것은 어느 것입니까? (   )

① 국가 운영 방법
② 국가 기관 조직 방법
③ 대한민국 국민이 지켜야 할 의무
④ 대한민국 국민이 보호받아야 할 권리
⑤ 대한민국의 주권이 대통령에게 있다는 내용

09 다음 (   ) 안에 공통으로 들어갈 국가 기관을 쓰시오.

○○ 신문   20△△년 △△월 △△일

(   ), 인터넷 실명제 위헌 결정

(   )은/는 인터넷 게시판에 글을 쓰려면 사용자의 실명을 확인하도록 한 인터넷 실명제에 대해 다음과 같은 결정을 내렸다.

"인터넷 실명제 도입 이후에도 불법 게시물이 크게 감소하지 않았다. 오히려 인터넷 실명제로 자유로운 의사 표현이 위축되고, 주민 등록 번호가 없는 외국인은 인터넷 게시판 이용이 어렵게 되었으며, 게시판의 개인 정보가 외부로 유출될 가능성이 높아졌다. 따라서 인터넷 실명제는 헌법에 어긋난다."

(   )

어려워

10 다음 기본권과 관련된 헌법 조항을 에서 골라 기호를 쓰시오.

보기

㉠ 제11조 ① 모든 국민은 법 앞에 평등하다.
㉡ 제14조 모든 국민은 거주·이전의 자유를 가진다.
㉢ 제24조 모든 국민은 법률이 정하는 바에 의하여 선거권을 가진다.
㉣ 제35조 ① 모든 국민은 건강하고 쾌적한 환경에서 생활할 권리를 가진다.

(1) 자유권: (   )
(2) 사회권: (   )

서술형

11 헌법에서 보장하는 기본권이 제한되는 상황을 두 가지 쓰시오.

_____

_____

12 국민의 의무에 대한 설명으로 알맞지 <u>않은</u> 것은 어느 것입니까? (   )

① 국민의 의무는 헌법에 정해 놓았다.
② 납세의 의무는 나라에 세금을 낼 의무이다.
③ 근로의 의무는 개인의 발전만을 위해 일할 의무이다.
④ 재활용품을 분리배출하는 것은 환경 보전의 의무를 실천하는 행동이다.
⑤ 국방의 의무는 나와 가족, 우리 모두의 안전을 위해 나라를 지킬 의무이다.

13 권리와 의무가 충돌할 때 해결하기 위한 자세로 알맞은 것은 어느 것입니까? (   )

① 자신의 권리를 포기해야 한다.
② 자신의 권리만을 주장해야 한다.
③ 자신이 지켜야 할 의무만을 생각해야 한다.
④ 권리보다 의무가 중요하다고 생각해야 한다.
⑤ 권리와 의무를 조화롭게 행하기 위해 노력해야 한다.

14 다음 친구들이 설명하는 사회 규범을 각각 쓰시오.

사회 질서를 유지하고 정의를 실현하기 위해 국가가 만든 강제성이 있는 규범이야.

사람들이 양심에 따라 자율적으로 지키는 규범으로 이 규범을 어겨도 제재를 받지는 않아.

㉠: (   ), ㉡: (   )

15 법의 제재를 받지 <u>않는</u> 상황은 어느 것입니까?

(   )

① ⬆ 상점의 물건을 훔치는 경우

② ⬆ 동물을 학대하는 경우

③ ⬆ 악성 댓글을 다는 경우

④ ⬆ 음식점에서 뛰어다니는 경우

→ 바른답·알찬풀이 46쪽

16 다음 내용과 관련 있는 법은 어느 것입니까?

( )

어린이의 안전을 위해 어린이 보호 구역에서 자동차의 주행 속도를 제한하고, 자동차의 주·정차를 금지한다.

① 「도로 교통법」
② 「학교 급식법」
③ 「자연환경 보전법」
④ 「식품 안전 기본법」
⑤ 「어린이 놀이 시설 안전 관리법」

17 다음 사진을 보고 알 수 있는 법의 역할을 보기에서 골라 기호를 쓰시오.

보기

㉠ 교통질서를 유지해 준다.
㉡ 개인 정보를 보호해 준다.
㉢ 사람들 사이의 분쟁을 해결해 준다.
㉣ 개인의 생명과 재산을 보호해 준다.

( )

18 다음 그림의 상황을 잘못 설명한 친구의 이름을 쓰시오.

잠깐인데 괜찮겠지? 당장 불이 난 것도 아니잖아.

• 선준: 소방차가 제시간에 출동하지 못할 수 있어.
• 윤서: 사람들 사이에 갈등을 불러일으킬 수 있어.
• 효정: 다른 사람에게 피해를 주는 행동은 아니야.

( )

19 법을 어긴 사람을 재판하는 까닭을 두 가지 고르시오. (,)

① 법을 지킨 사람의 권리를 제한하기 위해
② 자신의 행동에 맞는 책임을 지게 하기 위해
③ 법을 어긴 사람의 자유와 권리를 보장하기 위해
④ 그 사람이 정말로 죄를 지었는지 확인하기 위해
⑤ 법을 어긴 사람에게 모두 동일한 벌을 주기 위해

서술형 당

20 법을 지켜야 하는 까닭을 쓰시오.

_____

_____

숨은과학찾기

학습을 시작하기 전에 숨은 그림을 찾아보세요.

광학 현미경 · 토성 · 짚신벌레 · 약숟가락 · 온도계 · 천체 망원경 · 스포이트

과학

개념 ① 탐구 문제 정하기

① 문제 인식: 탐구할 ❶[ㅁㅈ]를 찾아 명확하게 나타내는 것 → 과학 지식이나 관찰한 사실로부터 새로운 생각이나 질문을 떠올립니다.

② 탐구 문제를 정할 때 생각해야 할 점
- 실제로 탐구할 수 있는 내용이어야 합니다.
- 탐구하고 싶은 내용이 분명하게 드러나야 합니다.
- 탐구할 범위가 좁고 구체적이어야 합니다.
- 너무 거창하거나 단순한 문제가 아니어야 합니다.

과학자 파스퇴르의 탐구 문제 정하기

- 발견한 것:

독성이 약해진 콜레라균을 닭에게 주사함.	→	닭들이 콜레라를 가볍게 앓고 나서 곧 건강해짐.

- 탐구 문제: 왜 독성이 약한 콜레라균을 주사한 닭들은 건강해졌을까?

개념 ② 실험 계획하기

① 가설 설정: 관찰한 사실이나 경험을 바탕으로 하여 탐구 문제에 대한 잠정적인 ❷[ㄱㅅ]을 내려 보는 것

② ❸[ㅂㅇㅌㅈ]: 실험과 관련된 조건을 확인하고 통제하는 것
→실험에서 다르게 해야 할 조건,
실험에서 같게 해야 할 조건

③ 실험을 계획할 때 생각해야 할 점
- 다르게 해야 할 조건과 같게 해야 할 조건을 정합니다.
- 관찰하거나 측정해야 할 것이 무엇인지 확인합니다.
- 실험에 필요한 준비물, 실험 방법, 실험 과정 등을 구체적으로 정합니다.
- 실험하면서 지켜야 할 안전 수칙을 생각합니다.

과학자 파스퇴르의 닭 콜레라 실험 계획

- 가설: 독성이 약한 콜레라균을 주사한 닭은 독성이 약한 콜레라균을 주사하지 않은 닭보다 콜레라에 걸리지 않을 것이다.
- 실험 계획: 독성이 약한 콜레라균을 주사한 닭들과 독성이 약한 콜레라균을 주사하지 않은 닭들에게 모두 콜레라균을 주사한 뒤 그 결과를 비교합니다.

개념 ③ 실험하기

① 실험 방법: 실험 ❹[ㄱㅈ]에 따라 실험합니다.

② 실험을 할 때 주의할 점
- 실험하는 동안 관찰하거나 측정한 내용은 자세히 기록합니다.
- 실험 결과를 사실 그대로 기록하고, 실험 결과가 예상과 다르더라도 고치거나 빼지 않습니다.
- 실험하는 동안 안전 수칙을 철저히 지킵니다.

과학자 파스퇴르의 닭 콜레라 실험 실행

닭들을 두 무리로 나누고 한 무리에게만 독성이 약한 콜레라균을 주사 → 콜레라를 가볍게 앓고 건강해진 것을 확인 → 두 무리의 닭들에게 모두 콜레라균 주사 → 두 무리 닭들의 건강 상태 변화 관찰

개념 ④ 실험 결과 정리하고 해석하기

① 자료 변환: 실험 결과를 표나 ❺[ㄱㄹㅍ]와 같이 한눈에 알아보기 쉬운 형태로 바꾸어 정리하는 것

② 자료 변환의 형태

표	많은 양의 실험 결과를 체계적으로 정리할 수 있음.
그래프	실험 조건과 실험 결과의 관계를 알아보기 쉽게 나타낼 수 있음.

③ 자료 해석: 실험 결과를 정리한 표, 그래프 등을 해석하여 자료 사이의 관계나 ❻[ㄱㅊ]을 찾아내는 것

④ 실험 결과를 정리하고 자료를 해석할 때 생각해야 할 점
- 실험 결과를 가장 잘 나타낼 수 있는 형태로 정리합니다.
- 정리한 자료를 해석하여 자료 사이의 관계나 규칙을 찾아봅니다.

개념 ⑤ 결론 도출하기
→판단이나 결론을 이끌어 내는 것을 말해요.

① 결론 도출: 실험 결과를 해석하여 타당한 ❼[ㄱㄹ]을 이끌어 내는 과정

② 결론을 얻게 되면 처음 세운 가설이 옳은지, 그른지 판단할 수 있습니다.

과학자 파스퇴르의 닭 콜레라 실험의 결론

독성이 약한 콜레라균을 주사한 닭은 독성이 약한 콜레라균을 주사하지 않은 닭보다 콜레라에 걸리지 않습니다.

자료 1 탐구 과정

문제 인식 및 탐구 문제 정하기	가설 설정하고 실험 계획하기
주변에서 관찰한 현상에서 궁금한 점을 탐구 문제로 정하기	탐구 결과를 예상하여 가설을 세우고, 가설이 맞는지 확인할 수 있는 실험 설계하기

실험하기	실험 결과 정리하고 해석하기	결론 도출하기
변인 통제하면서 실험하기	실험 결과를 표나 그래프 등으로 정리하고 해석하기	실험 결과를 보고 가설이 맞는지 판단하고 결론 내리기

POINT
탐구 문제를 해결하기 위해 계획을 세워 실험을 하고, 실험 결과를 정리하고 해석하여 결론을 내립니다.

1-1 탐구 과정 중 탐구할 문제를 찾아 명확하게 나타내는 것을 무엇이라고 하는지 쓰시오.
(   )

1-2 변인 통제에 유의하면서 계획한 실험 순서에 따라 실험을 하는 과정은 탐구 계획하기입니다.
(○ , ×)

1-3 실험 결과에서 탐구 문제의 결론을 이끌어 내는 과정을 무엇이라고 하는지 쓰시오.
(   )

자료 2 자료 변환의 형태 – 표

<콜레라균을 주사한 뒤 시간에 따라 살아 있는 닭의 수 변화>

구분		독성이 약한 콜레라균을 주사한 닭	독성이 약한 콜레라균을 주사하지 않은 닭
살아 있는 닭의 수(마리)	처음	10	10
	1일 뒤	10	6
	2일 뒤	10	1

살아 있는 닭의 수가 변하지 않았어요.← 살아 있는 닭의 수가 줄어들었어요.

POINT
자료를 표로 변환하면 많은 양의 실험 결과를 체계적으로 정리할 수 있습니다.

2-1 실험 결과를 한눈에 알아보기 쉬운 형태로 바꾸어 정리하는 것을 (자료 변환 , 자료 해석)(이)라고 합니다.

2-2 자료를 표로 변환할 때 많은 자료를 가로 칸과 세로 칸에 체계적으로 정리할 수 있습니다.
(○ , ×)

자료 3 자료 변환의 형태 – 그래프

<콜레라균을 주사한 뒤 시간에 따라 살아 있는 닭의 수 변화>

■ 독성이 약한 콜레라균을 주사한 닭
■ 독성이 약한 콜레라균을 주사하지 않은 닭

POINT
그래프는 실험 조건과 실험 결과의 관계를 한눈에 알아보기 쉽게 나타낼 수 있습니다.

3-1 왼쪽은 실험 결과를 그래프로 나타낸 (자료 변환 , 자료 해석)의 형태입니다.

3-2 왼쪽 그래프를 통해 독성이 약한 콜레라균을 주사했을 때와 주사하지 않았을 때 살아 있는 닭의 수 변화를 쉽게 비교할 수 있습니다. (○ , ×)

01 탐구할 문제를 찾아 명확하게 나타내는 것을 무엇이라고 합니까? (   )

① 자료 변환
② 자료 해석
③ 실험 계획
④ 문제 인식
⑤ 결론 도출

02 탐구 문제를 정할 때 생각해야 할 점으로 옳지 않은 것은 어느 것입니까? (   )

① 탐구할 범위가 좁아야 한다.
② 실제로 탐구할 수 있어야 한다.
③ 탐구할 범위가 구체적이어야 한다.
④ 간단한 조사만으로 결과를 알 수 있어야 한다.
⑤ 탐구하고 싶은 내용이 분명하게 드러나야 한다.

03 실험에서 실험과 관련된 조건, 즉 다르게 해야 할 조건과 같게 해야 할 조건을 확인하고 통제하는 것을 무엇이라고 하는지 쓰시오.

(   )

04 실험 계획을 세울 때 생각해야 할 점으로 옳지 않은 것은 어느 것입니까? (   )

① 안전 수칙
② 가설이 옳은지, 그른지
③ 관찰하거나 측정해야 할 것
④ 다르게 해야 할 조건과 같게 해야 할 조건
⑤ 실험에 필요한 준비물, 실험 방법, 실험 과정

05 꼭나와 ♥ 다음은 과학 탐구 과정을 순서 없이 나열한 것입니다. 순서대로 나열한 것으로 옳은 것은 어느 것입니까? (   )

┌─────────────────────────────┐
│ ㉠ 실험하기 │
│ ㉡ 결론 도출하기 │
│ ㉢ 가설을 설정하고 실험 계획하기 │
│ ㉣ 문제 인식 및 탐구 문제 정하기 │
│ ㉤ 실험 결과를 정리하고 해석하기 │
└─────────────────────────────┘

① ㉠ → ㉡ → ㉢ → ㉣ → ㉤
② ㉡ → ㉣ → ㉠ → ㉢ → ㉤
③ ㉢ → ㉠ → ㉤ → ㉣ → ㉡
④ ㉣ → ㉠ → ㉢ → ㉤ → ㉡
⑤ ㉣ → ㉢ → ㉠ → ㉤ → ㉡

06 다음은 파스퇴르의 닭 콜레라 연구에 대한 내용입니다. 파스퇴르가 탐구 문제를 해결하기 위해 수행한 과정에서 (   ) 안에 들어갈 알맞은 말을 쓰시오.

┌─────────────────────────────┐
│ 파스퇴르는 독성이 약한 콜레라균을 주사한 닭들이 콜레라를 가볍게 앓고 나서 곧 건강해지는 것을 발견했다. 파스퇴르는 독성이 약한 콜레라균을 주사한 닭들이 건강해진 까닭이 궁금해졌다. │
└─────────────────────────────┘
↓
┌─────────────────────────────┐
│ 파스퇴르는 "독성이 약한 콜레라균을 주사한 닭은 독성이 약한 콜레라균을 주사하지 않은 닭보다 콜레라에 걸리지 않을 것이다."라는 (   )을/를 세웠다. │
└─────────────────────────────┘

(   )

→ 바른답·알찬풀이 47쪽

 꼭나와ㄷ

07 다음 (   ) 안에 들어갈 말을 알맞게 짝 지은 것은 어느 것입니까? (   )

> • 실험 결과를 표나 그래프의 형태로 바꾸어 정리하는 것을 (㉠)(이)라고 한다.
> • 실험 결과를 통해 알 수 있는 점을 생각하고, 자료 사이의 관계나 규칙을 찾아내는 것을 (㉡)(이)라고 한다.

	㉠	㉡
①	문제 인식	변인 통제
②	자료 변환	변인 통제
③	자료 변환	자료 해석
④	자료 해석	자료 변환
⑤	자료 해석	결론 도출

서술형ㄷ

08 다음은 독성이 약한 콜레라균을 주사한 닭이 독성이 약한 콜레라균을 주사하지 않은 닭보다 콜레라에 걸리지 않을지 확인하기 위해 수행한 실험 과정입니다. 과정 (다)의 빈 곳에 들어갈 알맞은 내용을 쓰시오.

> (가) 크기가 비슷한 건강한 닭들을 두 무리로 나누고, 한 무리의 닭들에게만 독성이 약한 콜레라균을 주사한다.
> (나) 독성이 약한 콜레라균을 주사한 닭의 무리가 콜레라를 가볍게 앓고 건강해진 것을 확인한다.
> (다) 이후 두 무리의 닭들에게 _____
> (라) 두 무리의 닭들을 같은 닭장에 풀어 두고 닭들의 건강 상태를 꼼꼼하게 살펴본다.

꼭 들어가야 할 말   양, 콜레라균

_____

_____

09 다음은 문제 **8**번의 실험 결과를 정리한 것입니다. 이에 대한 설명으로 옳은 것은 어느 것입니까?

(   )

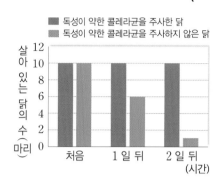

① 실험 결과를 표로 정리한 것이다.
② 닭은 독성이 약한 콜레라균에도 모두 죽었다.
③ 독성이 약한 콜레라균을 주사했던 닭의 무리는 새로 콜레라균을 주사한 뒤에도 죽지 않았다.
④ 독성이 약한 콜레라균을 주사했던 닭의 무리는 새로 콜레라균을 주사한 뒤 시간이 지남에 따라 살아 있는 닭의 수가 줄어들었다.
⑤ 독성이 약한 콜레라균을 주사하지 않았던 닭의 무리는 새로 콜레라균을 주사한 뒤 시간이 지나도 살아 있는 닭의 수가 변하지 않았다.

10 다음은 탐구 과정 중 무엇에 대한 설명인지 쓰시오.

> 실험 결과를 해석하여 타당한 결론을 이끌어 내는 과정이다.

(   )

개념 1 온도 →'36.8 ℃'는 '섭씨 삼십육 점 팔 도'라고 읽어요.

① 온도: 물체의 따뜻하거나 차가운 정도를 나타내는 것으로, 숫자에 주로 단위 ℃(섭씨도)를 붙입니다.

② 온도 측정하기: 쓰임새에 맞는 ❶ ㅇㄷㄱ 를 사용해야 온도를 정확하게 측정할 수 있습니다.

③ 온도계 종류

적외선 온도계	주로 고체로 된 물체의 온도 측정
알코올 온도계	주로 액체나 기체의 온도 측정

④ 물체의 온도는 물체가 놓인 장소나 햇빛의 양, 측정 시각 등에 따라 다를 수 있습니다.

⑤ 같은 물체라도 온도가 다를 수 있고, 다른 물체라도 온도가 같을 수 있습니다.

개념 2 온도가 다른 두 물체가 접촉할 때 두 물체의 온도 변화

① 온도가 다른 두 물체가 ❷ ㅈㅊ 할 때 온도가 높은 물체는 온도가 낮아지고, 온도가 낮은 물체는 온도가 높아집니다. → 시간이 지나면 두 물체의 온도가 같아집니다.

② 접촉한 두 물체의 온도가 변하는 까닭: 온도가 높은 물체에서 온도가 낮은 물체로 열이 이동하기 때문입니다.

③ 온도가 다른 두 물체가 접촉할 때 열의 이동

삶은 달걀과 얼음물	생선과 얼음
온도가 낮은 얼음물 / 열 / 온도가 높은 삶은 달걀	온도가 높은 생선 / 열 / 온도가 낮은 얼음
• 삶은 달걀: 온도가 낮아짐. • 얼음물: 온도가 높아짐.	• 생선: 온도가 낮아짐. • 얼음: 온도가 높아짐.

개념 3 고체에서 열의 이동

① 전도: 열이 온도가 높은 곳에서 온도가 낮은 곳으로 고체로 된 물체를 따라 이동하는 것

② 고체에서 열의 이동: ❸ ㅈㄷ 를 통해 열이 이동합니다. ⑩ 불 위의 철판에서 불과 가까이 있는 부분에서 멀어지는 쪽으로 열이 이동합니다.

③ 고체로 된 두 물체가 끊겨 있으면 열의 전도가 일어나지 않습니다.

개념 4 고체 물질의 종류에 따른 열의 이동

① 고체 물질의 열전도 빠르기 비교

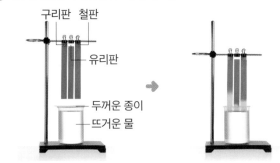

구리판 철판 / 유리판 / 두꺼운 종이 / 뜨거운 물

탐구 과정	열 변색 붙임딱지를 붙인 구리판, 유리판, 철판을 스탠드에 매단 후 끝부분이 뜨거운 물에 동시에 잠기게 함. →온도에 따라 색깔이 변하는 것을 통해 열의 이동 방향과 빠르기를 알 수 있어요.
탐구 결과	열 변색 붙임딱지의 색깔이 빨리 변하는 순서: 구리판, 철판, 유리판 → 고체 물질의 종류에 따라 열이 이동하는 ❹ ㅃㄹㄱ 가 다름.

② 고체 물질의 종류에 따라 열이 이동하는 빠르기가 다른 성질을 이용한 예

전기다리미	주전자
옷을 다리는 부분: 금속 → 열이 잘 이동함. 손잡이: 플라스틱 → 열이 잘 이동하지 않음.	손잡이: 나무 → 열이 잘 이동하지 않음. 바닥: 금속 → 열이 잘 이동함.

③ 단열: 두 물체 사이에서 ❺ ㅇ 의 이동을 막는 것 ⑩ 방한복, 방한 장갑, 냄비 받침, 아이스박스 등 → 솜, 나무, 플라스틱, 종이 등과 같이 열이 잘 이동하지 않는 물체를 이용해요.

개념 5 액체와 기체에서 열의 이동

① 대류: 온도가 높아진 물질은 위로 올라가고 위에 있던 물질은 아래로 내려오면서 열이 이동하는 것

② 액체와 기체에서의 열의 이동: ❻ ㄷㄹ 를 통해 열이 이동합니다. ⑩ 난방기를 켜 둔 실내에서 대류를 통해 열이 이동하여 실내 전체 공기가 따뜻해집니다.

정답 ❶ 온도계 ❷ 접촉 ❸ 전도 ❹ 빠르기 ❺ 열 ❻ 대류

핵심 자료

➜ 바른답·알찬풀이 47쪽

자료 ① 고체에서 열의 이동

길게 자른 구리판을 가열할 때 열 변색 붙임딱지의 색 변화	
정사각형 구리판을 가열할 때 열 변색 붙임딱지의 색 변화	
☐ 모양 구리판을 가열할 때 열 변색 붙임딱지의 색 변화	

➡ 구리판에서 열은 가열한 부분에서 멀어지는 방향으로 구리판을 따라 이동합니다.

➡ 구리판이 끊겨 있는 부분에서는 열이 전도되지 않습니다.

POINT

고체에서 열은 온도가 높은 곳에서 온도가 낮은 곳으로 고체로 된 물체를 따라 이동합니다.

1-1 고체로 된 물체의 한 부분을 가열하면 온도가 높아진 부분에서 주변의 온도가 낮은 부분으로 열이 이동합니다. (○ , ×)

1-2 고체로 된 물체가 끊겨 있으면 그 부분에서 열이 더 잘 전도됩니다. (○ , ×)

1-3 고체에서 열은 온도가 (높은 , 낮은) 곳에서 온도가 (높은 , 낮은) 곳으로 고체로 된 물체를 따라 이동합니다.

자료 ② 액체에서 열의 이동

파란색 잉크
차가운 물
뜨거운 물이 담긴 컵

차가운 물속의 바닥에 있던 파란색 잉크가 위로 올라갑니다.
⬇
온도가 높아진 액체는 위로 올라가는 것을 알 수 있습니다.

POINT

액체에서는 온도가 높아진 액체가 위로 올라가고, 위에 있던 액체가 아래로 내려오면서 열이 이동합니다.

2-1 왼쪽 실험을 통해 액체에서는 온도가 높아진 물질이 (위 , 아래)로 이동하는 것을 알 수 있습니다.

2-2 액체에서 액체와 함께 열이 이동하는 방법을 무엇이라고 하는지 쓰시오.

(   )

자료 ③ 기체에서 열의 이동

뱀 그림
가열 장치

가열 장치를 켜면 가열 장치 주변 공기의 온도가 높아집니다.
⬇
뜨거워진 공기가 위로 올라가면서 뱀 그림을 움직이게 합니다.

POINT

기체에서는 온도가 높아진 기체가 위로 올라가고, 위에 있던 기체가 아래로 내려오면서 열이 이동합니다.

3-1 기체에서는 기체의 (   )에 의해 열이 이동합니다.

3-2 기체를 가열하면 온도가 높아진 기체는 (위 , 아래)로 이동하고, 온도가 낮은 기체는 (위 , 아래)로 이동합니다.

01 온도에 대한 설명으로 옳지 <u>않은</u> 것은 어느 것입니까? (   )

① 몸의 온도는 체온이다.
② 기온을 측정할 때에는 주로 적외선 온도계를 사용한다.
③ 우리가 주로 사용하는 온도의 단위는 ℃(섭씨도)이다.
④ 같은 물체라도 날씨에 따라 온도가 다르게 측정될 수 있다.
⑤ 같은 장소에 있어도 물체의 종류에 따라 온도가 다를 수 있다.

02 다음 온도계에 대한 설명으로 옳지 <u>않은</u> 것은 어느 것입니까? (   )

(가) ↑ 적외선 온도계   (나) ↑ 비접촉식 체온계   (다) ↑ 알코올 온도계

① (나)는 체온을 측정할 때 사용한다.
② (다)는 주로 액체나 기체의 온도를 측정한다.
③ (가)는 주로 고체의 온도를 측정할 때 사용한다.
④ (가)와 (나)는 온도 표시 창에 표시된 온도를 읽는다.
⑤ (다)는 빨간색 액체의 움직임이 멈추기 전에 눈금을 읽는다.

03 온도계를 쓰임새에 맞게 사용한 경우가 <u>아닌</u> 것은 어느 것입니까? (   )

① 운동장의 기온은 알코올 온도계로 측정한다.
② 어항 속 물의 온도는 알코올 온도계로 측정한다.
③ 고기 굽는 철판의 온도는 적외선 온도계로 측정한다.
④ 뜨거운 물이 담긴 컵의 온도는 적외선 온도계로 측정한다.
⑤ 나무 그늘에 있는 바위의 온도는 알코올 온도계로 측정한다.

꼭나와 ㉦

04 온도계를 사용해 물체의 온도를 측정하는 까닭으로 옳지 <u>않은</u> 것은 어느 것입니까? (   )

① 같은 물체라도 온도가 다를 수 있기 때문이다.
② 다른 물체라도 온도가 같을 수 있기 때문이다.
③ 같은 장소에 놓인 같은 물체의 온도는 항상 같기 때문이다.
④ 물체의 온도는 물체가 놓인 장소에 따라 다를 수 있기 때문이다.
⑤ 햇빛의 양과 측정 시각에 따라 물체의 온도가 다를 수 있기 때문이다.

05 오른쪽 알코올 온도계가 나타내는 물체의 온도는 몇 ℃ 입니까? (   )

① 1.5 ℃   ② 2.5 ℃
③ 20.0 ℃   ④ 25.0 ℃
⑤ 35.0 ℃

[06~07] 오른쪽은 차가운 물이 담긴 음료수 캔을 따뜻한 물이 담긴 비커에 넣고 각각 물의 온도를 측정하는 모습입니다. 물음에 답하시오.

— 알코올 온도계
㉠ 차가운 물이 담긴 음료수 캔
㉡ 따뜻한 물이 담긴 비커

06 위 실험 결과에 맞게 ㉠과 ㉡ 중 ( ) 안에 들어갈 알맞은 기호를 쓰시오.

> ( )의 물의 온도는 점점 낮아지고, ( )의 물의 온도는 점점 높아지다가 시간이 지나면 두 물체의 온도가 같아진다.

서술형

07 위 실험을 통해 알 수 있는 온도가 다른 두 물체가 접촉할 때 두 물체 사이에서 열이 이동하는 방향을 쓰시오.

꼭 들어가야 할 말 따뜻한 물체, 차가운 물체, 열

_____

_____

꼭나와 상

08 두 물체가 접촉했을 때 온도가 높아지는 경우로 옳은 것은 어느 것입니까? ( )

① 얼음 위 생선의 온도
② 숟가락이 담긴 뜨거운 물의 온도
③ 손으로 잡은 따뜻한 손난로의 온도
④ 여름철 아이스크림 주변 공기의 온도
⑤ 갓 삶은 달걀을 넣어 둔 얼음물의 온도

09 열 변색 붙임딱지를 붙인 ⊓ 모양 구리판의 한쪽 끝을 가열할 때 열 변색 붙임딱지의 색깔이 변하는 방향으로 옳은 것은 어느 것입니까?(단, ●은 가열한 곳입니다.) ( )

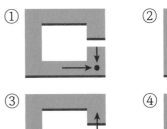

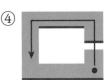

10 다음은 고체에서의 열의 이동 과정을 순서 없이 나타낸 것입니다. 순서에 맞게 기호를 쓰시오.

> ㉠ 고체로 된 물체의 한 부분을 가열하면 그 부분의 온도가 높아진다.
> ㉡ 시간이 지나면 주변의 온도가 낮았던 부분도 점점 온도가 높아진다.
> ㉢ 온도가 높아진 부분에서 주변의 온도가 낮은 부분으로 열이 이동한다.

( ) → ( ) → ( )

[11~12] 다음은 열 변색 붙임딱지를 붙인 길게 자른 구리판의 한쪽 끝을 가열할 때 열 변색 붙임딱지가 변하는 모습을 순서 없이 나타낸 것입니다. 물음에 답하시오.

ㄱ   ㄴ   ㄷ

11 위 ㉠~㉢을 열 변색 붙임딱지의 색깔이 변하는 순서에 맞게 기호를 쓰시오.

(   ) → (   ) → (   )

12 위 실험에 대한 설명으로 옳은 것을 두 가지 고르시오. (,   )

① 구리판은 시간이 지날수록 온도가 점점 낮아진다.
② 열은 가열한 부분에서 멀어지는 방향으로 이동한다.
③ 구리판에서 가열한 부분의 온도가 가장 나중에 높아진다.
④ 구리판에서 열은 온도가 낮은 곳에서 높은 곳으로 이동한다.
⑤ 구리판을 사용하지 않고 철판을 사용해도 열의 이동 방향은 같게 나타난다.

[13~14] 오른쪽은 열 변색 붙임딱지를 붙인 구리판, 유리판, 철판을 뜨거운 물이 담긴 비커에 동시에 넣고 색깔 변화를 관찰한 모습입니다. 물음에 답하시오.

구리판 철판
유리판
뜨거운 물

꼭나와 ♥

13 위 실험에 대한 설명으로 옳은 것은 어느 것입니까? (   )

① 유리에서는 열이 이동하지 않는다.
② 금속보다 유리에서 열이 더 빠르게 이동한다.
③ 구리판보다 철판에서 열이 더 빠르게 이동한다.
④ 금속은 종류에 관계없이 열이 이동하는 빠르기가 같다.
⑤ 고체 물질의 종류에 따라 열이 이동하는 빠르기가 다르다.

서술형 상

14 위 실험에서 구리판, 유리판, 철판의 열이 빠르게 이동하는 순서를 알 수 있는 까닭을 쓰시오.

꼭 들어가야 할 말   열, 붙임딱지의 색깔

_____

_____

15 다음 다리미에서 열이 잘 이동하는 금속으로 만들어진 부분은 어느 것인지 기호를 쓰시오.

(   )

16 전도를 통해 열이 이동하는 예를 옳게 말한 친구의 이름을 쓰시오.

- 호영: 뜨거운 국에 쇠숟가락을 담가 놓았더니 숟가락의 아래쪽부터 뜨거워졌어.
- 수민: 냄비에 물을 넣고 끓였더니 5분 뒤에 물 전체가 뜨거워졌어.
- 민율: 방한복을 입었더니 차가운 공기가 들어오지 않아서 몸을 따뜻하게 유지할 수 있었어.

( )

꼭나와 ♡

17 오른쪽은 차가운 물이 담긴 수조에 파란색 잉크를 넣고, 수조 아랫부분에 뜨거운 물이 담긴 종이컵을 놓은 모습입니다. 이에 대한 설명으로 옳지 <u>않은</u> 것은 어느 것입니까? ( )

파란색 잉크
뜨거운 물이 담긴 종이컵

① 온도가 높아진 물이 위로 올라간다.
② 대류를 통한 열의 이동을 알 수 있다.
③ 파란색 잉크가 변함없이 제자리에 머문다.
④ 물의 움직임을 따라 파란색 잉크가 이동한다.
⑤ 위에 있던 온도가 낮은 물은 아래로 밀려 내려온다.

18 오른쪽은 차가운 물이 담긴 주전자의 바닥을 가열하는 모습입니다. 이에 대한 설명으로 옳지 <u>않은</u> 것은 어느 것입니까? ( )

① 온도가 높아진 물은 위로 올라간다.
② 물에서는 대류에 의해 열이 이동한다.
③ 주전자 속 물이 이동하면서 열이 이동한다.
④ 시간이 지나면 물이 전체적으로 따뜻해진다.
⑤ 주전자를 가열하면 차가운 물은 이동하지 않는다.

19 다음은 스탠드에 뱀 그림을 매달고 가열 장치를 켰더니 뱀 그림이 움직이는 모습입니다. 실험을 통해 알 수 있는 사실에 맞게 ㉠, ㉡에 들어갈 알맞은 말을 쓰시오.

뱀 그림
가열 장치

- 가열 장치에 의해 주변의 따뜻해진 공기는 (㉠)(으)로 이동한다.
- 뱀 그림의 움직임을 통해 기체에서는 (㉡)에 의해 열이 이동함을 알 수 있다.

㉠: ( ), ㉡: ( )

20 집을 지을 때 집의 벽, 바닥, 천장 등에 단열재를 사용하고 이중창을 설치합니다. 이에 대한 설명으로 옳지 <u>않은</u> 것은 어느 것입니까? ( )

① 단열재를 사용하면 두 물질 사이에 열이 잘 이동한다.
② 여름에는 집 밖의 열이 집 안으로 이동하지 않도록 막는다.
③ 겨울에는 집 안의 열이 집 밖으로 이동하지 않도록 막는다.
④ 단열재와 이중창을 설치하여 실내 온도를 오랫동안 유지할 수 있다.
⑤ 창문에 뽁뽁이를 붙이는 것도 단열재를 사용하는 것과 같은 효과가 있다.

과학

01 온도에 대한 설명으로 옳은 것을 보기 에서 골라 기호를 쓰시오.

> 보기
>
> ㉠ 우리가 주로 사용하는 온도의 단위는 kg 이다.
> ㉡ 물체의 따뜻하거나 차가운 정도는 온도로 나타낸다.
> ㉢ 물체의 온도는 측정하는 장소의 영향을 받지 않는다.

(   )

[02~03] 다음은 여러 가지 온도계의 모습입니다. 물음에 답하시오.

㉠   ㉡

02 위 ㉠과 ㉡ 온도계의 이름을 쓰시오.

㉠: (   ), ㉡: (   )

03 위 ㉡ 온도계에 대한 설명으로 옳지 않은 것은 어느 것입니까? (   )

① 몸체에는 관, 눈금, 액체 기둥이 있다.
② 주로 액체나 기체의 온도를 측정할 때 사용한다.
③ 운동장의 흙 표면이나 책상의 온도를 측정할 때 사용한다.
④ 액체 기둥의 끝이 닿은 위치에 눈높이를 맞춰 눈금을 읽는다.
⑤ 액체샘에 있는 빨간색 액체가 몸체 속의 관을 따라 움직이다가 멈춘다.

서술형

04 다음 친구들의 대화에서 은희가 알코올 온도계가 필요하다고 말한 까닭을 쓰시오.

> • 태우: 오늘 너무 더워. 운동장의 기온을 알고 싶어.
> • 민아: 나는 어항에서 물고기를 키우려고 하는데 적절한 수온이 궁금해.
> • 재하: 나는 얼음물의 얼음이 녹을 때 물의 온도 변화가 궁금해.
> • 은희: 너희들 모두 알코올 온도계가 필요하네.

_____

_____

어려워

05 다음은 온도가 다른 두 물체 ㉠과 ㉡이 접촉했을 때 두 물체의 온도를 1분마다 측정한 결과의 일부입니다. 이에 대한 설명으로 옳지 않은 것은 어느 것입니까? (   )

시간(분)	0	1	2		7	8	9
㉠의 온도(℃)	23.2	27.0	29.0		31.9	32.9	32.9
㉡의 온도(℃)	45.0	40.0	37.9		34.0	32.9	32.9

① ㉠의 온도는 점점 높아지다가 일정해졌다.
② ㉡의 온도는 점점 낮아지다가 일정해졌다.
③ 8분이 지난 뒤 ㉠의 온도와 ㉡의 온도가 서로 같아졌다.
④ ㉠과 ㉡이 접촉했을 때 열이 ㉡에서 ㉠으로 이동했다.
⑤ 시간이 충분히 지나면 ㉠의 온도가 ㉡의 온도보다 높아진다.

[06~07] 오른쪽은 차가운 물이 담긴 음료수 캔을 따뜻한 물이 담긴 비커에 넣고 두 물의 온도를 측정하는 모습입니다. 물음에 답하시오.

알코올 온도계
차가운 물이 담긴 음료수 캔
따뜻한 물이 담긴 비커

06 위 실험에 대한 설명으로 옳지 않은 것은 어느 것입니까? (   )

① 비커에 담긴 물의 온도는 낮아진다.
② 음료수 캔에 담긴 물의 온도는 높아진다.
③ 시간이 지나면 두 물의 온도는 같아진다.
④ 비커와 음료수 캔에 담긴 두 물 사이에 열이 이동한다.
⑤ 비커에 따뜻한 물 대신 얼음물을 넣고 차가운 물이 담긴 음료수 캔을 넣으면 두 물의 온도 차이가 더 커진다.

07 위 실험 결과로 알 수 있는 열의 이동 방향을 쓰시오.

_____

_____

08 오른쪽과 같이 운동 후 뜨거워진 얼굴에 차가운 물병을 갖다 대었을 때의 변화로 옳은 것을 **보기** 에서 골라 기호를 쓰시오.

보기

ㄱ 물병에서 얼굴로 열이 이동한다.
ㄴ 차가운 물병의 온도는 높아진다.
ㄷ 얼굴에서 물병이 닿은 부분의 온도는 높아진다.

(   )

09 다음은 열 변색 붙임딱지를 붙인 구리판의 한쪽 끝을 초로 가열하는 모습입니다. 이에 대한 설명으로 옳은 것은 어느 것입니까? (   )

① ㄹ에서 ㄷ 방향으로 색깔이 변한다.
② 구리판 전체의 색깔이 동시에 변한다.
③ ㄹ 부분보다 ㄴ 부분의 색깔이 먼저 변한다.
④ 온도가 낮은 부분에서 온도가 높은 부분으로 구리판을 따라 열이 이동한다.
⑤ 구리판에서 열은 가열한 부분에서 멀어지는 방향으로 구리판을 따라 이동한다.

어려워

10 다음은 열 변색 붙임딱지를 붙인 세 물질의 고체판을 뜨거운 물이 담긴 비커에 동시에 넣었을 때의 모습입니다. 이에 대한 설명으로 옳지 않은 것은 어느 것입니까? (   )

① ㄴ에서 열이 가장 빠르게 이동한다.
② ㄱ보다 ㄷ에서 열이 더 빠르게 이동한다.
③ 열이 이동하는 빠르기는 ㄷ에서 가장 느리다.
④ ㄴ → ㄱ → ㄷ 순으로 열이 빠르게 이동한다.
⑤ 고체 물질의 종류에 따라 열이 이동하는 빠르기가 다르다.

11 다음과 같이 철판에서 고기를 구울 때 열의 이동에 대한 설명으로 옳은 것은 어느 것입니까?
( )

① 철판에서 고기로 열이 이동한다.
② 철판 내에서는 대류에 의해 열이 이동한다.
③ 철판 대신 유리판을 사용하면 고기가 더 빨리 익는다.
④ 철판에서는 불로부터 먼 부분에서 가까운 쪽으로 열이 이동한다.
⑤ 철판에서 열은 온도가 낮은 곳에서 온도가 높은 곳으로 이동한다.

12 전도에 대한 설명으로 옳지 <u>않은</u> 것은 어느 것입니까? ( )

① 고체에서 열이 이동하는 방법이다.
② 열이 온도가 높은 곳에서 낮은 곳으로 이동한다.
③ 고체가 끊어져 있으면 끊긴 부분에서는 전도가 일어나지 않는다.
④ 두 고체 물질이 접촉하고 있지 않아도 두 물질 사이에 열이 이동하는 방법이다.
⑤ 얼음 위에 생선을 올려놓았을 때 생선의 온도가 낮아지는 것은 열의 전도 때문이다.

[13~14] 다음은 차가운 물이 담긴 주전자를 가열하는 모습입니다. 물음에 답하시오.

13 위 실험에서 ㉠~㉣ 중 물의 온도가 가장 먼저 높아지는 부분의 기호를 쓰시오.

( )

14 위 실험에 대한 설명으로 옳지 <u>않은</u> 것은 어느 것입니까? ( )

① 대류에 의해 열이 이동한다.
② 온도가 높아진 물은 위로 올라간다.
③ 주전자 속 물이 이동하면서 열이 이동한다.
④ 주전자를 가열해도 차가운 물은 이동하지 않는다.
⑤ 시간이 지나면 주전자 속 물 전체의 온도가 높아진다.

어려워 🤔

15 다음은 실내에서 바닥에 놓인 난방기를 켤 때 공기가 따뜻해지는 과정을 설명한 내용입니다. ㉠~㉢에 들어갈 알맞은 말을 쓰시오.

바닥에 놓인 난방기를 켜면 온도가 높아진 공기는 (㉠)(으)로 이동하고, 위에 있던 공기는 (㉡)(으)로 이동한다. 이처럼 기체에서도 액체에서와 같이 (㉢)에 의해 열이 이동한다.

㉠: ( ), ㉡: ( ), ㉢: ( )

➡ 바른답·알찬풀이 48쪽

16 다음과 같이 뱀 그림을 스탠드에 매달고 가열 장치를 켰더니 멈춰 있던 뱀 그림이 빙글빙글 돌아갔습니다. 이를 통해 알 수 있는 점으로 옳은 것은 어느 것입니까? (　　)

① 온도가 낮아진 공기는 위로 올라간다.
② 온도가 낮아진 공기는 제자리에 머문다.
③ 온도가 높아진 공기는 아래로 내려간다.
④ 가열 장치 주변의 데워진 공기는 제자리에 머문다.
⑤ 온도가 높아진 공기가 이동하며 뱀 그림을 움직이게 한다.

17 대류에 대한 설명으로 옳지 <u>않은</u> 것은 어느 것입니까? (　　)

① 고체에서는 대류가 일어나지 않는다.
② 액체와 기체에서 열이 이동하는 방법이다.
③ 가열한 프라이팬 위의 고기가 익는 것은 주로 대류 때문이다.
④ 바닥에 놓인 난방기를 켜면 공기의 대류에 의해 방 안 전체가 따뜻해진다.
⑤ 온도가 높은 물질이 위로 올라가고, 온도가 낮은 물질이 아래로 내려오는 현상이다.

어려워

18 고체, 액체, 기체에서 열의 이동에 대한 설명으로 옳지 <u>않은</u> 것은 어느 것입니까? (　　)

① 액체에서는 온도가 높아진 물질이 위로 올라간다.
② 고체 물질의 종류마다 열을 전도하는 정도가 다르다.
③ 열이 잘 이동하지 않는 고체 물질로 열의 이동을 막을 수 있다.
④ 냉방기를 실내의 천장에 설치하는 것은 기체의 열의 이동과 관계있다.
⑤ 기체에서는 온도가 높은 기체가 아래로 내려오고, 온도가 낮은 기체는 위로 올라간다.

서술형

19 다음 전기다리미와 주전자의 각 부분은 물질의 종류에 따라 열이 이동하는 빠르기가 다른 성질을 이용하였습니다. 전기다리미와 주전자의 손잡이를 플라스틱이나 나무로 만든 까닭을 쓰시오.

⊙ 전기다리미　　　　　⊙ 주전자

_____

_____

20 단열에 대한 설명으로 옳은 것은 어느 것입니까? (　　)

① 단열재로는 열의 이동이 빠른 것을 사용한다.
② 두 물체 사이에서 열이 빠르게 이동하는 방법이다.
③ 솜, 나무보다는 금속이 단열재로 사용하기에 적합하다.
④ 아이스박스는 외부의 열이 내부로 잘 이동하게 하여 낮은 온도를 유지한다.
⑤ 집을 지을 때 이중창 또는 단열재를 사용하면 적정한 실내 온도를 유지할 수 있다.

개념 ① 태양이 지구에 미치는 영향

① 태양: 많은 양의 빛을 내보내며 지구와 지구에 사는 모든 **[ㅅㅁ]**에게 영향을 주고, 지구에서 이용되는 거의 모든 에너지의 근원입니다.

② 태양이 우리 생활과 생물에 주는 영향: <u>물의 순환</u>, 지구의 온도 유지, 식물이 살아가는 데 필요한 양분 만들기, 태양 빛으로 전기 만들기 등

> 물은 상태가 변하면서 바다, 육지, 공기 중, 생물 등 여러 곳을 돌고 돌아요.

개념 ② 태양계 행성의 특징

① 태양계: 태양과 태양의 영향을 받는 <u>천체들</u>, 그리고 그 주위의 공간

> 우주를 이루고 있는 별, 행성, 소행성, 혜성 등을 모두 가리키는 말이에요.

② 태양의 특징: ❷ **[ㅌㅇㄱ]**의 중심이며, 태양계에서 스스로 빛을 내는 유일한 천체, 지구의 약 109 배 크기, 매우 높은 온도와 밝기 등

③ 태양계 행성: ❸ **[ㅌㅇ]**의 주위를 도는 8 개의 천체

수성		• 회색으로 보임. • 달처럼 표면이 울퉁불퉁함.
금성	⤳ 지구에서 가장 밝게 보여요. • 고리 없음. • 단단한 표면이 있음.	노란색과 붉은색으로 보임.
지구		다양한 색으로 보이는데, 파랗게 보이는 부분이 많음.
화성		붉은색으로 보임.
목성		• 가로줄 무늬가 보임. • 희미한 고리가 있음.
토성	고리 • 고리 있음. • 단단한 표면이 없음.	• 연노란색으로 보임. • 뚜렷하고 큰 고리가 있음.
천왕성		• 청록색으로 보임. • 세로 방향으로 희미한 고리가 있음.
해왕성		• 파란색으로 보임. • 희미한 고리가 있음.

개념 ③ 태양계 행성의 상대적 크기와 거리 비교

① 태양계 행성의 상대적 크기: 수성<화성<금성<지구<해왕성<천왕성<토성<목성

② 태양에서 태양계 행성까지의 상대적 거리: 수성<금성<지구<화성<목성<토성<천왕성<해왕성

개념 ④ 행성과 별

① 행성: 스스로 빛을 내지 않고 태양 빛을 반사합니다.

② 별: 스스로 ❹ **[ㅂ]**을 내는 천체입니다.

③ 여러 날 동안 밤하늘을 관측하면 별은 거의 위치가 변하지 않지만 행성은 위치가 변합니다.

> 별이 행성보다 지구에서 훨씬 먼 거리에 있기 때문이고, 같은 행성이라도 관측 시기에 따라 움직이는 정도와 방향이 달라요.

개념 ⑤ 북쪽의 대표적인 별자리

① 별자리: 무리 지어 있는 별을 연결해 이름을 붙인 것

② 북쪽 하늘에서 볼 수 있는 ❺ **[ㅂㅈㄹ]**: 큰곰자리, 작은곰자리, 카시오페이아자리 등

> 별자리는 맑은 날, 어둡고 주변이 탁 트인 곳에서 관측하기 좋아요.

↑ 큰곰자리　　↑ 작은곰자리　　↑ 카시오페이아자리

③ 북두칠성: 큰곰자리 꼬리 부분에 있는 일곱 개의 별

개념 ⑥ 북극성

① 북극성의 위치: 항상 ❻ **[ㅂ]**쪽에 있습니다.

② 북극성을 이용해 방향을 찾는 까닭: 북극성은 항상 정확한 북쪽에 있기 때문이며, 카시오페이아자리와 북두칠성을 이용하여 북극성을 찾을 수 있습니다.

③ 북극성을 이용해 방위를 확인하는 방법: ❼ **[ㅂㄷㅊㅅ]**이나 카시오페이아자리를 이용해 북극성을 찾으면 북극성이 있는 방향이 북쪽, 오른쪽이 동쪽, 왼쪽이 서쪽, 뒤쪽이 남쪽입니다.

서	북	동
	북극성	
북두칠성		카시오페이아자리

➡ 바른답·알찬풀이 49쪽

자료 ① 태양계 행성의 상대적 크기

토성의 고리는 토성의 크기에 포함시키지 않아요.

토성 약 9.4배
해왕성 약 3.9배
목성 약 11.2배
천왕성 약 4.0배
지구 1.0배
금성 약 0.9배
화성 약 0.5배
수성 약 0.4배

➡ 지구의 크기를 1.0으로 보았을 때 태양계 행성의 상대적 크기입니다.

POINT
태양계 행성은 목성, 토성, 천왕성, 해왕성, 지구, 금성, 화성, 수성 순서로 크기가 큽니다.

1-1 태양계 행성 중에서 크기가 가장 큰 행성은 무엇인지 쓰시오.
( )

1-2 태양계 행성을 크기가 큰 것부터 순서대로 나열할 때, 네 번째로 큰 행성은 무엇인지 쓰시오.
( )

자료 ② 태양으로부터 행성까지의 상대적 거리

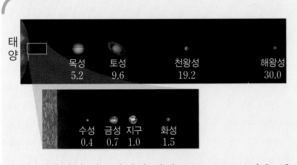

태양
목성 5.2
토성 9.6
천왕성 19.2
해왕성 30.0
수성 0.4
금성 0.7
지구 1.0
화성 1.5

➡ 태양에서 지구까지의 거리를 1.0으로 보았을 때 태양에서 태양계 행성까지의 상대적 거리입니다.

POINT
태양계 행성은 수성, 금성, 지구, 화성, 목성, 토성, 천왕성, 해왕성 순서로 태양과 가까운 거리에 있습니다.

2-1 태양계 행성 중에서 태양에서 가장 멀리 떨어져 있는 행성은 무엇인지 쓰시오.
( )

2-2 태양계 행성 중에서 지구보다 태양에 더 가까이 있는 행성은 수성과 금성입니다. (○ , ×)

자료 ③ 밤하늘에서 북극성 찾기

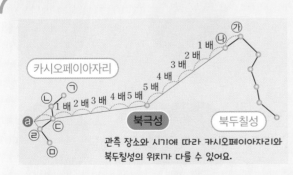

카시오페이아자리
1 배 2 배 3 배 4 배 5 배
ⓛ ㉠ ⓒ ㉣ ㉤ @ ㉡
㉮ ㉯
1 배 2 배 3 배 4 배 5 배
북극성
북두칠성

관측 장소와 시기에 따라 카시오페이아자리와 북두칠성의 위치가 다를 수 있어요.

➡ 북두칠성을 이용하는 방법: ㉮와 ㉯를 연결하고 그 간격의 5 배만큼 떨어진 곳의 별을 찾습니다.

➡ 카시오페이아자리를 이용하는 방법: ㉠과 ⓒ을 길게 연장한 선과 ㉣과 ㉤을 길게 연장한 선이 만나는 점 @를 찾고, @와 ⓒ을 연결해 그 간격의 5 배만큼 떨어진 곳의 별을 찾습니다.

POINT
북극성은 북두칠성이나 카시오페이아자리와 같은 별자리를 이용해 찾을 수 있습니다.

3-1 북극성을 찾는 데 이용되는 별자리 두 가지를 쓰시오.
( )

3-2 다음은 별자리를 이용하여 북극성을 찾는 방법입니다. ( ) 안에 알맞은 수를 쓰시오.

북극성
㉠ ㉡

두 별 ㉠과 ㉡을 연결했을 때, 그 간격의 ( ) 배만큼 떨어진 곳에 북극성이 있다.

01 태양이 우리 생활과 생물에 주는 영향으로 옳지 <u>않은</u> 것은 어느 것입니까? (   )

① 태양이 주는 빛을 이용해 전기를 만든다.
② 태양은 지구에 필요한 에너지를 공급한다.
③ 태양에 의해 물이 증발해 구름이 만들어진다.
④ 식물이 살아가는 데에는 태양 빛이 필요 없다.
⑤ 태양에 의해 지구의 온도가 생물이 살아가기에 알맞게 유지된다.

02 다음은 태양이 우리 생활에 주는 영향과 관련 있는 모습입니다. ㉠, ㉡에 들어갈 알맞은 말을 쓰시오.

| 태양이 주는 빛을 이용해 (㉠)을/를 만듦. | 태양 빛으로 염전에서 바닷물을 증발시켜 (㉡)을/를 얻음. |

㉠: (   ), ㉡: (   )

03 오른쪽은 비가 내리는 모습입니다. 태양이 지구에 주는 영향 중 이와 가장 관련 있는 것을 보기에서 골라 기호를 쓰시오.

보기
㉠ 낮에 야외에서 활동을 한다.
㉡ 물이 증발해 구름이 만들어진다.
㉢ 태양이 주는 빛을 이용해 전기를 만든다.

(   )

꼭나와 ㅂ
04 태양계와 태양계 행성에 대한 설명으로 옳은 것은 어느 것입니까? (   )

① 태양은 스스로 빛을 낼 수 없다.
② 천왕성은 태양계 행성이 아니다.
③ 태양계에는 여덟 개의 행성이 있다.
④ 토성은 태양계에서 가장 큰 행성이다.
⑤ 태양 주위의 공간은 태양계에 포함되지 않는다.

05 태양계 행성이 <u>아닌</u> 것은 어느 것입니까?

(   )

① ⊙달   ② ⊙금성
③ ⊙화성   ④ ⊙해왕성
⑤ ⊙지구

06 수성에 대한 설명으로 옳은 것은 어느 것입니까?
( )

① 파란색으로 보인다.
② 희미한 고리가 있다.
③ 달처럼 표면이 울퉁불퉁하다.
④ 표면에 가로줄 무늬가 보인다.
⑤ 행성 중 지구에서 가장 밝게 보인다.

[07~09] 다음은 지구의 크기를 1.0으로 보았을 때 태양계 행성의 상대적 크기를 나타낸 것입니다. 물음에 답하시오.

토성 약 9.4배
목성 약 11.2배
수성 약 0.4배 화성 약 0.5배 금성 약 0.9배 지구 1.0 천왕성 약 4.0배 해왕성 약 3.9배

07 위에서 지구와 상대적 크기가 비슷한 행성은 무엇인지 쓰시오.

( )

꼭나와 ♥
08 위의 태양계 행성에 대한 설명으로 옳은 것은 어느 것입니까? ( )

① 태양계 행성 중 토성이 가장 크다.
② 목성과 수성은 상대적 크기가 비슷하다.
③ 천왕성과 해왕성은 상대적 크기가 비슷하다.
④ 금성보다 크기가 큰 태양계 행성은 세 개이다.
⑤ 지구보다 크기가 작은 태양계 행성은 두 개이다.

서술형 ♥
09 앞의 목성과 토성의 공통점을 두 가지 쓰시오.

꼭 들어가야 할 말 │ 고리, 크기

_____

_____

[10~11] 다음은 태양에서 지구까지의 거리를 1.0으로 보았을 때 태양으로부터 행성까지의 상대적 거리를 나타낸 표입니다. 물음에 답하시오.

행성	(가)	금성	지구	화성
상대적 거리	0.4	0.7	1.0	1.5
행성	목성	토성	천왕성	(나)
상대적 거리	5.2	9.6	19.2	30.0

10 위 (가)와 (나)에 들어갈 알맞은 행성 이름을 쓰시오.

(가): ( ), (나): ( )

11 위의 표에 대한 설명으로 옳은 것을 에서 골라 기호를 쓰시오.

보기
㉠ 태양에서 가장 멀리 떨어져 있는 행성은 (나)이다.
㉡ 태양으로부터의 거리가 지구보다 가까운 행성은 금성과 화성이다.
㉢ 태양으로부터의 거리가 멀어질수록 행성 사이의 거리는 대체로 가까워진다.

( )

과학

12 다음과 같이 태양계 행성을 (가)와 (나)로 분류하였을 때 분류 기준에 대한 설명으로 옳은 것을 보기 에서 골라 기호를 쓰시오.

(가)	(나)
수성, 금성	화성, 목성, 토성, 천왕성, 해왕성

보기

㉠ (가)는 지구보다 작은 행성, (나)는 지구보다 큰 행성이다.

㉡ (가)는 고리가 없는 행성이고, (나)는 고리가 있는 행성이다.

㉢ (가)는 태양에서 행성까지의 거리가 지구보다 가까운 행성이고, (나)는 태양에서 행성까지의 거리가 지구보다 먼 행성이다.

(   )

13 다음은 여러 날 동안 같은 장소에서 관측한 밤하늘의 모습입니다. ㉠과 ㉡은 행성과 별 중 어느 것인지 쓰시오.

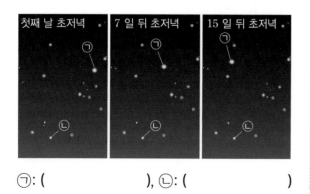

㉠: (   ), ㉡: (   )

14 다음은 행성과 별에 대한 설명입니다. ( ) 안에 들어갈 알맞은 말을 쓰시오.

여러 날 동안 밤하늘을 관측할 때 행성이 별 사이를 움직이는 것처럼 보이는 까닭은 별이 행성보다 지구에서 훨씬 (   ) 거리에 있기 때문이다.

(   )

꼭나와 ㄴ

15 다음은 밤하늘에서 볼 수 있는 작은곰자리의 모습입니다. 이에 대한 설명으로 옳은 것은 어느 것입니까? (   )

① 여름에는 관측할 수 없다.

② 북쪽 하늘에서 볼 수 있다.

③ 북두칠성은 이 별자리에 포함된다.

④ 엠(M)자나 더블유(W)자 모양이다.

⑤ 무리 지어 있는 행성을 연결해 이름을 붙인 것이다.

➜ 바른답·알찬풀이 49쪽

16 별자리에 대한 설명으로 옳은 것을 두 가지 고르시오. (　　　,　　　)

① 별자리는 모두 동물 모양이다.
② 북두칠성은 큰곰자리의 일부이다.
③ 모든 별자리는 일 년 내내 관측할 수 있다.
④ 큰곰자리와 카시오페이아자리는 북쪽 밤하늘에서 볼 수 있다.
⑤ 별자리의 모습과 이름은 지역이나 시대에 상관없이 모두 똑같다.

17 별자리를 관측하고 기록하는 방법에 대한 설명으로 옳지 <u>않은</u> 것은 어느 것입니까? (　　　)

① 방위를 확인하고 기록한다.
② 흐린 날을 피해 맑은 날 관측한다.
③ 주변이 좁고 밝은 장소에서 관측한다.
④ 주변 건물이나 나무 등의 지형을 같이 기록한다.
⑤ 별자리를 더욱 세밀하게 관측하고자 할 때 천체망원경을 사용한다.

18 북극성에 대한 설명으로 옳지 <u>않은</u> 것은 어느 것입니까? (　　　)

① 항상 북쪽에 있다.
② 큰곰자리에 포함되어 있다.
③ 북두칠성을 이용해 찾을 수 있다.
④ 북극성을 이용해 방위를 확인할 수 있다.
⑤ 북극성을 바라보고 섰을 때 뒤쪽 방향이 남쪽이다.

꼭나와 ㄴ

19 다음은 카시오페이아자리를 이용해 북극성을 찾는 방법입니다. (　　) 안에 들어갈 알맞은 수는 어느 것입니까? (　　　)

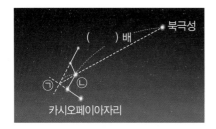

> 카시오페이아자리의 바깥쪽 두 별을 각각 잇고 연장해 ㉠을 찾는다. ㉠과 ㉡을 연결한 간격의 (　　　) 배만큼 떨어진 곳에 있는 별을 찾는다.

① 2　　　　② 3　　　　③ 5
④ 10　　　⑤ 15

서술형 상

20 다음은 어느 날 관측한 밤하늘의 모습을 방위와 함께 나타낸 것입니다.

(1) 위 (　　) 안에 들어갈 방위를 쓰시오.

(　　　　　　　　　)쪽

(2) 위 (1)의 답과 같이 생각한 까닭을 쓰시오.

_____

_____

01 태양이 생물과 우리 생활에 미치는 영향으로 옳은 것을 두 가지 고르시오. (　　　，　　　)

① 태양은 지구에 사는 일부 생물에게만 영향을 준다.
② 태양이 내보내는 빛은 우리 생활에 이용되지 못한다.
③ 태양에 의해 데워진 공기의 이동으로 바람이 발생한다.
④ 태양은 지구에서 이용되는 거의 모든 에너지의 근원이다.
⑤ 태양은 지구에 있는 물을 증발시켜 염전에서 전기를 얻을 수 있게 한다.

02 다음은 태양이 생물과 우리 생활에 미치는 영향에 대한 친구들의 대화입니다. 잘못 말한 친구의 이름을 쓰시오.

> • 준형: 태양이 있어서 사람들이 일광욕을 할 수 있어.
> • 예찬: 태양이 없어도 전기 에너지는 사용할 수 있어.
> • 유나: 태양이 없다면 식물이 양분을 만들 수도 없겠지.
> • 민호: 태양이 없다면 지구의 물을 순환시킬 수 없어서 비가 내리지 않을 거야.

(　　　　　　　)

03 다음과 같은 특징이 있는 태양계 행성은 어느 것입니까? (　　　)

> • 지구와 크기가 비슷하다.
> • 행성 중 지구에서 가장 밝게 보인다.
> • 표면이 두꺼운 대기로 둘러싸여 있다.

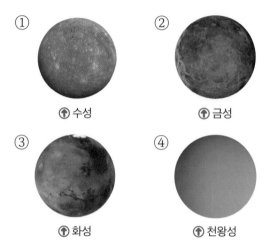

① ↑ 수성
② ↑ 금성
③ ↑ 화성
④ ↑ 천왕성

어려워

04 오른쪽 태양계 행성에 대한 설명으로 옳지 않은 것은 어느 것입니까? (　　　)

① 태양 주위를 돈다.
② 희미한 고리가 있다.
③ 단단한 표면이 있다.
④ 표면에 가로줄 무늬가 있다.
⑤ 태양계 행성 중에서 크기가 가장 크다.

05 다음 설명에 해당하는 태양계 천체의 이름을 쓰시오.

> • 태양계의 중심에 있다.
> • 태양계에서 가장 큰 천체이다.
> • 태양계에서 유일하게 스스로 빛을 내는 천체이다.

(　　　　　　　)

[06~07] 다음은 지구의 크기를 1.0으로 보았을 때 태양계 행성의 상대적 크기를 나타낸 표입니다. 물음에 답하시오.

행성	수성	금성	지구	화성
상대적 크기	0.4	0.9	1.0	0.5
행성	㉠	토성	천왕성	해왕성
상대적 크기	11.2	9.4	4.0	3.9

06 위의 표를 보고, 지구보다 크기가 큰 행성은 몇 개인지 쓰시오.

( ) 개

서술형 어려워
07 위의 표에서 ㉠에 들어갈 행성의 이름을 쓰고, 이 행성의 특징 두 가지를 쓰시오.

_____

_____

[08~10] 다음은 태양에서 지구까지의 거리를 1.0으로 보았을 때 태양으로부터 행성까지의 상대적 거리를 나타낸 것입니다. 물음에 답하시오.

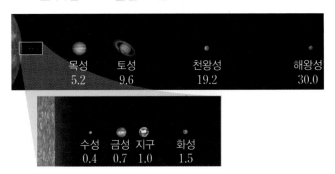

08 위에서 태양으로부터의 거리가 지구보다 가까운 행성을 두 가지 골라 쓰시오.

( )

09 앞의 그림을 보고, 태양에서 행성까지의 거리에 대한 설명으로 옳은 것을 보기 에서 골라 기호를 쓰시오.

보기
㉠ 태양에서 지구까지의 거리보다 태양에서 화성까지의 거리가 더 가깝다.
㉡ 태양에서 지구보다 가까이 있는 행성이 지구보다 멀리 있는 행성보다 적다.
㉢ 태양에서 지구까지의 거리를 1 m라고 한다면 태양에서 목성까지의 거리는 4.2 m가 된다.

( )

서술형
10 앞의 그림을 보고, 태양에서 거리가 멀어질수록 행성 사이의 거리는 어떻게 되는지 쓰시오.

_____

_____

11 태양계 행성에 대한 설명으로 옳지 <u>않은</u> 것은 어느 것입니까? ( )

① 토성은 고리가 없다.
② 수성은 달처럼 표면이 울퉁불퉁하다.
③ 수성, 금성, 화성은 지구보다 작은 행성이다.
④ 천왕성은 세로 방향으로 희미한 고리가 있다.
⑤ 태양에서 가장 멀리 떨어져 있는 행성은 해왕성이다.

어려워 ⌨

12 행성과 별에 대한 설명으로 옳지 <u>않은</u> 것은 어느 것입니까? (   )

① 별은 스스로 빛을 낸다.
② 행성은 태양 빛을 반사한다.
③ 관측 시기나 행성의 종류에 따라 행성의 움직임이 다르다.
④ 같은 행성이라도 관측 시기에 따라 움직이는 정도가 다르다.
⑤ 여러 날 동안 밤하늘을 관측하면 행성은 위치가 변하지 않는다.

13 다음은 여러 날 동안 같은 장소, 같은 시각에 밤하늘을 관측하여 ㉠은 위치가 변하지 않는 천체, ㉡은 위치가 변하는 천체를 기록한 것입니다. 이에 대해 <u>잘못</u> 설명한 친구의 이름을 쓰시오.

- 바다: ㉠은 별이야.
- 강산: ㉠은 태양 주위를 돌아.
- 샛별: ㉡은 태양 빛을 반사하는 천체야.

(   )

14 별자리에 대한 설명으로 옳지 <u>않은</u> 것은 어느 것입니까? (   )

① 계절에 따라 볼 수 있는 별자리가 있다.
② 북쪽 밤하늘에서는 한 가지 별자리만 볼 수 있다.
③ 무리 지어 있는 별을 연결해 이름을 붙인 것이다.
④ 별자리의 모습과 이름은 시대에 따라 다를 수 있다.
⑤ 별자리의 이름에는 동물이나 신화 속 인물, 물건의 이름이 있다.

15 다음은 밤하늘에서 볼 수 있는 별자리를 나타낸 것입니다. 이에 대한 설명으로 옳지 <u>않은</u> 것은 어느 것입니까? (   )

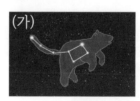

↑ 작은곰자리

↑ 큰곰자리

① (가)는 겨울철에만 볼 수 있다.
② (가)는 북극성을 포함하고 있다.
③ (나)는 북두칠성을 포함하고 있다.
④ (나)는 밤하늘에서 일 년 내내 볼 수 있다.
⑤ (가), (나) 모두 북쪽 밤하늘에서 볼 수 있다.

16 다음 별자리에 대한 설명으로 옳지 <u>않은</u> 것은 어느 것입니까? (   )

① 카시오페이아자리이다.
② 북두칠성이 포함되어 있다.
③ 더블유(W)자 또는 엠(M)자 모양이다.
④ 밤하늘에서 일 년 내내 관측할 수 있다.
⑤ 북극성을 찾는 데 이용하는 별자리이다.

17 다음 설명에 해당하는 별의 이름을 쓰시오.

• 항상 정확한 북쪽에 있다.
• 북쪽 밤하늘에서 볼 수 있다.
• 방향을 확인할 도구가 없어도 이 별을 이용하여 방위를 알 수 있다.

(   )

[18~20] 다음은 밤하늘에서 볼 수 있는 별과 별자리를 나타낸 것으로, ⓒ은 방위를 찾을 때 기준이 되는 별입니다. 물음에 답하시오.

18 위 그림의 별과 별자리를 볼 수 있는 밤하늘의 방향을 쓰시오.

(   ) 밤하늘

어려워 🌶

19 위 그림에 대한 설명으로 옳지 <u>않은</u> 것은 어느 것입니까? (   )

① ⓒ은 항상 같은 위치에 있다.
② ㉠과 ㉢은 ⓒ을 찾는 데 이용된다.
③ ⓒ은 밤하늘에서 가장 밝은 별이다.
④ ㉠과 ㉢은 시각에 따라 위치가 변한다.
⑤ ㉠, ⓒ, ㉢은 일 년 내내 관측할 수 있다.

서술형 🌶

20 오른쪽은 어느 날 밤하늘에서 관측한 위 ㉠ 별자리의 모습입니다. 이 별자리를 이용하여 위 ⓒ을 찾는 방법을 쓰시오.

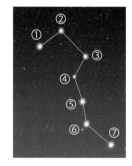

_____

_____

과
학

개념 ① 용해와 용액

① 용해, 용매, 용질, 용액

용해	어떤 물질이 다른 물질에 녹아 골고루 섞이는 현상
용매	다른 물질을 녹이는 물질
용질	용매에 녹는 물질
용액	용매와 용질이 골고루 섞여 있는 물질

② 소금을 물에 녹일 때: 소금(용질)이 물(용매)에 녹으면 소금물(용액)이 됩니다.

③ ❶ ○○ 의 특징: 오래 두어도 뜨거나 가라앉는 것이 없습니다. 예 식초, 설탕물, 이온음료, 손 세정제 등

개념 ② 용질이 용해되기 전과 후의 무게

① 각설탕을 물에 넣었을 때 시간에 따른 변화: 각설탕이 점점 ❷ ㅈ 게 변하여 물속에 골고루 섞입니다.

② 각설탕이 물에 용해되기 전과 후의 무게 비교: 각설탕이 물에 용해되기 전 각설탕과 물 무게의 합과 각설탕이 물에 용해된 후 용액의 무게가 같습니다.

③ 용질이 용해되기 전과 용해된 후의 무게가 같은 까닭: 용질이 물에 용해되면 없어지는 것이 아니라 물과 골고루 섞여 ❸ ○○ 이 되기 때문입니다.

개념 ③ 물에 용해되는 용질의 양

○: 용질이 다 용해됨.
×: 용질이 다 용해되지 않고 바닥에 일부가 남음.

용질	약숟가락으로 넣은 횟수(회)									
	1	2	3	4	5	6	7	8	9	10
소금	○	○	○	○	○	○	○	○	×	
설탕	○	○	○	○	○	○	○	○	○	○
제빵 소다	○	×								

⬆ 용질에 따라 같은 온도의 물 50 mL에 녹는 양

① 가장 많이 용해되는 용질: 설탕

② 가장 적게 용해되는 용질: 제빵 소다

③ 물의 온도와 양이 같을 때 용해되는 용질의 양은 용질의 종류에 따라 다릅니다. → 같은 온도의 물 50 mL에 설탕>소금>제빵 소다 순으로 용질이 많이 용해되었어요.

개념 ④ 물의 온도에 따라 용질이 용해되는 양

물의 온도에 따라 붕산이 용해되는 양 알아보기		
조건	다르게 해야 할 조건	물의 ❹ ○ㄷ
	같게 해야 할 조건	물의 양, 붕산의 양 등
실험 과정	비커 두 개에 같은 양의 따뜻한 물과 차가운 물을 각각 담은 후, 같은 양의 붕산을 넣고 유리 막대로 저으며 변화를 관찰함.	
실험 결과	따뜻한 물에 넣은 붕산은 다 용해되고, 차가운 물에 넣은 붕산은 어느 정도 녹다가 더 이상 녹지 않고 바닥에 일부가 남음. ➡ 물의 온도가 ❺ ㄴㅇ 수록 붕산이 더 많이 용해됨.	

개념 ⑤ 용해에 영향을 주는 요인

일정한 온도와 양의 물에 어떤 용질이 최대로 용해되는 양은 일정해요.

① 물의 온도와 양이 같을 때 용질이 용해되는 양은 ❻ ○ㅈ 의 종류에 따라 달라집니다.

② 용질의 종류와 물의 양이 같을 때 용질이 용해되는 양은 물의 온도에 따라 달라집니다. → 일반적으로 물의 온도가 높을수록 용질이 더 많이 용해돼요.

개념 ⑥ 용액의 진하기

① 용액의 진하기: 같은 양의 용매에 용해된 용질의 양이 많거나 적은 정도

② 용액의 ❼ ㅈㅎㄱ 비교 방법

색깔	색깔이 진할수록 더 진한 용액임.
무게	용매의 양이 같을 때 용액의 무게가 무거울수록 더 진한 용액임.
맛	맛이 진할수록 더 진한 용액임.
용액의 높이	용매의 양이 같을 때 용액의 높이가 높을수록 더 진한 용액임.
물체가 뜨는 정도	방울토마토나 메추리알과 같은 물체를 넣었을 때 높이 떠오를수록 더 진한 용액임.

→ 바른답·알찬풀이 51쪽

자료 ① 용질의 종류에 따라 용질이 물에 용해되는 양

소금 ♪♪♪♪♪♪♪♪
설탕 ♪♪♪♪♪♪♪♪♪♪
제빵 소다 ♪

➡ 온도와 양이 같은 물에서 설탕, 소금, 제빵 소다 순으로 더 많이 용해됩니다.

POINT
물의 온도와 양이 같을 때 용해되는 용질의 양은 용질의 종류에 따라 다릅니다.

1-1 용질의 종류에 따라 용질이 물에 용해되는 양을 비교하려고 할 때 다르게 해야 할 조건은 (물의 양 , 물의 온도 , 용질의 종류)입니다.

1-2 소금, 설탕, 제빵 소다 중 온도와 양이 같은 물에 가장 많이 용해되는 것은 어느 것인지 쓰시오.
(   )

자료 ② 물의 온도에 따라 용질이 물에 용해되는 양

➡ 차가운 물보다 따뜻한 물에서 붕산이 더 많이 용해됩니다.

POINT
용질이 물에 용해되는 양은 일반적으로 물의 온도가 높을수록 늘어납니다.

2-1 물의 온도에 따라 붕산이 용해되는 양을 비교하려고 할 때 다르게 해야 할 조건을 쓰시오.
(   )

2-2 붕산이 물 100 mL에 용해되는 양은 물의 온도와 관계없이 일정합니다. (○ , ×)

2-3 붕산이 물에 용해되지 않고 남아 있을 때 물의 온도를 낮추면 붕산을 더 많이 용해시킬 수 있습니다.
(○ , ×)

자료 ③ 용액의 진하기 비교

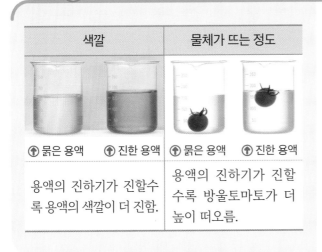

색깔	물체가 뜨는 정도
⬆ 묽은 용액 ⬆ 진한 용액	⬆ 묽은 용액 ⬆ 진한 용액
용액의 진하기가 진할수록 용액의 색깔이 더 진함.	용액의 진하기가 진할수록 방울토마토가 더 높이 떠오름.

POINT
용액의 진하기가 진할수록 용액의 색깔이 더 진하고 물체가 더 높이 떠오릅니다.

3-1 같은 양의 물에 붕산이 두 숟가락 용해된 용액은 한 숟가락 용해된 용액보다 (묽습니다 , 진합니다).

3-2 용액에 방울토마토를 넣어 뜨는 정도로 용액의 진하기를 비교할 수 있습니다. (○ , ×)

3-3 용액의 온도를 재어 용액의 진하기를 비교할 수 있습니다. (○ , ×)

01 다음 ㉠~㉢에 들어갈 말을 알맞게 짝 지은 것은 어느 것입니까? (   )

> • 어떤 물질이 다른 물질에 녹아 골고루 섞이는 현상을 (㉠)(이)라고 한다.
> • 용매와 (㉡)이/가 골고루 섞여 있는 물질을 (㉢)(이)라고 한다.

	㉠	㉡	㉢
①	용해	용액	용질
②	용해	용질	용액
③	용액	용해	용질
④	용액	용질	용해
⑤	용질	용해	용액

02 용액에 대한 설명으로 옳은 것은 어느 것입니까? (   )

① 미숫가루 물은 용액이다.
② 오래 두면 가라앉는 것이 있다.
③ 용질과 용매가 골고루 섞여 있다.
④ 거름 장치로 거르면 남는 것이 있다.
⑤ 용액을 오래 두면 위에 뜨는 것이 생긴다.

[03~04] 다음과 같이 같은 양의 물이 담긴 유리병에 소금, 식용 색소, 화단 흙을 각각 한 숟가락씩 넣은 후, 유리병의 뚜껑을 닫고 흔들었습니다. 물음에 답하시오.

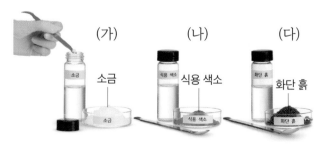

(가) (나) (다)

03 다음은 앞의 실험에서 (가)의 결과입니다. ㉠, ㉡에 들어갈 알맞은 말을 보기에서 골라 쓰시오.

> 보기
>
> 용액 용해 용질 용매

> 유리병을 흔들수록 소금이 물에 (㉠)되어 (㉡)인 소금물이 된다.

㉠: (   ), ㉡: (   )

04 앞의 실험에 대한 설명으로 옳은 것은 어느 것입니까? (   )

① (가)에서 소금은 용매이다.
② (나)에서 식용 색소는 용매이다.
③ (나)에서 식용 색소는 물에 용해되지 않는다.
④ (가)에서 소금이 모두 녹은 소금물을 놓아두면 가라앉는 것이 생긴다.
⑤ (다)에서 화단 흙을 넣은 물을 오래 두면 뜨거나 가라앉는 것이 생긴다.

꼭나와 ♥

05 다음은 각설탕을 물에 넣었을 때 시간에 따른 모습 변화입니다. 이에 대한 설명으로 옳지 않은 것은 어느 것입니까? (   )

물 → → 각설탕

① 각설탕은 용질, 물은 용매이다.
② 각설탕이 용해되면 무게가 줄어든다.
③ 각설탕이 모두 용해된 용액은 투명하다.
④ 각설탕이 작게 변하여 물속에 골고루 섞인다.
⑤ 물 200 g에 각설탕 10 g이 모두 용해된 용액의 무게는 210 g이다.

06 다음과 같이 각설탕이 물에 용해되기 전과 용해된 후의 무게를 측정했습니다. 용해되기 전의 무게는 몇 g인지 쓰고, 그 까닭을 쓰시오.

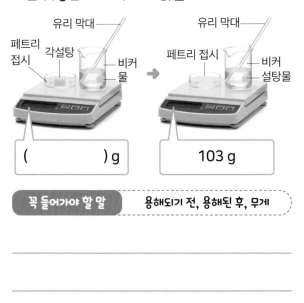

꼭 들어가야 할 말 용해되기 전, 용해된 후, 무게

_____

_____

_____

꼭나와 😊

07 다음은 20 ℃의 물 50 mL가 담긴 비커 세 개에 각각 용질 (가)~(다)를 한 숟가락씩 더 넣으면서 저었을 때의 결과입니다. 이에 대한 설명으로 옳은 것은 어느 것입니까? (   )

○: 용질이 다 용해됨.
×: 용질이 다 용해되지 않고 바닥에 일부가 남음.

용질	약숟가락으로 넣은 횟수(회)						
	1	2	3	4	5	6	7
(가)	○	○	○	○	○	○	×
(나)	○	○	○	○	○	○	○
(다)	○	○	×				

① (가)가 가장 많이 용해되었다.
② (나)가 가장 적게 용해되었다.
③ (다) 세 숟가락을 넣었을 때 다 용해되었다.
④ (나) 여섯 숟가락을 넣었을 때 다 용해되었다.
⑤ (가) 다섯 숟가락을 넣었을 때 다 용해되지 않고 바닥에 일부가 남았다.

08 20 ℃의 물 100 mL에 소금과 제빵 소다를 두 숟가락씩 각각 넣고 저었더니 소금은 다 용해되었고, 제빵 소다는 용해되지 않고 바닥에 일부가 남았습니다. 이에 대한 설명으로 옳은 것은 어느 것입니까? (   )

① 물의 온도를 낮추면 소금과 제빵 소다가 다 용해될 것이다.
② 온도와 양이 같은 물에 용해되는 양은 제빵 소다가 소금보다 많다.
③ 20 ℃의 물 100 mL에 소금을 한 숟가락 넣고 저으면 다 용해될 것이다.
④ 20 ℃의 물 100 mL에 제빵 소다를 세 숟가락 넣고 저으면 다 용해될 것이다.
⑤ 10 ℃의 물 100 mL에 제빵 소다를 두 숟가락 넣고 저으면 다 용해될 것이다.

[09~10] 다음은 온도가 다른 물에 붕산이 용해되는 양을 비교하는 실험입니다. 물음에 답하시오.

(가) 온도가 10 ℃인 물과 50 ℃인 물을 100 mL씩 비커에 각각 담는다.
(나) 각 비커에 붕산이 녹지 않고 바닥에 가라앉을 때까지 붕산을 한 숟가락씩 넣고 저어 준다.

09 위 실험에서 10 ℃의 물과 50 ℃의 물 중 더 많은 양의 붕산이 용해되는 물은 어느 것인지 쓰시오.

(   )

꼭나와 ♥

10 앞의 실험 결과를 통해 알 수 있는 사실로 옳은 것은 어느 것입니까? (   )

① 물의 온도에 따라 용질이 용해되는 양이 다르다.
② 물의 온도가 낮을수록 용질이 용해되는 양이 많다.
③ 용질의 종류에 따라 용질이 용해되는 양이 다르다.
④ 용질의 알갱이가 클수록 용질이 용해되는 양이 많다.
⑤ 물의 온도는 용질이 용해되는 양에 영향을 미치지 않는다.

11 다음은 온도가 다른 물이 각각 같은 양만큼 담긴 비커입니다. ㉠~㉢을 소금이 용해될 수 있는 양이 많은 것부터 순서대로 나열한 것은 어느 것입니까? (   )

① ㉠>㉡>㉢   ② ㉠>㉢>㉡
③ ㉡>㉠>㉢   ④ ㉡>㉢>㉠
⑤ ㉢>㉠>㉡

12 다음은 온도가 다른 물 50 mL에 같은 양의 소금을 넣고 저어 준 모습입니다. ㉠~㉢ 중 온도가 가장 높은 물은 어느 것인지 기호를 쓰시오.

(   )

13 따뜻한 물에 붕산을 최대한 녹인 후 냉장고에 넣어두었을 때 나타나는 현상으로 옳은 것을 보기에서 골라 기호를 쓰시오.

보기
㉠ 붕산 용액의 양이 늘어난다.
㉡ 물에 녹아 있던 붕산이 없어진다.
㉢ 붕산 알갱이가 생겨 바닥에 가라앉는다.

(   )

14 다음은 따뜻한 물 100 mL가 담긴 비커와 차가운 물 100 mL가 담긴 비커에 붕산을 각각 두 숟가락씩 넣고 저은 후 붕산이 용해된 양을 관찰한 결과입니다. 이에 대한 설명으로 옳지 않은 것은 어느 것입니까? (   )

(가)    (나)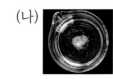

① (가)의 비커에 담긴 물이 따뜻한 물이다.
② 용해된 양에 영향을 준 요인은 물의 온도이다.
③ 물의 온도가 높을 때 붕산이 더 많이 용해된다.
④ (나) 비커의 온도를 높여 주면 붕산이 더 용해될 것이다.
⑤ (나) 비커를 얼음물에 넣으면 바닥에 가라앉은 붕산이 더 용해될 것이다.

15 물 150 mL가 담긴 비커 두 개에 각각 백설탕 다섯 숟가락, 스무 숟가락을 용해하여 진하기가 다른 두 용액을 만들었습니다. 두 용액의 진하기를 비교하는 방법으로 알맞은 것을 두 가지 고르시오.
(,   )

① 용액의 온도를 비교한다.
② 용액의 무게를 측정해 비교한다.
③ 흰색 종이를 대어 색깔을 비교한다.
④ 용액을 오래 놓아두었을 때의 변화를 비교한다.
⑤ 용액에 방울토마토나 메추리알을 넣어 뜨는 정도를 비교한다.

16 다음은 진하기가 다른 백설탕 용액에 메추리알을 띄운 결과입니다. ㉠~㉢ 중 가장 진한 용액을 골라 기호를 쓰고, 그 까닭을 쓰시오.

꼭 들어가야 할 말   용액의 진하기, 높이

_____

_____

17 바다에서보다 사해에서 몸이 잘 뜨는 까닭으로 옳은 것은 어느 것입니까?(단, 사해는 이스라엘과 요르단에 걸쳐 있는 소금 호수입니다.)

( )

① 사해의 물이 더 진하기 때문이다.
② 사해의 물이 더 깨끗하기 때문이다.
③ 사해의 물이 온도가 더 높기 때문이다.
④ 사해의 물 색깔이 더 푸르기 때문이다.
⑤ 사해의 물에 생물이 더 많이 살기 때문이다.

[18~19] 다음은 물 200 mL에 서로 다른 양의 황설탕을 녹여 만든 용액입니다. 물음에 답하시오.

18 앞의 ㉠~㉢을 용해된 황설탕의 양이 많은 것부터 순서에 맞게 기호를 쓰시오.

( )→( )→( )

19 앞의 용액에 대한 설명으로 옳지 <u>않은</u> 것은 어느 것입니까? ( )

① ㉠이 가장 진한 용액이다.
② ㉠~㉢의 무게를 측정하면 ㉠이 가장 가볍다.
③ 용액의 진하기가 진할수록 용액의 색깔이 진하다.
④ ㉠~㉢에 방울토마토를 넣으면 ㉢에서 가장 높이 떠오른다.
⑤ ㉠~㉢의 색깔이 다른 까닭은 용액의 진하기가 다르기 때문이다.

20 다음은 용액의 진하기를 비교하는 기구를 물 150 mL에 백설탕 다섯 숟가락을 넣어 녹인 용액과 열 숟가락을 넣어 녹인 용액에 각각 넣은 모습입니다. 이에 대한 설명으로 옳은 것을 보기 에서 골라 기호를 쓰시오.

(가)   (나)

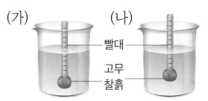

─ 빨대
─ 고무
─ 찰흙

㉠ (가)가 백설탕 열 숟가락을 넣어 녹인 용액이다.
㉡ (나)에 물을 더 넣으면 기구가 더 높이 떠오른다.
㉢ (가)에 백설탕 열 숟가락을 더 넣어 녹이면 기구가 (나)보다 더 높이 떠오른다.

( )

01 용해와 용액에 대한 설명으로 옳지 <u>않은</u> 것은 어느 것입니까? (   )

① 용질이 용매에 용해되면 용액이 된다.
② 용질에 따라 용매에 용해되는 정도가 다르다.
③ 용액을 거름 장치로 거르면 거름종이에 남는 것이 있다.
④ 용매에 모두 용해된 용질은 알갱이가 눈에 보이지 않는다.
⑤ 용해는 어떤 물질이 다른 물질에 녹아 골고루 섞이는 현상이다.

02 다음과 같이 소금을 물에 녹여 소금물을 만들었습니다. 이에 대한 설명으로 옳은 것은 어느 것입니까? (   )

물   소금   소금물

① 물은 용질이다.
② 소금은 용매이다.
③ 소금물은 용액이다.
④ 소금물을 오래 두면 소금이 가라앉는다.
⑤ 소금물을 거름 장치로 거르면 소금이 거름종이에 남는다.

03 용액의 예로 옳지 <u>않은</u> 것은 어느 것입니까?
(   )

① 식초   ② 설탕물
③ 된장국   ④ 이온 음료
⑤ 손 세정제

[04~05] 다음은 각설탕이 물에 용해되기 전과 용해된 후의 무게를 측정하는 모습입니다. 물음에 답하시오.

용해되기 전의 무게	용해된 후의 무게
각설탕 물	설탕물
150 g	( ) g

04 위 (   ) 안에 들어갈 알맞은 수를 쓰시오.

(   )

어려워 👀

05 위 실험에 대한 설명으로 옳은 것은 어느 것입니까? (   )

① 각설탕이 물에 용해되면 없어진다.
② 각설탕이 물에 용해되면 무게가 줄어든다.
③ 각설탕을 물에 넣으면 물의 양이 줄어든다.
④ 각설탕이 물에 용해되면 물이 뿌옇게 흐려진다.
⑤ 각설탕이 물에 용해되면 물속에 골고루 섞여 용액이 된다.

06 물에 설탕 45 g을 넣어 용해한 용액의 무게를 측정했더니 180 g이었습니다. 물의 무게는 몇 g인지 쓰시오.

(   ) g

[07~08] 다음은 설탕이 물에 용해되기 전과 용해된 후의 무게를 측정하여 나타낸 표입니다. 물음에 답하시오.

구분	용해되기 전의 무게(g)		용해된 후의 무게(g)
	설탕이 놓인 페트리 접시	물이 담긴 비커	빈 페트리 접시 + 설탕물이 담긴 비커
1회	㉠	75	90
2회	25	100	㉡
3회	40	㉢	185

07 위 표의 ㉠~㉢에 들어갈 알맞은 수를 쓰시오.

㉠: (   ), ㉡: (   ), ㉢: (   )

08 위 실험에서 알 수 있는 사실로 옳은 것은 어느 것입니까? (   )

① 용질은 물에 섞이지 않는다.
② 용질은 물에 녹으면 없어진다.
③ 용질은 물에 섞이고 바닥에 가라앉는다.
④ 용질이 물에 용해되어도 무게 변화가 없다.
⑤ 용질이 물에 용해되기 위해 온도 변화가 필요하다.

[09~10] 다음은 40 ℃의 물 50 mL에 세 가지 용질을 넣고 유리 막대로 저었을 때의 결과를 나타낸 것입니다. 물음에 답하시오.

구분	용질 (가)	용질 (나)	용질 (다)
세 숟가락씩 넣었을 때			
열 숟가락씩 넣었을 때			

어려워 🌱

09 위 실험에 대한 설명으로 옳지 <u>않은</u> 것은 어느 것입니까? (   )

① 세 용질 중 용질 (나)가 용해되는 양이 가장 많다.
② 세 용질 중 용질 (다)가 용해되는 양이 가장 적다.
③ 용질을 열 숟가락씩 넣었을 때 용질 (가)만 모두 용해되었다.
④ 용질을 세 숟가락씩 넣었을 때 용질 (가)와 (나)는 모두 용해되었다.
⑤ 용질 (나)는 세 숟가락을 넣었을 때 모두 용해되었지만 열 숟가락을 넣었을 때 일부는 용해되지 않았다.

서술형 😊

10 위 실험 결과로부터 알 수 있는 사실을 다음 용어를 모두 사용하여 쓰시오.

> 온도   양   용해   용질의 종류

_____

_____

서술형

11 다음은 차가운 물이 든 비커에 소금을 넣고 잘 저어 주었더니 일부가 바닥에 가라앉은 모습입니다. 물을 더 넣지 않고 바닥에 가라앉은 소금을 더 녹일 수 있는 방법을 쓰시오.

소금

_____

_____

12 물에 넣은 제빵 소다가 다 용해되지 않고 일부 남아 있을 때 문제 **11**번의 답과 같은 방법을 사용하였더니 남아 있던 제빵 소다가 다 용해되어 보이지 않게 되었습니다. 다음 (   ) 안에 들어갈 알맞은 말을 쓰시오.

> 바닥에 남아 있던 제빵 소다의 용해에 영향을 준 요인은 물의 (   )이다.

(   )

13 따뜻한 물에 백반을 최대한 녹여 만든 백반 용액에서 백반 알갱이를 얻을 수 있는 방법으로 옳은 것은 어느 것입니까? (   )

① 백반 용액이 담긴 비커에서 용액을 덜어낸다.
② 백반 용액이 담긴 비커에 따뜻한 물을 더 넣는다.
③ 백반 용액이 담긴 비커를 핫플레이트 위에 올려놓고 온도를 서서히 올린다.
④ 백반 용액이 담긴 비커를 얼음물이 담긴 수조에 넣는다.
⑤ 백반 용액이 담긴 비커를 따뜻한 물이 담긴 수조에 넣는다.

서술형

14 문제 **13**번의 답과 같은 방법으로 백반 용액에서 백반 알갱이를 얻을 수 있는 까닭을 쓰시오.

_____

_____

어려워

15 용액의 진하기에 대한 설명으로 옳지 <u>않은</u> 것은 어느 것입니까? (   )

① 설탕물은 용액이 진할수록 더 단맛이 난다.
② 용매의 양이 같을 때 용액이 진할수록 더 무겁다.
③ 용매의 양이 같을 때 용액이 진할수록 용액의 높이가 더 낮다.
④ 용매의 양이 같을 때 용해된 용질의 양이 많을수록 진한 용액이다.
⑤ 같은 양의 용매에 용해된 용질의 양이 많거나 적은 정도를 용액의 진하기라고 한다.

➜ 바른답·알찬풀이 52쪽

16 다음은 같은 양의 물에 서로 다른 양의 황설탕을 녹인 용액입니다. 이 용액에 대한 설명으로 옳은 것을 보기 에서 골라 기호를 쓰시오.

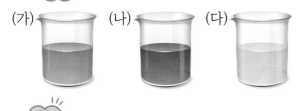

보기

㉠ (가)가 가장 진한 용액이다.
㉡ (나)가 가장 묽은 용액이다.
㉢ 용해된 황설탕의 양은 (나)가 가장 많다.

(   )

[17~18] 다음은 같은 양의 물에 소금 다섯 숟가락, 열 숟가락, 스무 숟가락을 넣고 모두 녹여 진하기가 다른 세 가지 용액을 만든 후 같은 방울토마토를 넣은 모습입니다. 물음에 답하시오.

(가)    (나)    (다)

17 소금을 스무 숟가락 넣고 녹인 용액의 기호를 쓰시오.

(   )

18 위 용액에 대한 설명으로 옳지 <u>않은</u> 것은 어느 것입니까? (   )

① (가)가 (나)보다 무겁다.
② (나)가 (다)보다 진한 용액이다.
③ (가) 소금물의 무게가 가장 가볍다.
④ 용해된 소금의 양은 (다)가 (가)보다 많다.
⑤ (다)에 소금을 더 넣어 녹이면 방울토마토가 더 위로 떠오른다.

19 다음은 설탕물에 메추리알을 넣었더니 메추리알이 바닥에 가라앉은 모습입니다. 바닥에 가라앉은 메추리알을 위로 떠오르게 할 수 있는 방법으로 옳은 것은 어느 것입니까? (   )

① 비커의 설탕물을 덜어낸다.
② 비커를 냉장고에 넣어둔다.
③ 비커에 설탕을 더 넣어 녹인다.
④ 비커에 따뜻한 물을 더 넣는다.
⑤ 비커에 차가운 물을 더 넣는다.

20 다음은 용액의 진하기를 비교하는 기구를 만들어 진하기가 다른 두 용액에 넣었더니 똑같이 가라앉아서 진하기를 비교할 수 없는 모습입니다. 이 기구를 보완하는 방법으로 가장 알맞은 것을 보기 에서 골라 기호를 쓰시오.

빨대
고무
찰흙

⬆ 묽은 용액   ⬆ 진한 용액

보기

㉠ 눈금 간격을 더 좁게 표시한다.
㉡ 빨대의 길이를 더 긴 것으로 바꾼다.
㉢ 기구가 두 용액에서 떠오르는 높이가 달라질 때까지 고무찰흙의 양을 조절한다.

(   )

5. 다양한 생물과 우리 생활(1)

개념 1 실체 현미경 사용법

① 실체 현미경의 구조

> 관찰 대상을 페트리 접시에 담아 관찰하고, 최고 배율이 100 배 정도예요.

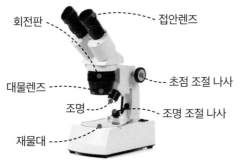

회전판 / 접안렌즈 / 대물렌즈 / 초점 조절 나사 / 조명 / 조명 조절 나사 / 재물대

② 실체 현미경 사용법

> ❶ 회전판을 돌려 대물렌즈의 배율을 가장 낮게 합니다.
> ❷ 관찰 대상이 담긴 페트리 접시를 재물대에 올려놓습니다.
> ❸ 전원을 켜고 조명 조절 나사로 조명의 밝기를 조절합니다.
> ❹ 옆에서 보면서 초점 조절 나사를 돌려 ❶ ⌈ㄷㅁㄹㅈ⌋ 를 관찰 대상에 최대한 가깝게 내립니다.
> ❺ 접안렌즈로 관찰 대상을 보면서 초점 조절 나사로 대물렌즈를 천천히 올려 초점을 맞추어 관찰합니다.

→ 현미경의 배율은 접안렌즈의 배율과 대물렌즈의 배율을 곱해서 계산해요.

개념 2 균류

① 균류: 버섯과 곰팡이처럼 몸 전체가 균사로 이루어져 있고, ❷ ⌈ㅍㅈ⌋ 로 번식하는 생물

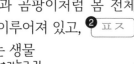
균사 / 포자낭
→ 가늘고 긴 모양이에요.
⚘ 곰팡이(40 배)

② 균류의 특징
- 스스로 양분을 만들지 못하고 주로 죽은 생물이나 다른 생물에서 ❸ ⌈ㅇㅂ⌋ 을 얻습니다.
- 따뜻하고 축축한 환경에서 잘 자라기 때문에 여름철에 자주 볼 수 있습니다. → 살아가는 데 물과 공기가 필요해요.

③ 균류와 식물의 차이점

구분	균류	식물
번식 방법	포자	씨
몸의 구조	주로 균사	주로 뿌리, 줄기, 잎, 꽃
양분을 얻는 방법	스스로 양분을 만들지 못함.	햇빛과 물 등을 이용해 스스로 양분을 만듦.

개념 3 광학 현미경 사용법

① 광학 현미경의 구조

> 주로 맨눈으로 볼 수 없는 매우 작은 대상을 표본으로 만들어 관찰하고, 1000 배 등 고배율로 관찰할 수 있어요.

접안렌즈 / 회전판 / 대물렌즈 / 조동 나사 / 클립 / 재물대 / 미동 나사 / 조리개 / 조명 조절 나사 / 조명

② 광학 현미경 사용법

> ❶ 회전판을 돌려 배율이 가장 낮은 대물렌즈가 가운데에 오도록 합니다.
> ❷ 전원을 켜고 조리개로 빛의 양을 조절합니다.
> ❸ 클립을 벌려 표본을 재물대의 가운데에 고정합니다.
> ❹ 옆에서 보면서 조동 나사로 재물대를 올려 표본과 대물렌즈 사이의 거리를 최대한 가깝게 합니다.
> ❺ 접안렌즈로 ❹ ⌈ㅍㅂ⌋ 을 보면서 조동 나사로 재물대를 천천히 내려 관찰 대상을 찾고, 미동 나사로 초점을 맞추어 관찰합니다.

개념 4 원생생물

① 원생생물: 동물과 식물, 균류로 분류되지 않는 해캄, 짚신벌레와 같은 생물

② 원생생물의 특징
- 동물, 식물, ❺ ⌈ㄱㄹ⌋ 와 생김새가 다르고 구조가 단순합니다.
- 주로 ❻ ⌈ㅁ⌋ 이 고여 있는 연못이나 물살이 느린 하천에 삽니다.

⚘ 물이 고여 있는 연못

⚘ 물살이 느린 하천

③ 우리 주변에 사는 또 다른 원생생물: 아메바, 종벌레, 유글레나, 장구말, 반달말 등

정답 ❶ 대물렌즈 ❷ 포자 ❸ 양분 ❹ 표본 ❺ 균류 ❻ 물

자료 ① 균류의 특징

구분	버섯(20 배)	곰팡이(40 배)
모습	윗부분의 안쪽에 주름이 많음.	가는 실 모양에 작고 둥근 알갱이가 있음. 균사
특징	• 몸 전체가 균사로 이루어져 있고, 포자로 번식함. • 스스로 양분을 만들지 못하며, 따뜻하고 축축한 환경에서 잘 자람.	

POINT
버섯과 곰팡이 같은 균류는 몸 전체가 균사로 이루어져 있고, 포자로 번식합니다.

1-1 버섯과 곰팡이는 몸 전체가 가는 실 모양의 ( )(으)로 이루어져 있습니다.

1-2 버섯과 곰팡이와 같은 생물을 무엇이라고 하는지 쓰시오.
( )

1-3 버섯과 곰팡이는 식물과 다르게 ( )(으)로 번식합니다.

자료 ② 광학 현미경으로 보기 위한 해캄 표본 만들기

받침 유리 ─ 해캄　　덮개 유리

⊕ 해캄을 겹치지 않게 펴서 받침 유리에 올려놓음.　⊕ 덮개 유리를 비스듬히 기울여 공기 방울이 생기지 않게 천천히 덮음.

POINT
광학 현미경을 이용해 맨눈으로 관찰하기 힘든 관찰 대상을 실체 현미경보다 더 높은 배율로 확대해 관찰합니다.

2-1 맨눈으로 볼 수 없는 아주 작은 물체를 확대해서 자세히 관찰하는 도구는 (돋보기 , 광학 현미경)입니다.

2-2 해캄 표본을 만들 때 해캄을 겹치지 않게 펴서 (받침 , 덮개) 유리에 올려놓습니다.

자료 ③ 원생생물의 특징

구분	해캄(384 배)	짚신벌레(100 배)
생김새	가늘고 긴 모양이고, 긴 가닥이 여러 마디로 나누어져 있음.	길쭉하고 끝이 둥근 모양이며, 표면에 가는 털이 있음.
양분을 얻는 방법	스스로 양분을 만들어서 살아감.	다른 생물을 먹으며 살아감.
움직임	스스로 움직일 수 없음.	스스로 헤엄쳐 움직임.

POINT
해캄과 짚신벌레 같은 원생생물은 동물, 식물, 균류로 분류되지 않습니다.

3-1 해캄은 긴 가닥이 여러 마디로 나누어져 있습니다.
(○ , ×)

3-2 짚신벌레는 공 모양이고, 표면에 털이 없습니다.
(○ , ×)

3-3 해캄과 짚신벌레 중 스스로 양분을 만들어 살아가는 생물은 어느 것인지 쓰시오.
( )

3-4 해캄과 짚신벌레는 주로 물이 고여 있는 연못이나 물살이 (빠른 , 느린) 하천에 삽니다.

과학

개념 ① 세균

① 세균: 균류나 원생생물에 비해 크기가 매우 작고 생김새가 단순합니다.

② 세균의 생김새
- 공 모양, 막대 모양, 나선 모양 등이 있고, **❶ [ㄲㄹ]** 가 있는 세균도 있습니다.
- 하나씩 떨어져 있기도 하고 여러 개가 연결되어 있기도 합니다.

③ 세균의 특징: 살기에 알맞은 환경이 되면 짧은 시간 안에 많은 수로 늘어날 수 있습니다.
→ 우리 주변의 다양한 곳에서 살아요.

개념 ② 다양한 생물이 우리 생활에 미치는 영향

① 긍정적인 영향

곰팡이	된장, 간장 등의 음식을 만드는 데 활용됨.
원생생물	주로 다른 생물의 먹이가 되거나 산소를 만들기도 함.
❷ [ㅅㄱ]	김치, 요구르트 등의 음식을 만드는 데 활용됨.

② 부정적인 영향

❸ [ㄱㅍㅇ]	음식이나 주변의 물건을 상하게 함.
원생생물	일부 원생생물이 호수나 바다와 같은 곳에 급격히 번식하면 적조를 일으켜 다른 생물이 살기 어려움. → 바닷물이 붉게 보이는 현상이에요.
세균	공기, 물, 음식, 물건 등을 거쳐 다른 생물로 옮아가 질병을 일으킴.

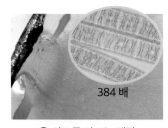

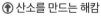

384 배

5333 배

⬆ 산소를 만드는 해캄   ⬆ 질병을 일으키는 세균

③ 다양한 생물이 우리 생활에 미치는 영향 : 다양한 생물은 우리 생활에 긍정적인 영향을 미치기도 하고, 부정적인 영향을 미치기도 합니다.

④ 다양한 생물이 우리 생활에 미치는 부정적인 영향을 줄이기 위해 우리가 할 수 있는 일
- 질병을 일으키는 곰팡이와 세균을 막기 위해 **❹ [ㅅ]** 을 깨끗하게 씻습니다.
- 전염되는 질병에 걸리면 다른 사람과 떨어져 지내며 치료를 받습니다.
- 음식이 상하지 않게 하기 위해 음식을 냉장고에 보관합니다.
- 음식을 충분히 익혀 먹습니다.

개념 ③ 첨단 생명 과학이 우리 생활에 이용된 예

① 첨단 생명 과학: 최신의 **❺ [ㅅㅁ]** 과학 기술을 활용하여 생물의 특성을 연구하고 우리 생활에 이용하는 과학

> 균류, 원생생물,
> 세균을 이용한 첨단 생명
> 과학은 우리 생활에 다양하게
> 활용되고 있어요.

② 첨단 생명 과학이 우리 생활에 활용되는 예

질병 치료	세균을 자라지 못하게 하는 특성이 있는 균류(곰팡이)를 활용하여 질병을 치료하는 약을 만듦.
친환경 연료 생산	기름 성분을 많이 가지고 있는 원생생물을 활용하여 오염 물질이 덜 나오는 친환경 연료를 만듦. → 플라스틱의 원료를 가진 세균을 이용해 플라스틱을 만들기도 해요.
플라스틱 분해	플라스틱을 분해하는 특성이 있는 세균을 활용하여 플라스틱을 분해함.
인공 눈 생산	물을 쉽게 얼리는 특성이 있는 세균을 활용하여 인공 눈을 만듦.
생물 농약 생산	**❻ [ㅎㅊ]** 한테만 질병을 일으키는 세균, 곰팡이를 활용하여 생물 농약을 만듦.
건강식품 생산	영양소가 풍부한 원생생물을 활용하여 건강식품을 만듦.

정답 ❶ 꼬리 ❷ 세균 ❸ 곰팡이 ❹ 손 ❺ 과학 ❻ 해충

 핵심 자료

→ 바른답·알찬풀이 53쪽

자료 ① 여러 가지 세균

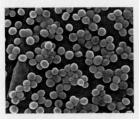
↑ 공 모양 세균(4608 배)

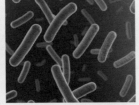
↑ 막대 모양 세균(3273 배)

↑ 나선 모양 세균(4457 배)

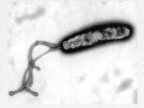
↑ 꼬리가 있는 세균(11200 배)

POINT
세균은 균류나 원생생물에 비해 크기가 매우 작고 생김새가 단순합니다.

1-1 돋보기와 현미경 중 세균을 관찰하기에 알맞은 관찰 도구는 어느 것인지 쓰시오.

(   )

1-2 균류, 원생생물, 세균 중 크기가 가장 작은 생물은 어느 것인지 쓰시오.

(   )

1-3 세균은 우리 주변 어느 곳에나 있고, 짧은 시간에 많은 수로 늘어날 수 있습니다.

(○ , ×   )

자료 ② 다양한 생물이 우리 생활에 미치는 영향

긍정적인 영향	부정적인 영향

곰팡이는 된장을 만드는 데 활용됨.	원생생물은 적조를 일으킴.

POINT
다양한 생물은 우리 생활에 긍정적인 영향을 미치기도 하고 부정적인 영향을 미치기도 합니다.

2-1 곰팡이, 원생생물, 세균 중 된장이나 간장 등을 만드는 데 활용되는 생물은 어느 것인지 쓰시오.

(   )

2-2 곰팡이, 원생생물, 세균 중 적조를 일으키는 생물은 어느 것인지 쓰시오.

(   )

자료 ③ 첨단 생명 과학이 우리 생활에 이용된 예

질병 치료	플라스틱 분해
세균을 자라지 못하게 하는 특성이 있는 곰팡이를 활용함.	플라스틱을 분해하는 특성이 있는 세균을 활용해 플라스틱을 분해함.

POINT
첨단 생명 과학은 생물의 다양한 특성을 활용하여 우리 생활의 여러 가지 문제를 해결해 줍니다.

3-1 균류인 (곰팡이 , 세균)을/를 활용해 질병을 치료하는 약을 만듭니다.

3-2 원생생물과 세균 중 플라스틱 제품을 분해하는 데 이용되는 생물은 어느 것인지 쓰시오.

(   )

01 관찰 대상을 확대하여 관찰할 수 있게 하는 다음 도구의 이름을 쓰시오.

- 접안렌즈
- 회전판
- 대물렌즈
- 재물대 조명
- 초점 조절 나사
- 조명 조절 나사

(   )

03 빵에 자란 곰팡이를 실체 현미경으로 관찰한 결과로 옳은 것을 ㉠~㉢ 중에서 골라 기호를 쓰시오.

㉠   ㉡   ㉢

(   )

04 버섯과 곰팡이의 공통점을 두 가지 고르시오.

(,   )

① 초록색을 띤다.
② 포자로 번식한다.
③ 춥고 건조한 환경에서 잘 자란다.
④ 맨눈이나 돋보기로 관찰할 수 없다.
⑤ 따뜻하고 축축한 환경에서 잘 자란다.

꼭나와 ✓

02 다음 버섯을 관찰한 결과로 옳은 것을 세 가지 고르시오. (,   ,   )

① 윗부분은 갈색이다.
② 아랫부분은 하얀색이다.
③ 윗부분의 안쪽은 초록색이다.
④ 뿌리, 줄기, 잎과 같은 모습을 볼 수 있다.
⑤ 윗부분의 안쪽에 주름이 많고 깊게 파여 있다.

서술형 ✓

05 다음은 죽은 나무에서 자라는 버섯의 모습입니다. 이를 통해 알 수 있는 균류에 속하는 생물이 양분을 얻는 방법을 쓰시오.

꼭 들어가야 할 말   스스로, 죽은 생물, 양분

_____
_____

06 다음 광학 현미경에서 각 부분의 이름을 알맞게 짝지은 것을 두 가지 고르시오. (,   )

① ㉠ - 대물렌즈
② ㉡ - 조명
③ ㉢ - 조동 나사
④ ㉣ - 미동 나사
⑤ ㉤ - 조명 조절 나사

07 광학 현미경으로 해캄 표본을 자세히 관찰할 때 가장 먼저 해야 할 과정으로 옳은 것은 어느 것입니까? (   )

① 해캄 표본을 재물대의 가운데에 고정한다.
② 전원을 켜고 조리개로 빛의 양을 조절한다.
③ 회전판을 돌려 배율이 가장 낮은 대물렌즈가 가운데에 오도록 한다.
④ 옆에서 보면서 조동 나사로 재물대를 올려 표본과 대물렌즈 사이의 거리를 최대한 가깝게 한다.
⑤ 접안렌즈로 표본을 보면서 조동 나사로 재물대를 천천히 내려 관찰 대상을 찾고, 미동 나사로 초점을 맞춘다.

08 해캄과 짚신벌레를 광학 현미경으로 관찰하여 나타낸 결과를 선으로 알맞게 이으시오.

(1)   해캄 •   • ㉠

(2) 짚신 벌레 •   • ㉡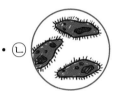

09 해캄과 짚신벌레 중 다음과 같은 특징이 있는 생물은 어느 것인지 쓰시오.

• 원생생물에 속한다.
• 스스로 움직일 수 없지만, 스스로 양분을 만들어 산다.

(   )

10 원생생물이 사는 곳에 대한 설명으로 옳은 것을 보기에서 골라 기호를 쓰시오.

 보기

㉠ 물과 땅을 오가며 산다.
㉡ 주로 물이 빠르게 흐르는 계곡에서 산다.
㉢ 주로 물이 고여 있는 연못이나 물살이 느린 하천에서 산다.

(   )

과학

11 세균에 대해 잘못 말한 친구의 이름을 쓰시오.

민주: 세균은 크기가 작지만 맨눈으로 볼 수 있어.

도영: 우리 주변에는 많은 종류의 세균이 있어.

진하: 세균을 관찰하려면 배율이 매우 높은 현미경이 필요해.

( )

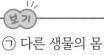

12 세균의 특징에 대한 설명으로 옳지 않은 것은 어느 것입니까? ( )

① 꼬리가 있는 세균이 있다.
② 균류나 원생생물에 비해 크기가 작다.
③ 균류나 원생생물보다 생김새가 복잡하다.
④ 공 모양, 막대 모양, 나선 모양의 세균이 있다.
⑤ 하나씩 떨어져 있기도 하고 여러 개가 연결되어 있기도 하다.

13 세균이 사는 곳을 보기 에서 모두 골라 기호를 쓰시오.

보기
㉠ 다른 생물의 몸
㉡ 흙이나 물, 공기
㉢ 우리가 사용하는 물체

( )

서술형

14 다음은 여러 가지 세균의 모습입니다.

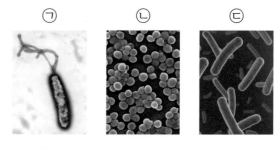

㉠   ㉡   ㉢

(1) 위에서 공 모양 세균을 골라 기호를 쓰시오.
( )

(2) 위와 같은 세균이 살기에 알맞은 환경이 되면 어떻게 되는지 쓰시오.

_____

_____

15 다음 된장을 만드는 데 이용하는 생물은 어느 것입니까? ( )

① 버섯   ② 세균
③ 해캄   ④ 곰팡이
⑤ 짚신벌레

➜ 바른답·알찬풀이 53쪽

16 오른쪽의 원생생물이 우리 생활에 미치는 긍정적인 영향으로 옳은 것을 보기에서 골라 기호를 쓰시오.

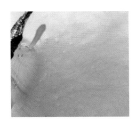

보기
㉠ 산소를 만든다.
㉡ 해로운 세균을 물리친다.
㉢ 죽은 생물이나 배설물을 분해한다.

(   )

17 다양한 생물이 우리 생활에 미치는 부정적인 영향으로 옳지 <u>않은</u> 것은 어느 것입니까? (   )

① 세균이 질병을 일으킨다.
② 일부 원생생물이 적조를 일으킨다.
③ 세균은 요구르트를 만드는 데 활용된다.
④ 일부 균류는 먹으면 생명이 위험할 수 있다.
⑤ 곰팡이가 음식이나 주변의 물건을 상하게 한다.

18 다음은 첨단 생명 과학이 우리 생활에 이용된 예입니다. (   ) 안에 들어갈 알맞은 말을 골라 ○표 하시오.

플라스틱을 분해하는 특성이 있는 (원생생물 , 균류 , 세균)을/를 활용하여 플라스틱을 분해한다.

19 다음은 원생생물을 활용해 만든 친환경 연료를 사용하는 모습입니다. 이에 활용된 원생생물의 특성으로 옳은 것은 어느 것입니까? (   )

① 해충을 없앤다.
② 영양소가 많다.
③ 오염된 물질을 분해한다.
④ 기름 성분을 많이 가지고 있다.
⑤ 플라스틱의 원료를 가지고 있다.

서술형 🅱️
20 다음은 첨단 생명 과학을 활용해 원생생물(클로렐라)로 만든 건강식품입니다. 이 원생생물의 어떤 특성을 이용한 것인지 쓰시오.

꼭 들어가야 할 말   영양소

_____

_____

01 다음은 실체 현미경의 사용법입니다. ㉠, ㉡에 들어갈 알맞은 말을 쓰시오.

> (가) 회전판을 돌려 (㉠)렌즈의 배율을 가장 낮게 한다.
>
> (나) 관찰 대상을 재물대에 올려놓은 다음, 전원을 켜고 조명 조절 나사로 조명의 밝기를 조절한다.
>
> (다) 옆에서 보면서 초점 조절 나사를 돌려 대물렌즈를 관찰 대상에 최대한 가깝게 내린다.
>
> (라) 관찰 대상을 (㉡)렌즈로 보면서 초점 조절 나사로 대물렌즈를 천천히 올려 초점을 맞추어 관찰한다.

㉠: (   ), ㉡:(   )

02 다음은 실체 현미경으로 곰팡이를 관찰한 모습입니다. 가늘고 긴 모양의 ㉠을 무엇이라고 하는지 쓰시오.

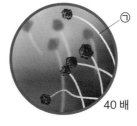

40 배

(   )

03 오른쪽은 화장실 벽면에 곰팡이가 핀 모습입니다. 곰팡이가 잘 자라지 못하게 하는 방법으로 옳은 것을 보기 에서 골라 기호를 쓰시오.

> 보기
> ㉠ 가습기를 틀어 놓는다.
> ㉡ 햇빛이 잘 들어오지 않도록 한다.
> ㉢ 창문을 열어 두고 바람이 잘 통하게 한다.

(   )

어려워

04 버섯과 곰팡이에 대한 설명으로 옳은 것을 두 가지 고르시오. (,   )

① 생물이 아니다.
② 스스로 양분을 만든다.
③ 몸이 균사로 이루어져 있다.
④ 살아가는 데 물과 공기가 필요하다.
⑤ 몸이 뿌리, 줄기, 잎으로 이루어져 있다.

서술형

05 다음은 균류에 속하는 버섯과 곰팡이의 모습입니다. 균류가 식물과 다른 점을 번식 방법과 관련 지어 쓰시오.

 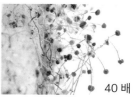

40 배

↑ 버섯   ↑ 곰팡이

_____

_____

06 다음 광학 현미경에서 각 부분에 대한 설명으로 옳지 <u>않은</u> 것은 어느 것입니까? (   )

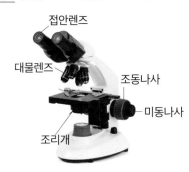

① 접안렌즈: 눈으로 보는 렌즈이다.
② 대물렌즈: 관찰 대상 쪽 렌즈이다.
③ 조리개: 빛의 양을 조절하는 장치이다.
④ 조동나사: 대물렌즈의 배율을 조절하는 나사이다.
⑤ 미동나사: 관찰 대상이 정확히 보이도록 초점을 맞출 때 사용하는 나사이다.

07 다음은 해캄 표본을 만드는 방법에 대한 설명입니다. ㉠, ㉡에 들어갈 알맞은 말을 쓰시오.

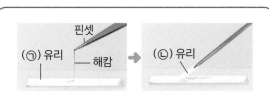

(가) 해캄을 겹치지 않게 펴서 (㉠) 유리에 올려놓는다.
(나) (㉡) 유리를 비스듬히 기울여 공기 방울이 생기지 않게 천천히 덮는다.

㉠: (   ), ㉡: (   )

[08~09] 다음은 해캄과 짚신벌레를 광학 현미경으로 관찰한 결과입니다. 물음에 답하시오.

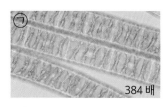

㉠ 384 배   ㉡ 100 배

08 위 ㉠, ㉡에 대한 설명으로 옳은 것을 두 가지 고르시오. (,   )

① 모두 원생생물이다.
② ㉠은 해캄, ㉡은 짚신벌레이다.
③ 모두 스스로 양분을 만들 수 없다.
④ ㉠은 뿌리, 줄기, 잎과 같은 모양이 있다.
⑤ ㉡은 길쭉한 모양이고, 여러 개의 마디로 되어 있다.

어려워 👍

09 위 ㉠, ㉡과 같은 무리에 속하는 생물을 두 가지 고르시오. (,   )

① 버섯   ② 개미
③ 아메바   ④ 종벌레
⑤ 사과나무

10 원생생물에 대한 설명으로 옳은 것에 ○표, 옳지 <u>않은</u> 것에 ×표 하시오.

(1) 씨로 번식한다.   (   )
(2) 생김새가 동물이나 식물보다 단순하다.
                                    (   )
(3) 동물이나 식물 또는 균류와 생김새가 비슷하다.   (   )

11 크기가 가장 작은 생물은 어느 것입니까?
( )

① 버섯
② 해캄
③ 짚신벌레
④ 빵에 핀 곰팡이
⑤ 꼬리가 있는 세균

12 오른쪽 세균의 생김새에 대한 설명으로 옳은 것은 어느 것입니까?
( )

① 공 모양이다.
② 막대 모양이다.
③ 나선 모양이다.
④ 꼬리가 달려 있다.
⑤ 여러 개가 뭉쳐 있다.

어려워 닝
13 다음 여러 가지 세균을 보고 알 수 있는 점으로 옳은 것을 보기 에서 골라 기호를 쓰시오.

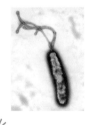 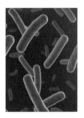

보기
㉠ 세균은 모두 꼬리가 있다.
㉡ 세균은 뿌리, 줄기, 잎의 구조를 가지고 있다.
㉢ 세균은 균류나 원생생물에 비해 생김새가 단순하다.

( )

[14~15] 다음은 세균의 생김새와 사는 곳을 조사한 결과를 나타낸 표입니다. 물음에 답하시오.

세균	생김새	사는 곳
대장균	막대 모양	물, 큰창자
포도상 구균	( ) 모양이고, 여러 개가 뭉쳐 있음.	공기, 음식물, 피부
헬리코박터 파일로리	나선 모양이고, 꼬리가 있음.	위

14 오른쪽은 포도상 구균의 모습입니다. 위 표의 ( ) 안에 들어갈 알맞은 말을 쓰시오.

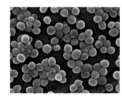

( )

서술형 닝
15 위 표를 보고 알 수 있는 세균이 사는 곳의 특징을 쓰시오.

_____

_____

16 세균이 우리 생활에 미치는 긍정적인 영향을 세 가지 고르시오. (, ,)

① 질병을 일으킨다.
② 김치를 익게 한다.
③ 죽은 생물을 분해한다.
④ 간장을 만드는 데 활용된다.
⑤ 요구르트를 만드는 데 활용된다.

➔ 바른답·알찬풀이 54쪽

17 다음은 공통적으로 어떤 생물이 우리 생활에 미치는 영향을 나타낸 것인지 보기 에서 골라 기호를 쓰시오.

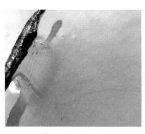 

⬆ 산소를 만듦.　　　⬆ 적조를 일으킴.

보기
㉠ 균류　　　　　㉡ 세균
㉢ 원생생물　　　㉣ 동물과 식물

(　　　　　　　　)

18 첨단 생명 과학에 대한 설명으로 옳은 것을 보기 에서 모두 골라 기호를 쓰시오.

보기
㉠ 생물의 다양한 특성을 연구한다.
㉡ 최신의 생명 과학 기술을 활용한다.
㉢ 일상생활에서 일어나는 다양한 문제를 해결하는 데 도움을 준다.
㉣ 균류나 세균은 제외하고 원생생물 및 동물과 식물에 관련된 생명 현상만 연구한다.

(　　　　　　　　)

어려워 😧

19 첨단 생명 과학이 우리 생활에 이용된 예와 이에 활용된 생물을 알맞게 짝 지은 것은 어느 것입니까? (　　　　)

① 인공 눈 생산 – 해충을 없애는 균류
② 건강식품 생산 – 영양소가 풍부한 원생생물
③ 친환경 생물 농약 – 플라스틱을 분해하는 세균
④ 플라스틱 분해 – 기름 성분을 가지고 있는 원생생물
⑤ 친환경 연료 생산 – 물을 쉽게 얼리는 특성이 있는 세균

서술형 😊

20 다음은 어떤 곰팡이가 첨단 생명 과학에 활용되어 만들어진 약입니다. 이에 활용된 곰팡이의 특성을 쓰시오.

⬆ 항생제

_____

_____

이 책의 출처

✏️ 제재 출처

제재명	지은이	출처	쪽수
「허리 밟기」	정완영	『가랑비 가랑가랑 가랑파 가랑 가랑』, ㈜사계절출판사, 2015.	16쪽
「덕실이가 말을 해요」	김우경	『수일이와 수일이』, ㈜우리교육, 2001.	16쪽
「출렁출렁」	박성우	『난 빨강』, ㈜창비, 2010.	17쪽
「꽃」	정여민	『마음의 온도는 몇 도일까요?』, 주니어김영사, 2016.	19쪽
「직업과 옷 색깔」(원제목: 「무슨 일을 하는지 보여 주는 옷 색깔」)	박영란·최유성	『색깔 속에 숨은 세상 이야기』, 아이세움, 2007.	24쪽
「국립중앙박물관 이용 안내」		국립중앙박물관 누리집(http://www.museum.go.kr)	25쪽
「인공 지능, 인류의 희망일까 재앙일까?」	황연성	『초등 독서 평설 7월 호』, 지학사, 2016.	40쪽
「학교 안에서 스마트폰 사용이 필요한가」(원제목: 「학교 안 스마트폰 사용, 법으로 금지해야 할까?」)		천재 학습 백과 누리집(http://koc.chunjae.co.kr)	47쪽
「고사리손으로 교통사고 대책 마련 눈길」	김혜진	『무등일보』, 2016. 11. 28.	48쪽
「돌하르방 어디 감수광」	유홍준	『여행자를 위한 나의 문화유산 답사기 2』, ㈜창비, 2016.	58쪽
「자연을 닮은 우리 악기」	청동말굽	『바람 소리 물소리 자연을 닮은 우리 악기』, ㈜문학동네, 2008.	66쪽
「우리나라의 멸종 위기 동물」(원제목: 「우리나라의 멸종 위기 생물들」)	백은영	『지켜라! 멸종 위기의 동식물』, 도서출판 뭉치, 2013.	67쪽
「아름다운 비색을 지닌 고려청자」	류재만	『미술교육논총 17』, 「청자의 이해 지도에 관한 연구」, 2003.	74쪽
「잘못 뽑은 반장」(원제목: 「꿈」)	이은재	『잘못 뽑은 반장』, 주니어김영사, 2009.	81쪽

✏️ 사진 출처

문화재청, 셔터스톡, 연합뉴스, 이미지투데이, 클립아트코리아, 한국관광공사-사진제공(김지호)

문장제 해결력 강화

문제
해결의
길잡이

문**해길 시리즈**는

문장제 해결력을 키우는 상위권 수학 학습서입니다.

문해길은 8가지 문제 해결 전략을 익히며

수학 사고력을 향상하고,

수학적 성취감을 맛보게 합니다.

이런 성취감을 맛본 아이는

수학에 자신감을 갖습니다.

수학의 자신감, 문해길로 이루세요.

문해길 원리를 공부하고, 문해길 심화에 도전해 보세요!
원리로 닦은 실력이 심화에서 빛이 납니다.

문해길 원리

문장제 해결력 강화

1~6학년 학기별 [총12책]

문해길 심화

고난도 유형 해결력 완성

1~6학년 학년별 [총6책]

구성보기

원리 3-1   심화 3

미래엔 초등 도서 목록

초코

교과서 달달 쓰기 · 교과서 달달 풀기
1~2학년 국어 · 수학 교과 학습력을 향상시키고
초등 코어를 탄탄하게 세우는 기본 학습서
[4책] 국어 1~2학년 학기별
[4책] 수학 1~2학년 학기별

미래엔 교과서 길잡이, 초코
초등 공부의 핵심[CORE]를 탄탄하게 해 주는
슬림 & 심플한 교과 필수 학습서
[8책] 국어 3~6학년 학기별, [8책] 수학 3~6학년 학기별
[8책] 사회 3~6학년 학기별, [8책] 과학 3~6학년 학기별

전과목 단원평가
빠르게 단원 핵심을 정리하고, 수준별 문제로 실전력을 키우는
교과 평가 대비 학습서
[8책] 3~6학년 학기별

문제 해결의 길잡이

원리 8가지 문제 해결 전략으로 문장제와 서술형 문제 정복
[12책] 1~6학년 학기별

심화 문장제 유형 정복으로 초등 수학 최고 수준에 도전
[6책] 1~6학년 학년별

퍼즐런

초등 필수 어휘를 퍼즐로 재미있게 익히는 학습서
[3책] 사자성어, 속담, 맞춤법

하루한장 예비 초등

한글완성
초등학교 입학 전 한글 읽기·쓰기 동시에 끝내기
[3책] 기본 자모음, 받침, 복잡한 자모음

예비초등
기본 학습 능력을 향상하며 초등학교 입학을 준비하기
[4책] 국어, 수학, 통합교과, 학교생활

하루한장 독해

독해 시작편
초등학교 입학 전 기본 문해력 익히기 30일 완성
[2책] 문장으로 시작하기, 짧은 글 독해하기

어휘
문해력의 기초를 다지는 초등 필수 어휘 학습서
[6책] 1~6학년 단계별

독해
국어 교과서와 연계하여 문해력의 기초를 다지는 독해 기본서
[6책] 1~6학년 단계별

독해+플러스
본격적인 독해 훈련으로 문해력을 향상시키는 독해 실전서
[6책] 1~6학년 단계별

비문학 독해 (사회편·과학편)
비문학 독해로 배경지식을 확장하고 문해력을 완성시키는
독해 심화서
[사회편 6책, 과학편 6책] 1~6학년 단계별

초 전과목
단원평가
국어 · 수학 · 사회 · 과학

바른답 · 알찬풀이

5·1

Mirae N 에듀

전과목 단원평가 5·1
바른답·알찬풀이

이렇게 활용해요!

꼼꼼하고 자세한 해설로 문제의 답을 바로 확인할 수 있어요.
부족한 부분을 확인하고, 왜 틀렸는지 다시 한 번 문제를 살펴봐요.

초등 공부의 핵심 코어를 탄탄하게!

바른답·알찬풀이

국어

1 대화와 공감

핵심 개념
8쪽

1 (1) ○   2 ⑤   3 동욱

1 대화할 때 표정과 말투는 말하는 사람의 감정이나 마음 상태를 알 수 있게 하고, 표정이나 말투에 따라 말뜻이 달라지기도 합니다.

2 ①, ②는 두루뭉술하게 칭찬한 것이고, ④는 결과를 칭찬한 것입니다. ③은 칭찬한 것이 아니라, 누군가에게 질문한 것입니다.

3 동욱이는 정인이의 고민을 제대로 듣지도 않고, 도움이 되지 않는 해결 방법을 말했습니다.

단원평가 (기본)
9~11쪽

01 ②   02 ③   03 ①, ⑤   04 수하
05 (1) ㉢ (2) 〔예〕㉡보다 ㉢이 분명하고 자세하게 칭찬한 것이기 때문입니다. 06 ㉡, ㉣   07 ④
08 고민거리 09 ②   10 ④   11 ⑤
12 연지   13 (1) 〔예〕친절왕 (2) 〔예〕늘 다른 사람에게 친절을 베풀고 도움을 주시기 때문입니다.
14 (1) 가 (2) 나   15 ④

01 부모님 심부름을 하고 오느라고 늦었다는 은주의 말을 듣고 소희는 은주의 처지를 이해해 주었습니다.

02 은주가 늦어서 걱정했던 소희는 은주의 말을 듣고 은주의 처지를 이해하게 되었습니다.

03 대화를 할 때에는 상대를 직접 보며 말을 주고받아야 하고, 표정, 몸짓, 말투에 따라 기분이나 생각을 짐작할 수 있습니다.

04 고래도 칭찬을 받으면 춤을 춘다는 말로, 칭찬을 들으면 누구나 기분이 좋다는 뜻입니다.

05 ㉡은 두루뭉술하게 칭찬한 예이고, ㉢은 칭찬하는 내용이 무엇인지 분명하고 자세하게 칭찬한 예입니다.

채점 기준	
상	(1)에 ㉢을 썼고, (2)에 그렇게 생각한 까닭을 알맞은 문장으로 쓴 경우
중	(1)에 ㉢을 썼지만 (2)의 그렇게 생각한 까닭에 어색한 점이 있는 경우
하	(1)에만 ㉢을 쓴 경우

06 결과보다 과정을 칭찬하고, 평가하지 말고 설명하는 칭찬을 해야 한다고 했습니다.

07 제시된 내용은 글 다에서 가능성을 키워 주는 칭찬으로 나온 예입니다.

08 동욱이는 정인이에게 고민거리가 있는 것 같다며 무슨 일인지 말해 보라고 했습니다.

09 정인이는 자신의 고민을 동욱이가 큰 소리로 말한 데다가 곤란한 해결 방법을 이야기해서 당황스러웠을 것입니다.

10 조언을 할 때에는 고민을 말하도록 강요하지 않고, 상대에게 도움이 되는 해결 방법을 말해야 합니다.

11 주민이 아빠께서는 남을 돕는다고 뛰어다니시다가 정작 주민이와 할 일을 하시지 못한 적이 꽤 많았다고 했습니다.

12 민재는 주민이의 말을 듣고 공감하고 있습니다.

13 '친절왕'과 같이 다른 사람을 잘 돕는 주민이 아빠에게 어울리는 별명을 정해 답을 씁니다.

채점 기준	
상	(1)에 주민이 아빠에게 어울리는 별명을 썼고, (2)에 그 까닭을 알맞은 문장으로 쓴 경우
중	(1)에 주민이 아빠에게 어울리는 별명을 썼지만 (2)의 그 까닭에 어색한 점이 있는 경우
하	(1)에만 주민이 아빠에게 어울리는 별명을 떠올려 쓴 경우

14 정아는 유라가 그림 그리는 것을 도와주고 싶은데 기분 나빠할까 봐 돕지 못하고 있습니다. 명진이는 윤성이와 준호에게 조용히 해 달라고 말하지 못하고 있습니다.

15 친구의 감정이나 생각에 공감하며 대화하면 기분 좋은 대화를 나눌 수 있습니다.

01 ⑤   02 예 미안한 표정과 조심스러운 말투
03 이해 등   04 ③   05 ④   06 결과, 노력
07 (1) ④ (2) ㉮   08 뒤 구르기
09 ①   10 예 내가 뒤 구르기 연습하는 것을
도와줄 수 있을 것 같은데, 나랑 함께 연습해 볼래?
11 ③, ⑤   12 ④   13 ③, ④   14 ③
15 ②   16 ①   17 ③   18 ⑤
19 시현   20 예 정우야, 고마워. 너도 같이 상을
받았으면 좋았을 텐데. 다음에는 네가 상을 받을 거야.

01 대화의 앞부분에 나오는 잠깐 딴생각하느라 잘 못
들었다고 말하는 태일이의 말에서 알 수 있습니다.

02 약속 시간에 늦은 은주는 소희에게 미안한 마음이
들었을 것입니다.

채점 기준	
상	미안한 마음에 어울리는 표정과 말투를 모두 알맞게 쓴 경우
중	미안한 마음에 어울리는 표정과 말투 중 한 가지만 알맞게 쓰고, 한 가지에는 어색한 표현이 있는 경우
하	미안한 마음에 어울리는 표정과 말투 중 한 가지만 답을 쓴 경우

03 태일이의 마지막 말에서 소희가 한 말을 듣고 소희
의 마음을 이해해 주었다는 것을 알 수 있습니다.

04 칭찬의 힘이 무엇인지 알려 주고, 그 힘을 발휘할
수 있는 칭찬 방법에 대해서 알려 주는 글이므로
"칭찬은 고래도 춤추게 한다"가 알맞습니다.

05 칭찬 한마디는 누군가에게 용기를 주고 자신을 긍정
적으로 바라보게 하며, 칭찬은 올바른 습관을 기르
고 능력을 키우는 데도 도움이 된다고 하였습니다.
또 칭찬의 힘을 과소평가하면 안 된다고 했습니다.

06 첫 번째 문단의 마지막 문장에 과정을 칭찬해야 하
는 까닭이 나타나 있습니다.

07 첫 번째 문단에서 일의 결과가 아닌 과정에 대한 칭
찬으로 ㉠을 말했고, 두 번째 문단에서 설명하는 칭
찬으로 ㉡을 말했습니다.

08 정인이는 체육 시간에 뒤 구르기 동작이 잘 안돼서
모둠끼리 여러 가지 동작을 꾸밀 때 방해가 되는 것
같다고 하였습니다.

09 동욱이는 정인이가 말하고 싶지 않은 고민거리를
말하게 하고, 도움이 되지 않는 해결 방법을 강요해
서 정인이를 화나게 했습니다.

10 다른 사람에게 조언할 때에는 상대에게 도움이 되
는 내용을 진심이 전해지도록 말해야 합니다.

채점 기준	
상	정인이에게 할 수 있는 조언을 알맞은 표현으로 바르게 쓴 경우
하	정인이에게 할 수 있는 조언으로 알맞지 않은 내용을 쓴 경우

11 모모가 마술사에게 처음 한 말을 보면 모모의 고민
을 알 수 있습니다.

12 마술사는 모모가 한바탕 웃게 한 다음 기분 좋은 상
태로 자신의 조언을 듣게 했습니다.

13 마술사는 "남들을 의식하지 말고 너 자신을 좋아하
고 사랑해 봐."라고 말했습니다.

14 도움이 되는 말이나 몰랐던 것을 깨우쳐 주는 말을
'조언'이라고 합니다.

15 '권유'는 어떤 일 등을 하도록 권하는 것을 뜻하고,
'비판'은 현상이나 사물의 옳고 그름을 판단해 밝히
거나 잘못된 점을 지적하는 것을 뜻합니다.

16 주민이는 민재에게 자신의 아빠가 누구든 도움이
필요한 사람이 있으면 도와주셔야 하는 분이라고
말하면서 아빠께서 좀 심하시다는 것을 알게 됐다
고 했습니다.

17 민재와 주민이는 서로의 감정이나 생각을 받아 주
며 공감하는 대화를 하고 있습니다.

18 주민이의 말에 '그럴 수도 있겠다.'라고 공감하는 말
을 하였으므로 민재의 마음은 공감하는 마음입니다.

19 두 친구의 속마음으로 보아, 시현이가 상을 받았지
만 상을 받지 못한 정우를 보고 마음껏 기뻐할 수
없는 상황입니다.

20 상을 받지 못해 속상한 정우의 마음을 헤아려 씁니
다.

채점 기준	
상	속상한 정우의 마음을 공감하는 내용으로 알맞은 표현을 바르게 쓴 경우
하	속상한 정우의 마음을 공감하는 내용으로 답을 쓰지 못한 경우

2 작품을 감상해요

● 16쪽

핵심 개념

1 예 일제 강점기에 벌어진 일을 다룬 영화를 본 것이 기억났어.   **2** (1) ○ (2) ×   **3** 민우

1 유관순이 독립 만세를 부르는 내용의 글과 어울리는 자신의 경험을 씁니다. 영화나 책 등에서 본 내용을 정리할 수 있습니다.

2 이 시의 말하는 이는 할머니의 아픈 허리를 밟고 있습니다. (2)는 '내'가 아닌 할머니의 마음으로 알맞습니다.

3 이야기 속 세계와 달리 현실 세계에서는 강아지인 덕실이와 대화할 수 없습니다.

단원 평가 〔기본〕 ● 17~19쪽

01 ⑤　　**02** 민우　　**03** ①　　**04** (2) ○ (3) ○　　**05** ③　　**06** ③, ④　　**07** ⑤　　**08** ②　　**09** ③　　**10** (1) 서운함 (2) 예 글의 마지막 부분의 '수일이도 이야기를 더 하고 싶지 않았다.'에서 서운한 마음이 나타나기 때문입니다.　　**11** ①　　**12** 손톱, 쥐　**13** (1) 지유 (2) 예 수일이는 자기가 둘이었으면 좋겠다고 하였고, 덕실이가 수일이를 두 명으로 만드는 방법을 알려 주었기 때문입니다.　　**14** ③　　**15** ㉮

01 유관순의 아버지께서는 여자들도 집안일만 할 것이 아니라 더 배워서 나라의 일꾼이 되어야 한다고 말씀하셨습니다.

02 이 글은 일제 강점기에 독립 만세 운동을 이끌었던 유관순의 삶이 나타나 있는 전기문이므로 민우처럼 가족과 여행에 다녀온 것을 떠올리는 것은 알맞지 않습니다.

03 경험을 떠올리며 글을 읽는다고 해서 글을 빨리 읽을 수 있게 되는 것은 아닙니다.

04 1연의 '이러다 지각하겠다 싶을 때'에서 말하는 이가 지각할까 봐 걱정하는 마음을 알 수 있고, 3연의

'갑자기 니가 보고 싶을 때'에서 그리운 사람을 떠올리는 모습이 나타납니다.

05 '니(너)'가 보고 싶을 때 길을 잡아당겼다고 하였습니다.

06 1행에서 할머니 아픈 허리는 밟아야 시원해진다고 했습니다.

07 말하는 이는 할머니께서 아파하실까 봐 조심하면서 허리를 밟고 있습니다.

08 이 시는 할머니의 아픈 허리를 밟아 드린 경험을 나타낸 것이므로 ②가 떠오르는 것이 알맞습니다.

09 ㉠에서 엄마는 수일이의 말을 엉뚱한 소리라고 하셨으므로, 엄마는 수일이가 한 말을 믿지 않으신다는 것을 알 수 있습니다.

10 (1)에 '서운함'을 쓰고, (2)에 그 까닭을 바르게 써 봅니다.

	채점 기준
상	(1)에 '서운함'을 썼고, (2)에 그렇게 생각한 까닭을 알맞게 쓴 경우
중	(1)에 '서운함'을 썼지만 (2)의 그렇게 생각한 까닭에 어색한 점이 있는 경우
하	(1)에만 '서운함'을 쓴 경우

11 수일이는 자기 대신 학원에 갈 사람이 생기면 좋겠다고 생각해서 자기가 둘이라면 좋겠다고 생각했습니다.

12 덕실이가 수일이에게 "네 손톱을 깎아서 쥐한테 먹이는 거야."라고 말한 것에서 알 수 있습니다.

13 (1)에 지유를 쓰고, 이야기를 잘못 상상한 까닭을 바르게 써 봅니다.

	채점 기준
상	(1)에 '지유'를 썼고, (2)에 그렇게 생각한 까닭을 앞 이야기의 내용과 어울리게 쓴 경우
중	(1)에 '지유'를 썼지만 (2)의 그렇게 생각한 까닭에 앞 이야기의 내용과 어울리지 않는 점이 있는 경우
하	(1)에만 '지유'를 쓴 경우

14 '꽃이 얼굴을 내밀었다'는 꽃이 활짝 핀 모습을 나타낸 것입니다.

15 ㉯는 자신의 경험과 관련 없이 시 내용을 말한 것입니다.

01 ②   02 ③   03 열아홉   04 승현
05 예 내용을 더 생생하게 느낄 수 있습니다. / 인물의 마음을 더 잘 이해할 수 있습니다.   06 ②
07 ②, ③, ④   08 ⑤   09 ①, ⑤
10 예 부모님의 어깨를 안마해 드렸던 일이 떠오릅니다.   11 ②   12 (1) ㉮ (2) ㉯
13 덕실이(강아지)   14 ①   15 ㉮
16 (1) ㉯ (2) ㉮   17 ㉰   18 ⑤
19 지호   20 예 먼저 손을 내어 주기를 날마다 기다리고 있었다.

01 글 ㉯의 첫 번째 문장에서 유관순이 아우내 장터에서 독립 만세 운동을 이끌었다는 것을 알 수 있습니다.

02 유관순은 아우내 장터에서 독립 만세를 외쳤으며, 일본 경찰에게 총을 쏘지는 않았습니다.

03 글의 마지막 문단에 1920년 9월 28일, 유관순은 열아홉 나이에 감옥에서 숨을 거두고 말았다고 하였습니다.

04 일제 강점기나 독립운동가에 대한 내용을 떠올리는 것이 알맞습니다.

05 경험을 떠올리며 글을 읽으면 좋은 점을 한 가지 씁니다.

채점 기준	
상	경험을 떠올리며 글을 읽으면 좋은 점을 알맞은 표현으로 바르게 쓴 경우
하	글을 읽으면 좋은 점을 썼지만 경험을 떠올리며 글을 읽는 상황과 관련이 없는 경우

06 3연의 '갑자기 니가 보고 싶을 때'에서 말하는 이가 친구를 그리워하고 보고 싶어 한다는 것을 알 수 있습니다.

07 1연에서는 학교에 지각할까 봐 걱정하는 장면을 떠올릴 수 있고, 2연에서는 집에 가기 위해 버스 정류장에 있는 장면을 떠올릴 수 있으며, 3연에서는 보고 싶은 사람을 그리워하는 모습을 떠올릴 수 있습니다.

08 이 시에서 말하는 이는 할머니께서 아프실까 봐 겁이 나서 자근자근 밟았습니다.

09 2행과 3행에서 할머니의 허리를 밟으면서 걱정하는

마음을 느낄 수 있습니다. ③은 할머니의 마음입니다.

10 이 시에는 할머니의 허리를 밟아 드린 경험이 드러나 있으므로 이와 비슷한 경험을 떠올려 써 봅니다.

채점 기준	
상	시와 관련된 자신의 경험을 한 문장으로 바르게 쓴 경우
중	시와 관련된 자신의 경험을 썼지만 어색한 점이 있는 경우
하	자신의 경험을 떠올려 썼지만 시와 관련된 경험을 쓰지 못한 경우

11 수일이는 방에서 컴퓨터 게임을 하고 있습니다.

12 ㉠ '게임 속 세상'에서는 수일이가 주인이어서 모든 일을 수일이가 정하지만, ㉡ '컴퓨터 바깥의 세상'에서는 수일이 마음대로 할 수 없고, 주로 수일이가 이끌려 다녀야 하는 세상이라고 하였습니다.

13 ㉠은 말하는 강아지인 '덕실이'를 가리킵니다.

14 입이 벌어져서 다물어지지 않았다는 것은 덕실이가 말을 해서 놀란 수일이의 마음을 나타낸 표현입니다.

15 이 이야기에서 강아지가 말을 하는 것은 현실 세계와 다른 이야기 속 세계에서만 일어날 수 있는 일입니다.

16 수일이는 밖에 나가서 아이들하고 공도 차며 실컷 놀고 싶다고 하였고, 덕실이는 공을 물어뜯는 것이 더 좋다고 하였습니다.

17 글 ㉯에서 수일이는 하루 종일 여러 학원을 다니고 있다고 했습니다.

18 나와 주인공의 경험을 비교하여 읽으면 내용을 더 쉽게 이해할 수 있고, 이야기를 좀 더 생생하게 느낄 수 있습니다.

19 말하는 이는 꽃들이 활짝 피어난 것을 몰라보았던 자신이 무심했다는 생각이 들어서 미안했습니다.

20 이 시의 '꽃'과 바꾸어 쓴 시의 '친구'를 견주어 보고, 어울리는 내용을 상상하여 씁니다.

채점 기준	
상	친구와 화해한 내용을 떠올려 시를 알맞게 쓴 경우
중	친구와 화해한 내용을 떠올려 시를 썼지만 내용이나 시의 형식이 어색한 점이 있는 경우
하	화해한 경험을 떠올려 시를 쓰지 못한 경우

3 글을 요약해요

핵심 개념 ────────────────────● 24쪽 ●

1 비교와 대조   2 ①   3 (1) 글의 내용
(2) 수집할 내용 (3) 수집할 곳

1 이 글은 다보탑과 석가탑의 공통점과 차이점을 설명하였습니다.

2 이 글은 여러 가지 특징을 나열해 직업과 옷 색깔의 관계를 설명했습니다.

3 설명하는 글의 내용을 정하고, 수집할 자료와 그 자료를 어디에서 찾을지를 정해야 합니다.

단원평가 기본 ────────────●25~27쪽 ●

01 ⑤   02 ③   03 ②   04 ㉯, ㉰
05 (1) 비교·대조 (2) ㉋ 대상의 공통점과 차이점을 찾아 설명했기 때문입니다.   06 (1) ㉋ 에펠 탑 (2) ㉋ 324미터나 되는 높이를 직접 느껴 보고 싶기 때문입니다.   07 ②   08 ㉡
09 (1) 아가미 (2) 옆줄 10 ③   11 ④
12 ②   13 ②   14 (1) ㉮ (2) ㉣ (3) ㉯
(4) ㉰   15 ①, ③, ④

01 국립중앙박물관을 찾아오는 길은 나타나 있지 않습니다.

02 이 글은 국립중앙박물관의 이용을 안내하는 '설명하는 글'입니다.

03 설명하는 글을 읽으면 필요한 정보를 얻을 수 있고, 어떤 일을 할 때 그 일의 차례를 알 수 있으며, 일의 방법과 규칙을 알 수 있습니다.

04 첫 번째 문단에서 다보탑과 석가탑은 모두 화강암을 쪼아 만든 석탑임을 알 수 있으며, 두 번째 문단에서 다보탑과 석가탑이 불국사 대웅전 앞뜰에 서 있다는 것을 알 수 있습니다. 세 번째 문단에서 다보탑은 장식이 많고 화려하며, 석가탑은 단순하면서도 세련된 멋이 있다는 것을 알 수 있습니다.

05 이 글은 비교와 대조의 방법을 사용하여 다보탑과 석가탑의 공통점과 차이점을 찾아 설명했습니다.

채점 기준	
상	(1)에 '비교'와 '대조'를 썼고, (2)의 답을 공통점과 차이점이라는 내용을 포함하여 바르게 쓴 경우
중	(1)에 '비교'와 '대조'를 썼지만 (2)의 그렇게 생각한 까닭에 어색한 점이 있는 경우
하	(1)에만 '비교'와 '대조'를 쓴 경우

06 피사의 사탑, 에펠 탑 가운데 직접 가서 보고 싶은 탑을 고르고 그 까닭을 씁니다.

채점 기준	
상	(1)에 글에서 설명하는 탑 가운데 하나를 골라 썼고, (2)에 고른 까닭을 바르게 쓴 경우
중	(1)에 글에서 설명하는 탑 가운데 하나를 골라 썼지만 (2)의 고른 까닭에 어색한 점이 있는 경우
하	(1)에만 글에서 설명하는 탑 가운데 하나를 골라 쓴 경우

07 이 글은 세계의 유명 탑들의 특징을 나열하여 설명했습니다.

08 ㉡은 중심 문장인 ㉠을 뒷받침하는 문장입니다.

09 이 글은 물속 환경에 적응할 수 있도록 발달한 다양한 어류의 기관에 대해 설명하고 있습니다.

10 이 글은 어류가 물속 환경에 적응할 수 있도록 발달한 다양한 기관을 열거하여 설명하는 글이므로 ③의 구조가 가장 적합합니다.

11 첫 번째 문단에서 직업의 특성에 따라 특정 색깔의 옷이 일을 하는 데 도움이 된다고 하였습니다.

12 두 번째 문단에서 의사, 간호사, 약사, 위생사, 요리사와 같이 청결을 유지해야 하는 직업은 흰색 옷을 입는다고 했습니다.

13 이 글은 직업과 옷 색깔의 관계에 대해 여러 가지 특징을 나열하여 설명했습니다.

14 물고기를 기를 때 주의할 점은 열거의 방법으로 설명하는 것이 적절하고, 거문고와 가야금의 공통점과 차이점은 비교와 대조의 방법으로 설명하는 것이 적절합니다.

15 글의 내용을 요약하기 위해서는 각 문단의 중심 문장을 찾고, 중요하지 않은 내용은 지웁니다. 세부 내용은 대표적인 말로 바꾸어 중심 내용을 정리하고, 글의 구조에 알맞게 틀을 그려 내용을 정리합니다.

01 ②, ③　　**02** ③　　　**03** 윤진　　**04** 설명
05 ⑤　　　**06** ⓔ 같은 과일 다섯 개가 바닥에 펼쳐지면 가장 먼저 종을 쳐서 카드를 가져옵니다.
07 ㉰　　　**08** 하리　　**09** ③　　　**10** ⑤
11 ②　　　**12** ⑤　　　**13** 비늘, 아가미, 옆줄
14 ③　　　**15** ⓔ 글에서 중요한 내용만을 쉽게 알 수 있습니다. / 중요한 내용을 더 쉽게 기억할 수 있게 해 줍니다.　　**16** ②
17 (1) ○　(2) ✕　　　**18** ⓔ 사람들은 직업에 따라 입는 옷 색깔이 다양하다.　　**19** ③
20 ㉯, ㉮, ㉰

01 설명하는 글을 읽을 때에는 어떤 것을 설명하는지, 설명이 정확한지 생각하며 읽어야 합니다.

02 이 글은 새싹 채소를 가꾸는 방법에 대하여 차례대로 설명하고 있는 글입니다.

03 얼마가 지나야 새싹 채소를 얻을 수 있는지에 대해서는 ❺에 나타나 있습니다.

04 국립중앙박물관 이용 방법을 설명하는 글입니다.

05 6세 이하 어린이는 보호자와 함께해야 한다고 하였습니다.

06 과일 카드 놀이 방법을 차례대로 읽고 이해하면서 카드를 얻으려면 어떻게 해야 하는지 씁니다.

채점 기준	
상	글에서 알 수 있는 내용을 바탕으로 답을 바르게 쓴 경우
중	글에서 알 수 있는 내용을 바탕으로 답을 썼지만 문장 표현에 어색한 점이 있는 경우
하	글에서 알 수 있는 내용을 바탕으로 답을 쓰지 못한 경우

07 설명하는 글을 읽으면 필요한 정보와 일의 방법, 규칙을 알 수 있고, 일의 차례를 알 수 있습니다.

08 설명하는 글은 무엇을 알려 주는 글이므로 독립운동가의 생각이 담긴 연설문은 설명하는 글이 아닙니다.

09 십자 모양의 받침 주변에 돌계단을 만든 것은 다보탑입니다.

10 이 글은 다보탑과 석가탑의 공통점과 차이점을 설

명하는 비교와 대조의 방법을 사용했습니다.

11 이 글은 세계 여러 도시의 탑에 대해 설명하였습니다.

12 대상의 특징을 나열해 설명하는 '열거'의 방법으로 쓴 글입니다.

13 두 번째 문단에서는 비늘, 세 번째 문단에서는 아가미, 네 번째 문단에서는 옆줄에 대해 설명하고 있습니다.

14 글을 요약할 때 중요하지 않은 내용은 지워야 합니다.

15 글을 요약하면 좋은 점을 떠올려 봅니다.

채점 기준	
상	글의 내용을 요약하면 좋은 점을 알맞게 정리하여 쓴 경우
중	글의 내용을 요약하면 좋은 점에 대해 답을 썼지만 문장 표현에 어색한 점이 있는 경우
하	글의 내용을 요약하면 좋은 점에 대해 알맞게 쓰지 못한 경우

16 예전 서양에서는 신분에 따라 입을 수 있는 옷 색깔이 정해져 있었지만, 검은색 옷은 누구나 입을 수 있었다고 했습니다.

17 (1)은 세 번째 문단에서 답을 찾을 수 있는 질문입니다. 법관의 검은색 옷은 법 앞에서 모든 사람이 평등하다는 뜻을 나타내며, 다른 것에 물들지 않고 공정하게 재판해야 한다는 뜻을 담고 있습니다.

18 이 글 마지막 문단의 첫 문장이 끝부분의 중심 내용입니다.

채점 기준	
상	마지막 문단 첫 문장의 내용을 바르게 정리해서 쓴 경우
중	마지막 문단 첫 문장의 내용을 정리해서 답을 썼지만 문장 표현에 어색한 점이 있는 경우
하	쓴 답에 마지막 문단 첫 문장의 내용과 다른 점이 있는 경우

19 설명하는 글을 쓸 때에는 읽는 사람이 이해할 수 있는 말을 사용해 읽는 사람에게 도움을 주는 확실한 정보를 제공해야 합니다.

20 설명할 주제부터 정한 다음 자료를 찾고, 설명하고 싶은 내용과 설명 방법을 정한 다음 쓸 내용을 정리해 글을 씁니다.

4 글쓰기의 과정

핵심 개념 ● 32쪽 ●

1 (1) 예 토끼가 (2) 예 귀엽습니다 2 생각이나 느낌
3 (3) ○

1 (1)의 빈칸에는 주어를 넣고, (2)의 빈칸에는 성질이나 상태를 풀이하는 서술어를 넣어야 합니다.

2 일어난 일에 대한 생각이나 느낌을 시간 흐름과 장소 변화에 따라 정리했습니다.

3 (1)은 동작을 당하는 주어와 서술어의 호응을 알 수 있는 문장이고, (2)는 높임의 대상을 나타내는 말과 서술어의 호응을 알 수 있는 문장입니다.

단원평가 기본 ● 33~35쪽 ●

01 나는 02 (1) 경환 (2) 예 내 친구가 좋아하는 대상이 되는 목적어가 빠진 문장이기 때문입니다. 03 ②, ⑤ 04 학급 신문
05 ④ 06 ③ 07 ③ 08 ②
09 ⑤ 10 ④ 11 (1) ○ 12 수학 공부
13 ⑤ 14 ③ 15 (1) ㉠ (2) 예 도둑이 경찰에게 잡혔다.

01 주어는 문장에서 '누가', '무엇이'에 해당하는 부분으로, 이 문장에서는 '나는'이 주어입니다.

02 '내 친구는'은 '누가'에 해당하고 '좋아합니다'는 '어찌하다'에 해당합니다. 경환이가 말한 문장은 내 친구가 좋아하는 대상이 되는 목적어가 반드시 필요한 문장입니다.

채점 기준	
상	(1)에 '경환'을 썼고, (2)를 목적어가 빠졌다는 내용으로 알맞게 쓴 경우
중	(1)에 '경환'을 썼지만 (2)의 그렇게 생각한 까닭에 어색한 점이 있는 경우
하	(1)에만 '경환'을 쓴 경우

03 문장에서 반드시 있어야 할 부분은 주어진 '꽃이'와 서술어인 '피었습니다'입니다. 나머지 부분은 '꽃이'

와 '피었습니다'를 자세하게 꾸며 줍니다.

04 첫 번째 그림에서 민재는 학급 신문에 실을 글을 쓰려 한다는 것을 알 수 있습니다.

05 민재는 친구들이 재미있어할 내용을 글로 쓰기 위해 지난달에 어떤 일이 있었는지 겪은 일을 떠올리고 있습니다.

06 겪은 일을 글로 쓸 때에는 글의 주제, 글을 읽을 사람, 글을 쓰는 상황과 목적 등을 떠올립니다.

07 첫 번째 문단에서 '나'는 달걀말이를 만드는 방법을 배워 왔다고 하였고, 두 번째 문단에서 달걀말이를 만든 과정을 나타내었습니다.

08 달걀을 젓가락으로 싹둑싹둑 잘라 주어야 좋다고 하였고, 덩어리진 것을 가위로 자르듯 끊어 주면 된다고 하였습니다.

09 이 글은 글쓴이가 아빠와 함께 공원으로 아침 운동을 다녀온 경험에 대해 생각이나 느낌을 나타내기 위해 쓴 글입니다.

10 아빠가 깨우실 때에는 일어나기 힘들었지만 운동으로 땀을 흘리고 나니 기분이 좋아졌습니다.

11 글 ㉯의 두 번째 문단에서 할머니께서 떡볶이를 해 주셨다고 했습니다.

12 글 ㉯의 두 번째 문단에서 할머니께서 해 주신 떡볶이를 먹은 뒤 친구 집에 가서 수학 공부를 했다고 했습니다.

13 다발 짓기 내용 중 한 일, 들은 일, 본 일을 더 자세하게 나타냈으며, 생각이나 느낌을 더 자세하고 실감 나게 표현하였습니다.

14 '하신다'는 높임의 대상을 나타내는 말과 호응하는 서술어입니다. 높임의 대상이 아닌 것은 '여동생'입니다.

15 ㉠는 동작을 당하는 주어와 서술어의 호응이 맞지 않습니다. '도둑이 경찰에게 잡혔다.' 등의 문장이 알맞습니다.

채점 기준	
상	(1)에 ㉠를 썼고, (2)를 주어와 서술어의 호응이 맞도록 알맞게 고쳐 쓴 경우
중	(1)에 ㉠를 썼지만 (2)의 문장 표현이 어색하거나 맞춤법에 틀린 부분이 있는 경우
하	(1)에만 ㉠를 쓴 경우

단원평가 실전 ● 36~39쪽

01 현민	**02** ③
03 (1) 빨갛다 (2) 익은, 고추처럼	**04** ③
05 예 나는 사과를 먹었습니다.	**06** ③
07 예 같은 반 친구들이 재미있어할 내용을 쓰기로 했습니다.	**08** 지난달
09 ㉴, ㉣, ㉢, ㉠	**10** ⑤	**11** ①
12 ④	**13** ②	**14** ①, ③, ⑤

15 예 두꺼운 책을 읽을 때 내용을 이해하기 어려웠지만, 다 읽고 나니 뿌듯했습니다. **16** (3) ○
17 ① **18** ④ **19** (1) ○ **20** 놀았다 등

01 제시된 문장은 아이가 엄마께 선물을 어떻게 했다는 내용이 없어서 어색합니다.

02 '잡았습니다'라는 동작의 대상이 되는 목적어가 없습니다.

03 주어진 문장에서 주어인 '떡볶이가'와 서술어인 '빨갛다'는 반드시 있어야 하는 부분이고, 나머지는 '떡볶이'와 '빨갛다'를 자세하게 꾸며 주는 말입니다.

04 ③의 문장에서는 주어인 '수진이가'와 목적어인 '공을'과 서술어인 '찼습니다'가 꼭 있어야 하는 부분입니다.

05 주어로 '누가', '무엇이'에 해당하는 말을, 목적어로 '누구를', '무엇을'에 해당하는 말을 서술어로 '무엇이다', '어찌하다', '어떠하다'에 해당하는 말을 씁니다.

채점 기준	
상	주어, 목적어, 서술어가 모두 들어간 문장을 바르게 쓴 경우
중	주어, 목적어, 서술어가 모두 들어간 문장을 썼지만 문장 표현이 어색하거나 맞춤법에 틀린 부분이 있는 경우
하	문장을 만들어 썼지만 주어, 목적어, 서술어 중 빠진 것이 있는 경우

06 ①은 '누가', ②는 '무엇이', ④는 '어떠하다', ⑤는 '어찌하다'에 해당하는 말입니다.

07 민재는 그림 ❸에서 지난달에 겪은 일 중 같은 반 친구들이 재미있어할 내용으로 글을 쓰기로 마음먹고 쓸 내용을 떠올리고 있습니다.

채점 기준	
상	같은 반 친구들이 재미있어할 내용을 쓰기로 했다는 내용을 포함하여 답을 바르게 쓴 경우
하	같은 반 친구들이 재미있어할 내용을 쓰기로 했다는 내용을 포함하여 답을 쓰지 못한 경우

08 민재는 글을 쓰기 위해 지난달에 있었던 일을 떠올리고 있습니다.

09 두 번째 문단에서 재료들을 준비한 다음(㉴), 달걀을 큰 그릇에 깨뜨려 넣고 잘 저어 준 뒤(㉣), 지짐판에 식용유를 두르고 달걀물을 붓고(㉢), 조금씩 익으면 끝에서부터 뒤집개로 살살 말아 준다고(㉠) 했습니다.

10 글을 쓸 때에는 글의 주제, 글을 쓰는 상황, 글을 쓰는 목적, 글을 읽을 사람 등을 고려해야 합니다.

11 이 글은 시간과 장소의 변화에 따라 글의 흐름이 이어지고 있습니다.

12 두 번째 문단에서 '내'가 추워하자 아빠께서는 걸으면 괜찮아질 거라고 다독여 주셨습니다.

13 ② → ⑤ → ③ → ① → ④의 순서로 글쓴이에게 일어난 일을 정리할 수 있습니다.

14 ②, ④는 글쓴이가 한 행동이지 생각이나 느낌이 아닙니다.

15 힘들었지만 뿌듯했던 경험을 떠올려 생각이나 느낌과 함께 씁니다.

채점 기준	
상	힘들었지만 뿌듯했던 경험을 떠올려 그때의 생각이나 느낌을 함께 알맞은 표현으로 쓴 경우
중	힘들었지만 뿌듯했던 경험을 썼지만 그때의 생각이나 느낌에 어색한 점이 있는 경우
하	힘들었지만 뿌듯했던 경험만 쓰고 생각이나 느낌을 쓰지 않은 경우

16 잘 조직된 글은 내용이 쉽게 읽히고 이해가 잘 됩니다.

17 글 ❹의 두 번째 문단에서 저녁을 먹은 뒤 헤어질 때가 되어 섭섭하다고 하였습니다.

18 다발 짓기의 내용에 한 일, 들은 일, 본 일과 글쓴이의 생각과 느낌을 더 자세하게 덧붙여 글 ❹를 썼습니다.

19 동작을 당하는 주어 '바다가'는 '보였다'와 호응합니다. '보았다'는 어떤 대상을 직접 보는 동작을 할 수 있는 '내가', '언니가' 등과 호응합니다.

20 '어제'는 과거를 나타내는 말이므로 '놀 것이다'를 '놀았다'로 고쳐 써야 시간을 나타내는 말과 서술어의 호응이 알맞습니다.

5 글쓴이의 주장

1 (2) ○　　　**2** 인공 지능　　　**3** (4) ○

1 사람이나 동물의 몸통 아래에 붙어 몸을 받치는 '다리'가 물건에 사용될 수 있습니다. 이처럼 한 낱말이 여러 가지 뜻을 가진 경우에 그 낱말을 다의어라고 합니다.

2 '인공 지능', '위험'과 같은 낱말이 자주 나오고, 인공 지능이 일으킬 위험을 막을 방법을 생각해야 한다고 하였습니다.

3 (1)~(3)의 내용은 주장과 관련이 없습니다.

단원 평가 기본 ● 41~43쪽

01 ②　　　**02** (1) ㉡ (2) ㉢ (3) ㉠　　　**03** 동형어
04 ④　　　**05** ③, ④, ⑤　　　**06** ④
07 ③　　　**08** ③　　　**09** (1) 나 (2) 글 나가 인공 지능의 긍정적인 점에 대해 말하고 있기 때문입니다.　　　**10** (1) 나 (2) 가　　　**11** ⑤
12 (1) ○　　　**13** ①, ⑤　　　**14** (1) 가 (2) 예 쓰기 윤리를 지키자.　　　**15** 수하

01 남자아이는 누가 많이 다쳤다는 줄 알고 걱정이 되었습니다.

02 ㉠은 안경다리의 '다리'이므로 (3)이 알맞고, ㉡은 신체 부위인 '다리'이므로 (1)이 알맞습니다. ㉢은 두 곳을 잇는 '다리'이므로 (2)가 알맞습니다.

03 신체 부위인 ㉡'다리'와 두 곳을 잇는 ㉢'다리'는 형태가 같을 뿐 서로 다른 낱말입니다. 이처럼 형태는 같지만 뜻이 서로 다른 낱말을 '동형어'라고 합니다.

04 제시된 문장의 '길'은 '사람이나 동물 또는 자동차 따위가 지나갈 수 있게 땅 위에 낸 일정한 너비의 공간.(④)'을 뜻합니다. ①은 '짐승 등을 잘 가르쳐서 부리기 좋게 된 버릇.', ②는 '어떤 일에 익숙하게 된 솜씨.' ③은 '사람이 삶을 살아가거나 사회가 발전해 가는 데에 지향하는 방향, 지침, 목적이나 전문 분야.', ⑤는 '시간의 흐름에 따라 개인의 삶이나 사회적·역사적 발전 따위가 전개되는 과정.'을 뜻합니다.

05 국어사전에서 어울리는 뜻을 찾아보거나, 문장에서 대신 쓸 수 있는 낱말을 생각하거나, 낱말의 앞뒤 내용을 살펴보고 관련 있는 뜻을 찾아볼 수 있습니다.

06 인공 지능으로 경제적 이득을 얻을 수 있다는 내용은 인공 지능의 위험성과는 관련 없는 내용입니다.

07 글 가에서는 인공 지능이 일으킬 위험을 막을 방법도 생각해야 한다고 주장하고 있습니다.

08 글 나는 인공 지능에 대해 긍정적인 관점을 보이고 있으나 ③은 인공 지능의 부정적인 면을 지적하고 있습니다.

09 글 가는 인공 지능의 부정적인 점, 글 나는 인공 지능의 긍정적인 점에 대해 주장하고 있으므로, 인공 지능의 긍정적인 점을 나타낸 보기의 내용과 글 나의 내용이 어울립니다.

채점 기준	
상	(1)에 나를 썼고, (2)에 그렇게 생각한 까닭을 알맞게 쓴 경우
중	(1)에 나를 썼지만 (2)의 그렇게 생각한 까닭에 어색한 점이 있는 경우
하	(1)에만 나를 쓴 경우

10 글 가의 중심 내용에 어울리는 제목은 '인공 지능 개발에 따른 위험'이고, 글 나의 중심 내용에 어울리는 제목은 '인공 지능은 미래의 희망이다'입니다.

11 글쓴이는 글을 쓸 때 남의 글을 베끼거나 거짓으로 쓰지 말고, 진실하게 사실대로 글을 써야 한다고 하였습니다.

12 글 라에서 쓰기 윤리를 지키지 않았을 때 문화 발전이 어려운 까닭을 말하고 있으므로 (1)이 알맞습니다.

13 글쓴이의 이름을 알아보거나 글쓴이의 수준이 높아 어려운 낱말을 사용하고 있는지를 판단하는 것은 근거의 적절성을 판단하는 방법으로 알맞지 않습니다.

14 글 가에 글쓴이의 주장이, 글 나~라에 근거가 나타나 있습니다.

채점 기준	
상	(1)에 가를 썼고, (2)를 쓰기 윤리를 지키자는 내용으로 알맞게 쓴 경우
중	(1)에 가를 썼지만 (2)에 쓴 주장에 글쓴이의 주장과 어색한 점이 있는 경우
하	(1)에만 가를 쓴 경우

15 하연이처럼 다른 사람이 써 놓은 글을 베끼는 것은 쓰기 윤리에 어긋나는 행동입니다.

01 안전 교육　　　　**02** ㉰　　　　**03** ③
04 ⑤　　　　**05** ㉞ 어린이들을 대상으로 학교에서 보행 중 교통사고를 예방하기 위한 교육을 실시합니다.　　　　**06** ④　　　　**07** ⑤　　　　**08** 가
09 ㉞ 인공 지능은 미래의 희망이다　　　**10** ②
11 ⑤　　　　**12** 규범　　　　**13** ③, ⑤　　　　**14** 인수
15 (1) 가 (2) 나　　　　**16** ③　　　　**17** ㉞ 학교 안 스마트폰 사용을 법으로 금지해야 한다고 생각합니다. 학교 안에서 스마트폰을 사용하는 학생이 많아지면서 여러 가지 문제점이 생기고 있기 때문입니다.　　　　**18** 휴대 전화　　　　**19** 반대
20 ①, ②, ⑤

01 글쓴이는 글 가에서 어린이 보행 중 교통사고를 줄이기 위해서는 운전자에게 어린이 보행자를 보호할 수 있는 안전 교육을 실시해야 한다고 하였습니다.

02 ㉠은 '어떤 일이 생기다.'라는 뜻으로 쓰였습니다.

03 신호가 바뀐 뒤에도 신호 위반을 하는 차가 있을 수 있기 때문에 늘 조심해야 한다고 하였습니다.

04 글 나에는 어린이가 스스로 지켜야 하는 안전 수칙에 대해 나와 있으므로 ⑤가 알맞습니다.

05 글에 제시된 방법 외에 어린이 교통사고를 줄이기 위해 어떤 노력을 하면 좋을지 생각하여 씁니다.

채점 기준	
상	어린이 보행 중 교통사고를 줄이기 위한 방법을 알맞게 쓴 경우
중	어린이 보행 중 교통사고를 줄이기 위한 방법을 썼지만 문장 표현에 어색한 점이 있는 경우
하	글에 제시된 내용을 쓴 경우

06 글 가에 '인공 지능', '위험', '지배'와 같은 낱말이 자주 쓰였고, 인공 지능의 위험한 점을 알려 주는 것으로 보아 ④와 같은 제목이 가장 어울립니다.

07 글 나의 글쓴이는 인공 지능의 좋은 점에 대해 말하고 있습니다.

08 인공 지능의 위험성에 대해 이야기하고 있으므로 글 가의 주장을 뒷받침하는 내용으로 적절합니다. 글 나는 인공 지능의 좋은 점에 대해 말하고 있는 글입니다.

09 글 나에서 알 수 있는 글쓴이의 주장을 파악해 보고, 주장이 드러나도록 제목을 지어 봅니다.

채점 기준	
상	글쓴이의 주장이 드러나도록 제목을 알맞게 쓴 경우
하	제목에 글쓴이의 주장이 드러나지 않는 경우

10 각 문단의 마지막 문장만 읽어서는 글쓴이의 주장을 파악할 수 없습니다.

11 이 글에는 글을 쓰는 과정에서 지켜야 하는 여러 가지 규범인 쓰기 윤리를 지켜야 한다는 글쓴이의 주장이 담겨 있습니다.

12 글 가에 쓰기 윤리의 뜻이 나타나 있습니다.

13 글을 쓸 때에는 자신을 속이지 않으며, 거짓된 내용은 쓰면 안 되므로 아무리 재미있다고 해도 내용을 조작해서 쓰면 안 되고, 부풀려서 써도 안 됩니다.

14 인용한 자료의 출처를 밝힌 인수가 쓰기 윤리를 잘 지켰습니다.

15 글 나는 쓰기 윤리를 지키지 않으면 처벌을 받을 수 있다는 내용이므로 가의 내용을 뒷받침합니다. 글 다는 쓰기 윤리를 지키지 않아서 남에게 피해를 주는 내용이므로 나의 내용을 뒷받침합니다.

16 글 가에서는 학교 안 스마트폰 사용을 법으로 금지해야 한다고 주장하는 내용이, 글 나에서는 금지하면 안 된다고 주장하는 내용이 나타나 있습니다.

17 학교 안 스마트폰 사용에 대해 찬성하는지 반대하는지를 쓰고, 그렇게 생각한 근거를 바르게 써 봅니다.

채점 기준	
상	자신의 생각과 타당한 근거를 알맞게 쓴 경우
중	자신의 생각과 근거를 썼지만 문장 표현에 어색한 점이 있는 경우
하	자신의 생각만 쓰고 근거를 쓰지 못한 경우

18 가~다 모두 학교 안에서 휴대 전화 사용을 금지하는 것에 대해 찬성 또는 반대하는 관점을 가진 기사 제목입니다.

19 제시된 근거는 학교 안 휴대 전화 사용을 반대하는 주장의 근거로 알맞습니다.

20 근거가 적절한지 확인할 때에는 제시한 근거가 주장과 관련 있는지, 주장을 더욱 설득력 있게 하는지, 알맞은 낱말을 썼는지 확인해야 합니다.

6 토의하여 해결해요

1 학생들이 모여 운동장을 안전하게 쓰는 방법을 이야기하는 '토의'를 하고 있습니다.

2 '의견 모으기'에서는 의견을 주고받고, 각 의견의 장단점을 찾고, 의견을 판단할 기준을 세워 판단합니다. '의견 결정하기'에서는 가장 알맞은 의견으로 결정합니다.

3 학교 앞 어린이 보호 구역에서 유치원생이 교통사고로 목숨을 잃은 사고가 있었고, 과거에도 비슷한 일이 있이 있어서 학생들은 학교 앞이 안전하지 않다고 생각했습니다.

01 문제 상황이 있을 때 적절한 문제 해결 방법을 찾을 수 있는 말하기는 '토의'입니다.

02 선생님께서 올해는 개교기념일 행사를 학생들의 의견을 모아 진행하기로 했다고 말씀하셨습니다.

03 제시된 그림 속 대화로 보아, 개교기념일에 진행할 행사와 관련된 '개교기념일을 뜻깊게 보내는 방법'이 토의 주제로 알맞습니다.

04 그림 ❶은 토의 주제를 정하는 모습, 그림 ❷는 의견을 마련하기 위해 생각하는 모습, 그림 ❸은 친구들이 모여 의견을 모으는 모습, 그림 ❹는 결정된 의견을 이야기하는 모습입니다.

05 의견을 마련할 때에는 토의 주제에 맞는 의견인지 생각합니다.

06 그림 ❶의 사회자가 개교기념일을 뜻깊게 보내는 방법을 발표해 달라고 한 말에서 알 수 있습니다.

07 오른쪽 남자아이가 왼쪽 여자아이의 의견을 존중하지 않고 반말로 자신의 주장을 내세운 점이 잘못되었습니다.

08 오른쪽 남자아이가 왼쪽 남자아이의 말을 끝까지 듣지 않고 자신의 의견을 말한 점이 잘못되었습니다. 이를 충고하는 말로 바르게 써 봅니다.

채점 기준	
상	(1)에 ㉯를 썼고, (2)에 충고하는 말을 알맞게 쓴 경우
중	(1)에 ㉯를 썼지만 (2)의 충고하는 말에 어색한 점이 있는 경우
하	(1)에만 ㉯를 쓴 경우

09 토의에서는 실천할 수 있고, 토의 주제에 맞으며 알맞은 주장과 근거를 든 의견을 결정해야 합니다.

10 사회자는 토의를 진행하는 사람이지 의견을 판단해서 결정하는 사람이 아니므로, 사회자가 알맞은 의견이라고 생각하는 의견을 결정하는 것은 알맞지 않습니다.

11 전교 학생회에서 '안전한 학교 만들기' 안건을 마련했다고 했습니다.

12 학생들은 학교 앞 어린이 보호 구역이 자신들의 안전을 지켜 주지 못한다는 것을 알아서 전교 학생회에서 안건을 마련했습니다.

13 어린이 보호 구역 표지판의 크기를 키우고 테두리를 반짝이게 하자고 했습니다.

14 어린이 보호 구역에 표지판이 설치되어 있지만 표지판이 너무 작고 가로수에 가려 잘 보이지도 않는다고 하였습니다.

15 '구청장님께 편지 쓰기'라는 실천 방안을 실행하기 위해 어떻게 했는지 찾아서 정리해 봅니다.

채점 기준	
상	(1)에 '구청장님께 편지 쓰기'를 썼고, (2)에 학생회가 한 행동을 알맞게 쓴 경우
중	(1)에 '구청장님께 편지 쓰기'를 썼지만 (2)에 학생회가 한 행동 가운데 일부분만 쓴 경우
하	(1)에만 '구청장님께 편지 쓰기'를 쓴 경우

01 (1) ㉮ (2) ㉯ **02** ② **03** 예 문제 해결에 직접 참여할 수 있고, 문제 상황을 더 잘 이해할 수 있습니다. / 결정된 내용을 잘 받아들일 수 있습니다. **04** ②, ③, ④ **05** ㉱, ㉯, ㉮, ㉰ **06** ①, ⑤ **07** 지찬 **08** ①, ②, ④ **09** ① **10** ③ **11** ① **12** (1) ㉯ (2) ㉮ **13** ②, ③, ⑤ **14** ② **15** 예 학급의 날을 어떻게 보내면 좋을까요? **16** ⑤ **17** 사고 **18** ③ **19** ② **20** (1) 예 우리 학교 안전 지도를 만들면 좋겠습니다. (2) 예 학교 곳곳에 있는 안전하지 않은 곳을 널리 알려 사고를 예방할 수 있기 때문입니다.

01 그림 ㉮에서는 게시판의 알림 글로 결정된 내용을 전달했고, 그림 ㉯에서는 학생들이 해결 방법을 의논하였습니다.

02 1학년 동생이 운동장에서 다친 일 때문에 운동장을 안전하게 쓰는 방법에 대한 문제를 주제로 의견을 나누게 되었습니다.

03 토의를 해서 문제를 해결하면 어떤 점이 좋은지 생각하여 써 봅니다.

채점 기준	
상	문제 해결 과정에 여러 사람이 참여하면 좋은 점을 알맞게 쓴 경우
하	문제 해결 과정에 여러 사람이 참여하면 좋은 점에 대해 알맞지 않은 내용을 쓴 경우

04 토의를 한다고 반드시 일을 빠르게 처리할 수 있다거나 자신이 생각한 의견으로 문제를 해결할 수 있게 되는 것은 아닙니다.

05 그림에서 알 수 있는 것처럼 먼저 토의 주제를 정하고, 의견을 마련한 뒤 의견을 모으고 의견을 결정합니다.

06 그림 ❷는 '의견 마련하기' 단계입니다. 토의 주제가 적절한지 생각하는 것은 '토의 주제 정하기' 단계에서 해야 할 일이고, 자신의 의견을 마련할 때 다른 사람이 좋아할 만한 의견인지는 생각하지 않아도 됩니다.

07 '의견 모으기' 단계에서 할 일을 말해야 합니다. 지찬이가 말한 것은 '의견 마련하기' 단계에서 할 일입니다.

08 의견을 판단할 때에는 실천 가능한 의견인지, 토의 주제에 맞는 의견인지, 알맞은 주장과 근거를 들었는지를 기준으로 판단합니다.

09 그림 ❹에서 개교기념일 행사로 '우리 학교 역사 찾기'를 하기로 결정했다고 하였습니다.

10 토의는 좋은 의견이 많으면 여러 가지 의견을 정할 수 있습니다.

11 '개교기념일을 뜻깊게 보내는 방법'이라는 토의 주제에 대한 의견을 말하라고 하자, 아이들이 의견을 말하고 있습니다. 그러므로 그림은 각자가 마련한 의견을 모으는 절차를 보여 주는 것입니다.

12 남자아이는 그림 ❶에서 자신의 의견을 제시하는 까닭을 설명하지 않았습니다. 그림 ❷에서는 친구의 의견을 무시하며 자신의 주장만을 내세웠습니다.

13 그림 ❸에서 오른쪽 남자아이는 손을 들고 말할 기회를 얻지 않았고, 친구의 말을 끝까지 듣지 않았으며 반말로 말하였습니다.

14 토의할 때에는 의견이 많으면 여러 가지 의견 중에 좋은 의견을 정할 수 있습니다.

15 선생님께서 하신 말씀과 여자아이의 고민에 알맞게 토의 주제를 정하여 바르게 써 봅니다.

채점 기준	
상	학급의 날을 보내는 방법과 관련하여 토의 주제를 알맞게 쓴 경우
하	학급의 날과 관련 없는 토의 주제를 쓴 경우

16 초등학생들이 직접 교통사고 대책을 마련한 기사 내용에 알맞은 제목은 ⑤입니다.

17 글 ㉮의 두 번째 문장에서 알 수 있습니다.

18 어린이 보호 구역에 가로수를 심지 말자는 내용을 제안하지는 않았습니다.

19 학생회는 지방 자치 단체 누리집에 면담을 신청해 구청장님을 만났고, 구청장님은 신속하게 시설을 개선하고 문제를 해결하기로 약속했습니다.

20 답으로 제시된 것 이외에도 '안전한 학교 만들기'에 대한 주장과 근거를 생각해서 써 봅니다.

채점 기준	
상	'안전한 학교 만들기'에 대한 의견을 떠올려 주장과 근거를 모두 바르게 쓴 경우
중	'안전한 학교 만들기'에 대한 의견을 떠올려 주장을 썼지만 근거에 타당하지 못한 점이 있는 경우
하	'안전한 학교 만들기'에 대한 의견을 떠올려 주장만 쓴 경우

7 기행문을 써요

1 현석이는 제주도 여행을 가서 좋은 추억이 많았는데, 글로 남긴 것이 없어서 여행 경험을 정확하게 전하지 못했습니다.

2 주로 시간과 장소를 나타내는 표현이 쓰였으므로 '여정'에 해당합니다.

3 기행문의 짜임(처음-가운데-끝)에 따라 여행한 까닭이나 목적, 여행하면서 있었던 일, 여행의 전체 감상을 차례대로 씁니다.

01 서윤이의 말을 통해 현석이가 방학 때 제주도 여행을 다녀온 것을 알 수 있습니다.

02 여행한 경험을 쓴 글은 기행문입니다.

03 현석이는 여행에 대해 글로 남긴 것이 없어서 여행에 대해 기억이 잘 나지 않았고, 서윤이에게 여행 경험을 정확하게 전하지 못해 멋쩍어하였습니다.

04 어디어디 다녀왔냐는 현석이의 질문에 서윤이는 한라산, 거문오름, 만장굴, 성산 일출봉을 다녀왔다고 하였습니다.

05 서윤이는 여행하면서 찍은 사진과 함께 글로 남겨 놓으니 여행을 기억하기 좋았다고 하였습니다.

06 여행하며 보고 느낀 점을 글로 쓴다고 해서 글을 길게 쓸 수 있는 것은 아니며, 글이 길다고 좋은 글인

것도 아닙니다.

07 '우리 답사의 첫 유적지는 한라산 산천단이었다.'는 기행문의 여정에 해당합니다.

08 (1) 구좌읍 세화리 송당리 일대는 제주도에서 오름이 가장 많은 곳이지만, 이곳에만 오름이 있다고는 하지 않았습니다. (2) 오름의 분화구가 달처럼 둥글어 보여서 '다랑쉬'라는 이름이 붙었다는 설이 있다고 하였습니다. (3) 경사면을 따라 바람이 불어서 한여름이라도 더운 줄 모른다고 하였습니다.

09 '가슴까지 시원하게 열린다.' 등의 표현은 글쓴이가 생각하거나 느낀 것을 잘 드러낸 부분입니다.

10 이 글은 글쓴이가 제주도 여행을 한 경험을 쓴 기행문입니다. 기행문의 특징에는 무엇이 있는지 한 가지 써 봅니다.

채점 기준	
상	(1)에 '기행문'을 썼고, (2)에 기행문의 특징을 알맞게 쓴 경우
중	(1)에 '기행문'을 썼지만 (2)에 기행문의 특징으로 알맞지 않은 점이 있는 경우
하	(1)에만 '기행문'을 쓴 경우

11 일출봉의 서쪽은 제주도와 연결되었다고 하였습니다.

12 ㉠은 여행하면서 들은 것이 잘 나타난 부분으로, 견문이 잘 드러난 부분입니다.

채점 기준	
상	(1)에 '견문'을 썼고, (2)에 그 까닭을 알맞게 쓴 경우
중	(1)에 '견문'을 썼지만 (2)의 까닭에 어색한 점이 있는 경우
하	(1)에만 '견문'을 쓴 경우

13 기행문을 쓸 때에는 먼저 기억에 남는 여행 장소를 떠올린 뒤 기행문을 쓰는 목적, 그 장소를 고른 까닭, 읽을 사람, 필요한 자료 등을 정리하여 기행문을 쓸 준비를 합니다. 그리고 기행문의 짜임에 따라 여정, 견문, 감상으로 나누어 정리한 후 기행문을 씁니다.

14 기행문을 쓸 준비를 할 때에는 기행문을 쓰는 목적, 그 장소를 고른 까닭, 읽을 사람, 필요한 자료 등을 정리합니다.

15 교통편, 여행한 목적, 여행 일정 소개는 '처음' 부분에 들어갈 내용이고, 인상 깊은 경험은 '가운데' 부분에 들어가기에 알맞습니다. 끝부분에는 여행한 뒤에 한 다짐이나 반성 등이 들어갑니다.

단원평가 실전

01 기행문 02 ② 03 ③ 04 ⒅ 여행하면서 보고 듣고 느낀 것을 글로 나타내면 여행 경험을 생생하게 다른 사람과 함께 나눌 수 있다고 말해 주고 싶습니다. 05 소이 06 ④
07 ⑤ 08 ⒅ 언제나 신천지에 오는 것 같은 설렘을 느낀다고 했습니다. 09 감상
10 ⑤ 11 ③ 12 (3) × 13 감상
14 ④ 15 (1) ⓝ (2) ⓓ (3) ⓖ 16 ③, ④, ⑤
17 ⑤ 18 ⒅ 경주에 다녀온 경험을 글로 쓰고 싶습니다. 경주에 있는 신라의 문화유산을 소개하고 싶기 때문입니다. 19 (1) 여행한 까닭이나 목적 (2) 이동하면서 겪은 일이나 느낌 (3) 여행의 전체 감상 20 ⓓ, ⓜ, ⓡ

01 기행문은 여정을 적고, 여행으로 얻은 견문과 감상을 쓴 글입니다.

02 서윤이와 현석이는 방학 때 여행을 다녀온 경험에 대해 이야기를 나누고 있습니다.

03 서윤이는 여행 중에 찍은 사진과 함께 여행한 경험을 글로 남겨 두었기 때문에 여행한 내용을 잘 기억할 수 있었습니다.

04 서윤이처럼 여행한 경험을 글로 남겨 놓으면 기억하기 쉽고 경험을 다른 사람과 생생하게 나눌 수 있다는 내용을 알려 줄 수 있습니다.

채점 기준	
상	여행한 경험을 글로 남겨 놓으면 좋은 점을 포함하여 현석이에게 해 줄 말을 알맞은 내용과 표현으로 쓴 경우
하	현석이에게 해 줄 말로 알맞지 않은 말을 쓴 경우

05 여행하면서 보고 듣고 느낀 점을 글로 쓰면 여행했을 때의 기분을 잘 간직할 수 있습니다.

06 비행기 왼쪽 좌석에서는 한라산이 먼저 나타나고 오름의 산비탈에 줄지어 있는 산담이 보이며, 오른쪽 좌석에서 쪽빛 바다와 맞닿아 둥글게 돌아가는 해안선과 삼나무 방풍림이 보인다고 하였습니다.

07 이 글에는 비행기 창밖으로 바라본 제주도의 풍경이 나타나 있습니다.

08 글의 마지막 부분에 나타나 있는 글쓴이의 기분을 파악하고 알맞은 문장으로 정리하여 씁니다.

채점 기준	
상	글쓴이의 기분을 알맞게 쓴 경우
하	글쓴이의 기분과 관련 없는 답을 쓴 경우

09 ㉠은 산천단에서 답사의 안전을 빌고 가는 것이 순서에도 맞고 예의라는 글쓴이의 생각이 나타나 있으므로 여행하며 든 생각이나 느낌인 '감상' 부분입니다.

10 산천단 주위에 야자수를 새로 심었다는 내용은 없습니다.

11 글쓴이가 한라산 백록담에 들른 내용은 나타나 있지 않습니다.

12 ㉢에 전설은 나와 있지 않습니다. ㉢은 여행하면서 든 생각이나 느낌인 '감상'이 잘 드러난 부분입니다.

13 '여정'은 여행의 과정이나 일정, '견문'은 여행하며 보거나 들은 것, '감상'은 여행하면서 든 생각이나 느낌이므로 ㉠의 '아름답다'는 '감상'이 잘 드러난 표현입니다.

14 기행문의 끝부분에는 여행의 전체 감상을 쓰며, 여행한 뒤에 한 다짐이나 반성, 여행하며 느낀 만족감, 아쉬운 점, 바라는 점, 앞으로 있을 계획이나 각오, 여행한 뒤에 달라진 생각이나 태도를 쓸 수 있습니다.

15 여행의 과정이나 일정을 드러내기에 알맞은 표현, 여행하면서 보거나 들은 것을 드러내기에 알맞은 표현, 여행하며 든 생각이나 느낌을 드러내기에 알맞은 표현을 찾아봅니다.

16 ①, ②는 견문이 잘 드러난 표현입니다.

17 기행문을 쓸 때, 여행한 곳에서 보고 들은 것 가운데에서 기억에 남는 것을 생각해야 합니다.

18 글을 쓰고 싶은 여행지를 떠올리고, 그 여행지에 대한 글을 쓰고 싶은 까닭을 정리해서 씁니다.

채점 기준	
상	어떤 여행지에 대한 글을 쓰고 싶은지와 그 까닭을 모두 알맞게 쓴 경우
하	어떤 여행지에 대한 글을 쓰고 싶은지만 쓴 경우

19 처음 부분에는 여행한 까닭이나 목적이, 가운데 부분에는 이동하면서 겪은 일이나 느낌이, 끝부분에는 여행의 전체 감상이 들어가야 합니다.

20 소개하고 싶은 여행지를 정하고 관련 있는 자료를 모은 다음, 안내장의 형태를 고른 뒤 소개하는 내용을 넣어 안내장을 만들어서 박람회를 열고 감상합니다.

8 아는 것과 새롭게 안 것

핵심 개념

1 (1) 햇-, 밤 (2) 덧-, 신 (3) 맨-, 주먹 (4) 애-, 벌레 2 **예** 새우처럼 등을 구부리고 자는 잠. / 불편하게 모로 누워 자는 잠. 3 ㉮

1 '햇밤', '덧신', '맨주먹', '애벌레'는 모두 뜻을 더해 주는 말과 뜻이 있는 낱말을 합한 낱말인 복합어입니다.

2 '새우잠'은 '새우'와 '잠'을 합해 만든 낱말입니다. 낱말에 다른 낱말을 합해 낱말을 만든 것입니다.

3 ㉮가 본 일을 떠올리며 글을 읽고 말한 것입니다. ㉯는 한 일을 떠올리며 글을 읽고 말한 것이고, ㉰는 들은 일을 떠올리며 글을 읽고 말한 것입니다.

단원평가 (기본)

01 ①, ③　02 ①, ⑤　03 (1) 단일어 (2) 복합어
04 ①, ②, ③　05 (1) 놀다 (2) **예** 이리저리 뛰어다니며 놀다.　06 ①, ⑤　07 명주실
08 ①, ④　09 나무　10 ⑤　11 ⑤
12 (1) 복합어 (2) **예** '바위로 뒤덮여 있는 산.'이라는 뜻입니다.　13 ①　14 멸종 위기 동물
15 승준

01 시원이의 말에서 '바늘방석'은 '바늘'과 '방석'을 합해 만든 낱말이라는 것을 알 수 있습니다. 뜻이 있는 두 낱말을 합한 낱말입니다.

02 예원이의 말에서 ⑤를, 선생님의 말에서 ①을 알 수 있습니다.

03 '바늘'은 나눌 수 없는 단일어이고, '사과나무'와 '맨주먹'은 각각 '사과'와 '나무', '맨-'과 '주먹'이 합쳐져 만들어진 복합어입니다.

04 '사과, 자두, 오이'는 더는 나눌 수 없는 단일어이고, '덧신'은 뜻을 더해 주는 말인 '덧-'과 뜻이 있는 낱말인 '신'을 합한 복합어, '산딸기'는 '산'과 '딸기'로 나눌 수 있는 복합어입니다.

05 '뛰다'와 '놀다'를 합해서 '뛰놀다'라는 복합어를 만들었으며 그 뜻은 '이리저리 뛰어다니며 놀다.'입니다.

채점 기준	
상	(1)에 '놀다'를 썼고, (2)에 '뛰놀다'의 뜻을 바르게 쓴 경우
중	(1)에 '놀다'를 썼지만 (2)에 쓴 뜻에 어색한 점이 있는 경우
하	(1)에만 '놀다'를 쓴 경우

06 ②~④는 이 글의 첫 문단에 나타나 있지만 ①과 ⑤는 이 글에서 알 수 없는 내용입니다.

07 우리 악기를 만드는 재료 가운데 명주실에 대한 설명입니다.

08 쇠는 아무나 함부로 다룰 수 없는 귀한 재료였고 쇠로 만든 악기는 특별한 능력이 있을 것이라고 여겨졌습니다.

09 글의 끝 문장에서 알 수 있습니다.

10 경험하지 않은 일을 경험한 것처럼 말하는 것은 겪은 일을 떠올리며 글을 읽는 방법이 아닙니다.

11 '염소'는 더는 나눌 수 없는 단일어입니다. '수염', '나이', '인간', '고기'는 모두 더는 나눌 수 없는 낱말입니다. '사냥꾼'은 '사냥'과 '-꾼'을 합해 만든 복합어입니다.

12 '바위산'은 복합어로, '바위로 뒤덮여 있는 산.'이라는 뜻입니다.

채점 기준	
상	(1)에 '복합어'를 썼고, (2)에 낱말의 뜻을 알맞게 짐작하여 쓴 경우
중	(1)에 '복합어'를 썼지만 (2)에 쓴 뜻에 어색한 점이 있는 경우
하	(1)에만 '복합어'를 쓴 경우

13 '깃대종'은 그 지역을 대표하는 생물들로, 깃대종이 잘 보존된다면 그 지역의 생태계가 잘 유지된다는 증거가 됩니다.

14 첫 번째 문단에서 멸종 위기 동물을 천연기념물로 지정해 보호한다고 했습니다.

15 아는 지식을 떠올리며 글을 읽으면 글 내용을 더 잘 이해할 수 있고 깊이 있게 이해할 수 있습니다. 또, 아는 내용과 비교하며 글을 읽을 수 있습니다.

01 ③ **02** 새우, 잠 **03** ①, ② **04** 나
05 ②, ⑤ **06** 선명 **07** ⑤ **08** ①, ②, ⑤
09 ① **10** 예 저는 음악 시간에 장구를 배운 일을 떠올렸는데 친구는 훈을 직접 연주해 보고 싶다고 말했습니다. **11** 지구 온난화 **12** ④, ⑤
13 ⑤ **14** ②, ③, ⑤ **15** 예 가슴에 하얀 반달무늬가 있는 곰이기 때문입니다.
16 ⑤ **17** 깃대종, 지표종 **18** 환경
19 ② **20** 예 깃대종과 지표종에 대해 새롭게 알게 되었습니다.

01 '구름다리'는 '구름'과 '다리'를 합해 만든 낱말로 '도로나 계곡 따위를 건너질러 공중에 걸쳐 놓은 다리.'를 뜻합니다.

02 '새우잠'은 '새우처럼 등을 구부리고 자는 잠.' 또는 '불편하게 모로 누워 자는 잠.'을 뜻하며 '새우'+'잠'으로 나눌 수 있습니다.

03 '풋-'은 '덜 익은'. 또는 '처음 나온.'의 뜻입니다. ③은 '햇-', ④는 '맨-', ⑤는 '-꾸러기'의 뜻입니다.

04 '골목길'은 '골목+길', '눈길'은 '눈+길', '길동무'는 '길+동무'로 짜인 낱말로 뜻이 있는 두 낱말을 합해 새로운 낱말을 만든 것입니다.

05 '-꾼'은 '어떤 일을 전문적으로 하는 사람.' 또는 '어떤 일을 잘하는 사람.' 또는 '어떤 일을 즐겨 하는 사람.'이라는 뜻이므로 '구경꾼', '재주꾼'과 같이 써야 합니다.

06 '새-'의 뜻은 '매우 짙고 선명하게.'라는 뜻입니다.

07 과일로 악기를 만든다는 내용은 이 글에 나타나 있지 않습니다. 이 글에서는 '명주실, 대나무, 박, 흙, 가죽, 쇠붙이, 돌, 나무'의 여덟 가지 재료를 알려 주고 있습니다.

08 '훈'은 흙으로, '장구'는 가죽으로 만드는 악기이고 '생황'은 박으로 만든 악기입니다.

09 글 가에서 흙은 원하는 모양을 쉽게 만들 수도 있고, 말리거나 구우면 단단해진다고 했으며, 이런 흙의 특성을 이용해서 훈과 부 같은 악기를 만들었다고 했습니다.

10 같은 글을 읽어도 서로 겪은 일이나 아는 내용이 다르기 때문에 새롭게 안 내용이나 관심을 둔 내용이 달라집니다.

채점 기준	
상	글을 읽고 떠오른 내용이나 관심을 둔 내용을 친구들과 비교한 내용으로 바르게 쓴 경우
하	글을 읽고 떠오른 내용이나 관심을 둔 내용을 썼지만 친구들과 비교하여 쓰지 못한 경우

11 글 가의 마지막 문장에서 알 수 있습니다.

12 사람들이 오염된 물과 쓰레기를 마구 바다에 쏟아 내서 살기 힘들다고 하였고, 새끼를 낳으려면 부빙이 필요한데 지구가 따뜻해지는 바람에 얼음들이 녹고 있다고 하였습니다.

13 반달가슴곰이 산에서 도토리, 가래, 산뽕나무의 열매 등을 먹고 여기저기서 똥을 누면, 그 똥이 흙을 좋게 만들어서 씨앗이 돋아나게 하고 산을 푸르게 만드는 데 도움이 된다고 하였습니다.

14 이 글에서 반달가슴곰은 산에서 도토리, 가래(가래나무의 열매), 산뽕나무의 열매 등을 먹는다고 했습니다.

15 반달가슴곰은 '반달', '가슴', '곰'을 합해 만든 낱말로 가슴에 있는 하얀 반달무늬가 가장 큰 특징입니다.

채점 기준	
상	낱말의 짜임을 생각하여 '반달가슴곰'이 왜 그런 이름을 얻었는지 알맞게 쓴 경우
중	낱말의 짜임을 생각하여 '반달가슴곰'이 왜 그런 이름을 얻었는지 썼지만, 어색한 표현이 있는 경우
하	'반달가슴곰'이 왜 그런 이름을 얻었는지를 낱말의 짜임을 생각하여 쓰지 못한 경우

16 꼬치동자개는 환경 오염으로 멸종 위기종이 되었습니다.

17 글의 마지막에 우리나라 고유의 생물들을 보존하는 방법을 찾다가 깃대종과 지표종이 생겨났다고 했습니다.

18 글의 맨 처음 문장에 지표종의 뜻이 나타나 있습니다.

19 1급수에는 어름치, 열목어 등이 삽니다.

20 이 글을 읽고 새로 알게 된 것, 이미 알고 있었지만 더 자세히 알게 된 것을 씁니다.

채점 기준	
상	글을 읽고 새롭게 알게 된 점이나 자세히 안 점을 알맞은 표현으로 쓴 경우
하	새롭게 알게 된 점이나 자세히 안 점을 썼지만 글의 내용과 관련 없는 점이 있는 경우

9 여러 가지 방법으로 읽어요

핵심 개념
● 72쪽 ●

1 정보 무늬(QR코드)　　2 미래 사회
3 지은

1 정보 무늬(QR코드)가 무엇인지와 정보 무늬를 사용하는 방법을 설명하는 글입니다.

2 글쓴이는 미래 사회에 필요한 사람이 되어야 한다고 주장하며 정해진 답을 찾기보다 새로운 방식으로 문제를 해결하는 사람이 미래 사회에 필요한 사람이라고 했습니다.

3 소진, 정우는 '훑어 읽기'의 방법으로 글을 읽었습니다.

단원평가 기본
● 73~75쪽 ●

01 ①, ④　　02 ③, ⑤　　03 주아　　04 (1) 다
(2) 예 스마트폰 응용 프로그램으로 정보 무늬를 찍습니다.　　05 ④, ⑤　　06 ②　　07 ①, ③
08 ①, ③, ④　　　　09 ④　　　　10 ④
11 ②　　　12 (1) 상감 기법 (2) 예 그릇을 빚고 굳었을 때 그릇 바깥쪽에 조각칼로 무늬를 새긴 다음, 검은색이나 흰색의 흙을 메운 뒤 무늬가 드러나도록 바깥쪽을 매끄럽게 다듬는 기법입니다. 13 자세히 등
14 ③, ④　　15 (1) 다 (2) 나 (3) 가

01 제품 설명서는 제품을 사용하는 방법에 대해 설명하는 글로, 돌에 대한 내용은 찾을 수 없습니다. 동화책은 꾸며 낸 이야기이므로 과학 숙제에 필요한 글을 찾기에 알맞지 않습니다.

02 아버지께 여쭈어본 것과 춤 동영상을 찾아본 것은 글을 찾아 읽은 경험이 아닙니다.

03 글을 목적에 맞게 찾아 읽으면 찾고 싶은 정보를 정확하고 자세하게 알 수 있고, 읽고 싶은 책을 알맞게 찾아 읽을 수 있습니다.

04 글 다에서 정보 무늬의 사용 방법을 설명하고 있습니다.

채점 기준	
상	(1)에 다를 썼고, (2)에 사용 방법을 알맞게 쓴 경우
중	(1)에 다를 썼지만 (2)의 사용 방법에 어색한 점이 있는 경우
하	(1)에만 다를 쓴 경우

05 설명하는 내용이 정확한지 알아볼 때에는 관련된 자료를 찾아보고, 아는 지식이나 경험을 떠올려 볼 수 있습니다.

06 미래 사회에 필요한 사람이 되자는 주장을 하고 있습니다.

07 새로운 방식으로 문제를 해결하는 사람, 새로운 변화에 대응하는 사람, 서로 돕고 존중하는 사람이 미래 사회에 필요한 사람이라고 하였습니다.

08 고려청자는 청자의 빛깔, 독특한 장식 기법과 아름다운 형태로 유명하다고 하였습니다.

09 중국이 먼저 청자를 만들고 세상에 알렸지만, 고려는 청자를 만드는 우수한 기술력과 아름다움을 인정받아 다른 나라 사람들에게 사랑을 받았습니다.

10 글을 훑어 읽으면 필요한 내용을 빨리 찾을 수 있습니다.

11 당시 고려인들은 대접과 접시, 잔, 항아리, 병, 찻잔, 상자 따위를 비롯해 베개와 기와까지도 청자로 만들었다고 하였습니다.

12 지완이가 한 말 다음에 나타나 있는 글의 처음 부분에 우리 고유의 도자기 장식 기법에 대해 설명하고 있습니다.

채점 기준	
상	(1)에 '상감 기법'을 썼고, (2)에 어떤 기법인지 설명을 알맞게 쓴 경우
중	(1)에 '상감 기법'을 썼지만 (2)의 설명에 어색한 점이 있는 경우
하	(1)에만 '상감 기법'을 쓴 경우

13 지완이는 필요한 내용을 찾아 중요한 내용에 밑줄을 그으며 자세히 읽고 있습니다.

14 글 가에는 '대상과 감정을 상상하며 읽기', 글 나에는 '글과 관련한 곳에 직접 가 보기'의 읽기 방법이 나타나 있습니다.

15 훑어 읽기로 필요한 부분은 빠르게 읽을 수 있고, 메모하며 읽기로 글 내용을 꼼꼼하게 읽을 수 있고, 상상하며 읽기로 글 내용을 생생하게 느낄 수 있습니다.

01 ①   02 ①   03 ④   04 ②, ③, ⑤
05 은우   06 ③   07 ⑤   08 예 정보 무
늬는 일부를 지워도 사용할 수 있다는 내용이 정확
한지 알아보고 싶습니다.   09 ③, ④, ⑤
10 (2) ○   11 고려청자 12 비색   13 『수중금』
14 (1) 제목 (2) 낱말 (3) 사진   15 예 고려청
자를 조사해 발표할 때 필요한 내용이기 때문입니다.
16 ⑤   17 중국, 우리나라   18 예 유약 안
에 아주 작은 기포가 많아 빛이 반사되면서 은은하
고 투명하게 비쳐 보이기 때문입니다.   19 ⑤
20 ㉮

01 그림 1~4에는 여자아이가 책이나 인터넷에서 필
요한 글을 찾아 읽는 장면이 나타나 있습니다.

02 그림 1은 삼국 시대가 궁금해서 역사책을 찾아 읽
는 장면이고, 그림 2는 도서관에서 『우주의 신비』
라는 제목을 보고 책을 고르는 장면, 그림 3은 드
론에 대해 알고 싶어서 「드론의 구조와 원리」라는
글을 읽는 장면, 그림 4는 인터넷에서 관심 있는
내용을 찾아 읽는 장면입니다.

03 ㉮는 질문하기, ㉰는 이야기하기이므로 글을 찾는
방법이 아닙니다.

04 책, 신문, 인터넷 등에서 글을 찾을 수 있습니다.

05 읽고 싶은 책을 찾으려고 했는데 비슷한 내용의 책
이 너무 많았다는 말은 글을 찾아 읽으면 좋은 점으
로 볼 수 없습니다.

06 이 글은 정보 무늬에 대해 설명하고 있는 글입니다.

07 명함에 있는 정보 무늬로 자신의 사진이나 동영상
을 보여 줄 수 있다고 하였습니다.

08 설명하는 글을 읽을 때에는 내용이 정확한지 확인
해 보며 읽을 수 있습니다.

채점 기준	
상	글의 설명 중 내용이 정확한지 알아보고 싶은 것을 바른 표현으로 알맞게 쓴 경우
하	내용이 정확한지 알아보고 싶은 것을 썼지만 글의 설명과 관련 없는 부분이 있는 경우

09 정해진 답을 찾기보다 새로운 방식으로 문제를 해
결하는 사람, 새로운 변화에 대응하는 사람, 서로 돕

고 존중하는 사람이 미래 사회에 필요한 사람이라
고 하였습니다.

10 이 글은 주장하는 글입니다. (1)은 설명하는 글을 읽
는 방법입니다.

11 제목에서도 알 수 있듯이 이 글은 고려청자에 대해
설명하고 있습니다.

12 글의 마지막 문단에서 청자의 색을 '비색'이라고 불
렀다는 것을 알 수 있습니다.

13 글의 마지막 부분에 태평 노인이 고려청자를 칭찬
했던 책 제목이 나타나 있습니다.

14 규빈이는 발표할 내용을 조사하기 위해 글을 훑어
읽으며 필요한 내용을 찾고 있습니다.

15 규빈이는 발표할 만한 내용이 있을지 찾아봐야겠다
고 하였습니다.

채점 기준	
상	발표할 때 필요한 내용이라는 표현을 넣어 답을 알맞게 쓴 경우
중	발표할 때 필요한 내용이라는 표현을 넣어 답을 썼지만 문장 표현에 어색한 점이 있는 경우
하	쓴 답에 규빈이의 말과 관련 없는 부분이 있는 경우

16 고려청자가 깨지지 않는다는 내용은 이 글에 나타
나 있지 않습니다.

17 글의 처음 부분에서 고려청자를 만든 시기에는 중
국과 우리나라에서만 질 높은 청자를 만들 수 있었
다고 했습니다.

18 이 글의 두 번째 문단에서 고려청자가 맑고 은은한
푸른 녹색으로 나타난 까닭을 설명하고 있습니다.

채점 기준	
상	두 번째 문단에서 고려청자가 맑고 은은한 푸른 녹색으로 나타난 까닭을 찾아 알맞게 쓴 경우
하	쓴 답에 두 번째 문단에서 찾은 내용과 관련 없는 부분이 있는 경우

19 필요한 내용을 골라 읽어야 합니다(①). 설명하는
글이어도 읽기 목적에 따라 훑어 읽을 수 있습니다
(②). 중요한 낱말 중심으로 글의 내용도 함께 보아
야 합니다(③). 메모하며 읽으면 글의 내용을 꼼꼼
하게 읽을 수 있습니다(④).

20 세종 대왕의 읽기 방법은 같은 책을 백 번 읽고 백
번 쓰는 것이므로 ㉮가 알맞습니다.

10 주인공이 되어

● 80쪽 ●

핵심 개념

1 ④ 2 ⓔ 일이 일어난 차례대로 씁니다. / 진주와 성훈이가 사이가 안 좋은 까닭을 이해하도록 씁니다. 3 (1) 이야기의 흐름 (2) 사건 (3) 배경

1 일상생활의 경험이 잘 드러난 글은 억지로 꾸며 쓰지 않고 겪은 일을 그대로 풀어서 자신의 생각과 함께 솔직하게 씁니다.

2 경험을 이야기로 표현하는 방법을 떠올려 답을 써 봅니다. 인물의 마음이 잘 나타나도록 쓸 수도 있습니다.

3 이야기의 흐름대로 사건과 배경을 간단히 정리하는 것이 알맞습니다.

단원 평가 (기본)

● 81~83쪽 ●

01 ①   02 제하(황제하)   03 ⑤
04 ①   05 ②   06 ㉮   07 ④
08 (1) ⓔ 널름널름 (2) ⓔ 동생은 친척들이 용돈을 주시는 대로 널름널름 받았다.   09 반 아이들
10 ④, ⑤   11 성훈(이) 12 5학년 13 (1) 인국(이)
(2) ⓔ 친구들 주변을 돌아다니며 소란스럽게 말을 걸고, 대화나 게임을 할 때 끼어들어서입니다.
14 ①, ⑤   15 ③

01 아이가 운동장에서 발야구를 하는 모습입니다.

02 제하가 전학을 가지 않기로 했다는 것을 알고 잘 생각했다며 반장 도우미인 제하가 반장인 '나'의 허락도 없이 전학 간다는 게 말이 되냐고 했습니다.

03 제하와 '나'는 사이가 좋지 않았으나 서로 화해하게 됩니다.

04 글 ㉯에 나타난 내용이 '내'가 반장으로서 맡은 바 책임을 다하는 모습이므로 ㉠에 들어갈 말은 '책임'입니다.

05 반 아이들이 제하와 합창 연습을 한 일이 이 부분의 중요한 사건입니다.

06 명찬이 반장은 얼굴이 하얗고 다운 증후군이 있으며 항상 웃는 친구입니다.

07 명찬이 반장을 설명할 때 읽는 사람을 생각하여 자세히 설명하고 있습니다.

08 '내'가 아이들의 우유를 받아 마시는 것을 꾸미는 말로 알맞은 것을 하나 쓰고, 그 말이 들어간 문장을 하나 지어 바르게 써 봅니다.

채점 기준	
상	(1)에 알맞은 흉내 내는 말을 썼고, (2)에 그 흉내 내는 말을 이용해 알맞은 짧은 글 짓기를 한 경우
중	(1)에 알맞은 흉내 내는 말을 썼고, (2)에 그 흉내 내는 말을 이용해 짧은 글 짓기를 했지만 어색한 표현이 있거나 맞춤법에 틀린 부분이 있는 경우
하	(1)에만 알맞은 흉내 내는 말을 쓴 경우

09 글의 마지막 부분에 반장은 자신보다 반 아이들을 먼저 생각해야 한다는 것을 알게 되었다고 했습니다.

10 경험을 이야기로 나타내면 자신의 이야기를 좀 더 솔직하게 쓸 수 있고, 일어나지 않은 일도 사건으로 나타낼 수 있습니다.

11 진주가 겪은 일을 살펴 보고 사건을 정리해 봅니다.

12 글 ㉯의 첫 문단 마지막 부분에서 5학년이 되어 친해졌다고 했습니다.

13 글 ㉯에 아이들이 인국이를 싫어했던 까닭이 나오는 부분을 찾아 이름과 그 까닭을 바르게 정리해 봅니다.

채점 기준	
상	(1)에 '인국(이)'를 썼고, (2)에 글에서 알 수 있는 까닭을 알맞게 쓴 경우
중	(1)에 '인국(이)'를 썼고, (2)에 그 까닭을 썼지만 어색한 표현이 있는 경우
하	(1)에 '인국(이)'만 쓴 경우

14 성훈이의 이름이 인국으로 바뀌었고, 앞부분에 인국이가 처음 전학 왔을 때에 대한 이야기가 새로 생겼습니다.

15 겪은 일을 이야기로 만들 때에는 읽는 사람을 생각하며 써야 합니다.

01 세   **02** ⑤   **03** ④   **04** ③, ④
05 학교(교실)   **06** ④   **07** ④
08 (3) ○   **09** 외할머니   **10** ⑩ '나(로운이)'와 좋지 않은 관계였으나 서로 이해하고 화해를 하였습니다.
11 우유   **12** ⑤   **13** ⑤   **14** 잘못 뽑은 반장, 해로운   **15** ⑩ 하연이가 이 글 속 '나'와 비슷한 성격입니다. '나'처럼 반장이기도 하고 친구들이 별명으로 놀려도 화를 내지 않기 때문입니다.
16 ④, ⑤   **17** 대화   **18** (1) ④ (2) ㉮
19 ⑩ 인물들의 이름이 '진주', '성훈'에서 '상은', '인국'으로 바뀌었습니다.   **20** (2) ○ (3) ○

01 그림 ㉮에서 세 살 때 밀가루로 장난한 일을 떠올렸습니다.

02 그림 ㉯에서 여덟 살 때 처음으로 한 운동회를 떠올렸습니다.

03 5학년 때 친구들과 함께한 학교 발야구 대회와 비슷한 경험으로는 친구들과 함께한 일을 떠올리는 것이 알맞습니다.

04 '앞 이야기' 부분에서 이로운은 말썽 많고 숙제도 잘 안 해 오는 아이인데, 반장 선거에서 반장으로 뽑혔지만 처음에는 '잘못 뽑은 반장'이라고 놀림을 받았다고 했습니다.

05 첫 문장에 일찌감치 학교로 갔다고 하였으므로 '학교' 또는 '교실'이 일이 일어난 장소입니다.

06 제하가 전학 갈 생각으로 학교에 오지 않는 것이 아닌가 불안하게 생각하고 있습니다.

07 글의 마지막 부분에 '나'는 제하가 전학 가는 걸 포기했는지 궁금해 죽을 지경이었지만 먼저 다가가서 물어볼 용기가 나지 않았다고 했습니다.

08 이 글은 2학기에 일어난 사건을 다루고 있으며, 일기와 다르게 읽는 사람을 생각하면서 썼습니다. 이 글은 겪은 일을 그대로 풀어서 자신의 생각과 함께 솔직하게 나타내고 있습니다.

09 '나'는 황제하의 부모님이 이혼을 해서 엄마와 외할머니와 함께 살고 있다는 사실을 알게 되었습니다.

10 제하와 '나'의 관계를 떠올려 보고 어떤 특징이 있는지 생각합니다. 처음에는 관계가 좋지 않았지만 곧

화해합니다.

채점 기준	
상	황제하의 특징을 글의 내용을 바탕으로 알맞게 쓴 경우
하	황제하와 관련 없는 특징을 쓴 경우

11 아이들의 우유를 널름널름 받아 마셔서 키가 큰 것 같다고 하였습니다.

12 ㉠의 다음 문장에 반장은 자신보다 반 아이들을 먼저 생각해야 한다는 것을 알게 됐기 때문이라고 했습니다.

13 "로운이도 하는데 우리라고 못하겠어!"라면서 다음 반장 선거에 나가겠다는 아이들이 생겼습니다.

14 요즘은 아이들이 '나'에게 '잘못 뽑은 반장'이니 '해로운'이니 하면서 놀려 대지 않는다고 했습니다.

15 글에 나타난 '나'의 성격을 짐작하여 주변 친구를 한 명 떠올려 보고 그 까닭과 함께 써 봅니다.

채점 기준	
상	우리 반에서 '나'와 비슷한 성격을 지닌 친구를 한 명 떠올려 그렇게 생각한 까닭과 함께 알맞게 쓴 경우
하	우리 반에서 '나'와 비슷한 성격을 지닌 친구의 이름만 쓰고 까닭을 쓰지 못한 경우

16 체육 시간에 진주와 성훈이가 다투자, 상담실에서 선생님과 진주와 성훈이가 이야기를 나누었습니다.

17 그림의 마지막 장면에서 선생님께서는 진주와 성훈이는 좀 더 대화를 하는 게 좋겠다고 하셨습니다.

18 인국이는 상은이와 친하게 지내고 싶지만 자꾸 자신에게만 더 화를 내는 느낌이라고 하였고, 상은이는 인국이가 자꾸 말하는 데 끼어들어서 좋지 않게 생각했다고 하였습니다.

19 체육 시간에 두 친구가 싸우고 선생님께서 불러서 서로 화해한 것은 같지만 인물들의 이름이 바뀐 것이 차이점입니다.

채점 기준	
상	그림과 글 내용의 차이점을 알맞게 쓴 경우
하	그림과 글 내용과 관련 없는 점이나 그림과 글 내용의 공통점을 쓴 경우

20 꾸며 쓴 이야기는 여러 사람이 읽을 수 있는 글로, 자신의 경험을 바탕으로 하여 사건을 재구성할 수 있고 다른 사람의 이야기인 듯이 쓸 수 있다는 점이 일기와 다릅니다.

수학

1 자연수의 혼합 계산

• 90쪽

핵심 개념

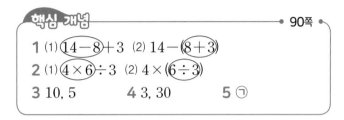

1 (1) $14-8+3$ (2) $14-(8+3)$
2 (1) $4\times6\div3$ (2) $4\times(6\div3)$
3 10, 5   **4** 3, 30   **5** ㉠

단원 평가 (기본) 1회

• 91~93쪽

01 (위에서부터) 56, 27, 56   **02** ×
03 <   **04** ( ) (○)   **05** (1) 10 (2) 6
06 ㉡   **07** 9   **08** 20개
09 ㉢, ㉠, ㉡   **10**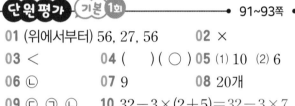
11 준호   **12** $18 + 6 \times (12 - 5) = 60$
13 11   **14** ㉡, 68
15 $12-(37+15)\div13$에 색칠   **16** 140 mL
17 ㉢   **18** ( )   **19** 25
        (×)   **20** 6개

03 • $27+14-18=41-18=23$
  • $52-39+13=13+13=26$
  ➡ $23<26$

06 ㉠ $60\div4\times3=15\times3=45$
  ㉡ $84\div(2\times7)=84\div14=6$

07 ❶ $12\times3\div4$
  ❷ $12\times3\div4=36\div4=9$

채점 기준	
상	풀이 과정을 완성하여 하나의 식으로 나타낸 식의 계산한 답을 구한 경우
중	풀이 과정을 완성했지만 일부가 틀린 경우
하	답만 쓴 경우

08 $16\times5\div4=80\div4=20$(개)

11 ❶ • 정은: $8+4\times6-9=8+24-9=32-9=23$
  • 준호: $42-(3+2)\times4=42-5\times4$
         $=42-20=22$
  ❷ $23>22$이므로 계산 결과가 더 작은 식을 말한 친구는 준호입니다.

채점 기준	
상	풀이 과정을 완성하여 계산 결과가 더 작은 식을 말한 친구의 이름을 쓴 경우
중	풀이 과정을 완성했지만 일부가 틀린 경우
하	답만 쓴 경우

12 6×12를 괄호로 묶으면 계산 순서가 바뀌지 않으므로 $18+6$과 $12-5$를 괄호로 묶어서 계산 결과를 비교합니다.
  • $(18+6)\times12-5=24\times12-5$
              $=288-5=283$(×)
  • $18+6\times(12-5)=18+6\times7$
              $=18+42=60$(○)

14 나눗셈을 뺄셈보다 먼저 계산해야 하므로 계산이 처음으로 잘못된 곳은 ㉡입니다.
  ➡ $70-28\div(5+9)$
    $=70-28\div14=70-2=68$

16 $(500-80)\div3=420\div3=140$(mL)

18 • $48\div8+10-4\times3=4$
  • $(36-12)\div6\times2+5=13$

19 • $56\div7+5\times6-3=8+30-3=38-3=35$
  • $(82-65)\times3+27\div3$
    $=17\times3+27\div3$
    $=51+27\div3=51+9=60$
  ➡ $60-35=25$

20 ❶ □$<4+72\div8-2\times3$에서 □$<4+9-2\times3$,
    □$<4+9-6$, □$<13-6$, □<7
  ❷ □ 안에 들어갈 수 있는 자연수는 1, 2, 3, 4, 5, 6으로 모두 6개입니다.

채점 기준	
상	풀이 과정을 완성하여 □ 안에 들어갈 수 있는 자연수는 모두 몇 개인지 구한 경우
중	풀이 과정을 완성했지만 일부가 틀린 경우
하	답만 쓴 경우

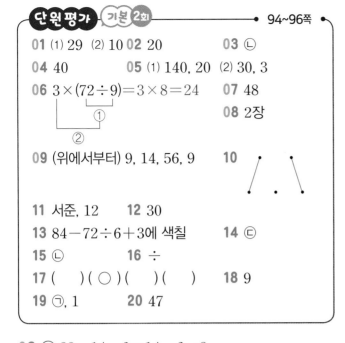

01 (1) 29 (2) 10 **02** 20 **03** ㉡

04 40 **05** (1) 140, 20 (2) 30, 3

06 $3 \times (72 \div 9) = 3 \times 8 = 24$
①　② **07** 48

08 2장

09 (위에서부터) 9, 14, 56, 9 **10**

11 서준, 12 **12** 30

13 $84 - 72 \div 6 + 3$에 색칠 **14** ㉢

15 ㉡ **16** ÷

17 ( ) (○) ( ) ( ) **18** 9

19 ㉠, 1 **20** 47

03 ㉠ $28 - 14 - 6 = 14 - 6 = 8$
㉡ $28 - (14 - 6) = 28 - 8 = 20$

04 □ $= 46 + 65 - 71 = 111 - 71 = 40$

07 ❶ • $16 \times 5 \div 4 = 80 \div 4 = 20$
• $36 \div 9 \times 7 = 4 \times 7 = 28$
❷ 두 식의 계산 결과의 합은 $20 + 28 = 48$입니다.

채점 기준	
상	풀이 과정을 완성하여 두 식의 계산 결과의 합을 구한 경우
중	풀이 과정을 완성했지만 일부가 틀린 경우
하	답만 쓴 경우

08 $48 \div (3 \times 8) = 48 \div 24 = 2$(장)

10 • $8 \times (9 - 5) - 7 = 8 \times 4 - 7 = 32 - 7 = 25$
• $18 - 7 \times 2 + 24 = 18 - 14 + 24 = 4 + 24 = 28$

11 덧셈, 뺄셈, 곱셈이 섞여 있는 식은 곱셈을 먼저 계산합니다.
➡ $20 - 3 \times 5 + 7 = 20 - 15 + 7 = 5 + 7 = 12$

12 ❶ ( )가 있으면 ( ) 안을 가장 먼저 계산해야 하는데 곱셈부터 계산해서 잘못되었습니다.
❷ $3 \times (17 - 9) + 6 = 3 \times 8 + 6 = 24 + 6 = 30$

채점 기준	
상	풀이 과정을 완성하여 계산이 잘못된 이유를 쓰고, 바르게 계산한 값을 구한 경우
중	풀이 과정을 완성했지만 일부가 틀린 경우
하	답만 쓴 경우

15 ㉠ $40 - 36 \div 9 + 3 = 40 - 4 + 3 = 36 + 3 = 39$
㉡ $40 - 36 \div (9 + 3) = 40 - 36 \div 12 = 40 - 3 = 37$

16 ○ 안에 ＋, －, ×, ÷를 차례대로 넣어 식이 성립하는지 확인해 봅니다.

18 $15 - 2 \times (9 + 6) \div 5 = 15 - 2 \times 15 \div 5$
$= 15 - 30 \div 5 = 15 - 6 = 9$

19 ㉠ $3 \times 8 - 45 \div 5 + 21 = 36$
㉡ $(18 - 4) \div 7 + 3 \times 15 - 12 = 35$
따라서 ㉠의 계산 결과가 $36 - 35 = 1$ 더 큽니다.

20 ❶ 어떤 수를 □라고 하여 식을 세우면
$(□ - 27) \div 4 \times 3 = 15$입니다.
❷ $(□ - 27) \div 4 \times 3 = 15$, $(□ - 27) \div 4 = 5$,
$□ - 27 = 20$ ➡ $□ = 20 + 27 = 47$
따라서 어떤 수는 47입니다.

채점 기준	
상	풀이 과정을 완성하여 어떤 수는 얼마인지 구한 경우
중	풀이 과정을 완성했지만 일부가 틀린 경우
하	답만 쓴 경우

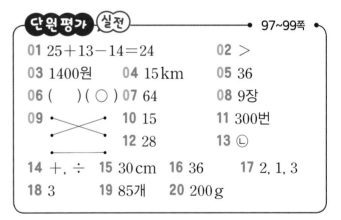

01 $25 + 13 - 14 = 24$ **02** >

03 1400원 **04** 15 km **05** 36

06 ( ) (○) **07** 64 **08** 9장

09 **10** 15 **11** 300번

12 28 **13** ㉡

14 ＋, ÷ **15** 30 cm **16** 36 **17** 2, 1, 3

18 3 **19** 85개 **20** 200 g

03 소미는 과자 1개와 초콜릿 1개를 샀으므로
$(2400 + 1200)$원을 내야 합니다.
따라서 소미는 거스름돈으로
$5000 - (2400 + 1200) = 5000 - 3600 = 1400$(원)
을 받아야 합니다.

채점 기준	
상	풀이 과정을 완성하여 소미는 거스름돈으로 얼마를 받아야 하는지 구한 경우
중	풀이 과정을 완성했지만 일부가 틀린 경우
하	답만 쓴 경우

04 (도서관에서 공원까지의 거리)

   =(집에서 공원까지의 거리)

     +(도서관에서 학교까지의 거리)

     -(집에서 학교까지의 거리)

   $=24+26-35=50-35=15(km)$

08 $12 \times 6 \div (4 \times 2)=12 \times 6 \div 8=72 \div 8=9$(장)

10 $28 \heartsuit 7=28-3 \times 7+8=28-21+8=15$

11 (은주가 일주일 동안 줄넘기를 한 횟수)

   $=7 \times 20=140$(번)

   (용진이가 일주일 동안 줄넘기를 한 횟수)

   $=(7-2) \times 32=160$(번)

   ➡ (은주와 용진이가 일주일 동안 줄넘기를 한 횟수)

     $=140+160=300$(번)

채점 기준	
상	풀이 과정을 완성하여 은주와 용진이가 일주일 동안 줄넘기를 모두 몇 번 했는지 구한 경우
중	풀이 과정을 완성했지만 일부가 틀린 경우
하	답만 쓴 경우

12 계산 결과가 가장 크려면 ( ) 안의 두 수의 차가 가장 커야 하고, ( ) 안의 두 수의 차에 가장 큰 수를 곱해야 합니다.

   ➡ $3+(6-1) \times 5=3+5 \times 5=3+25=28$

14 $9 \bigcirc 16 \bigcirc 2-5=12$이므로 $9 \bigcirc 16 \bigcirc 2$를 계산한 결과가 17이어야 합니다.

   ➡ $9+16 \div 2=9+8=17$

15 $63 \div 3+56 \div 4-5=21+14-5$

                   $=35-5=30$(cm)

16 어떤 수를 □라고 하여 잘못 계산한 식을 세우면 $(□+7) \div 9=2$, $□+7=18$, $□=18-7=11$

   ➡ 바르게 계산한 값: $(11-7) \times 9=4 \times 9=36$

18 $28 \div (4+□) \times 8-15=17$,

   $28 \div (4+□) \times 8=32$, $28 \div (4+□)=4$,

   $4+□=7$ ➡ $□=7-4=3$

19 하루에 나누어 줄 수 있는 풍선은 $(500 \div 4)$개이고, 첫날 오전에 $(7+13)$명에게 풍선을 2개씩 나누어 주었습니다.

   ➡ (첫날 오후에 나누어 줄 수 있는 풍선 수)

     $=500 \div 4-(7+13) \times 2=500 \div 4-20 \times 2$

     $=125-20 \times 2=125-40=85$(개)

채점 기준	
상	풀이 과정을 완성하여 첫날 오후에 나누어 줄 수 있는 풍선은 몇 개인지 구한 경우
중	풀이 과정을 완성했지만 일부가 틀린 경우
하	답만 쓴 경우

20 (빈 바구니의 무게)

   =(귤 20개가 들어 있는 바구니의 무게)

     -(귤 20개의 무게)

   $=3200-(3200-2600) \div 4 \times 20$

   $=3200-600 \div 4 \times 20$

   $=3200-150 \times 20=3200-3000=200$(g)

2 약수와 배수

핵심 개념 •100쪽•

1 1, 2, 4　　　　**2** (1) 약수에 ○표　(2) 배수에 ○표

3 1, 5 / 5　　　　**4** 3, 12

단원 평가 기본 1회 •101~103쪽•

01 ④　　　　　　　　**02** 6, 12, 18, 24, 30

03 28, 49　　　　　**04** ( )( )(○)

05 (1) 1, 2, 4, 8, 16　(2) 1, 2, 4, 8, 16

06 ③, ⑤　　　　　　**07** 1, 2, 4, 5, 10, 20

08 (위에서부터) 3, 12, 15 / 4, 5 / 6

09 10, 5에 ×표　　　**10** 14

11 ㉠　　　　　　　　**12** 1, 3, 5, 15

13 4　　　　　　　　**14** 9 cm

15 6 / 72　　　　　　**16** 54

17 42, 56에 ○표　　　**18** (35, 56)에 색칠

19 30, 60, 90　　　　**20** 8시 24분

03 7을 1배, 2배, 3배, ... 한 수이므로 7의 배수입니다.

7의 배수를 가장 작은 수부터 차례대로 쓰면 7, 14, 21, 28, 35, 42, 49, ...입니다.

04 • 24의 약수: 1, 2, 3, 4, 6, 8, 12, 24 ➡ 8개

• 46의 약수: 1, 2, 23, 46 ➡ 4개

• 36의 약수: 1, 2, 3, 4, 6, 9, 12, 18, 36 ➡ 9개

07 ❶ 20이 ☐의 배수이므로 ☐는 20의 약수입니다.

❷ ☐ 안에 들어갈 수 있는 수는 20의 약수인 1, 2, 4, 5, 10, 20입니다.

	채점 기준
상	풀이 과정을 완성하여 ☐ 안에 들어갈 수 있는 수를 모두 구한 경우
중	풀이 과정을 완성했지만 일부가 틀린 경우
하	답만 쓴 경우

12 ❶ 두 수의 공약수는 두 수의 최대공약수의 약수와 같습니다.

❷ 두 수의 공약수는 15의 약수인 1, 3, 5, 15입니다.

	채점 기준
상	풀이 과정을 완성하여 두 수의 공약수를 모두 구한 경우
중	풀이 과정을 완성했지만 일부가 틀린 경우
하	답만 쓴 경우

13
```
2) 28  36
2) 14  18
    7   9  ➡ 최대공약수: 2×2=4
```

14
```
3) 27  45
3)  9  15
    3   5  ➡ 최대공약수: 3×3=9
```
따라서 만들 수 있는 가장 큰 정사각형 모양 종이의 한 변은 9 cm입니다.

17 2와 7의 최소공배수는 2×7=14이므로 14의 배수를 모두 찾아 ○표 합니다.

19 15와 10의 공배수를 구합니다.
```
5) 15  10
    3   2  ➡ 최소공배수: 5×3×2=30
```
30의 공배수 중에서 두 자리 수: 30, 60, 90

20 ❶
```
2) 12   8
2)  6   4
    3   2  ➡ 최소공배수: 2×2×3×2=24
```
❷ 두 기차는 24분마다 동시에 출발합니다.
따라서 다음번에 두 기차가 동시에 출발하는 시각은 8시＋24분=8시 24분입니다.

	채점 기준
상	풀이 과정을 완성하여 다음번에 두 기차가 동시에 출발하는 시각은 몇 시 몇 분인지 구한 경우
중	풀이 과정을 완성했지만 일부가 틀린 경우
하	답만 쓴 경우

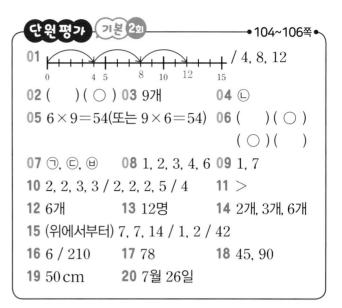

단원평가 기본 2회 ●104~106쪽●

01 / 4, 8, 12

02 ( )(○) **03** 9개 **04** ㉡

05 6×9=54(또는 9×6=54) **06** ( )(○) (○)( )

07 ㉠, ㉢, ㉤ **08** 1, 2, 3, 4, 6 **09** 1, 7

10 2, 2, 3, 3 / 2, 2, 2, 5 / 4 **11** >

12 6개 **13** 12명 **14** 2개, 3개, 6개

15 (위에서부터) 7, 7, 14 / 1, 2 / 42

16 6 / 210 **17** 78 **18** 45, 90

19 50 cm **20** 7월 26일

03 ❶ 11×1=11, 11×2=22, 11×3=33, … , 11×9=99

❷ 11의 배수는 11, 22, 33, 44, 55, 66, 77, 88, 99로 모두 9개입니다.

	채점 기준
상	풀이 과정을 완성하여 1부터 100까지의 수 중에서 11의 배수는 모두 몇 개인지 구한 경우
중	풀이 과정을 완성했지만 일부가 틀린 경우
하	답만 쓴 경우

07 • 16의 약수: 1, 2, 4, 8, 16
• 16의 배수: 16, 32, 48, 64, …

12 12의 약수는 1, 2, 3, 4, 6, 12이므로 모두 6개입니다.

13
```
2) 48  60
2) 24  30
3) 12  15
    4   5  ➡ 최대공약수: 2×2×3=12
```
따라서 12명에게 나누어 줄 수 있습니다.

14 ❶
```
2) 30  18
3) 15   9
    5   3  ➡ 최대공약수: 2×3=6
```
❷ 똑같이 나누어 담을 수 있는 바구니의 수는 30과 18의 공약수와 같으므로 최대공약수인 6의 약수를 구하면 1, 2, 3, 6입니다. ➡ 2개, 3개, 6개

	채점 기준
상	풀이 과정을 완성하여 남김없이 똑같이 나누어 담을 수 있는 바구니의 수를 모두 구한 경우
중	풀이 과정을 완성했지만 일부가 틀린 경우
하	답만 쓴 경우

17
$$13\overline{)\,26\quad39}$$
$$2\quad3$$ ➡ 최소공배수: $13 \times 2 \times 3 = 78$

18 ❶
$$3\overline{)\,9\quad15}$$
$$3\quad5$$ ➡ 최소공배수: $3 \times 3 \times 5 = 45$

❷ 9와 15의 공배수는 두 수의 최소공배수인 45의
배수이므로 100보다 작은 수는 45, 90입니다.

채점 기준	
상	풀이 과정을 완성하여 9와 15의 공배수 중에서 100 보다 작은 수를 모두 구한 경우
중	풀이 과정을 완성했지만 일부가 틀린 경우
하	답만 쓴 경우

19
$$5\overline{)\,10\quad25}$$
$$2\quad5$$ ➡ 최소공배수: $5 \times 2 \times 5 = 50$
따라서 만든 정사각형의 한 변은 50 cm입니다.

20
$$2\overline{)\,6\quad8}$$
$$3\quad4$$ ➡ 최소공배수: $2 \times 3 \times 4 = 24$
따라서 다음번에 두 사람이 바이올린 학원에서 다시
만나는 날은 24일 뒤인 7월 26일입니다.

단원평가 실전 •107~109쪽•

01 ③	**02** 108	**03** 6개
04 6	**05** 18에 ○표	**06** ④, ⑤
07 20, 40, 60	**08** 4개	**09** 1, 3, 9
10 ㉡	**11** 5, 10, 20	**12** 7개 / 10개
13 9개	**14** 10	**15** 65
16 5	**17** 민정	**18** 144
19 5번	**20** 40	

03 3으로 나누면 나누어떨어지므로 3의 배수입니다.
$3 \times 11 = 33$, $3 \times 12 = 36$, $3 \times 13 = 39$,
$3 \times 14 = 42$, $3 \times 15 = 45$, $3 \times 16 = 48$,
$3 \times 17 = 51$, ...
따라서 30보다 크고 50보다 작은 수 중에서 3으로
나누면 나누어떨어지는 수는 33, 36, 39, 42, 45,
48로 모두 6개입니다.

채점 기준	
상	풀이 과정을 완성하여 30보다 크고 50보다 작은 수 중에서 3으로 나누면 나누어떨어지는 수는 모두 몇 개인지 구한 경우
중	풀이 과정을 완성했지만 일부가 틀린 경우
하	답만 쓴 경우

04 18의 약수는 1, 2, 3, 6, 9, 18입니다.
· 1의 약수: 1
· 2의 약수: 1, 2 ➡ $1+2=3$
· 3의 약수: 1, 3 ➡ $1+3=4$
· 6의 약수: 1, 2, 3, 6 ➡ $1+2+3+6=$ ⑫
· 9의 약수: 1, 3, 9 ➡ $1+3+9=13$
· 18의 약수: 1, 2, 3, 6, 9, 18
➡ $1+2+3+6+9+18=39$

08 42의 약수: 1, 2, 3, 6, 7, 14, 21, 42
➡ 42의 약수 중에서 두 자리 수는 14, 21, 42입니다.
42의 배수: 42, 84, 126, ...
➡ 42의 배수 중에서 두 자리 수는 42, 84입니다.
따라서 ㉠에 알맞은 두 자리 수는 14, 21, 42, 84로
모두 4개입니다.

11
$$2\overline{)\,40\quad60}$$
$$2\overline{)\,20\quad30}$$
$$5\overline{)\,10\quad15}$$
$$2\quad3$$ ➡ 최대공약수: $2 \times 2 \times 5 = 20$
40과 60의 공약수는 40과 60의 최대공약수인 20
의 약수이므로 1, 2, 4, 5, 10, 20입니다. 이 중에서
5의 배수는 5, 10, 20입니다.

12
$$2\overline{)\,84\quad120}$$
$$2\overline{)\,42\quad60}$$
$$3\overline{)\,21\quad30}$$
$$7\quad10$$ ➡ 최대공약수: $2 \times 2 \times 3 = 12$
감자와 고구마를 12상자에 나누어 담으면 됩니다.
(한 상자에 담아야 하는 감자 수)
$=84 \div 12 = 7$(개)
(한 상자에 담아야 하는 고구마 수)
$=120 \div 12 = 10$(개)

13 가로등을 가장 적게 설치하려면 270과 450의 최대
공약수를 구해야 합니다. 270과 450의 최대공약수
는 90이므로 두 길의 거리를 각각 90 m로 나누면
$270 \div 90 = 3$(개), $450 \div 90 = 5$(개)입니다.
따라서 길의 한쪽에 처음부터 끝까지 가로등을 설치
해야 하므로 필요한 가로등은 모두
$3+5+1=9$(개)입니다.

채점 기준	
상	풀이 과정을 완성하여 필요한 가로등은 모두 몇 개인 지 구한 경우
중	풀이 과정을 완성했지만 일부가 틀린 경우
하	답만 쓴 경우

14 $54 \div$(어떤 수)$=\square \cdots 4$, $61 \div$(어떤 수)$=\triangle \cdots 1$이므로 $54-4=50$과 $61-1=60$은 어떤 수로 나누어 떨어집니다.

따라서 어떤 수는 50의 약수이면서 60의 약수인 수이므로 50과 60의 공약수이고, 어떤 수 중에서 가장 큰 수는 50과 60의 최대공약수입니다.

$$\begin{array}{r} 2\,)\ \underline{50\ \ 60} \\ 5\,)\ \underline{25\ \ 30} \\ 5\ \ \ 6 \end{array}$$ ➡ 최대공약수: $2 \times 5 = 10$

16 ㉠과 ㉡의 최소공배수가 210이므로
$\square \times 3 \times 2 \times 7 = 210$, $\square \times 42 = 210$, $\square = 5$

17 민정: $$\begin{array}{r} 3\,)\ \underline{27\ \ 36} \\ 3\,)\ \underline{\ 9\ \ 12} \\ 3\ \ \ 4 \end{array}$$

27과 36의 최소공배수: $3 \times 3 \times 3 \times 4 = 108$

27과 36의 최대공약수: $3 \times 3 = 9$

27과 36의 최소공배수는 27과 36의 최대공약수보다 큽니다.

따라서 잘못 말한 친구는 민정이입니다.

18 $$\begin{array}{r} 2\,)\ \underline{24\ \ 18} \\ 3\,)\ \underline{12\ \ \ 9} \\ 4\ \ \ 3 \end{array}$$ ➡ 최소공배수: $2 \times 3 \times 4 \times 3 = 72$

따라서 24와 18의 공배수는 72의 배수인 72, 144, 216, $\dots$이고, 이 중에서 가장 작은 세 자리 수는 144입니다.

19 파란색 구슬을 은정이는 2개마다 놓고 준석이는 3개마다 놓으므로 2와 3의 공배수마다 같은 자리에 파란색 구슬이 놓입니다.

2와 3의 최소공배수는 6이고 30까지의 공배수는 6, 12, 18, 24, 30이므로 같은 자리에 파란색 구슬이 놓이는 경우는 모두 5번입니다.

채점 기준	
상	풀이 과정을 완성하여 같은 자리에 파란색 구슬이 놓이는 경우는 모두 몇 번인지 구한 경우
중	풀이 과정을 완성했지만 일부가 틀린 경우
하	답만 쓴 경우

20 어떤 수를 $\square$라 하면 두 수의 최대공약수와 최소공배수를 구하는 식은 오른쪽과 같습니다. $$\begin{array}{r} 8\,)\ \underline{24\ \ \square} \\ 3\ \ \ \triangle \end{array}$$

최소공배수가 120이므로 $8 \times 3 \times \triangle = 120$, $24 \times \triangle = 120$, $\triangle = 120 \div 24 = 5$입니다.

따라서 어떤 수 $\square$는 $8 \times \triangle = 8 \times 5 = 40$입니다.

---

❸ 규칙과 대응

핵심 개념 ●110쪽●

1 4   **2** (○) ( )   **3** 예 빨대의 수

단원평가 기본 1회 ●111~113쪽●

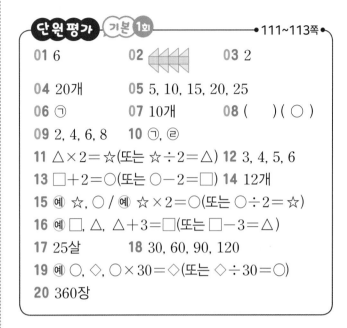

01 6   **02**   **03** 2

04 20개   **05** 5, 10, 15, 20, 25

06 ㉠   **07** 10개   **08** ( ) (○)

09 2, 4, 6, 8   **10** ㉠, ㉣

11 $\triangle \times 2 = \star$ (또는 $\star \div 2 = \triangle$)   **12** 3, 4, 5, 6

13 $\square + 2 = \bigcirc$ (또는 $\bigcirc - 2 = \square$)   **14** 12개

15 예 $\star$, $\bigcirc$ / 예 $\star \times 2 = \bigcirc$ (또는 $\bigcirc \div 2 = \star$)

16 예 $\square$, $\triangle$, $\triangle + 3 = \square$ (또는 $\square - 3 = \triangle$)

17 25살   **18** 30, 60, 90, 120

19 예 $\bigcirc$, $\diamond$, $\bigcirc \times 30 = \diamond$ (또는 $\diamond \div 30 = \bigcirc$)

20 360장

04 사각형이 10개일 때 삼각형은 $10 \times 2 = 20$(개) 필요합니다.

07 ❶ 꽃의 수를 5로 나누면 꽃병의 수가 됩니다.
    ❷ 꽃이 50송이 있을 때 꽃병은 $50 \div 5 = 10$(개) 필요합니다.

채점 기준	
상	풀이 과정을 완성하여 꽃병은 몇 개 필요한지 구한 경우
중	풀이 과정을 완성했지만 일부가 틀린 경우
하	답만 쓴 경우

08 $\diamond$의 값에서 4를 빼면 $\heartsuit$의 값이 됩니다.
또는 $\heartsuit$의 값에 4를 더하면 $\diamond$의 값이 됩니다.
➡ $\diamond - 4 = \heartsuit$ 또는 $\heartsuit + 4 = \diamond$

10 층수가 1씩 늘어날 때마다 면봉의 수는 2씩 늘어납니다.
㉠ 층수에 2를 곱하면 면봉의 수가 됩니다.
㉣ 면봉의 수를 2로 나누면 층수가 됩니다.

13 ❶ • 사각형의 수에 2를 더하면 원의 수가 됩니다.
     • 원의 수에서 2를 빼면 사각형의 수가 됩니다.
    ❷ • (사각형의 수)$+2=$(원의 수) ➡ $\square + 2 = \bigcirc$
     • (원의 수)$-2=$(사각형의 수) ➡ $\bigcirc - 2 = \square$

채점 기준	
상	풀이 과정을 완성하여 □와 ○ 사이의 대응 관계를 식으로 나타낸 경우
중	풀이 과정을 완성했지만 일부가 틀린 경우
하	답만 쓴 경우

14 사각형이 10개일 때 원은 $10+2=12$(개) 필요합니다.

16 (동생의 나이)$+3=$(지현이의 나이)
또는 (지현이의 나이)$-3=$(동생의 나이)

17 지현이의 나이가 28살일 때 동생은
$28-3=25$(살)입니다.

18 만화 영화를 1초 상영할 때마다 그림은 30장씩 필요합니다.

19 상영하는 시간이 1씩 늘어날 때마다 필요한 그림의 수는 30씩 늘어납니다.
➡ (상영하는 시간)$\times 30=$(그림의 수)
또는 (그림의 수)$\div 30=$(상영하는 시간)

20 ❶ (상영하는 시간)$\times 30=$(그림의 수)입니다.
❷ 만화 영화를 12초 상영하려면 그림이
$12\times 30=360$(장) 필요합니다.

채점 기준	
상	풀이 과정을 완성하여 만화 영화를 12초 상영하려면 그림이 몇 장 필요한지 구한 경우
중	풀이 과정을 완성했지만 일부가 틀린 경우
하	답만 쓴 경우

단원평가 기본 2회 ●114~116쪽●

01 (사람 그림)
02 사각형의 수, 3, 원의 수
03 영진
04 2, 3, 4, 5
05 11개
06 16개
07 10, 20, 30, 40
08 ( ) (×)
09 5, 7, 9, 11, 13
10 9 / 15
11 ○$+1=$◇(또는 ◇$-1=$○)
12 21개
13 △$\times 6=$○(또는 ○$\div 6=$△)
14 예 ◆, ● / 예 ◆$\times 10=$●(또는 ●$\div 10=$◆)
15 예 ○, ☆, ○$+1=$☆(또는 ☆$-1=$○)
16 25번
17 2000, 4000, 6000, 8000
18 16000원
19 6, 12, 18, 24 / 6
20 12개

03 자동차의 수가 1씩 늘어날 때마다 바퀴의 수는 4씩 늘어납니다.
따라서 바르게 설명한 친구는 영진이입니다.

05 노란색 사각판의 수에서 1을 빼면 빨간색 사각판의 수가 됩니다.
따라서 노란색 사각판이 12개일 때 빨간색 사각판은 $12-1=11$(개) 필요합니다.

06 ❶ 빨간색 사각판의 수에 1을 더하면 노란색 사각판의 수가 됩니다.
❷ 빨간색 사각판이 15개일 때 노란색 사각판은 $15+1=16$(개) 필요합니다.

채점 기준	
상	풀이 과정을 완성하여 빨간색 사각판이 15개일 때 노란색 사각판은 몇 개 필요한지 구한 경우
중	풀이 과정을 완성했지만 일부가 틀린 경우
하	답만 쓴 경우

08 • (달걀 팩의 수)$\times 10=$(달걀의 수) ➡ □$\times 10=$△
• (달걀의 수)$\div 10=$(달걀 팩의 수) ➡ △$\div 10=$□

10 ○와 ☆ 사이의 대응 관계를 식으로 나타내면
○$+8=$☆ 또는 ☆$-8=$○입니다.
➡ ㉠$=17-8=9$, ㉡$=7+8=15$

11 (사진의 수)$+1=$(누름 못의 수)
또는 (누름 못의 수)$-1=$(사진의 수)

12 사진을 20장 붙일 때 누름 못은
$20+1=21$(개) 필요합니다.

13 ❶ • 모둠 수에 6을 곱하면 학생 수가 됩니다.
• 학생 수를 6으로 나누면 모둠 수가 됩니다.
❷ • (모둠 수)$\times 6=$(학생 수) ➡ △$\times 6=$○
• (학생 수)$\div 6=$(모둠 수) ➡ ○$\div 6=$△

채점 기준	
상	풀이 과정을 완성하여 △와 ○ 사이의 대응 관계를 식으로 나타낸 경우
중	풀이 과정을 완성했지만 일부가 틀린 경우
하	답만 쓴 경우

15 (실을 자른 횟수)$+1=$(도막의 수)
또는 (도막의 수)$-1=$(실을 자른 횟수)

16 ❶ 도막의 수에서 1을 빼면 실을 자른 횟수가 됩니다.
❷ 실을 자른 횟수는 $26-1=25$(번)입니다.

채점 기준	
상	풀이 과정을 완성하여 도막이 26개일 때 실을 자른 횟수는 몇 번인지 구한 경우
중	풀이 과정을 완성했지만 일부가 틀린 경우
하	답만 쓴 경우

18 (어린이 입장객의 수)×2000=(어린이 입장료)입니다.
➡ (어린이 8명의 입장료)=8×2000=16000(원)

20 (정육각형의 수)=72÷6=12(개)

단원평가 실전 ● 117~119쪽 ●

01 7, 14, 21, 28　　　**02** 56권
03 15개　　　**04** ㉢　　　**05** 2, 3, 4, 5
06 11개　　　**07** 23개
08 (위에서부터) 2000, 2500 / 3000, 3500
09 (지영이가 모은 돈)+500=(언니가 모은 돈)
　　(또는 (언니가 모은 돈)−500=(지영이가 모은 돈))
10 △+7=☆(또는 ☆−7=△)　**11** 오후 8시
12 ○×90=□(또는 □÷90=○)
13 호준　　　**14** 400 km　　　**15** 8, 14, 19, 23
16 27
17 ⑩ 네잎클로버의 수(♡)에 4를 곱하면 네잎클로버 잎의 수(♧)가 됩니다.
18 58살　　　**19** 3마리　　　**20** 1시간 12분

02 책꽂이의 수에 7을 곱하면 책의 수가 되므로 책꽂이가 8개 있을 때 책은 8×7=56(권) 꽂을 수 있습니다.

03 삼각형의 수를 2로 나누면 사각형의 수가 됩니다.
삼각형이 30개일 때 사각형은 30÷2=15(개) 필요합니다.

채점 기준	
상	풀이 과정을 완성하여 삼각형이 30개일 때 사각형은 몇 개 필요한지 구한 경우
중	풀이 과정을 완성했지만 일부가 틀린 경우
하	답만 쓴 경우

04 ㉠ 다리의 수는 강아지 수의 4배입니다.
㉡ 강아지의 수는 다리의 수를 4로 나눈 몫입니다.

06 열째에는 사각형 조각이 10+1=11(개)입니다.

07 • 여덟째: 8+1=9(개)
　 • 열셋째: 13+1=14(개)
　➡ 9+14=23(개)

09 언니가 모은 돈은 지영이가 모은 돈보다 항상 500원이 많습니다.

11 △+7=☆에서 △에 1을 넣으면 ☆=1+7=8
따라서 파리가 오후 1시일 때 서울은 같은 날 오후 8시입니다.

13 □의 값은 이동하는 시간인 ○의 값에 따라 변합니다.
따라서 잘못 설명한 친구는 호준이입니다.

14 수빈이가 오전에 이동한 거리는
2×80=160 (km), 오후에 이동한 거리는
3×80=240 (km)입니다.
따라서 수빈이가 이동한 거리는 모두
160+240=400 (km)입니다.

채점 기준	
상	풀이 과정을 완성하여 수빈이가 이동한 거리는 모두 몇 km인지 구한 경우
중	풀이 과정을 완성했지만 일부가 틀린 경우
하	답만 쓴 경우

16 경호가 30이라고 답했다면 수미는 30−3=27이라고 말한 것입니다.

17

채점 기준	
상	식에 알맞은 상황을 만든 경우
중	식에 알맞은 상황을 만들었지만 부족한 경우

18 다영이의 나이에 33을 더하면 고모의 나이가 됩니다.
따라서 다영이가 25살이 되면 고모는
25+33=58(살)이 됩니다.

19

받을 수 있는 치킨 수(마리)	1	2	3	4	…
필요한 쿠폰 수(장)	10	20	30	40	…

따라서 쿠폰 37장으로 치킨을 최대 3마리까지 받을 수 있습니다.

20 통나무를 자른 횟수와 도막의 수 사이의 대응 관계를 식으로 나타내면 (자른 횟수)=(도막의 수)−1이므로 통나무를 10도막으로 자르려면
10−1=9(번) 잘라야 합니다.
따라서 10도막으로 자르는 데 걸리는 시간은
8×9=72(분)입니다. ➡ 1시간 12분

④ 약분과 통분

핵심 개념 •120쪽•

1 2, 6	**2** 2, 1
3 4, 6	**4** 2, 0.2 / 0.2, $<$ / $<$

단원평가 기본 1회 •121~123쪽•

01 (1) 10, 18, 20 (2) 12, 8, 3

02 예 / $\dfrac{9}{12}$

03

04 2개

05 (○) ( ) (○)

06 (1) $\dfrac{2}{3}$ (2) $\dfrac{3}{5}$ **07** $\dfrac{14}{63}$

08 1, 5

09 (1) 27, $\dfrac{20}{45}$ (2) 5, $\dfrac{14}{20}$

10 $\dfrac{40}{48}$, $\dfrac{18}{48}$

11 $\dfrac{8}{30}$, $\dfrac{21}{30}$ **12** 18, 36, 54 **13** 6 / 13

14 $>$

15 $<$, $>$, $<$ / $\dfrac{2}{5}$

16 ㉡ **17** 재민 **18** ㉡

19 유진 **20** $4\dfrac{3}{4}$

---

04 ❶ $\dfrac{18}{24}$과 크기가 같은 분수는 $\dfrac{18 \div 2}{24 \div 2} = \dfrac{9}{12}$,

$\dfrac{18 \times 2}{24 \times 2} = \dfrac{36}{48}$입니다.

❷ 크기가 같은 분수는 $\dfrac{9}{12}$, $\dfrac{36}{48}$으로 모두 2개입니다.

채점 기준	
상	풀이 과정을 완성하여 주어진 분수와 크기가 같은 분수는 모두 몇 개인지 구한 경우
중	풀이 과정을 완성했지만 일부가 틀린 경우
하	답만 쓴 경우

07 약분하기 전의 분수는 $\dfrac{2 \times 7}{9 \times 7} = \dfrac{14}{63}$입니다.

따라서 어떤 분수는 $\dfrac{14}{63}$입니다.

08 분모가 6인 진분수 $\dfrac{1}{6}$, $\dfrac{2}{6}$, $\dfrac{3}{6}$, $\dfrac{4}{6}$, $\dfrac{5}{6}$ 중에서 기약

분수는 $\dfrac{1}{6}$, $\dfrac{5}{6}$입니다.

따라서 □ 안에 들어갈 수 있는 수는 1, 5입니다.

---

11 15와 10의 최소공배수는 30입니다.

$\left(\dfrac{4}{15}, \dfrac{7}{10}\right) \Rightarrow \left(\dfrac{4 \times 2}{15 \times 2}, \dfrac{7 \times 3}{10 \times 3}\right) \Rightarrow \left(\dfrac{8}{30}, \dfrac{21}{30}\right)$

12 공통분모가 될 수 있는 수는 두 분모의 공배수입니다.

➡ 6과 9의 공배수: 18, 36, 54, …

13 ❶ $\dfrac{5}{㉠} = \dfrac{5 \times 8}{㉠ \times 8} = \dfrac{40}{48}$이므로

㉠ × 8 = 48, ㉠ = 48 ÷ 8 = 6입니다

❷ $\dfrac{㉡}{16} = \dfrac{㉡ \times 3}{16 \times 3} = \dfrac{39}{48}$이므로

㉡ × 3 = 39, ㉡ = 39 ÷ 3 = 13입니다.

채점 기준	
상	풀이 과정을 완성하여 ㉠과 ㉡에 알맞은 수를 각각 구한 경우
중	풀이 과정을 완성했지만 일부가 틀린 경우
하	답만 쓴 경우

16 ❶ $1.4 = 1\dfrac{4}{10} = 1\dfrac{2}{5}$입니다.

❷ $1\dfrac{2}{5} < 1\dfrac{3}{5}$이므로 더 큰 수는 ㉡입니다.

채점 기준	
상	풀이 과정을 완성하여 더 큰 수의 기호를 쓴 경우
중	풀이 과정을 완성했지만 일부가 틀린 경우
하	답만 쓴 경우

17 분모가 다른 분수의 크기를 비교할 때는 분모와 분자에 각각 0이 아닌 같은 수를 곱해서 통분한 다음 크기를 비교해야 하므로 잘못 말한 친구는 재민이입니다.

18 ㉠ $0.7 = \dfrac{7}{10} = \dfrac{14}{20}$이므로 $\dfrac{14}{20} > \dfrac{13}{20}$ ➡ $0.7 > \dfrac{13}{20}$

㉡ $2\dfrac{3}{5} = 2\dfrac{6}{10} = 2.6$이므로 $2.34 < 2.6$

➡ $2.34 < 2\dfrac{3}{5}$

따라서 두 수의 크기 비교를 바르게 한 것은 ㉡입니다.

19 $\left(\dfrac{3}{8}, \dfrac{1}{3}\right) \Rightarrow \left(\dfrac{9}{24}, \dfrac{8}{24}\right)$이므로 $\dfrac{3}{8} > \dfrac{1}{3}$

따라서 오렌지주스를 더 적게 마신 사람은 유진이입니다.

20 $4\dfrac{1}{2} = 4\dfrac{5}{10} = 4.5$, $4\dfrac{3}{4} = 4\dfrac{75}{100} = 4.75$

➡ 4.75 > 4.5 > 4.4 > 4.15

30 5-1

01 $\dfrac{2}{5}$, $\dfrac{4}{10}$ **02** $\dfrac{4}{6}$, $\dfrac{6}{9}$, $\dfrac{8}{12}$ **03** ㉡, ㉢

04 $\dfrac{4}{7}$ **05** ② **06** 2개

07 $\dfrac{14}{21}$, $\dfrac{4}{6}$, $\dfrac{2}{3}$ **08** $\dfrac{7}{8}$시간 **09** $\dfrac{9}{20}$

10 $\dfrac{30}{45}$, $\dfrac{36}{45}$ **11** ✕(선 연결) **12** ㉡

13 29

14 $2\dfrac{4}{5}$ **15** > **16** ( )(✕)

17 ㉡ **18** ( )( )(○)

19 보리 **20** 4개

---

03 ❶ ㉠ $\dfrac{2}{3}=\dfrac{2\times3}{3\times3}=\dfrac{6}{9}$ ㉡ $\dfrac{4}{5}=\dfrac{4\times4}{5\times4}=\dfrac{16}{20}$

㉢ $\dfrac{18}{54}=\dfrac{18\div6}{54\div6}=\dfrac{3}{9}$ ㉣ $\dfrac{24}{64}=\dfrac{24\div8}{64\div8}=\dfrac{3}{8}$

❷ 따라서 크기가 같은 분수끼리 짝 지은 것은 ㉡, ㉢입니다.

채점 기준	
상	풀이 과정을 완성하여 크기가 같은 분수끼리 짝 지은 것을 모두 찾아 기호를 쓴 경우
중	풀이 과정을 완성했지만 일부가 틀린 경우
하	답만 쓴 경우

04 분모가 7인 분수를 $\dfrac{\square}{7}$라고 하면

$\dfrac{16}{28}=\dfrac{16\div4}{28\div4}=\dfrac{\square}{7}$에서 $\square=16\div4=4$입니다.

따라서 구하려는 분수는 $\dfrac{4}{7}$입니다.

06 $\dfrac{12}{16}=\dfrac{12\div4}{16\div4}=\dfrac{3}{4}$, $\dfrac{14}{49}=\dfrac{14\div7}{49\div7}=\dfrac{2}{7}$

따라서 기약분수는 $\dfrac{4}{7}$, $\dfrac{11}{20}$로 모두 2개입니다.

07 분모 42와 분자 28의 공약수: 1, 2, 7, 14

$\dfrac{28}{42}=\dfrac{28\div2}{42\div2}=\dfrac{14}{21}$, $\dfrac{28}{42}=\dfrac{28\div7}{42\div7}=\dfrac{4}{6}$,

$\dfrac{28}{42}=\dfrac{28\div14}{42\div14}=\dfrac{2}{3}$

08 63과 72의 최대공약수: 9

$\dfrac{63}{72}=\dfrac{63\div9}{72\div9}=\dfrac{7}{8}$이므로 수아가 매일 수학 공부를 하는 시간은 $\dfrac{7}{8}$시간입니다.

09 0.01이 45개인 수는 0.45입니다.

➡ $0.45=\dfrac{45}{100}=\dfrac{9}{20}$

12 두 분수를 가장 작은 공통분모로 통분하려면 두 분모의 최소공배수를 공통분모로 하여 통분해야 합니다.

㉠ 2와 9의 최소공배수: 18

㉡ 8과 12의 최소공배수: 24

따라서 18<24이므로 공통분모가 더 큰 것은 ㉡입니다.

13 ❶ 9와 6의 최소공배수는 18입니다.

$\left(\dfrac{7}{9},\dfrac{5}{6}\right) \Rightarrow \left(\dfrac{7\times2}{9\times2},\dfrac{5\times3}{6\times3}\right) \Rightarrow \left(\dfrac{14}{18},\dfrac{15}{18}\right)$

❷ 통분한 두 분수의 분자는 각각 14, 15이므로 합은 $14+15=29$입니다.

채점 기준	
상	풀이 과정을 완성하여 통분한 두 분수의 분자의 합을 구한 경우
중	풀이 과정을 완성했지만 일부가 틀린 경우
하	답만 쓴 경우

16 • $\dfrac{5}{6}=\dfrac{25}{30}$, $\dfrac{13}{15}=\dfrac{26}{30}$이므로 $\dfrac{25}{30}<\dfrac{26}{30}$입니다. (○)

• $1\dfrac{2}{3}=1\dfrac{20}{30}$, $1\dfrac{7}{10}=1\dfrac{21}{30}$이므로 $1\dfrac{20}{30}<1\dfrac{21}{30}$입니다. (✕)

17 ㉠ $\dfrac{11}{20}=\dfrac{55}{100}=0.55$ ㉡ $\dfrac{27}{40}=\dfrac{675}{1000}=0.675$

18 $\dfrac{3}{4}=\dfrac{75}{100}=0.75$

➡ $0.78>0.75>0.64$

19 $5\dfrac{5}{8}=5\dfrac{625}{1000}=5.625$이므로 $5.48<5.625$입니다.

따라서 더 적게 산 것은 보리입니다.

20 ❶ $\dfrac{1}{3}=\dfrac{5}{15}$이므로 $\dfrac{\square}{15}<\dfrac{5}{15}$에서 □ 안에 들어갈 수 있는 자연수는 1, 2, 3, 4입니다.

❷ □ 안에 들어갈 수 있는 자연수는 1, 2, 3, 4로 모두 4개입니다.

채점 기준	
상	풀이 과정을 완성하여 □ 안에 들어갈 수 있는 자연수는 모두 몇 개인지 구한 경우
중	풀이 과정을 완성했지만 일부가 틀린 경우
하	답만 쓴 경우

01 ㉢	02 $\frac{20}{45}$
03 $\frac{9}{21}$, $\frac{12}{28}$	04 2조각
05 3, 9	06 $\frac{3}{7}$
07 $\frac{20}{32}$	08 6개
09 $\frac{9}{14}$	10 ㉡
11 $\frac{6}{13}$, $\frac{2}{5}$	12 3개
13 $\frac{48}{108}$, $\frac{45}{108}$	14 ㉠

15 (위에서부터) 0.7 / 0.7, $\frac{5}{8}$

16 $1\frac{1}{4}$, $1\frac{7}{20}$, 1.38   17 정인

18 초록색 테이프   19 0.5   20 26

03 $\frac{3}{7}$과 크기가 같은 분수: $\frac{3}{7}$, $\frac{6}{14}$, $\frac{9}{21}$, $\frac{12}{28}$, $\frac{15}{35}$, …
이 중에서 분모가 20보다 크고 30보다 작은 분수를 찾으면 $\frac{9}{21}$, $\frac{12}{28}$입니다.

04 $\frac{6}{15} = \frac{6 \div 3}{15 \div 3} = \frac{2}{5}$이므로 종수는 5조각 중에서 2조각을 먹어야 경호가 먹은 양과 같습니다.

06 안경을 낀 학생은 전체의 $\frac{12}{28}$입니다.
28과 12의 최대공약수는 4이므로 기약분수로 나타내면 $\frac{12}{28} = \frac{12 \div 4}{28 \div 4} = \frac{3}{7}$입니다.

07 $\frac{21}{28} = \frac{3}{4}$, $\frac{9}{45} = \frac{1}{5}$, $\frac{20}{32} = \frac{5}{8}$, $\frac{16}{48} = \frac{1}{3}$
따라서 8>5>4>3이므로 기약분수로 나타낼 때 분모가 가장 큰 분수는 $\frac{20}{32}$입니다.

채점 기준	
상	풀이 과정을 완성하여 기약분수로 나타낼 때 분모가 가장 큰 분수를 찾아 쓴 경우
중	풀이 과정을 완성했지만 일부가 틀린 경우
하	답만 쓴 경우

08 $\frac{1}{9}$, $\frac{2}{9}$, $\frac{4}{9}$, $\frac{5}{9}$, $\frac{7}{9}$, $\frac{8}{9}$로 모두 6개입니다.

09 • 3으로 약분하기 전의 분수: $\frac{3 \times 3}{7 \times 3} = \frac{9}{21}$
• 분모에 7을 더하기 전의 분수: $\frac{9}{21-7} = \frac{9}{14}$

11 $\frac{30 \div 5}{65 \div 5} = \frac{6}{13}$, $\frac{26 \div 13}{65 \div 13} = \frac{2}{5}$

12 공통분모가 될 수 있는 수는 8과 20의 공배수인 40, 80, 120, 160, …입니다.
이 중에서 150보다 작은 수는 40, 80, 120으로 모두 3개입니다.

채점 기준	
상	풀이 과정을 완성하여 공통분모가 될 수 있는 수 중에서 150보다 작은 수는 모두 몇 개인지 구한 경우
중	풀이 과정을 완성했지만 일부가 틀린 경우
하	답만 쓴 경우

13 9와 12의 공배수인 36의 배수 중에서 100에 가장 가까운 수는 108입니다.
$\left(\frac{4}{9}, \frac{5}{12} \right) \Rightarrow \left(\frac{4 \times 12}{9 \times 12}, \frac{5 \times 9}{12 \times 9} \right) \Rightarrow \left(\frac{48}{108}, \frac{45}{108} \right)$

16 $1\frac{1}{4} = 1\frac{25}{100} = 1.25$, $1\frac{7}{20} = 1\frac{35}{100} = 1.35$이므로
$1.25 < 1.35 < 1.38 \Rightarrow 1\frac{1}{4} < 1\frac{7}{20} < 1.38$

17 $2\frac{2}{9} = 2\frac{10}{45}$, $2\frac{4}{15} = 2\frac{12}{45}$이므로 $2\frac{2}{9} < 2\frac{4}{15}$
따라서 사과를 더 적게 딴 친구는 정인입니다.

18 $\frac{37}{50} = \frac{74}{100} = 0.74$이므로 0.74>0.64입니다.
➡ 길이가 더 짧은 테이프: 초록색 테이프

19 만들 수 있는 진분수는 $\frac{1}{2}$, $\frac{1}{5}$, $\frac{2}{5}$입니다.
$\frac{1}{2}$, $\frac{1}{5}$, $\frac{2}{5}$를 통분하면 $\frac{5}{10}$, $\frac{2}{10}$, $\frac{4}{10}$이므로 만들 수 있는 진분수 중에서 가장 큰 수는 $\frac{1}{2}$입니다.
➡ $\frac{1}{2} = \frac{5}{10} = 0.5$

채점 기준	
상	풀이 과정을 완성하여 만들 수 있는 진분수 중에서 가장 큰 수를 소수로 나타낸 경우
중	풀이 과정을 완성했지만 일부가 틀린 경우
하	답만 쓴 경우

20 $\frac{1}{6} = \frac{4}{24}$, $\frac{3}{8} = \frac{9}{24}$이므로 $\frac{4}{24} < \frac{\square}{24} < \frac{9}{24}$입니다.
□ 안에 들어갈 수 있는 자연수는 5, 6, 7, 8입니다.
따라서 □ 안에 들어갈 수 있는 모든 자연수의 합은 5+6+7+8=26입니다.

5 분수의 덧셈과 뺄셈

● 130쪽

핵심 개념

1 6, 4, 10, 5 **2** 6, 5, 2, 11

3 8, 5, 3 **4** 3, 2, 1, 1

단원평가 기본 1회

● 131~133쪽

01 (위에서부터) 7, 6 / 7, 6, 13

02 (1) $\dfrac{7}{10}$ (2) $1\dfrac{8}{45}$ **03** $\dfrac{23}{24}$

04 $<$ **05** $\dfrac{17}{60}$

06 $\dfrac{9}{5}+\dfrac{3}{2}=\dfrac{18}{10}+\dfrac{15}{10}=\dfrac{33}{10}=3\dfrac{3}{10}$

07 ( ) (○) **08** $4\dfrac{29}{30}$ **09** $6\dfrac{1}{18}$ cm

10 $3\dfrac{5}{36}$ kg **11** (1) $\dfrac{2}{5}$ (2) $\dfrac{5}{48}$

12 $\dfrac{7}{8}-\dfrac{2}{3}$에 색칠 **13**

14 $\dfrac{17}{30}$ **15** $\dfrac{5}{24}$ **16** $2\dfrac{25}{36}$

17 $5\dfrac{9}{10}$ **18** $1\dfrac{5}{16}$ m **19** ㉡

20 $5\dfrac{31}{40}$

---

03 $\dfrac{3}{8}+\dfrac{7}{12}=\dfrac{9}{24}+\dfrac{14}{24}=\dfrac{23}{24}$

04 • $\dfrac{2}{3}+\dfrac{7}{10}=1\dfrac{11}{30}$ • $\dfrac{9}{10}+\dfrac{8}{15}=1\dfrac{13}{30}$

➡ $1\dfrac{11}{30}<1\dfrac{13}{30}$

05 ❶ 단위분수는 분모가 작을수록 큰 수이므로
$\dfrac{1}{5}>\dfrac{1}{9}>\dfrac{1}{12}$입니다.

❷ $\dfrac{1}{5}+\dfrac{1}{12}=\dfrac{12}{60}+\dfrac{5}{60}=\dfrac{17}{60}$

채점 기준	
상	풀이 과정을 완성하여 가장 큰 수와 가장 작은 수의 합을 구한 경우
중	풀이 과정을 완성했지만 일부가 틀린 경우
하	답만 쓴 경우

---

08 $2\dfrac{4}{15}+2\dfrac{7}{10}=2\dfrac{8}{30}+2\dfrac{21}{30}=4\dfrac{29}{30}$

09 (가로)+(세로)$=3\dfrac{8}{9}+2\dfrac{1}{6}=3\dfrac{16}{18}+2\dfrac{3}{18}$

$=5\dfrac{19}{18}=6\dfrac{1}{18}$ (cm)

10 (옥수수의 무게)+(방울토마토의 무게)

$=1\dfrac{13}{18}+1\dfrac{5}{12}=1\dfrac{26}{36}+1\dfrac{15}{36}$

$=2\dfrac{41}{36}=3\dfrac{5}{36}$ (kg)

12 • $\dfrac{11}{12}-\dfrac{5}{8}=\dfrac{22}{24}-\dfrac{15}{24}=\dfrac{7}{24}$

• $\dfrac{7}{8}-\dfrac{2}{3}=\dfrac{21}{24}-\dfrac{16}{24}=\boxed{\dfrac{5}{24}}$

14 ❶ $\left(\dfrac{5}{6}$보다 $\dfrac{4}{15}$만큼 더 작은 수$\right)=\dfrac{5}{6}-\dfrac{4}{15}$

❷ $\dfrac{5}{6}-\dfrac{4}{15}=\dfrac{25}{30}-\dfrac{8}{30}=\dfrac{17}{30}$

채점 기준	
상	풀이 과정을 완성하여 은성이가 설명하는 수를 구한 경우
중	풀이 과정을 완성했지만 일부가 틀린 경우
하	답만 쓴 경우

15 어떤 수를 □라 하면 □$+\dfrac{3}{8}=\dfrac{7}{12}$,

□$=\dfrac{7}{12}-\dfrac{3}{8}=\dfrac{14}{24}-\dfrac{9}{24}=\dfrac{5}{24}$입니다.

18 $3\dfrac{9}{16}-2\dfrac{1}{4}=3\dfrac{9}{16}-2\dfrac{4}{16}=1\dfrac{5}{16}$ (m)

19 ❶ ㉠ $4\dfrac{1}{3}-1\dfrac{9}{16}=4\dfrac{16}{48}-1\dfrac{27}{48}$

$=3\dfrac{64}{48}-1\dfrac{27}{48}=2\dfrac{37}{48}$

㉡ $5\dfrac{13}{16}-3\dfrac{5}{12}=5\dfrac{39}{48}-3\dfrac{20}{48}=2\dfrac{19}{48}$

❷ $2\dfrac{37}{48}>2\dfrac{19}{48}$이므로 계산 결과가 더 작은 것은 ㉡입니다.

채점 기준	
상	풀이 과정을 완성하여 계산 결과가 더 작은 것의 기호를 쓴 경우
중	풀이 과정을 완성했지만 일부가 틀린 경우
하	답만 쓴 경우

20 가장 큰 대분수: $8\frac{2}{5}$, 가장 작은 대분수: $2\frac{5}{8}$

$$\Rightarrow 8\frac{2}{5} - 2\frac{5}{8} = 8\frac{16}{40} - 2\frac{25}{40}$$
$$= 7\frac{56}{40} - 2\frac{25}{40} = 5\frac{31}{40}$$

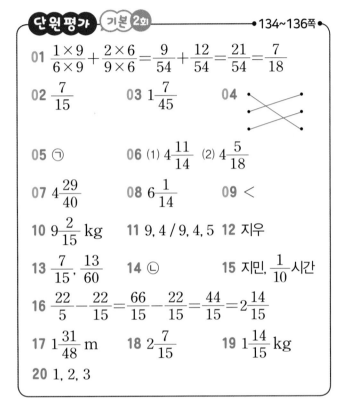

단원평가 기본 2회 ●134~136쪽●

01 $\dfrac{1\times 9}{6\times 9} + \dfrac{2\times 6}{9\times 6} = \dfrac{9}{54} + \dfrac{12}{54} = \dfrac{21}{54} = \dfrac{7}{18}$

02 $\dfrac{7}{15}$　　**03** $1\dfrac{7}{45}$　　**04**

05 ㉠　　**06** (1) $4\dfrac{11}{14}$ (2) $4\dfrac{5}{18}$

07 $4\dfrac{29}{40}$　　**08** $6\dfrac{1}{14}$　　**09** $<$

10 $9\dfrac{2}{15}$ kg　　**11** 9, 4 / 9, 4, 5　　**12** 지우

13 $\dfrac{7}{15}, \dfrac{13}{60}$　　**14** ㉡　　**15** 지민, $\dfrac{1}{10}$시간

16 $\dfrac{22}{5} - \dfrac{22}{15} = \dfrac{66}{15} - \dfrac{22}{15} = \dfrac{44}{15} = 2\dfrac{14}{15}$

17 $1\dfrac{31}{48}$ m　　**18** $2\dfrac{7}{15}$　　**19** $1\dfrac{14}{15}$ kg

20 1, 2, 3

04 • $\dfrac{5}{6} + \dfrac{4}{5} = \dfrac{25}{30} + \dfrac{24}{30} = \dfrac{49}{30} = 1\dfrac{19}{30}$

• $\dfrac{2}{5} + \dfrac{11}{30} = \dfrac{12}{30} + \dfrac{11}{30} = \dfrac{23}{30}$

• $\dfrac{7}{10} + \dfrac{4}{15} = \dfrac{21}{30} + \dfrac{8}{30} = \dfrac{29}{30}$

05 ❶ ㉠ $\dfrac{3}{7} + \dfrac{1}{2} = \dfrac{6}{14} + \dfrac{7}{14} = \dfrac{13}{14}$

㉡ $\dfrac{2}{9} + \dfrac{5}{6} = \dfrac{4}{18} + \dfrac{15}{18} = \dfrac{19}{18} = 1\dfrac{1}{18}$

❷ 계산 결과가 1보다 작은 것은 ㉠입니다.

채점 기준	
상	풀이 과정을 완성하여 계산 결과가 1보다 작은 것의 기호를 쓴 경우
중	풀이 과정을 완성했지만 일부가 틀린 경우
하	답만 쓴 경우

08 $2\dfrac{4}{7} + 3\dfrac{1}{2} = 2\dfrac{8}{14} + 3\dfrac{7}{14} = 5\dfrac{15}{14} = 6\dfrac{1}{14}$

09 • $2\dfrac{1}{18} + 2\dfrac{5}{12} = 2\dfrac{2}{36} + 2\dfrac{15}{36} = 4\dfrac{17}{36}$

• $1\dfrac{3}{4} + 2\dfrac{7}{9} = 1\dfrac{27}{36} + 2\dfrac{28}{36} = 3\dfrac{55}{36} = 4\dfrac{19}{36}$

$$\Rightarrow 4\dfrac{17}{36} < 4\dfrac{19}{36}$$

10 (민수가 산 사과와 귤의 무게)

$= 3\dfrac{3}{10} + 5\dfrac{5}{6} = 3\dfrac{9}{30} + 5\dfrac{25}{30}$

$= 8\dfrac{34}{30} = 9\dfrac{4}{30} = 9\dfrac{2}{15}$ (kg)

13 • $\dfrac{13}{15} - \dfrac{2}{5} = \dfrac{13}{15} - \dfrac{6}{15} = \dfrac{7}{15}$

• $\dfrac{7}{15} - \dfrac{1}{4} = \dfrac{28}{60} - \dfrac{15}{60} = \dfrac{13}{60}$

14 ❶ ㉠ $\dfrac{7}{10} - \dfrac{8}{15} = \dfrac{21}{30} - \dfrac{16}{30} = \dfrac{5}{30} = \dfrac{1}{6}$

㉡ $\dfrac{4}{5} - \dfrac{1}{6} = \dfrac{24}{30} - \dfrac{5}{30} = \dfrac{19}{30}$

❷ $\dfrac{1}{6}\left(= \dfrac{5}{30}\right) < \dfrac{19}{30}$이므로 계산 결과가 더 큰 것은 ㉡입니다.

채점 기준	
상	풀이 과정을 완성하여 계산 결과가 더 큰 것의 기호를 쓴 경우
중	풀이 과정을 완성했지만 일부가 틀린 경우
하	답만 쓴 경우

15 $\dfrac{7}{10} > \dfrac{3}{5}\left(= \dfrac{6}{10}\right)$이므로 줄넘기 연습을 지민이가 $\dfrac{7}{10} - \dfrac{3}{5} = \dfrac{7}{10} - \dfrac{6}{10} = \dfrac{1}{10}$(시간) 더 많이 했습니다.

17 $2\dfrac{5}{6} - 1\dfrac{3}{16} = 2\dfrac{40}{48} - 1\dfrac{9}{48} = 1\dfrac{31}{48}$ (m)

18 ❶ 자연수 부분에서 1을 받아내림할 때 받아내림한 수를 빼지 않고 계산하였습니다.

❷ $4\dfrac{1}{6} - 1\dfrac{7}{10} = 4\dfrac{5}{30} - 1\dfrac{21}{30}$
$= 3\dfrac{35}{30} - 1\dfrac{21}{30} = 2\dfrac{14}{30} = 2\dfrac{7}{15}$

채점 기준	
상	풀이 과정을 완성하여 계산이 잘못된 이유를 쓰고, 바르게 계산한 값을 구한 경우
중	풀이 과정을 완성했지만 일부가 틀린 경우
하	답만 쓴 경우

19 $4\dfrac{1}{5}-2\dfrac{4}{15}=4\dfrac{3}{15}-2\dfrac{4}{15}$

$\qquad\qquad=3\dfrac{18}{15}-2\dfrac{4}{15}=1\dfrac{14}{15}$ (kg)

20 $8\dfrac{2}{9}-4\dfrac{5}{12}=8\dfrac{8}{36}-4\dfrac{15}{36}$

$\qquad\qquad=7\dfrac{44}{36}-4\dfrac{15}{36}=3\dfrac{29}{36}$

따라서 $\square<3\dfrac{29}{36}$이므로 $\square$ 안에 들어갈 수 있는 자연수는 1, 2, 3입니다.

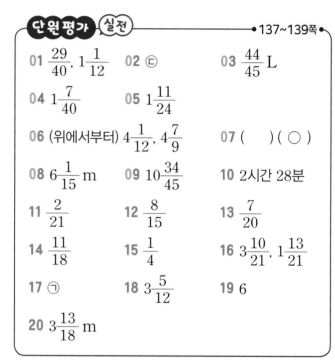

단원평가 실전 ●137~139쪽●

01 $\dfrac{29}{40}$, $1\dfrac{1}{12}$ **02** ㉢ **03** $\dfrac{44}{45}$ L

04 $1\dfrac{7}{40}$ **05** $1\dfrac{11}{24}$

06 (위에서부터) $4\dfrac{1}{12}$, $4\dfrac{7}{9}$ **07** ( )(○)

08 $6\dfrac{1}{15}$ m **09** $10\dfrac{34}{45}$ **10** 2시간 28분

11 $\dfrac{2}{21}$ **12** $\dfrac{8}{15}$ **13** $\dfrac{7}{20}$

14 $\dfrac{11}{18}$ **15** $\dfrac{1}{4}$ **16** $3\dfrac{10}{21}$, $1\dfrac{13}{21}$

17 ㉠ **18** $3\dfrac{5}{12}$ **19** 6

20 $3\dfrac{13}{18}$ m

02 ㉠ $\dfrac{1}{2}+\dfrac{4}{9}=\dfrac{9}{18}+\dfrac{8}{18}=\dfrac{17}{18}$

㉡ $\dfrac{9}{14}+\dfrac{4}{21}=\dfrac{27}{42}+\dfrac{8}{42}=\dfrac{35}{42}=\dfrac{5}{6}$

㉢ $\dfrac{5}{12}+\dfrac{2}{3}=\dfrac{5}{12}+\dfrac{8}{12}=\dfrac{13}{12}=1\dfrac{1}{12}$

따라서 계산 결과가 1보다 큰 것은 ㉢입니다.

03 (주황색 물감의 양)

＝(빨간색 물감의 양)＋(노란색 물감의 양)

$=\dfrac{1}{5}+\dfrac{7}{9}=\dfrac{9}{45}+\dfrac{35}{45}=\dfrac{44}{45}$ (L)

채점 기준	
상	풀이 과정을 완성하여 주황색 물감은 몇 L인지 구한 경우
중	풀이 과정을 완성했지만 일부가 틀린 경우
하	답만 쓴 경우

04 $\left(\dfrac{3}{5}, \dfrac{11}{20}, \dfrac{5}{8}\right)$ ➡ $\left(\dfrac{24}{40}, \dfrac{22}{40}, \dfrac{25}{40}\right)$이므로

$\dfrac{5}{8}>\dfrac{3}{5}>\dfrac{11}{20}$입니다.

$\dfrac{5}{8}+\dfrac{11}{20}=\dfrac{25}{40}+\dfrac{22}{40}=\dfrac{47}{40}=1\dfrac{7}{40}$

05 어떤 수를 $\square$라 하면

$\square-\dfrac{1}{3}=\dfrac{3}{8}$, $\square=\dfrac{3}{8}+\dfrac{1}{3}=\dfrac{9}{24}+\dfrac{8}{24}=\dfrac{17}{24}$입니다.

➡ $\dfrac{17}{24}+\dfrac{3}{4}=\dfrac{17}{24}+\dfrac{18}{24}=\dfrac{35}{24}=1\dfrac{11}{24}$

06 • $2\dfrac{1}{3}+1\dfrac{3}{4}=2\dfrac{4}{12}+1\dfrac{9}{12}=3\dfrac{13}{12}=4\dfrac{1}{12}$

• $2\dfrac{1}{3}+2\dfrac{4}{9}=2\dfrac{3}{9}+2\dfrac{4}{9}=4\dfrac{7}{9}$

08 (빨간색 테이프의 길이)＋(노란색 테이프의 길이)

$=3\dfrac{3}{5}+2\dfrac{7}{15}=3\dfrac{9}{15}+2\dfrac{7}{15}=5\dfrac{16}{15}=6\dfrac{1}{15}$ (m)

09 만들 수 있는 가장 큰 대분수는 $9\dfrac{1}{5}$이고, 가장 작은 대분수는 $1\dfrac{5}{9}$입니다.

➡ (가장 큰 대분수)＋(가장 작은 대분수)

$=9\dfrac{1}{5}+1\dfrac{5}{9}=9\dfrac{9}{45}+1\dfrac{25}{45}=10\dfrac{34}{45}$

10 (선아가 공부를 한 시간)＋(선아가 운동을 한 시간)

$=1\dfrac{1}{15}+1\dfrac{2}{5}=1\dfrac{1}{15}+1\dfrac{6}{15}=2\dfrac{7}{15}=2\dfrac{28}{60}$ (시간)

따라서 선아가 공부와 운동을 한 시간은 모두 2시간 28분입니다.

12 ㉠$+\dfrac{1}{6}=\dfrac{7}{10}$이므로

㉠$=\dfrac{7}{10}-\dfrac{1}{6}=\dfrac{21}{30}-\dfrac{5}{30}=\dfrac{16}{30}=\dfrac{8}{15}$입니다.

13 다정이가 만든 진분수는 $\dfrac{1}{4}$이고, 은지가 만든 진분수는 $\dfrac{3}{5}$입니다.

➡ $\dfrac{3}{5}-\dfrac{1}{4}=\dfrac{12}{20}-\dfrac{5}{20}=\dfrac{7}{20}$

채점 기준	
상	풀이 과정을 완성하여 만든 두 진분수의 차는 얼마인지 구한 경우
중	풀이 과정을 완성했지만 일부가 틀린 경우
하	답만 쓴 경우

14 $\dfrac{5}{9} \heartsuit \dfrac{7}{12} = \dfrac{7}{12} - \dfrac{5}{9} + \dfrac{7}{12} = \dfrac{21}{36} - \dfrac{20}{36} + \dfrac{21}{36}$

$= \dfrac{1}{36} + \dfrac{21}{36} = \dfrac{22}{36} = \dfrac{11}{18}$

15 $\left(\dfrac{3}{4}, \dfrac{1}{10}, \dfrac{2}{5} \right) \Rightarrow \left(\dfrac{15}{20}, \dfrac{2}{20}, \dfrac{8}{20} \right)$이므로

$\dfrac{3}{4} > \dfrac{2}{5} > \dfrac{1}{10}$입니다.

$\dfrac{3}{4} - \dfrac{1}{10} - \dfrac{2}{5} = \dfrac{15}{20} - \dfrac{2}{20} - \dfrac{8}{20}$

$= \dfrac{13}{20} - \dfrac{8}{20} = \dfrac{5}{20} = \dfrac{1}{4}$

16 · $6\dfrac{9}{14} - 3\dfrac{1}{6} = 6\dfrac{27}{42} - 3\dfrac{7}{42} = 3\dfrac{20}{42} = 3\dfrac{10}{21}$

· $3\dfrac{10}{21} - 1\dfrac{6}{7} = 2\dfrac{31}{21} - 1\dfrac{18}{21} = 1\dfrac{13}{21}$

17 ㉠ $4\dfrac{1}{3} - 1\dfrac{5}{9} = 4\dfrac{3}{9} - 1\dfrac{5}{9} = 2\dfrac{7}{9}\left(= 2\dfrac{14}{18} \right)$

㉡ $\dfrac{2}{9} + 2\dfrac{13}{18} = \dfrac{4}{18} + 2\dfrac{13}{18} = 2\dfrac{17}{18}$

따라서 계산 결과가 더 작은 것은 ㉠입니다.

채점 기준	
상	풀이 과정을 완성하여 계산 결과가 더 작은 것의 기호를 쓴 경우
중	풀이 과정을 완성했지만 일부가 틀린 경우
하	답만 쓴 경우

18 $2\dfrac{1}{6} = 2\dfrac{3}{18}$이므로 세 수의 크기를 비교하면

$5\dfrac{7}{12} > 2\dfrac{11}{18} > 2\dfrac{1}{6}$입니다.

➡ $5\dfrac{7}{12} - 2\dfrac{1}{6} = 5\dfrac{7}{12} - 2\dfrac{2}{12} = 3\dfrac{5}{12}$

19 $7\dfrac{9}{16} - 2\dfrac{11}{20} = 7\dfrac{45}{80} - 2\dfrac{44}{80} = 5\dfrac{1}{80}$

따라서 $5\dfrac{1}{80} < \square$이므로 $\square$ 안에 들어갈 수 있는 자연수 중에서 가장 작은 수는 6입니다.

20 (색 테이프 2장의 길이의 합)

$= 2\dfrac{5}{6} + 2\dfrac{1}{3} = 2\dfrac{5}{6} + 2\dfrac{2}{6} = 4\dfrac{7}{6} = 5\dfrac{1}{6}$ (m)

➡ (이어 붙인 색 테이프의 전체 길이)

$= 5\dfrac{1}{6} - 1\dfrac{4}{9} = 5\dfrac{3}{18} - 1\dfrac{8}{18}$

$= 4\dfrac{21}{18} - 1\dfrac{8}{18} = 3\dfrac{13}{18}$ (m)

6 다각형의 둘레와 넓이

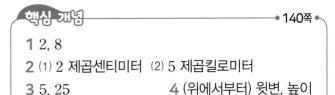

핵심 개념 ●140쪽●

1 2, 8

2 (1) 2 제곱센티미터 (2) 5 제곱킬로미터

3 5, 25

4 (위에서부터) 윗변, 높이

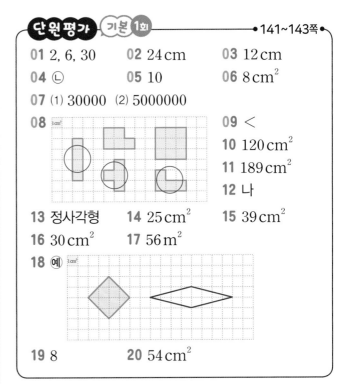

단원평가 기본 1회 ●141~143쪽●

01 2, 6, 30 **02** 24 cm **03** 12 cm

04 ㉡ **05** 10 **06** 8 cm²

07 (1) 30000 (2) 5000000

08

09 <

10 120 cm²

11 189 cm²

12 나

13 정사각형 **14** 25 cm² **15** 39 cm²

16 30 cm² **17** 56 m²

18 예

19 8 **20** 54 cm²

03 (마름모의 둘레) $= 3 \times 4 = 12$ (cm)

04 ㉠ (정육각형의 둘레) $= 6 \times 6 = 36$ (cm)

㉡ (정십각형의 둘레) $= 4 \times 10 = 40$ (cm)

따라서 $36 < 40$이므로 둘레가 더 긴 것은 ㉡입니다.

05 ❶ (정오각형의 둘레) $= 8 \times 5 = 40$ (cm)

❷ 정사각형의 둘레도 40 cm이므로

$\square \times 4 = 40$, $\square = 10$입니다.

채점 기준	
상	풀이 과정을 완성하여 $\square$ 안에 알맞은 수를 구한 경우
중	풀이 과정을 완성했지만 일부가 틀린 경우
하	답만 쓴 경우

08 1 cm²가 4개인 도형을 모두 찾습니다.

09 80000 cm² $= 8$ m² ➡ 80000 cm² < 10 m²

10 (직사각형의 넓이) $= 15 \times 8 = 120$ (cm²)

11 (평행사변형의 넓이)$=9\times21=189\,(\text{cm}^2)$

13 (정사각형의 넓이)$=4\times4=\boxed{16}\,(\text{cm}^2)$
(평행사변형의 넓이)$=5\times3=15\,(\text{cm}^2)$

14 ❶ (정사각형의 한 변)$=20\div4=5\,(\text{cm})$
❷ (정사각형의 넓이)$=5\times5=25\,(\text{cm}^2)$

채점 기준	
상	풀이 과정을 완성하여 정사각형의 넓이는 몇 cm^2인지 구한 경우
중	풀이 과정을 완성했지만 일부가 틀린 경우
하	답만 쓴 경우

17 $800\,\text{cm}=8\,\text{m}$이므로
(마름모의 넓이)$=8\times14\div2=56\,(\text{m}^2)$입니다.

18 주어진 마름모의 넓이는 $4\times4\div2=8\,(\text{cm}^2)$이므로 한 대각선과 다른 대각선을 곱한 값이 16이 되는 마름모를 그립니다.

19 $15\times\square\div2=60,\ 15\times\square=120,\ \square=8$

20 ❶ (만든 평행사변형의 넓이)$=12\times9=108\,(\text{cm}^2)$
❷ 사다리꼴 1개의 넓이는 평행사변형의 넓이의 반입니다.
(사다리꼴 1개의 넓이)$=108\div2=54\,(\text{cm}^2)$

채점 기준	
상	풀이 과정을 완성하여 사다리꼴 1개의 넓이는 몇 cm^2인지 구한 경우
중	풀이 과정을 완성했지만 일부가 틀린 경우
하	답만 쓴 경우

단원평가 기본 2회 ●144~146쪽●

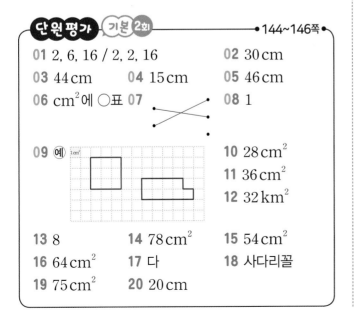

01 2, 6, 16 / 2, 2, 16
02 30 cm
03 44 cm
04 15 cm
05 46 cm
06 cm^2에 ○표
07
08 1
09 예)
10 28 cm^2
11 36 cm^2
12 32 km^2
13 8
14 78 cm^2
15 54 cm^2
16 64 cm^2
17 다
18 사다리꼴
19 75 cm^2
20 20 cm

02 (정육각형의 둘레)$=5\times6=30\,(\text{cm})$

03 (액자의 둘레)$=11\times4=44\,(\text{cm})$

04 (장식품의 한 변)$=$(장식품의 둘레)$\div4$
$=60\div4=15\,(\text{cm})$

05 ❶ (직사각형 가의 둘레)$=(4+7)\times2=22\,(\text{cm})$
(마름모 나의 둘레)$=6\times4=24\,(\text{cm})$
❷ (둘레의 합)$=22+24=46\,(\text{cm})$

채점 기준	
상	풀이 과정을 완성하여 두 도형의 둘레의 합은 몇 cm 인지 구한 경우
중	풀이 과정을 완성했지만 일부가 틀린 경우
하	답만 쓴 경우

08 • 도형 가는 $1\,\text{cm}^2$가 15개이므로 넓이는 $15\,\text{cm}^2$입니다.
• 도형 나는 $1\,\text{cm}^2$가 16개이므로 넓이는 $16\,\text{cm}^2$입니다.
따라서 도형 나는 도형 가보다 $16-15=1\,(\text{cm}^2)$ 더 넓습니다.

09 넓이가 $9\,\text{cm}^2$인 도형이므로 $\boxed{1\,\text{cm}^2}$가 9개이고 모양이 서로 다른 도형을 2개 그립니다.

10 (평행사변형의 넓이)$=7\times4=28\,(\text{cm}^2)$

11 (한 변이 6 cm인 정사각형의 넓이)
$=6\times6=36\,(\text{cm}^2)$

12 $4000\,\text{m}=4\,\text{km}$이므로
(직사각형의 넓이)$=8\times4=32\,(\text{km}^2)$입니다.

13 평행사변형의 넓이가 $120\,\text{cm}^2$이므로
$15\times\square=120,\ \square=8$입니다.

14 ❶ 직사각형의 세로를 $\square\,\text{cm}$라 하면
(직사각형의 둘레)$=(13+\square)\times2=38\,(\text{cm})$이므로 $13+\square=19,\ \square=6$입니다.
❷ (직사각형의 넓이)$=13\times6=78\,(\text{cm}^2)$

채점 기준	
상	풀이 과정을 완성하여 직사각형의 넓이는 몇 cm^2인지 구한 경우
중	풀이 과정을 완성했지만 일부가 틀린 경우
하	답만 쓴 경우

15 (마름모의 넓이)$=12\times9\div2=54\,(\text{cm}^2)$

16 (사다리꼴의 넓이)$=(10+6)\times8\div2=64\,(\text{cm}^2)$

18 ❶ (사다리꼴의 넓이)$=(5+7)×7÷2=42\,(cm^2)$
　　　(직사각형의 넓이)$=9×4=36\,(cm^2)$
　　❷ $42>36$이므로 넓이가 더 넓은 도형은 사다리꼴입니다.

채점 기준	
상	풀이 과정을 완성하여 넓이가 더 넓은 도형의 이름을 쓴 경우
중	풀이 과정을 완성했지만 일부가 틀린 경우
하	답만 쓴 경우

19 (색칠한 부분의 넓이)
　　$=$(직사각형의 넓이)$-$(마름모의 넓이)
　　$=15×10-15×10÷2=150-75=75\,(cm^2)$

20 (삼각형의 넓이)$=$(밑변)$×$(높이)$÷2$이므로 높이를 $\square\,cm$라 하면
　　$8×\square÷2=80,\ 8×\square=160,\ \square=20$입니다.
　　따라서 밑변이 $8\,cm$일 때 높이는 $20\,cm$입니다.

단원평가 (실전)
• 147~149쪽 •

01 46 cm	**02** 9 cm	**03** ㉠
04 3 cm	**05** 60 cm	**06** ㉡
07 동주	**08** ㉢	**09** ㉠
10 36, 81	**11** 30 m^2	**12** 100 cm^2
13 8 cm	**14** 35 cm^2	**15** 72 cm^2
16 14 cm^2	**17** 189 cm^2	**18** 16 cm
19 81 cm^2	**20** 11	

03 ㉠ (직사각형의 둘레)$=(11+5)×2=$ 32 (cm)
　　㉡ (정오각형의 둘레)$=7×5=35\,(cm)$

04 (정사각형 가의 둘레)$=6×4=24\,(cm)$
　　직사각형 나의 둘레도 $24\,cm$이므로 직사각형 나의 세로를 $\square\,cm$라 하면
　　$(9+\square)×2=24,\ 9+\square=12,\ \square=3$입니다.

채점 기준	
상	풀이 과정을 완성하여 직사각형 나의 세로는 몇 cm 인지 구한 경우
중	풀이 과정을 완성했지만 일부가 틀린 경우
하	답만 쓴 경우

05 정사각형의 한 변은 $20÷4=5\,(cm)$이고, 이어 붙여 만든 도형의 둘레는 정사각형의 한 변의 12배입니다.
　　(이어 붙여 만든 도형의 둘레)$=5×12=60\,(cm)$

08 ㉠ 도형 가의 넓이는 $8\,cm^2$입니다.
　　㉡ 다$(12\,cm^2)>$나$(9\,cm^2)>$가$(8\,cm^2)$
　　㉢ (다의 넓이)$-$(가의 넓이)$=12-8=4\,(cm^2)$

09 m^2 단위로 나타내어 넓이를 비교해 봅니다.
　　㉡ $2\,km^2=2000000\,m^2$
　　㉢ $90000\,cm^2=9\,m^2$
　　따라서 $6000000\,m^2>2000000\,m^2>9\,m^2$이므로 가장 넓은 넓이는 ㉠입니다.

채점 기준	
상	풀이 과정을 완성하여 가장 넓은 넓이를 찾아 기호를 쓴 경우
중	풀이 과정을 완성했지만 일부가 틀린 경우
하	답만 쓴 경우

11 $500\,cm=5\,m,\ 600\,cm=6\,m$입니다.
　　따라서 꽃밭의 넓이는 $5×6=30\,(m^2)$입니다.

12 (정사각형의 한 변)$=$(평행사변형의 높이)$=10\,cm$
　　➡ (평행사변형의 넓이)$=$(정사각형의 넓이)
　　　　　　　　　　　　　$=10×10=100\,(cm^2)$

14 평행사변형의 밑변을 $\square\,cm$라 하면
　　$(11+\square)×2=32,\ 11+\square=16,\ \square=5$입니다.
　　높이가 $7\,cm$이므로
　　(평행사변형의 넓이)$=5×7=35\,(cm^2)$입니다.

17 (색칠한 도형의 넓이)$=18×11÷2+18×10÷2$
　　　　　　　　　　　　$=99+90=189\,(cm^2)$

채점 기준	
상	풀이 과정을 완성하여 색칠한 도형의 넓이는 몇 cm^2 인지 구한 경우
중	풀이 과정을 완성했지만 일부가 틀린 경우
하	답만 쓴 경우

18 아랫변을 $\square\,cm$라 하면 $(8+\square)×5÷2=60,$
　　$(8+\square)×5=120,\ 8+\square=24,\ \square=16$입니다.

19 (다각형의 넓이)
　　$=$(삼각형의 넓이)$+$(사다리꼴의 넓이)
　　$=12×4÷2+(12+7)×6÷2$
　　$=24+57=81\,(cm^2)$

20 (삼각형 나의 넓이)$=6×10÷2=30\,(cm^2)$
　　(사다리꼴 가의 넓이)$=30×3=90\,(cm^2)$
　　$(\square+7)×10÷2=90,\ (\square+7)×10=180,$
　　$(\square+7)=18,\ \square=11$

1 국토와 우리 생활

1 우리 국토의 위치와 영역

핵심 자료 ●153쪽●

1-1 아시아 대륙   1-2 ◯   1-3 일본
2-1 영토   2-2 12   2-3 영공
3-1 행정 구역   3-2 세종특별자치시
3-3 ◯

확인 평가 ●154~155쪽●

01 국토   02 ㉠ 러시아, ㉡ 몽골, ㉢ 중국, ㉣ 일본
03 ⑤   04 (1) ㉠ (2) ㉢ (3) ㉡   05 ㉠
06 예 국토는 우리가 살아온 삶의 터전이고 앞으로도 살아갈 터전이기 때문입니다.
07 휴전선   08 ⑤   09 경기 지방
10 예 나라를 효율적으로 관리하기 위해서입니다.
11 ①

01 국토는 우리가 생활하는 공간으로, 국토가 없으면 국가는 존재할 수 없습니다.

02 우리나라 주변에는 러시아, 몽골, 중국, 일본 등이 있습니다.

03 우리나라는 삼면이 바다로 둘러싸인 반도 국가이므로 대륙과 해양으로 나아가기 좋은 위치에 있습니다.

04 영역은 한 나라의 주권이 미치는 범위를 말하며, 영토(땅), 영해(바다), 영공(하늘)으로 이루어져 있습니다.

05 ㉡ 섬이 많은 서해안과 남해안은 가장 바깥에 위치한 섬들을 직선으로 연결한 선을 기준으로, ㉢ 동해안, 울릉도, 독도, 제주도는 썰물일 때의 해안선을 기준으로 영해를 정합니다.

06 국토는 우리가 살아가는 터전으로, 사랑하고 아껴서 후손에게 물려주어야 합니다.

채점 기준	
상	현재와 미래의 삶의 터전이기 때문이라고 쓴 경우
중	우리가 살아가는 곳이기 때문이라고만 쓴 경우

07 북부 지방과 중부 지방은 휴전선을 기준으로 구분합니다.

08 제시된 지도는 산맥, 고개, 하천, 바다 등의 자연환경을 기준으로 구분한 우리나라의 전통적인 지역 구분을 나타낸 것입니다.

09 경기 지방은 왕이 사는 도읍(한양)과 그 주변의 땅을 뜻합니다.

10 나라를 효율적으로 관리하기 위해 행정 기관별로 범위를 나눈 지역을 행정 구역이라고 합니다.

채점 기준	
상	나라를 효율적으로 관리하기 위해서라고 쓴 경우
중	관리를 위해서라고만 쓴 경우

11 ① 우리나라는 북한 지역을 제외하면 광역시 6곳, 도 6곳이 있습니다.

2 우리 국토의 자연환경

핵심 자료 ●157쪽●

1-1 갯벌   1-2 남해안
2-1 북쪽   2-2 남쪽   2-3 해안 지역
3-1 파란색   3-2 ◯   3-3 서울

확인 평가 ●158~159쪽●

01 지형   02 ㉠   03 예 댐을 건설합니다.
공원이나 산책로 등 휴식 공간을 만듭니다.
04 ⑤   05 남해안   06 ㉠, ㉡, ㉢
07 ④   08 수연   09 ⑤
10 (1) ㉢ (2) ㉣   11 예 떨어지는 물건에 주의합니다. 책상 아래로 들어가 몸을 보호합니다. 운동장이나 공원 등 넓은 공간으로 대피합니다.

01 우리나라에는 땅이 높고 경사진 산지, 땅이 낮고 평평한 평야, 물이 모여 흐르는 하천, 바다와 육지가 맞닿은 해안 등 다양한 지형이 나타납니다.

02 ㉠ 우리 국토는 약 70%가 산지입니다.

03 사람들은 자신이 사는 지역의 지형에 적응하며 살아가거나 편리한 생활을 위해 지형을 이용하기도 합니다.

채점 기준	
상	댐 건설, 휴식 공간 제공 중 한 가지를 알맞게 쓴 경우
중	하천의 물과 지형을 이용한다고만 쓴 경우

04 ⑤ 동해안의 해안선은 비교적 단조롭고, 서해안의 해안선은 복잡합니다.

05 남해안은 물이 깨끗하고 파도가 잔잔해 김, 미역, 굴, 전복 등을 기르는 양식업이 발달하였습니다.

06 ㉣ 우리나라는 중위도에 해당하는 북위 33°~43°에 위치하기 때문에 사람들이 살기 좋은 기후가 나타납니다.

07 ① 여름과 겨울의 기온 차이가 큽니다. ② 남쪽으로 갈수록 기온이 높아집니다. ③ 동해안이 서해안보다 겨울 기온이 높습니다. ⑤ 겨울에 내륙 지역보다 해안 지역의 기온이 더 높습니다.

08 민재 - 지역별로 강수량 차이가 큽니다. 혜린 - 제주도와 남해안 지역은 강수량이 많습니다.

09 터돋움집은 비가 많이 내리는 지역에서 집이 물에 잠기는 것을 막기 위해 집터를 높게 올린 후 지은 집입니다.

10 자연재해는 자연 현상이 사람들의 생명과 재산에 피해를 주는 것을 말합니다.

11 자연재해에 맞는 행동 요령과 안전 수칙을 알고 실천해야 합니다.

채점 기준	
상	예시 답안과 같이 행동 요령을 구체적으로 쓴 경우
중	'대피한다, 주의한다.' 등과 같이 일반적인 내용을 쓴 경우

❸ 우리 국토의 인문환경

핵심 자료 ●━━━━━161쪽●

1-1 인구	1-2 ×	1-3 높습니다
2-1 서울(특별시)		2-2 늘어났습니다
2-3 ○		
3-1 지식 정보 산업		3-2 관광 산업

확인 평가 ●━━━━━162~163쪽●

01 ㉠ 농경, ㉡ 산지　02 ③
03 ㉠ 유소년층, ㉡ 노년층　04 도시
05 예 대도시에 인구가 집중하면서 생긴 여러 가지 문제를 해결하기 위해서입니다.　06 ③
07 ④　08 ③　09 ㉠, ㉡　10 ⑤

01 1960년대 이전까지 우리나라는 농경 위주의 사회였기 때문에 농사지을 땅이 넓은 남서쪽 평야 지역의 인구 밀도가 높았고, 상대적으로 북동쪽 산지 지역의 인구 밀도가 낮았습니다.

02 제시된 지도에서 수도권과 남동쪽 해안 지역의 인구 밀도가 높으므로 2020년 우리나라의 인구 분포를 나타낸 지도입니다.

03 2020년 그래프를 보면 유소년층 인구 비율이 낮아지고 노년층 인구 비율이 높아지는 저출산·고령 사회의 특징이 나타납니다.

04 1960년대 이후 산업이 발달하면서 도시의 인구가 크게 늘어나고, 도시의 수가 많아졌습니다.

05 대도시에 인구와 여러 기능이 집중하면서 주택 부족, 교통 혼잡, 환경 오염 등의 문제가 나타나자, 이를 해결하기 위해 신도시를 건설하였습니다.

채점 기준	
상	대도시의 인구 집중으로 인한 문제를 해결하기 위해서라고 쓴 경우
중	인구를 분산시키기 위해서라고만 쓴 경우

06 1960년대에는 신발 산업, 1970~1980년대에는 중화학 산업, 1990년대에는 반도체 산업, 2000년대 이후에는 관광 산업이 주로 발달했습니다.

07 강원특별자치도 삼척시에는 석회석이 많이 매장되어 있어 이를 이용한 시멘트 산업이 발달하였습니다.

08 경부 고속 국도를 시작으로 여러 고속 국도가 만들어지면서 전 국토가 일일생활권 안에 들게 되었습니다.

09 ㉢ 항구의 수가 많으므로 산업에 필요한 원료를 공급받고 제품을 수출하기 쉬울 것입니다.

10 ⑤ 산업이 성장할수록 일자리와 생활의 편리를 찾아 더 많은 인구가 도시로 이동합니다.

01 ⑤　　**02** 예 우리나라는 북위 33°에서 43° 사이에 위치하고, 동경 124°에서 132° 사이에 위치합니다.
03 ㉠, ㉡　　**04** ②　　**05** ⑤
06 ㉠ 호서, ㉡ 호남　　**07** 수연, 민재
08 ⑴ 동쪽 ⑵ 예 산지가 동쪽에 많아 동쪽이 높고 서쪽이 낮습니다.　　**09** ②　　**10** 서해안
11 ⑴ 강릉 ⑵ 예 강릉은 차가운 북서풍을 막아 주는 태백산맥과 수심이 깊어 온도 변화가 작은 동해의 영향을 받기 때문입니다.　　**12** ③, ④
13 ②　　**14** ①　　**15** 예 우리나라는 1960년대 이전까지 농경 위주의 사회였기 때문에 농사지을 땅이 넓은 남서쪽 평야 지역의 인구 밀도가 높았습니다.　　**16** ㉠ ○　　**17** 신도시　　**18** ①
19 ②　　**20** 인문환경

01 ⑤ 우리나라는 대륙과 해양으로 나아가기 좋은 위치에 있습니다.

02 위도와 경도를 이용하면 위치를 숫자로 표현할 수 있습니다.

채점 기준	
상	위도와 경도를 이용하여 위치를 정확하게 쓴 경우
중	위도와 경도 중 한 가지만 정확하게 쓴 경우

03 ㉡ 한 나라의 영역에는 다른 나라의 비행기나 배가 함부로 들어올 수 없습니다.

04 ② 우리 국토를 사랑하고 지키는 것과 해외여행을 자주 가는 것은 관련이 없습니다.

05 남북으로 긴 우리나라는 큰 산맥과 하천을 중심으로 북부, 중부, 남부 지방으로 구분할 수 있습니다.

06 전통적으로 우리나라는 관서, 관북, 관동, 해서, 경기, 호서, 호남, 영남 지방으로 구분됩니다.

07 혜린 - 특별시, 특별자치시, 광역시에는 시청이 있고, 도와 특별자치도에는 도청이 있습니다.

08 우리나라의 지형은 동쪽이 서쪽보다 높습니다.

채점 기준	
상	⑴에 동쪽을 쓰고, ⑵에 동쪽이 높고 서쪽이 낮다고 쓴 경우
하	⑴에 동쪽만 쓴 경우

09 평야에서는 농업과 도시가 발달합니다.

10 서해안은 밀물과 썰물의 차이가 커서 갯벌이 발달하였습니다.

11 강릉은 태백산맥과 동해의 영향으로 1월 평균 기온이 높은 편입니다.

채점 기준	
상	⑴에 강릉을 쓰고, ⑵에 태백산맥과 동해의 영향을 모두 쓴 경우
중	⑴에 강릉을 쓰고, ⑵에 태백산맥과 동해의 영향 중 한 가지의 영향만 쓴 경우
하	⑴에 강릉만 쓴 경우

12 ① 겨울에는 온돌로 난방을 하여 추위를 피하였습니다. ②는 겨울에 나타나는 생활 모습입니다. ⑤는 기온이 낮은 북쪽 지역에서 먹는 김치의 특징입니다.

13 우리나라는 여름에 강수량이 많고 겨울에 강수량이 적습니다.

14 ① 홍수가 일어난 경우에는 경사진 곳이나 산사태가 일어날 수 있는 곳은 피하고, 높은 곳으로 빨리 대피해야 합니다.

15 1960년대 이전까지 우리나라는 남서쪽 평야 지역의 인구 밀도가 높았고, 상대적으로 북동쪽 산지 지역의 인구 밀도가 낮았습니다.

채점 기준	
상	남서쪽 평야 지역에 농사지을 땅이 넓었기 때문이라고 쓴 경우
중	농사를 짓기 위해서라고만 쓴 경우

16 ㉠은 2020년, ㉡은 1960년 인구 피라미드입니다. 과거에는 유소년층 인구 비율이 높았고, 최근에는 노년층 인구 비율이 높습니다.

17 서울 등 대도시에서 발생하는 도시 문제를 해결하기 위해 신도시를 건설하였습니다.

18 ① 우리나라는 자연환경과 인문환경의 차이에 따라 지역별로 각각 다른 산업이 발달하였습니다.

19 ② 이용할 수 있는 교통수단과 교통 시설이 다양합니다.

20 인문환경은 인간이 자연을 토대로 만들어 낸 환경입니다.

01 ㉡   02 예 대륙과 해양으로 나아가기 좋은
위치에 있다.   03 ②   04 ㉠, ㉡
05 ①   06 ㉠, ㉡   07 ①   08 ④
09 예 지하자원과 삼림 자원 등을 얻습니다. 스키장
이나 휴양 시설을 만듭니다.   10 중위도
11 ㉡, ㉢   12 ②   13 ④
14 예 홍수가 발생하면 경사진 곳이나 산사태가 일
어날 수 있는 곳은 피하고, 높은 곳으로 빨리 대피합
니다.   15 남서쪽, 대도시   16 ④
17 ㉠ → ㉢ → ㉡   18 ②
19 예 교통망이 촘촘해졌습니다. 고속 철도가 새로
생겼습니다. 고속 국도, 항구, 공항이 늘어났습니다.
20 ㉠

01 ㉠ 태평양의 서쪽에 있습니다. ㉢, ㉣ 적도의 위쪽,
본초 자오선의 오른쪽에 있습니다.

02 우리나라는 대륙과 해양으로 나아가기 좋은 반도
국가의 이점을 살려 세계 중심 국가로 성장하고 있
습니다.

채점 기준	
상	대륙과 해양으로 나아가기 좋다고 쓴 경우
중	세계 여러 나라와 교류하기 좋다고만 쓴 경우

03 ② 영공은 영토와 영해 위에 있는 하늘의 범위를 뜻
합니다.

04 ㉢은 일정한 나이가 되어 훈련을 받은 공군이 할 수
있는 일입니다.

05 ① 영남 지방은 조령(문경 새재)의 남쪽 지방을 뜻
합니다.

06 행정 구역은 나라를 효율적으로 관리하려고 나눈
지역입니다. ㉢ 광역시와 도는 모두 6곳입니다.

07 산들이 모여 이룬 지형을 산지, 땅의 모양을 따라
흐르는 물줄기를 하천, 바다와 맞닿은 육지 부분을
해안이라고 합니다.

08 ④ 우리나라는 동쪽이 높고 서쪽이 낮은 지형적 특
징 때문에 큰 하천은 대부분 동쪽에서 서쪽으로 흐
릅니다.

09 사람들은 산지의 자원을 이용하거나 산지에 다양한
시설물을 만들어 여가 생활을 즐기기도 합니다.

채점 기준	
상	예시 답안의 내용 중 한 가지를 알맞게 쓴 경우
중	산의 자원을 이용하거나 시설을 만든다고만 쓴 경우

10 중위도는 남·북위 30°~60° 사이를 뜻하며, 우리나라
는 중위도에 해당하는 북위 33°~43°에 위치합니다.

11 (가)는 겨울에 북서쪽에서 불어오는 차갑고 건조한
바람이고, (나)는 여름에 남쪽에서 불어오는 덥고
습한 바람입니다.

12 ② 서울보다 강릉의 1월 평균 기온이 더 높습니다.
차가운 북서풍을 막아 주는 태백산맥과 수심이 깊
은 동해의 영향을 받기 때문입니다.

13 울릉도는 겨울철 강수량이 많아 우데기를 설치하여
눈이 집안으로 들어오는 것을 막습니다.

14 제시된 그림은 홍수가 발생한 모습입니다. 각각의
자연재해에 맞는 행동 요령과 안전 수칙을 알고 실
천해야 합니다.

채점 기준	
상	경사진 곳이나 산사태 위험 지역은 피하고 높은 곳으로 대피한다고 쓴 경우
중	안전한 곳으로 대피한다고만 쓴 경우

15 1960년대 이후 우리나라는 도시를 중심으로 산업이
발달하면서 많은 사람이 일자리를 찾아 도시로 모
여들었습니다.

16 오늘날 우리나라는 유소년층 인구 비율이 낮아지
고, 노년층 인구 비율이 높아지는 저출산·고령 사회
의 모습이 나타납니다.

17 ㉠은 1960년대 ㉡은 1980년대 이후, ㉢은 1970년
대의 도시 발달 모습입니다.

18 부산광역시에는 상품의 운반과 보관이 편리한 항구
가 발달해 물류 산업이 발달하였습니다.

19 1980년에 비해 2019년에는 교통 시설이 많아졌고,
고속 철도가 생겼습니다.

채점 기준	
상	교통의 발달로 달라진 국토의 모습을 두 가지 이상 쓴 경우
중	교통의 발달로 달라진 국토의 모습을 한 가지만 쓴 경우

20 ㉠ 우리나라는 인구가 많은 지역을 중심으로 교통
이 발달하였습니다.

2 인권 존중과 정의로운 사회

1 인권을 존중하는 삶

핵심 자료 ━━━━━━━━━━━━●173쪽●

1-1 세계 인권 선언   1-2 똑같은

2-1 인권   2-2 ✕

3-1 인권   3-2 ◯   3-3 점자 블록

확인 평가 ━━━━━━━━━━━●174~175쪽●

01 인권   02 ㉡, ㉢   03 세계 인권 선언

04 명수   05 (1) 마틴 루서 킹 (2) 방정환

06 ①   07 ㉖ 인권을 보장하기 위해서입니다.

08 ②   09 (1) ㉠ (2) ㉡   10 ①

11 ㉖ 인권 일기를 씁니다. 인권을 존중하는 말을 사용합니다. 인권 보호 캠페인 활동을 합니다.

01 사람이라면 누구나 누릴 수 있는 권리를 '인권'이라고 합니다.

02 인권은 누구에게나 차별 없이 평등하게 보장됩니다. ㉠ 인권은 성인이 되면 주어지는 것이 아니라, 태어나는 순간부터 주어지는 권리입니다.

03 세계 인권 선언은 인권에 대한 내용이 담긴 30개의 조항으로 구성되어 있습니다. 1948년 세계 인권 선언이 발표되어 누구도 다른 사람의 인권을 침해할 수 없다는 사실을 세계에 널리 알렸습니다.

04 허균은 『홍길동전』에서 신분에 따라 차별하는 당시 제도를 비판하였습니다.

05 테레사는 가난하고 아픈 사람들을 돌보며 평생을 헌신하였고, 전태일은 노동자들이 안전하게 일할 권리를 주장하였습니다.

06 인권에 대한 내용이 담겨 있는 조선 시대 최고의 법전은 『경국대전』입니다.

07 신문고, 활인서, 삼복 제도 등 옛날에도 인권 보장을 위한 제도가 있었습니다.

채점 기준	
상	인권을 보장하기 위해서라고 쓴 경우
중	사람들이 억울한 일을 당하지 않게 하기 위해서라고 쓴 경우

08 제시된 그림은 다문화 가정의 친구가 차별을 받는 모습입니다. 다문화 가정 친구의 인권 침해를 해결하기 위해 학교에서 다문화 이해 교육을 할 수 있습니다.

09 인권 보장을 위해 학교, 국가, 시민 단체 등에서 다양한 노력을 하고 있습니다.

10 모든 국민이 안전하고 편리하게 공공 서비스를 이용할 수 있도록 편의 시설을 설치하는 주체는 국가입니다. 이 외에도 인권 보장을 위한 법 시행, 사회 보장 제도 마련 등과 같은 노력을 합니다.

11 그 외에도 인권 포스터 그리기, 인권 홍보 동영상 만들기 등을 할 수 있습니다.

채점 기준	
상	예시 답안과 같이 실천 방법 한 가지를 알맞게 쓴 경우
중	'인권을 존중하는 태도를 가진다.'와 같이 대략적으로 쓴 경우

2 인권 보장과 헌법

핵심 자료 ━━━━━━━━━━━━●177쪽●

1-1 헌법 재판소 1-2 헌법

2-1 기본권   2-2 자유   2-3 사회권

3-1 의무   3-2 교육   3-3 국방

확인 평가 ━━━━━━━━━━━●178~179쪽●

01 ⑤   02 수호   03 ㉖ 국민 투표를 해야 합니다.   04 헌법 재판소   05 ①

06 ④   07 ②   08 참정권   09 ⑤

10 ①   11 ㉖ 권리와 의무가 조화를 이루어야 합니다.

01 헌법에는 나라를 어떻게 꾸려 갈 것인지, 대한민국 국민은 어떤 권리를 보호받아야 하며 어떤 의무를 지켜야 하는지, 여러 국가 기관을 어떻게 조직할 것인지 등을 정해 놓았습니다.

02 헌법은 우리나라 법 중에 가장 상위에 있는 최고법입니다. 따라서 다른 모든 법은 헌법을 바탕으로 만들어집니다.

03 국민 투표는 국가의 중요한 일을 국민이 최종적으로 투표해 결정하는 제도입니다.

채점 기준	
상	국민 투표를 해야 한다고 쓴 경우
중	국민의 동의를 얻어야 한다고만 쓴 경우

04 헌법 재판소는 법률이 헌법에 어긋나는지, 국가 권력이 국민의 권리를 침해하는지 등을 심판하여 결정을 내립니다.

05 ①은 인터넷 실명제를 도입한 목적으로, 인터넷 실명제 위헌 결정의 근거로 알맞지 않습니다.

06 ④ 기본권은 국가의 안전 보장, 공공의 이익, 사회 질서 유지 등을 위해 필요한 경우 법률에 따라 제한될 수도 있습니다.

07 헌법 제14조에는 모든 국민은 거주·이전의 자유, 제15조에는 직업 선택의 자유가 있다고 규정하고 있습니다.

08 참정권은 국가의 의사 결정 과정에 참여할 수 있는 권리입니다.

09 국민의 의무에는 교육의 의무, 납세의 의무, 근로의 의무, 국방의 의무, 환경 보전의 의무 등이 있습니다.

10 모든 국민은 보호하는 자녀에게 적어도 초등 교육과 법률이 정하는 교육을 받게 할 의무가 있는데, 이를 교육의 의무라고 합니다.

11 우리 모두가 행복하게 살아가려면 권리와 의무를 조화롭게 행하기 위해 노력해야 합니다.

채점 기준	
상	권리와 의무가 조화를 이루어야 한다고 쓴 경우
중	권리를 위해 의무를 지켜야 한다고만 쓴 경우

❸ 법의 의미와 역할

핵심 자료 ●181쪽●

1-1 ×	1-2 「도로 교통법」	
1-3 급식	2-1 권리	2-2 법
3-1 재판	3-2 ○	3-3 판사
3-4 검사		

확인 평가 ●182~183쪽●

01 ①   **02** ④, ⑤   **03** 예 법을 어기는 행동으로, 국가로부터 제재를 받을 수 있습니다.

04 ㉢   **05** ③   **06** ③

07 (1) ㉣ (2) ㉡ (3) ㉠ (4) ㉢   **08** ①

09 ①   **10** 권리

01 법은 사회 질서를 유지하고 정의를 실현하기 위해 국가가 만든 강제성이 있는 규범입니다.

02 법이 사회의 변화에 맞지 않거나 그 내용이 인권을 침해한다고 판단되면, 바뀌거나 새로 만들어질 수 있습니다.

03 제시된 행동은 법을 어기는 것으로, 국가로부터 제재를 받을 수 있습니다.

채점 기준	
상	법을 어기는 행동으로 제재를 받는다고 쓴 경우
중	법을 어기는 행동이라고만 쓴 경우

04 운전자의 양심만으로 문제가 해설되지 않아 긴급 자동차에 길을 터주는 것을 의무로 정하는 법이 만들어졌습니다. 이렇게 양심만으로 문제가 해결되지 않을 때에는 법을 만들어 강제성을 부여하기도 합니다.

05 ㉠은 도덕에 어긋나는 행동이고, ㉡은 법을 어기는 행동입니다. 도덕에 어긋나는 행동은 처벌받지 않지만 법을 지키지 않았을 때는 국가로부터 제재를 받을 수 있습니다.

06 구매한 제품을 다른 제품으로 교환하는 모습은 「소비자 기본법」과 관련이 있습니다.

07 법은 우리 생활 곳곳에 적용되며 우리 삶에 많은 영향을 끼칩니다.

08 법은 개인의 권리를 보호하고 사회 질서를 유지하는 역할을 합니다. ① 양심에 따라 행동하는 것은 도덕과 관련이 있습니다.

09 법을 지키지 않으면 다른 사람에게 피해를 줄 수 있고, 사람들 사이에 갈등을 불러일으켜 사회 질서를 어지럽힐 수 있습니다.

10 법을 지키는 것은 다른 사람과 나의 권리를 모두 보장받는 방법입니다.

01 인권　　02 (1) 어린이날 (2) 예 어린이가 행복하게 자랄 수 있도록 어린이날을 만들었습니다.
03 ③　　04 ③　　05 ①, ②　　06 ②
07 ㉠, ㉡　　08 예 국가가 국민의 인권을 보장할 의무가 있음을 알리기 위해서입니다.　　09 ①, ②
10 ①　　11 평등권　　12 ②　　13 예 권리와 의무는 서로 긴밀하게 연결되어 있기 때문입니다.
14 ②　　15 법　　16 ①, ④　　17 ⑤
18 예 개인의 권리를 보호해 줍니다. 사회 질서를 유지해 줍니다. 19 ㉡　　20 판사

---

01 인권은 모든 사람이 인간다운 삶을 살아가기 위해 당연히 누려야 할 기본적인 권리를 말합니다.

02 방정환은 어린이와 어른 모두 존중받아야 할 존재라는 생각이 널리 퍼지는 데 큰 영향을 주었습니다.

채점 기준	
상	(1)에 어린이날을 쓰고, (2)에 어린이의 행복을 위해 어린이날을 만들었다고 쓴 경우
하	(1)에 어린이날만 쓴 경우

03 옛날에도 인권을 존중하기 위한 제도가 있었습니다. ③ 옛날에는 신분, 나이, 성별 등에 따라 차별받는 경우가 많았습니다.

04 ③ 몸이 불편한 노인을 돌보는 모습은 인권을 존중하는 모습입니다.

05 학교는 다문화 이해 교육, 학교 폭력 예방 캠페인 등 인권 교육 활동을 합니다. ③, ④, ⑤는 인권 보장을 위한 국가의 노력입니다.

06 ② 친구의 개인 정보를 허락 없이 확인하는 것은 친구의 인권을 침해하는 것입니다.

07 ㉢ 국민 투표를 통해 헌법을 고칠 수 있습니다. ㉣ 모든 국민이 존중받고 행복하게 살 수 있는 내용을 담고 있습니다.

08 헌법 제10조에는 인간의 존엄성과 행복 추구권, 인권 보장의 내용이 담겨 있습니다.

채점 기준	
상	국가의 인권 보장 의무를 알리기 위해서라고 경우
중	국가가 국민의 인권을 중요하게 생각한다고만 쓴 경우

09 동성동본 결혼 금지법은 행복 추구권과 자유롭게 혼인할 권리를 침해하여 헌법 재판소의 위헌 결정을 받았습니다.

10 ① 청구권은 기본권이 침해되었을 때 국가에 어떤 일을 해 달라고 요구할 수 있는 권리입니다.

11 모든 국민은 법 앞에 평등하며 누구든지 성별, 종교 또는 사회적 신분에 의하여 모든 영역에 있어서 차별을 받지 않습니다.

12 제시된 그림은 세금을 내는 모습으로, 이와 관련 있는 국민의 의무는 납세의 의무입니다.

13 제시된 상황에서 나개발씨의 자유권과 환경 보전의 의무가 충돌하고 있습니다.

채점 기준	
상	권리와 의무가 서로 연결되어 있기 때문이라고 쓴 경우
중	서로 다른 권리와 의무를 주장하기 때문이라고 쓴 경우

14 법은 사람들이 사회생활에서 지켜야 할 행동 기준으로서 모든 사람이 지키도록 국가가 만든 강제성이 있는 규범입니다.

15 버스를 이용할 때 버스 요금을 내지 않는 것은 법을 지키지 않는 행동으로, 국가로부터 제재를 받을 수 있습니다.

16 ②, ③, ⑤는 도덕적으로 비난받을 수 있지만 법의 제재는 받지 않습니다.

17 ⑤ 「어린이 놀이 시설 안전 관리법」은 어린이의 안전을 위해 놀이 시설을 정기적으로 관리하도록 정한 법입니다.

18 법은 개인의 권리를 보호해 주고, 사회 질서를 유지하는 역할을 합니다.

채점 기준	
상	개인의 권리 보호, 사회 질서 유지 두 가지를 모두 쓴 경우
중	개인의 권리 보호, 사회 질서 유지 중 한 가지만 쓴 경우

19 제시된 대화에서 지훈이와 나연이는 불법으로 음악을 내려받으려고 합니다. 이는 음악을 만든 사람의 권리를 존중하지 않는 것으로, 다른 사람에게 피해를 줍니다.

20 재판을 진행하고 판결을 내리는 역할을 하는 사람은 판사입니다.

01 은비　　**02** ㉎ 인권 신장을 위해 노력하였습니다.

03 ②　　**04** ③　　**05** ㉡, ㉢, ㉣

06 ②　　**07** ㉎ 법 중에서 가장 기본이 되는 법이기 때문입니다. 모든 법은 헌법을 바탕으로 만들어지기 때문입니다.　　**08** ⑤

09 헌법 재판소　　**10** (1) ㉡ (2) ㉣

11 ㉎ 국가의 안전 보장, 공공의 이익, 사회 질서 유지 등을 위해 필요한 경우입니다.　　**12** ③

13 ⑤　　**14** ㉠ 법, ㉡ 도덕　　**15** ④

16 ①　　**17** ㉣　　**18** 효정　　**19** ②, ④

20 ㉎ 법을 지키는 것이 다른 사람의 권리를 보장하고 나의 권리도 보장받는 방법이기 때문입니다.

01 은비 - 인권은 일정 기간만이 아니라 영구히 보장되는 권리입니다.

02

	채점 기준
상	인권 신장을 위해 노력하였다고 쓴 경우
중	인권과 관련된 사람이라고만 쓴 경우

03 제시된 자료를 통해 옛날에도 인권을 보장하려는 노력이 있었음을 알 수 있습니다.

04 ③ 계단을 이용하기 어려운 장애인을 위해 경사로를 설치해야 합니다.

05 ㉠ 높이가 고정된 책상은 모든 사람의 인권을 보장하기 위한 디자인을 적용한 제품이 아닙니다.

06 나의 인권이 소중한 만큼 다른 사람의 인권도 소중하다는 생각과 태도가 필요합니다. ② 피부색이 다른 친구를 차별해서는 안 됩니다.

07 헌법은 법 중에서 가장 기본이 되는 법으로, 우리나라 최고의 법입니다. 헌법을 바탕으로 다른 법을 만듭니다.

	채점 기준
상	가장 기본이 되는 법, 다른 법의 바탕이 되는 법이라고 쓴 경우
중	단순히 헌법이 중요하기 때문이라고만 쓴 경우

08 우리나라 헌법 제1조 제2항에는 '대한민국의 주권은 국민에게 있고, 모든 권력은 국민으로부터 나온다.'라고 명시하여 주권이 국민에게 있음을 밝히고 있습니다.

09 법률이 헌법에 어긋나는지, 국가 권력이 국민의 권리를 침해하는지 등을 심판하는 국가 기관은 헌법 재판소입니다.

10 ㉠은 평등권, ㉡은 참정권에 대한 내용이 담긴 헌법 조항입니다.

11 기본권은 꼭 필요한 경우에만 제한할 수 있고, 제한할 때에도 법률에 따라 제한합니다.

	채점 기준
상	국가의 안전 보장, 공공의 이익, 사회 질서 유지 중 두 가지를 쓴 경우
중	국가의 안전 보장, 공공의 이익, 사회 질서 유지 중 한 가지만 쓴 경우

12 ③ 근로의 의무는 개인과 나라의 발전을 위해 일할 의무입니다.

13 권리와 의무가 충돌할 때는 권리나 의무 중 하나만을 주장하기 보다 권리와 의무를 조화롭게 행하기 위해 노력해야 합니다.

14 국가가 만든 강제성이 있는 규범은 법이고, 자율적으로 지키는 규범은 도덕입니다.

15 ④ 음식점에서 뛰어다니는 것은 도덕에 어긋나는 행동이지만, 법의 제재를 받지는 않습니다.

16 「도로 교통법」은 도로에서 안전하게 다닐 수 있도록 만든 법입니다.

17 제시된 사진은 화재를 진압하는 구조대원의 모습입니다. 이처럼 법은 개인의 생명과 재산을 보호하는 역할을 합니다.

18 제시된 그림은 소방차 전용 구역에 주차하는 모습으로, 법을 지키지 않는 행동입니다. 법을 지키지 않으면 다른 사람에게 피해를 줄 수 있습니다.

19 법을 어긴 행동에 맞는 책임을 지게 하고, 그 사람이 정말로 죄를 지었는지 확인하기 위해 재판을 합니다.

20 법을 잘 지키면 다른 사람의 권리를 보장하고 나의 권리도 보장받을 수 있습니다.

	채점 기준
상	나와 다른 사람의 권리를 보호하기 위해서라고 쓴 경우
중	다른 사람의 권리를 침해하지 않기 위해서라고 쓴 경우
하	법을 지키지 않으면 벌을 받기 때문이라고 쓴 경우

과학

1 과학자의 탐구

01 문제 인식 후 탐구 문제를 정합니다.

02 탐구 문제는 간단한 조사만으로 결과를 알 수 있는 것은 알맞지 않습니다.

03 변인 통제가 이루어지지 않으면 실험에 영향을 끼치는 조건이 무엇인지 확인하기 어렵습니다.

04 실험 결과를 보고 가설이 옳은지, 그른지 판단합니다.

05 과학 탐구 과정: 문제 인식 및 탐구 문제 정하기 → 가설을 설정하고 실험 계획하기 → 실험하기 → 실험 결과를 정리하고 해석하기 → 결론 도출하기

06 탐구 문제를 해결하기 위해 가설을 세우고, 가설이 맞는지 실험을 통해 확인합니다.

07 실험 결과를 한눈에 알아보기 쉬운 형태로 바꾸어 정리하는 것을 자료 변환, 자료 사이의 관계나 규칙을 찾아내는 것을 자료 해석이라고 합니다.

08 한 무리에만 독성이 약한 콜레라균을 주사한 것을 제외하고 나머지 조건들은 모두 같게 해야 합니다.

채점 기준	
상	같은 양의 콜레라균을 주사한다고 쓴 경우
중	콜레라균을 주사한다고만 쓴 경우

09 독성이 약한 콜레라균을 주사했던 닭의 무리는 시간이 지나도 살아 있는 닭의 수가 변하지 않았습니다.

10 실험 결과와 자료 해석을 바탕으로 결론을 이끌어 내는 과정을 결론 도출이라고 합니다.

2 온도와 열

01 기온은 알코올 온도계를 사용해서 측정합니다.

02 알코올 온도계의 액체샘에 있는 빨간색 액체가 더 이상 움직이지 않을 때 눈금을 읽어야 합니다.

03 바위의 온도는 적외선 온도계로 측정합니다.

04 물체의 온도는 같은 장소에서 측정하더라도 물체가 놓인 위치, 측정 시각, 햇빛의 양 등에 따라 다릅니다.

05 알코올 온도계의 작은 눈금은 1 ℃ 간격입니다.

06 온도가 다른 두 물체가 접촉하면 따뜻한 물체에서 차가운 물체로 열이 이동합니다.

07 온도가 다른 두 물체가 접촉하면 온도가 높은 물체에서 온도가 낮은 물체로 열이 이동합니다.

채점 기준	
상	온도가 높은 따뜻한 물체에서 온도가 낮은 차가운 물체로 열이 이동한다고 쓴 경우
중	제시어를 언급하지 않고 온도가 높은 곳에서 온도가 낮은 곳으로 이동한다고 쓴 경우

08 갓 삶은 달걀을 얼음물에 넣으면 삶은 달걀에서 얼음물로 열이 이동합니다.

09 고체 물체가 끊겨 있으면 그 부분에서는 열이 전도되지 않습니다.

10 고체를 가열하면 가열한 부분의 온도가 먼저 높아지고, 주변의 온도가 낮은 부분으로 열이 이동합니다. 열이 고체로 된 물체를 따라 이동하면서 주변의 온도가 낮았던 부분의 온도가 높아집니다.

11 고체를 가열하면 가열한 부분의 온도가 먼저 높아지고 주변의 온도가 낮은 부분으로 고체로 된 물체를 따라 열이 이동합니다.

12 구리판에서 가열한 부분의 온도가 가장 먼저 높아지며, 열은 온도가 높은 곳에서 낮은 곳으로 이동합니다.

13 유리보다 금속에서 열이 더 빠르게 이동하고, 같은 금속이라도 철판보다 구리판에서 열이 더 빠르게 이동합니다.

14 열 변색 붙임딱지의 색깔 변화를 통해 열의 이동 방향과 빠르기를 알 수 있습니다.

채점 기준	
상	열이 빠르게 이동할수록 열 변색 붙임딱지의 색깔이 빠르게 변하기 때문이라고 쓴 경우
중	열의 이동에 따라 열 변색 붙임딱지의 색깔이 변하기 때문이라고만 쓴 경우

15 다리미에서 옷을 다리는 바닥 부분은 금속으로 만들어 열이 잘 이동하게 합니다.

16 냄비의 물 전체가 뜨거워진 것은 대류를 통해 열이 이동하는 것이고, 방한복은 두 물체 사이에서 열의 이동을 막는 단열의 예입니다.

17 뜨거운 물이 담긴 종이컵의 열로 파란색 잉크와 그 주변의 물이 가열되어 위로 올라갑니다.

18 주전자를 가열할 때 주전자 바닥에 있던 물의 온도가 가장 먼저 높아져 위로 올라가고, 위에 있던 차가운 물은 아래로 내려오면서 열이 이동합니다.

19 온도가 높아진 공기가 위로 이동하면서 뱀 그림이 움직입니다. 기체에서는 대류에 의해 열이 이동합니다.

20 단열재를 사용하면 두 물체 사이에서 열의 이동을 막을 수 있습니다.

01 ㉡   **02** ㉠ 적외선 온도계, ㉡ 알코올 온도계

03 ③   **04** 예 태우는 기체의 온도를, 민아와 재하는 액체의 온도를 측정해야 하기 때문입니다.

05 ⑤   **06** ⑤   **07** 예 열은 온도가 높은 곳에서 온도가 낮은 곳으로 이동합니다.

08 ㉡   **09** ⑤   **10** ②   **11** ①

12 ④   **13** ㉢   **14** ④   **15** ㉠ 위,

㉡ 아래, ㉢ 대류   **16** ⑤   **17** ③

18 ⑤   **19** 예 손잡이로는 열이 잘 이동하지 않아 뜨겁지 않게 하기 위해서입니다.   **20** ⑤

01 우리가 일상생활에서 주로 사용하는 온도의 단위는 ℃(섭씨도)입니다. 물체의 온도는 물체가 놓인 장소에 따라 다르게 측정될 수 있습니다.

02 ㉠은 적외선 온도계, ㉡은 알코올 온도계입니다.

03 운동장의 흙 표면이나 책상의 온도를 측정할 때는 적외선 온도계를 이용합니다.

04 알코올 온도계로 액체나 기체의 온도를 측정할 수 있습니다.

채점 기준	
상	기체와 액체의 온도를 측정하기 위해서라고 쓴 경우
중	온도를 측정하기 위해서라고만 쓴 경우

05 ㉠의 온도는 점점 높아지고 ㉡의 온도는 점점 낮아져서 8분이 지난 뒤 ㉠과 ㉡의 온도가 같아졌습니다.

06 처음 온도에 상관없이 두 물체가 접촉한 채로 시간이 지나면 두 물체의 온도는 같아집니다.

07 열이 비커에 담긴 따뜻한 물에서 음료수 캔에 담긴 차가운 물로 이동합니다.

채점 기준	
상	열은 온도가 높은 곳에서 낮은 곳으로 이동한다고 쓴 경우
중	열은 따뜻한 물에서 차가운 물로 이동한다고만 쓴 경우

08 온도가 높은 얼굴에서 온도가 낮은 물병으로 열이 이동하여, 얼굴의 온도는 낮아지고 물병의 온도는 높아집니다.

09 구리판의 열은 온도가 높은 부분에서 낮은 부분으로 이동합니다.

10 열이 이동하는 빠르기가 빠른 물질일수록 열 변색 붙임딱지의 색이 빠르게 변합니다. 따라서 ㉢에서 보다 ㉠에서 열이 더 빠르게 이동하였습니다.

11 철판을 가열하면 접촉하고 있던 고기로 열이 전도되면서 고기가 익습니다.

12 두 고체 물질이 접촉하고 있어야 열이 온도가 높은 물체에서 낮은 물체로 전도될 수 있습니다.

13 바닥 쪽의 ㉢ 부분이 가장 먼저 온도가 높아집니다.

14 주전자를 가열할 때 주전자 바닥에 있던 물의 온도가 가장 먼저 높아져 위로 올라가고, 위에 있던 차가운 물은 아래로 내려오면서 열이 이동합니다.

15 액체와 기체에서는 온도가 높아진 물질이 위로 올라가고 위에 있던 물질이 아래로 내려오면서 열이 이동하며, 이를 대류라고 합니다.

16 가열 장치를 켜면 가열 장치 주변 공기의 온도가 높아져 위로 올라가면서 뱀 그림을 밀어 뱀 그림을 움직이게 합니다.

17 가열한 프라이팬 위의 고기가 익는 것은 뜨거운 프라이팬의 열이 프라이팬에 접촉한 고기로 이동하는 것이므로 전도 때문입니다.

18 기체에서는 온도가 낮은 기체가 아래로 내려오고, 온도가 높은 기체가 위로 올라갑니다.

19 플라스틱이나 나무는 열이 잘 이동하지 않는 성질이 있습니다.

채점 기준	
상	손잡이로는 열이 잘 이동하지 않아 뜨겁지 않게 하기 위해서라고 쓴 경우
중	열이 잘 이동하지 않기 때문이라고만 쓴 경우

20 단열재로는 열의 이동이 느린 솜, 나무 등이 적합합니다. 아이스박스는 외부의 열이 내부로 이동하는 것을 막아 낮은 온도를 유지합니다.

❸ 태양계와 별

핵심 자료 ●209쪽●

1-1 목성   1-2 해왕성   2-1 해왕성
2-2 ○   3-1 카시오페이아자리, 북두칠성
3-2 5

단원평가 기본 ●210~213쪽●

01 ④   02 ㉠ 전기, ㉡ 소금   03 ㉡
04 ③   05 ①   06 ③   07 금성
08 ③   09 ⑳ 고리가 있습니다. 지구보다 크기가 큽니다. 등   10 ⑴ 수성, ⑵ 해왕성
11 ㉠   12 ㉢   13 ㉠ 행성, ㉡ 별
14 ⑳ 먼   15 ②   16 ②, ④   17 ③
18 ②   19 ③   20 ⑴ 북 ⑵ ⑳ 북극성은 항상 정확한 북쪽에서 볼 수 있기 때문입니다.

01 식물은 태양 빛을 이용해 살아가는 데 필요한 양분을 만듭니다.

02 태양 빛을 이용해 전기를 만들 수 있고, 태양 빛으로 바닷물을 증발시키면 소금을 얻을 수 있습니다.

03 태양에 의해 물이 증발해 구름이 만들어지고, 구름에서 비나 눈이 내립니다.

04 태양계에는 수성, 금성, 지구, 화성, 목성, 토성, 천왕성, 해왕성으로 구성된 여덟 개의 행성이 있습니다.

05 금성, 화성, 해왕성, 지구는 태양계 행성이지만, 달은 태양계 행성이 아닙니다.

06 수성은 달처럼 표면이 울퉁불퉁합니다.

07 금성의 상대적 크기는 0.9로, 지구와 크기가 가장 비슷합니다.

08 태양계 행성 중 지구보다 크기가 작은 행성은 수성, 화성, 금성으로 세 개입니다. 목성이 11.2로 상대적 크기가 가장 크고, 천왕성(4.0)과 해왕성(3.9)은 상대적 크기가 비슷합니다.

09 목성은 희미한 고리, 토성은 뚜렷하고 큰 고리가 있으며, 목성과 토성은 모두 지구보다 크기가 큽니다.

채점 기준	
상	고리, 크기의 공통점 두 가지를 쓴 경우
중	고리, 크기의 공통점 중 한 가지만 쓰거나 거리, 표면 등 다른 공통점을 쓴 경우

10 태양으로부터 가장 가까이 있는 행성은 수성이고, 가장 멀리 있는 행성은 해왕성입니다.

11 태양으로부터의 거리가 지구보다 가까운 행성은 수성과 금성입니다. 태양으로부터 거리가 멀어질수록 행성 사이의 거리는 대체로 더 멀어집니다.

12 (가)와 (나)를 분류한 기준은 태양에서 행성까지의 거리가 지구보다 가까운 행성과 먼 행성입니다.

13 별은 여러 날 동안 같은 시각에 거의 위치가 변하지 않지만, 행성은 별 사이에서 위치가 변합니다.

14 별이 행성보다 지구에서 훨씬 먼 거리에 있기 때문에 별은 움직이지 않는 것처럼 보입니다.

15 작은곰자리는 북쪽 밤하늘에서 볼 수 있는 대표적인 별자리로, 일 년 내내 볼 수 있습니다.

16 계절에 따라 볼 수 있는 별자리가 있고 일 년 내내 볼 수 있는 별자리가 있습니다.

17 밤하늘을 관측할 때에는 주변이 탁 트인 넓은 곳이며 충분히 어두운 곳이 알맞습니다.

18 북극성은 작은곰자리에 포함되어 있습니다.

19 카시오페이아자리 바깥쪽 두 별을 각각 잇고 연장해 만나는 점 ㉠과 별 ㉡을 연결하고, 그 간격의 5배만큼 떨어진 곳에 북극성이 있습니다.

20 북극성은 북쪽 밤하늘에서 볼 수 있습니다.

채점 기준	
상	(1)에 북을 쓰고, (2)에 북극성은 항상 북쪽에 있기 때문이거나 왼쪽이 서쪽, 오른쪽이 동쪽일 때 정면은 북쪽이라고 쓴 경우
하	(1)에 북이라고만 쓴 경우

단원평가 (실전) ●214~217쪽●

01 ③, ④ 　 02 예찬 　 03 ② 　 04 ③
05 태양 　 06 4 　 07 목성, 예 표면에 가로줄 무늬가 보입니다. 희미한 고리가 있습니다. 등
08 수성, 금성 　 09 ㉡ 　 10 예 행성 사이의 거리는 대체로 더 멀어집니다. 　 11 ①
12 ⑤ 　 13 강산 　 14 ② 　 15 ①
16 ② 　 17 북극성 　 18 북쪽 　 19 ③
20 ①과 ②를 연결하고 그 간격의 5배만큼 떨어진 곳에 ㉡이 있습니다.

01 태양은 많은 양의 빛을 내보내며, 지구에 사는 모든 생물에게 영향을 줍니다.

02 우리 생활에 이용되는 전기 에너지는 대부분 태양 에너지를 이용하여 얻은 것입니다.

03 금성은 노란색과 붉은색으로 보이며 지구와 크기가 비슷합니다.

04 목성, 토성, 천왕성, 해왕성은 단단한 표면이 없습니다.

05 태양은 태양계에서 가장 큰 천체로 태양계의 중심에 있으며, 스스로 빛을 내는 천체입니다.

06 지구보다 크기가 큰 행성은 상대적 크기가 1.0보다 큰 목성, 토성, 천왕성, 해왕성 4개가 있습니다.

07 목성은 태양계 행성 중 가장 크며, 단단한 표면이 없고, 표면에 가로줄 무늬가 보이며, 희미한 고리가 있습니다.

채점 기준	
상	목성을 쓰고, 목성의 크기, 표면의 특징, 고리 등 특징 두 가지를 쓴 경우
중	목성만 쓴 경우

08 수성과 금성은 태양으로부터의 거리가 지구보다 가깝습니다.

09 태양에서 지구보다 가까이 있는 행성은 수성과 금성으로 2개이며 지구보다 멀리 있는 행성은 화성, 목성, 토성, 천왕성, 해왕성으로 5개입니다.

10 태양에서 멀어질수록 행성 사이의 거리가 대체로 더 멀어집니다.

채점 기준	
상	행성 사이의 거리가 대체로 점점 더 멀어진다고 쓴 경우
중	행성 사이의 거리가 가까웠다가 멀어졌다라고만 쓴 경우

11 토성은 뚜렷하고 큰 고리를 가지고 있습니다.

12 행성은 별과 달리 여러 날 동안 밤하늘에서 위치가 변합니다.

13 ㉠은 별, ㉡은 행성입니다. 별은 태양 주위를 돌지 않습니다.

14 북쪽 밤하늘에서는 큰곰자리, 작은곰자리, 카시오페이아자리 등 여러 별자리를 볼 수 있습니다.

15 북쪽 하늘의 별자리는 대부분 밤하늘에서 일 년 내내 볼 수 있습니다.

16 카시오페이아자리는 더블유(W)자 또는 엠(M)자 모양을 하고 있는 별자리로, 북쪽 하늘에서 일 년 내내 관측할 수 있습니다. 북두칠성이 포함된 별자리는 큰곰자리입니다.

17 북극성은 항상 북쪽에 있으므로 방향을 확인할 도구가 없어도 북극성을 찾으면 방위를 알 수 있습니다.

18 ㉠은 북두칠성, ㉡은 북극성, ㉢은 카시오페이아자리로 북쪽 밤하늘에서 볼 수 있습니다.

19 북극성이 밤하늘에서 가장 밝은 별이 아니기 때문에 ㉠이나 ㉢ 별자리를 이용해서 찾습니다.

20 북두칠성과 카시오페이아자리는 북극성을 중심으로 이동하여 관측 시각에 따라 위치와 모양이 다르게 보입니다.

채점 기준	
상	①과 ②를 연결하고 그 간격의 5 배만큼 떨어진 곳에 있다고 쓴 경우
중	①과 ②에서 5 배만큼 떨어진 곳에 있다고만 쓴 경우

④ 용해와 용액

핵심 자료 ●219쪽●

1-1 용질의 종류   1-2 설탕
2-1 물의 온도   2-2 ×   2-3 ×
3-1 진합니다   3-2 ○   3-3 ×

단원평가 (기본)   ●220~223쪽●

01 ②   02 ③   03 ㉠ 용해, ㉡ 용액
04 ⑤   05 ②   06 103, 예 각설탕이 물에 용해되어도 없어진 것이 아니라 물속에 골고루 섞여 용액이 된 것이므로, 용해되기 전과 용해된 후의 무게는 같기 때문입니다.   07 ④   08 ③
09 50 ℃의 물   10 ①   11 ②
12 ㉠   13 ㉢   14 ⑤   15 ②, ⑤
16 ㉢, 예 용액의 진하기가 진할수록 메추리알이 높이 떠오르기 때문입니다.   17 ①   18 ㉢ → ㉡ → ㉠   19 ①   20 ㉢

01 용매와 용질이 섞이는 현상을 용해라고 하며, 용매와 용질이 골고루 섞여 있는 물질을 용액이라고 합니다.

02 용액은 오래 두어도 가라앉거나 뜨는 것이 없으며, 거름 장치로 걸러도 남는 것이 없습니다. 미숫가루 물은 오래 두면 미숫가루가 가라앉는 것이 생깁니다.

03 (가)에서 유리병을 흔들수록 소금이 물에 용해되어 용액인 소금물이 됩니다.

04 (가)에서 소금은 용질, 물은 용매입니다. (나)에서 식용 색소는 용질이며 물에 용해되어 퍼지면서 색깔이 나타납니다. (다)에서 화단 흙은 물에 녹지 않으므로 오래 두면 뜨거나 가라앉는 것이 생깁니다.

05 각설탕이 물에 용해되면 없어지는 것이 아니라 작게 변하여 물속에 골고루 섞이므로 무게가 변하지 않습니다.

06 용질이 물에 용해되면 없어지는 것이 아니라 물과 골고루 섞여 용액이 됩니다.

채점 기준	
상	103을 쓰고, 물질이 용해되기 전과 용해된 후의 무게는 같기 때문이라고 쓴 경우
하	103만 쓴 경우

07 20 ℃의 물 50 mL에 (가)는 여섯 숟가락, (나)는 일곱 숟가락, (다)는 두 숟가락이 모두 용해되었습니다.

08 온도와 양이 같은 물에 용해되는 양은 소금이 제빵 소다보다 많습니다. 제빵 소다 두 숟가락을 넣었을 때 다 용해되지 않으므로 세 숟가락을 넣었을 때에도 다 용해되지 않고 바닥에 일부가 남습니다. 물의 온도를 낮추면 소금과 제빵 소다 모두 더 적게 용해됩니다.

09 물의 온도가 높을수록 용해되는 붕산의 양은 많아집니다.

10 실험을 통해 물의 온도가 높을수록 용해되는 용질의 양이 많다는 것을 알 수 있습니다.

11 물의 양이 같을 때 물의 온도가 높을수록 소금이 많이 용해됩니다.

12 물의 온도가 높을수록 소금이 용해되는 양이 많습니다.

13 따뜻한 물에 붕산을 최대한 녹인 붕산 용액은 냉장고에 들어가면 온도가 낮아지므로 녹지 못하는 붕산 알갱이가 생겨 바닥에 가라앉게 됩니다.

14 (가)의 비커에 담긴 물은 따뜻한 물, (나)의 비커에 담긴 물은 차가운 물입니다. (나)의 비커를 얼음물에 넣으면 비커에 담긴 물의 온도가 더 낮아지므로 붕산이 더 적게 용해됩니다.

15 백설탕을 물에 녹인 용액은 무색투명하므로 색깔로

는 진하기를 비교할 수 없고, 용액의 무게를 측정하거나 물체가 뜨는 정도 등을 이용해 비교할 수 있습니다.

16 용액이 진할수록 물체가 더 높이 떠오릅니다.

채점 기준	
상	㉢을 쓰고, 용액이 진하기가 진할수록 메추리알이 높이 떠오르기 때문이라고 쓴 경우
하	㉢만 쓴 경우

17 사해는 바다보다 소금이 많이 녹아 있기 때문에 용액의 진하기가 진하므로 사해에서 몸이 잘 뜹니다.

18 색깔이 진할수록 진한 용액이고, 용액의 진하기가 진할수록 용해된 황설탕의 양이 많습니다.

19 용액의 진하기가 진할수록 용액의 색깔이 진하고, 방울토마토가 높이 떠오르며, 무게가 무겁습니다.

20 용액의 진하기가 진할수록 기구가 높이 떠오르므로 (나)가 더 진한 용액입니다. (나)에 물을 더 넣으면 용액의 진하기가 묽어져 기구가 내려갑니다.

단원평가 실전 ●224~227쪽●

01 ③ **02** ③ **03** ③ **04** 150
05 ⑤ **06** 135 **07** ㉠ 15, ㉡ 125, ㉢ 145
08 ④ **09** ① **10** 예 온도와 양이 같은 물에 용해되는 용질의 양은 용질의 종류에 따라 다릅니다. **11** 예 비커를 가열하여 물의 온도를 높여 줍니다. **12** 온도 **13** ④ **14** 예 용액의 온도가 낮아지면 용해되는 백반의 양이 줄어들기 때문입니다. **15** ③ **16** ㉢ **17** (나)
18 ① **19** ③ **20** ㉢

01 용액은 오래 두어도 뜨거나 가라앉는 것이 없고, 거름 장치로 걸러도 거름종이에 남는 것이 없습니다.

02 소금과 물이 골고루 섞여 있는 용액인 소금물이 될 때 물은 용매, 소금은 용질입니다. 소금물을 거름 장치로 걸러도 거름종이에 남는 것이 없습니다.

03 된장국은 오래 두면 뜨거나 가라앉는 것이 생기기 때문에 용액이 아닙니다.

04 각설탕이 물에 용해되기 전과 용해된 후의 무게는 같습니다.

05 각설탕이 물에 용해되면 없어지지 않고 물속에 골고루 섞여 용액이 됩니다. 각설탕이 용해되어도 물과 각설탕의 무게는 변하지 않습니다.

06 용해되기 전 용질과 용매의 무게를 합하면 용해된 후 용액의 무게와 같으므로 물의 무게는 180 g−45 g=135 g입니다.

07 ㉠은 90 g−75 g=15 g이고, ㉡은 25 g+100 g=125 g, ㉢은 185 g−40 g=145 g입니다.

08 용질이 물에 용해될 때 물속에 골고루 섞여서 용액이 되므로 용해되기 전과 후의 무게는 같습니다.

09 용질 (가)의 경우 열 숟가락을 넣었을 때에도 모두 용해되었으므로 용해되는 양이 가장 많습니다.

10 같은 온도와 양의 물이라도 용질의 종류에 따라 용해되는 용질의 양이 다릅니다.

채점 기준	
상	제시어 네 가지를 모두 언급하여 옳게 쓴 경우
중	제시어 네 가지 중 일부를 언급하지 않고 쓴 경우

11 물의 온도가 높을수록 소금이 녹는 양이 많아집니다.

채점 기준	
상	가열하여 온도를 높여 준다고 쓴 경우
중	온도 변화를 이용한다고만 쓴 경우

12 비커를 가열하면 물의 온도가 높아져 바닥에 남아 있던 제빵 소다가 용해되므로, 용해에 영향을 준 요인은 온도입니다.

13 얼음물이 담긴 수조에 백반 용액이 담긴 비커를 넣으면 물의 온도가 낮아져 용해되지 않은 백반 알갱이가 생깁니다.

14 온도가 낮을수록 용해되는 백반의 양은 적어집니다.

채점 기준	
상	용액의 온도가 낮아지면 용해되는 백반의 양이 줄어들기 때문이라고 쓴 경우
중	용액의 온도가 낮아졌기 때문이라고만 쓴 경우

15 용매의 양이 같을 때 용액이 진할수록 용액의 높이가 더 높습니다.

16 용해된 용질의 양이 많을수록 용액의 진하기가 진하므로, 용해된 황설탕의 양은 (나)가 가장 많습니다.

17 용액의 진하기가 진할수록 방울토마토가 높이 떠오르므로 (나)가 소금 스무 숟가락을 넣고 녹인 용액입니다.

18 용액의 진하기는 (나) > (다) > (가) 순으로 더 진하므로 용액에 용해된 소금의 양은 (나) > (다) > (가)입니다. 따라서 (나)가 (가)보다 무겁습니다.

19 용액의 진하기가 진해지면 메추리알이 더 높이 떠오릅니다. 따라서 설탕물에 설탕을 더 넣어 녹이면 용액이 더 진해지므로 메추리알이 위로 떠오릅니다.

20 기구가 무거워서 떠오르지 않으므로 기구가 묽은 용액에서는 낮게, 진한 용액에서는 높이 떠오르도록 고무찰흙의 양을 조절합니다.

⑤ 다양한 생물과 우리 생활

핵심 자료 ●229쪽

1-1 균사	1-2 균류	1-3 포자
2-1 광학 현미경	2-2 받침	3-1 ○
3-2 ×	3-3 해캄	3-4 느린

핵심 자료 ●231쪽

1-1 현미경	1-2 세균	1-3 ○
2-1 곰팡이	2-2 원생생물	
3-1 곰팡이	3-2 세균	

단원 평가 기본 ●232~235쪽

01 실체 현미경 **02** ①, ②, ⑤
03 ⓒ **04** ②, ⑤ **05** 예 균류는 스스로 양분을 만들지 못하고, 주로 죽은 생물이나 다른 생물에서 양분을 얻습니다. **06** ③, ④ **07** ③
08 (1) ㉠ (2) ㉡ **09** 해캄 **10** ⓒ
11 민주 **12** ③ **13** ㉠, ㉡, ㉢
14 (1) ㉡ (2) 예 짧은 시간 안에 많은 수로 늘어날 수 있습니다. **15** ④ **16** ㉠ **17** ③
18 세균 **19** ④ **20** 예 영양소가 풍부합니다.

01 실체 현미경은 관찰 대상을 돋보기보다 더 확대해 관찰할 수 있게 하는 관찰 도구입니다.

02 버섯과 같은 균류는 보통 식물에 있는 뿌리, 줄기, 잎, 꽃과 같은 모양을 볼 수 없습니다.

03 빵에 자란 곰팡이를 실체 현미경으로 관찰하면 가는 실처럼 생긴 것이 많고, 크기가 작고 둥근 알갱이가 보입니다.

04 버섯과 곰팡이와 같은 균류는 몸 전체가 균사로 이루어져 있고 포자로 번식합니다. 버섯과 곰팡이는 따뜻하고 축축한 환경에서 잘 자라고, 맨눈이나 돋보기로 관찰할 수 있습니다.

05 버섯과 곰팡이와 같은 균류는 죽은 생물이나 다른 생물, 음식 등에서 양분을 얻습니다.

채점 기준	
상	스스로 양분을 만들지 못하고 죽은 생물에서 양분을 얻는다고 쓴 경우
중	죽은 생물에서 양분을 얻는다고만 쓴 경우

06 ㉠은 접안렌즈, ㉡은 대물렌즈, ㉢은 조동 나사, ㉣은 미동 나사, ㉤은 조명입니다.

07 광학 현미경으로 해캄 표본을 자세히 관찰할 때 가장 먼저 회전판을 돌려 배율이 가장 낮은 대물렌즈가 가운데에 오도록 합니다.

08 해캄은 긴 가닥이 여러 마디로 나누어져 있습니다. 짚신벌레는 길쭉하고 끝이 둥근 모양이며, 표면에 가는 털이 있습니다.

09 해캄은 원생생물에 속하며, 스스로 움직일 수 없지만 스스로 양분을 만들어 삽니다.

10 원생생물은 주로 물이 고여 있는 연못이나 물살이 느린 곳에서 삽니다.

11 세균은 크기가 매우 작아서 맨눈으로 볼 수 없습니다.

12 세균은 균류나 원생생물에 비해 크기가 매우 작고 생김새가 단순합니다.

13 세균은 흙이나 물, 공기, 다른 생물의 몸, 우리가 사용하는 물체 등 다양한 곳에서 삽니다.

14 세균은 살기에 알맞은 환경이 되면 짧은 시간 안에 많은 수로 늘어날 수 있습니다.

채점 기준	
상	(1)에 ㉡을 쓰고, (2)에 짧은 시간 안에 많은 수로 늘어날 수 있다고 쓴 경우
하	(1)에 ㉡만 쓴 경우

15 곰팡이를 이용하여 된장, 간장 등의 음식을 만듭니다.

16 해캄의 모습이며, 해캄은 산소를 만듭니다.

17 ③은 생물이 우리 생활에 미치는 긍정적인 영향입니다.

18 플라스틱을 분해하는 특성이 있는 세균을 활용하여 플라스틱을 분해하여 환경 오염을 줄일 수 있습니다.

19 기름 성분을 많이 가지고 있는 원생생물을 활용하여 오염 물질이 덜 나오는 친환경 연료를 만듭니다.

20 영양소가 풍부한 원생생물을 활용하여 건강식품을 만듭니다.

채점 기준	
상	영양소가 풍부하다고 쓴 경우
중	영양소가 있다고 쓴 경우

단원평가 실전 ●236~239쪽●

01 ㉠ 대물, ㉡ 접안　**02** 균사　**03** ㉢
04 ③, ④　**05** 예 균류는 포자로 번식하고, 식물은 주로 씨로 번식합니다.　**06** ④　**07** ㉠ 받침, ㉡ 덮개　**08** ①, ②　**09** ③, ④　**10** (1) ✕ (2) ○ (3) ✕　**11** ⑤　**12** ③　**13** ㉢
14 예 공　**15** 예 세균은 우리 주변의 물이나 공기, 다른 생물의 몸 등 다양한 곳에서 삽니다.
16 ②, ③, ⑤ **17** ㉢　　**18** ㉠, ㉡, ㉢
19 ②　　**20** 예 세균이 자라지 못하게 합니다.

01 실체 현미경의 관찰 대상 쪽 렌즈는 대물렌즈이고, 관찰 대상을 눈으로 보는 렌즈는 접안렌즈입니다.

02 균사는 버섯과 곰팡이 같은 균류의 몸을 이루는 것이며, 가늘고 긴 모양입니다.

03 곰팡이는 따뜻하고 축축한 환경에서 잘 자랍니다. 곰팡이가 잘 자라지 않게 하려면 햇빛이 잘 들어오게 하고, 물기를 제거해야 합니다.

04 버섯과 곰팡이는 모두 생물이며, 자라고 번식합니다. 또한 살아가는 데 물과 공기가 필요합니다.

05 버섯과 곰팡이와 같은 균류는 대부분 몸 전체가 균사로 이루어져 있고 포자로 번식합니다. 식물은 뿌리, 줄기, 잎 등으로 이루어져 있고, 씨로 번식합니다.

채점 기준	
상	균류는 포자로 번식하고 식물은 씨로 번식한다고 쓴 경우
중	균류는 씨로 번식하지 않는다고만 쓴 경우

06 조동나사는 관찰 대상이 보이도록 초점을 맞출 때 사용하는 나사입니다. 대물렌즈의 배율을 조절하는 나사는 회전판입니다.

07 해캄 표본을 만들 때에는 해캄을 받침 유리에 올려놓은 후, 덮개 유리를 비스듬히 기울여 천천히 덮습니다.

08 해캄은 스스로 양분을 만들어 살아가고, 짚신벌레는 다른 생물을 먹으며 삽니다.

09 해캄과 짚신벌레, 아메바와 종벌레는 원생생물에 속합니다.

10 원생생물은 동물, 식물, 균류와 생김새가 다르고 구조가 단순합니다.

11 세균은 균류나 원생생물에 비해 크기가 매우 작습니다.

12 제시된 세균의 생김새는 나선 모양입니다.

13 세균은 균류나 원생생물에 비해 생김새가 단순합니다.

14 포도상 구균은 공 모양으로 생겼고, 여러 개가 뭉쳐 있습니다.

15 대장균, 포도상 구균, 헬리코박터 파일로리가 사는 곳으로 보아 세균은 다양한 곳에서 삽니다.

채점 기준	
상	다양한 곳 또는 우리 주변 어디에서나 산다고 쓴 경우
중	물, 공기, 음식물, 피부 등 제시된 표에 있는 사는 곳만을 그대로 쓴 경우

16 세균은 김치, 요구르트 등의 음식을 만드는 데 활용되고, 곰팡이와 함께 죽은 생물을 분해하여 우리 생활에서 긍정적인 영향을 미칩니다.

17 원생생물은 주로 다른 생물의 먹이가 되거나 산소를 만들기도 하지만, 적조를 일으켜 여러 생물에게 피해를 주기도 합니다.

18 첨단 생명 과학은 동물과 식물뿐만 아니라 균류, 원생생물, 세균 등 다양한 생물의 특성을 활용합니다.

19 영양소가 풍부한 원생생물을 활용하여 건강식품을 만듭니다.

20 세균을 자라지 못하게 하는 곰팡이(푸른곰팡이)를 활용하여 질병을 치료하는 약을 만들 수 있습니다.

채점 기준	
상	세균이 자라지 못하게 한다고 쓴 경우
중	세균을 언급하지 않고 병균이 자라지 못하게 한다고만 쓴 경우

기초학력 진단평가
모의평가

국어

2~6쪽

1 ③	2 ①	3 ③	4 ①	5 ②
6 ②	7 ④	8 ①	9 ④	10 ③
11 ①	12 ②	13 ②	14 ③	15 ①
16 ②	17 ④	18 ①	19 ①	20 ②
21 ①	22 ②	23 ④	24 ②	25 ①

1 '봄비가 내려와 앉으면 / 꽃씨는 / 땅속에 살짝 돌아누우며 / 눈을 뜹니다.'라고 했습니다.

2 땅에서 꽃씨가 고개를 내밀 때 파란 손을 내민 것이므로, 파란 손은 꽃씨가 움튼 새싹을 뜻합니다.

5 ㉠, ㉢, ㉣은 뒷받침 문장입니다.

7 욕심이 생긴 형은 금을 가득 채워 넣었다가 금 자루가 무거워 까마귀 등에서 떨어지고 말았습니다.

8 사회자는 회의 절차를 안내하고, 회의 참여자들에게 골고루 말할 기회를 주는 역할을 합니다.

9 "이번 주 학급 회의 주제를 무엇으로 정하면 좋을지 말씀해 주십시오."라는 말로 보아, 주제 선정에 해당합니다.

11 '주말'은 '한 주일의 끝 무렵. 주로 토요일부터 일요일까지.'를 뜻하는 말로, 요일에 포함되는 낱말이 아닙니다.

12 '다르다'와 '같다'는 뜻이 반대인 낱말입니다.

16 친구들은 신유 어머니께 인사를 제대로 하지 않고 집 안으로 뛰어들어 갔습니다. 친구들은 신유 어머니의 얼굴을 보며 바른 자세로 인사해야 합니다.

17 어른께서 준비해 주신 음식을 먹을 때에는 "고맙습니다."라고 말해야 합니다.

20 댐 건설 기관 담당자는 상수리에 댐을 건설해야 한다는 의견을 직접 밝혀 썼습니다.

22 글쓴이의 의견은 '문화재를 개방해야 한다.'입니다.

25 말하는 이가 아빠는 지하 주차장에서 차를 찾아 헤매고 다녔을 것이라 짐작한 내용입니다.

수학

7~10쪽

1 ④	2 ③	3 ①	4 ②	5 ④
6 ③	7 ②	8 ③	9 ④	10 ①
11 ③	12 ②	13 ②	14 ①	15 ③
16 ④	17 ②	18 ③	19 ①	20 ④
21 ①	22 ④	23 ②	24 ①	25 ②

2 ① 25̠4816 ➡ 2   ② 46̠2537 ➡ 4
③ 379̠2900 ➡ 7   ④ 801̠6302 ➡ 0

4 $\square° = 360° - 50° - 110° - 120° = 80°$

6 $325 ÷ 25 = 13$
따라서 색종이를 한 명에게 13장씩 나누어 주어야 합니다.

9 ① 가로는 과일의 종류를 나타냅니다.
② 세로는 학생 수를 나타냅니다.
③ 사과를 좋아하는 학생이 가장 많습니다.

10 소: 22마리, 돼지: 12마리, 오리: 8마리, 양: 16마리
➡ (기르고 있는 동물 수의 합)
$= 22 + 12 + 8 + 16 = 58$(마리)

11 왼쪽 수에 3을 곱하여 나온 수가 오른쪽 수입니다.
➡ $81 × 3 = 243$

14 가장 큰 수는 $2\frac{1}{9}$이고, 가장 작은 수는 $\frac{8}{9}$입니다.
➡ $2\frac{1}{9} - \frac{8}{9} = 1\frac{10}{9} - \frac{8}{9} = 1\frac{2}{9}$

15 세 변의 길이가 같은 삼각형이므로 정삼각형입니다. 정삼각형의 한 각의 크기는 60°입니다.

18 127의 $\frac{1}{100}$인 수는 1.27입니다.
➡ $1.27 + 4.8 = 6.07$

19 (1.35보다 0.55만큼 더 작은 수)
$= 1.35 - 0.55 = 0.8$

20 평행선 사이의 선분 중에서 평행선에 수직인 선분을 모두 찾습니다.

21 평행한 변이 있는 사각형을 모두 찾습니다.

23 ② 꺾은선은 비누의 무게 변화를 나타냅니다.

25 (정사각형의 네 변의 합) $= 5 × 4 = 20$ (cm)
➡ (정오각형의 한 변) $= 20 ÷ 5 = 4$ (cm)

1 ②	2 ③	3 ③	4 ①	5 ③
6 ④	7 ③	8 ①	9 ②	10 ②
11 ③	12 ①	13 ④	14 ③	15 ②
16 ④	17 ①	18 ④	19 ①	20 ④
21 ②	22 ③	23 ④	24 ②	25 ③

1 지도를 구성하는 요소에는 방위표, 기호, 축척, 등고선 등이 있습니다.

2 제시된 지도를 통해 산, 도로, 하천 등 장소의 이름, 위치, 땅의 높낮이 등을 알 수 있습니다. ③ 고장의 역사는 알 수 없습니다.

3 대구광역시는 경상북도의 남쪽, 서울특별시의 남동쪽, 강원특별자치도의 남쪽에 있습니다.

6 ④는 무형 문화유산, ①, ②, ③은 유형 문화유산입니다.

7 문화유산 안내도는 지역의 백지도에 문화유산의 위치를 표시하고 문화유산 카드를 붙여 만든 소개 자료입니다.

10 공공 기관은 국가나 지방 자치 단체가 세우거나 관리하는 기관으로, 구청, 소방서, 우체국, 경찰서, 도서관, 보건소 등이 있습니다.

12 제시된 그림은 도로에 맨홀 뚜껑이 열려 있어 위험한 모습으로, 안전 문제와 관련이 있습니다.

14 어촌에 사는 사람들은 물고기 잡기, 김과 미역 기르기, 조개 캐기 등을 주로 합니다.

15 도시에는 사람들이 이용할 수 있는 다양한 편의 시설과 문화 시설이 있습니다. ② 목장은 산지촌에서 주로 볼 수 있는 시설입니다.

17 지역 축제에 찾아온 사람들이 촌락에 있는 숙박 시설, 상점 등을 이용하기 때문에 도시 사람들이 많이 방문할수록 촌락 사람들의 소득이 높아집니다.

19 생활에 필요한 것을 자연에서 얻는 생산 활동에는 벼농사 짓기, 물고기 잡기, 조개 캐기, 과일 따기 등이 있습니다.

23 정보화로 컴퓨터, 인터넷 등을 이용하여 지식과 정보를 손쉽게 찾을 수 있게 되었습니다.

25 ③ 편견과 차별을 없애기 위해서는 나와 다른 생각이 있는 사람도 존중하려고 노력해야 합니다.

1 ④	2 ①	3 ④	4 ①	5 ①
6 ③	7 ③	8 ③	9 ③	10 ④
11 ①	12 ④	13 ①	14 ②	15 ④
16 ①	17 ②	18 ③	19 ③	20 ④
21 ③	22 ③	23 ④	24 ④	25 ④

2 위쪽에 쌓인 퇴적물이 누르는 힘 때문에 먼저 쌓여 있던 아래쪽 퇴적물 알갱이 사이가 좁아집니다.

5 딱딱한 강낭콩이 부풀어 뿌리가 나온 뒤 껍질이 벗겨지면서 땅 위로 떡잎 두 장이 나오고, 떡잎 사이에서 본잎이 나옵니다.

6 ㉠은 한해살이, ㉡은 여러해살이입니다.

7 나무판자의 수평을 잡기 위해서는 두 나무 도막을 받침점으로부터 양쪽의 같은 거리에 놓아야 합니다.

8 양팔저울의 저울대가 수평을 잡았을 때 클립의 개수를 세어 가위의 무게를 비교할 수 있습니다.

9 추의 무게가 30 g중 늘어날 때 용수철이 4 cm씩 일정하게 늘어납니다.

10 혼합물은 두 가지 이상의 물질이 성질이 변하지 않은 채 섞여 있는 물질입니다.

12 물에 녹지 않는 모래가 거름종이에 남고, 소금물은 거름종이를 빠져나와 비커에 모입니다.

14 선인장은 굵은 줄기에 물을 많이 저장할 수 있습니다.

15 연잎 표면에 수많은 돌기가 나 있어 물에 젖지 않는 특징을 모방하여 물에 젖지 않는 옷감을 만들었습니다.

16 물이 얼면 부피가 늘어나고, 얼음이 녹으면 부피는 줄어듭니다.

19 그림자가 생기려면 빛이 있어야 하고, 물체에 빛을 비추어야 물체의 그림자가 생길 수 있습니다.

20 손전등 빛이 나아가다가 거울에 부딪히면 거울에서 방향이 바뀌어 나아갑니다.

21 글자를 거울에 비추면 좌우가 바뀌어 보입니다.

23 (가)는 현무암, (나)는 화강암으로, 현무암과 화강암은 모두 마그마가 식어서 만들어진 화성암입니다.

24 실험에서 우드록은 땅, 양손으로 우드록을 미는 힘은 지구 내부에서 작용하는 힘, 우드록이 부러질 때 손에 느껴지는 떨림은 지진과 같습니다.